增值税法
政策解读与实务操作

李旭东 —— 编著

中国铁道出版社有限公司
CHINA RAILWAY PUBLISHING HOUSE CO., LTD.

图书在版编目（CIP）数据

增值税法政策解读与实务操作 / 李旭东编著.
北京：中国铁道出版社有限公司, 2025. 6. -- ISBN 978-7-113-32161-1

Ⅰ. D922.229.5

中国国家版本馆CIP数据核字第2025FB1674号

书　　名：**增值税法政策解读与实务操作**
　　　　　ZENGZHISHUIFA ZHENGCE JIEDU YU SHIWU CAOZUO

作　　者：李旭东

责任编辑：马慧君　　　编辑部电话：(010) 51873005　　　电子邮箱：zzmhj1030@163.com
封面设计：郭瑾萱
责任校对：刘　畅
责任印制：赵星辰

出版发行：中国铁道出版社有限公司（100054，北京市西城区右安门西街8号）
网　　址：https://www.tdpress.com
印　　刷：北京联兴盛业印刷股份有限公司
版　　次：2025年6月第1版　　2025年6月第1次印刷
开　　本：710 mm×1 000 mm　1/16　印张：23.5　字数：395千
书　　号：ISBN 978-7-113-32161-1
定　　价：88.00元

版权所有　侵权必究

凡购买铁道版图书，如有印制质量问题，请与本社读者服务部联系调换。电话：(010) 51873174
打击盗版举报电话：(010) 63549461

序　言

在这个日新月异的时代，法律作为社会经济的基石，其每一次变动都牵动着无数人的心弦。我有幸在《中华人民共和国增值税法》（以下简称《增值税法》）正式出台之际，完成了这本关于新增值税法的书籍。此刻，当我提笔写这篇序言时，心中充满了感慨与期待。

2024年12月25日是一个平凡而又不平凡的日子。那一天，《增值税法》正式表决通过，即将从2026年1月1日起施行。《增值税法》是我国落实税收法定原则的关键一步，标志着我国税收法治化进程的重大进展。增值税作为我国第一大税种，通过立法将其提升到法律层面，巩固了1994年以来增值税改革的成果，增强了增值税政策的确定性和稳定性，标志着我国增值税制度进入了一个新的发展阶段，更将对我国的经济发展、企业运营以及每个人的生活产生深远的影响。

《增值税法》明确了征税对象、税率、免税政策等关键问题，减少了税收不确定性，降低了企业因政策变动而产生的潜在风险，为企业提供了更加清晰、透明的税收环境。这有助于吸引更多的投资和消费，推动经济的持续健康发展。在撰写这本书的过程中，我力求全面、准确、客观地解读《增值税法》，深入研究了立法背景、目的和意义，同时，我还结合实际案例对《增值税法》在实际操作中的应用进行了深入剖析，以期帮助读者更好地理解和运用这部法律。

在撰写过程中，我深刻感受到了《增值税法》的科学性与前瞻性。它不仅继承了我国增值税制度多年来的成功经验与国际先进做法，还根据当前国内外经济形势的发展变化进行了诸多创新和完善，将会为我国经济的持续健康发展提供有力的法律保障。

当然，我也深知这本书的不足之处。由于时间仓促和个人能力有限，书中难免存在疏漏和错误之处。我衷心希望广大读者在阅读过程中能够提出宝贵的意见和建议，以便我在今后的研究中不断完善和提高。我也将继续致力于税收制度的研究和探索，为我国税收制度的完善和发展贡献自己的一份力量。

李旭东

写于 2025 年 2 月 24 日

目　录

第一章　增值税的征税范围 ... 001
第一节　应税交易的认定 ... 001
第二节　境内与境外的认定标准 ... 004
第三节　不征税项目 ... 010

第二章　增值税纳税人的管理 ... 020
第一节　一般纳税人 ... 020
第二节　小规模纳税人与扣缴义务人 ... 024
第三节　一般纳税人的简易征收项目 ... 029
第四节　纳税义务发生时间与计税期间 ... 042
第五节　纳税地点 ... 047

第三章　销项税额的确定 ... 052
第一节　销售额的构成 ... 052
第二节　适用税率与征收率 ... 061
第三节　特殊销售方式销售额的确定 ... 073
第四节　视同应税交易认定标准的变化 ... 077
第五节　兼营业务与混合销售 ... 089
第六节　增值税与企业所得税收入差异的原因 ... 093

第四章　进项税额的计算 ... 100
第一节　增值税扣税凭证 ... 100

第二节　新型扣税凭证数电票 114
　　第三节　四种抵扣方式 127
　　第四节　增值税抵扣操作实务 131

第五章　进项税额转出 150

　　第一节　改变用途的进项税额转出 150
　　第二节　非正常损失的转出 155
　　第三节　发票冲红的操作 159
　　第四节　进项税额转出的其他情形 167

第六章　金融服务的增值税问题 170

　　第一节　贷款服务 170
　　第二节　金融商品转让 180
　　第三节　直接收费金融服务与保险服务 185
　　第四节　资管产品 189

第七章　留抵退税 194

　　第一节　留抵退税的税收政策 194
　　第二节　出口企业的留抵退税 202

第八章　增值税税收优惠政策 212

　　第一节　小规模普惠制税收优惠政策 213
　　第二节　免税政策 227
　　第三节　即征即退与先征后返（退）政策 248

第九章　增值税的管理 263

　　第一节　增值税风险点排查 263
　　第二节　增值税发票虚开行为 270

第十章　增值税的会计核算 280

第一节　应交税费 280
第二节　进项税额的会计处理 288
第三节　销项税额的会计处理 292
第四节　特殊增值税业务的会计处理 298
第五节　缴纳增值税的会计处理 305

第十一章　增值税申报规范 314

第一节　销项税额的填报 314
第二节　进项税额的填报 319
第三节　扣除项目、税额抵减与减免税 323
第四节　一般纳税人主表填写规范 328
第五节　小规模纳税人主表填写规范 347

附录　《增值税法》与现行规定的条款差异 354

第一章 增值税的征税范围

增值税的征税范围广泛，涵盖了众多经济活动领域。在销售货物方面，包括有形动产的有偿转让，像各类商品从生产到流通环节的售卖都在此列。提供加工、修理修配劳务同样属于其征税范畴，这保障了劳务增值部分的税收征管。而随着经济的发展，销售服务更是有着丰富内容，诸如交通运输服务、建筑服务、金融服务等生活与生产各环节涉及的服务都被囊括。此外，转让无形资产与销售不动产也在征税范围之中，像土地使用权转让、房产买卖等。总之，增值税征税范围几乎贯穿了整个经济链条，对保障财政收入、调节经济运行有着重要作用。

第一节 应税交易的认定

《中华人民共和国增值税法》（以下简称《增值税法》）第三条规定：

"在中华人民共和国境内（以下简称境内）销售货物、服务、无形资产、不动产（以下称应税交易），以及进口货物的单位和个人（包括个体工商户），为增值税的纳税人，应当依照本法规定缴纳增值税。

"销售货物、服务、无形资产、不动产，是指有偿转让货物、不动产的所有权，有偿提供服务，有偿转让无形资产的所有权或者使用权。"

一、交易对象

增值税应税交易对象共有四个，分别是货物、服务、无形资产与不动产，之前还包括劳务。1994年分税制改革时，与货物关系密切的加工修理修配划入增值税征收范围，称为"劳务"，将其他服务划入营业税的征税范围。

"货物"是指可供出售的物品，与服务、无形资产的区别在于，货物具有实物形态；与不动产的区别在于，货物属于有形动产。

营改增之后，加工修理修配劳务仍旧单独存在，服务包括交通运输服务、邮政服务、电信服务、建筑服务、金融服务、现代服务与生活服务。企业所得税上也存在"劳务"这个概念，不过却与增值税上的"劳务"范畴有所不同，企业所得税上的"劳务"不仅包括加工修理修配劳务，还包括服务。《增值税法》实施后，劳务不再单列而是并入服务之中，这样也就消除了两大税种同一称谓却指代不一的问题，在增值税上统称为"服务"，在企业所得税上统称为"劳务"。

无形资产是指不具备实物形态，却能带来经济利益的资产，包括技术（含专利技术和非专利技术）、商标、著作权、商誉、自然资源使用权和其他权益性无形资产。自然资源使用权，包括土地使用权、海域使用权、探矿权、采矿权、取水权和其他自然资源使用权。其他权益性无形资产，包括基础设施资产经营权、公共事业特许权、配额、经营权（包括特许经营权、连锁经营权、其他经营权）、经销权、分销权、代理权、会员权、席位权、网络游戏虚拟道具、域名、名称权、肖像权、冠名权、转会费等[①]。

不动产是指不能移动或者移动后会引起性质、形状改变的财产，包括建筑物、构筑物等。建筑物包括住宅、商业营业用房、办公楼等可供居住、工作或者进行其他活动的建造物。构筑物，包括道路、桥梁、隧道、水坝等建造物。转让建筑物有限产权或者永久使用权，转让在建的建筑物或者构筑物所有权，以及在转让建筑物或者构筑物时一并转让其所占土地的使用权，按照销售不动产缴纳增值税。

目前争议比较大的是车位究竟属于不动产还是无形资产。从位置区分，车位可分为地上车位与地下车位，地下车位通常与地上建筑视为一体，应当认定为不动产的一部分；但地上车位通常利用小区内特定区域建成，与建筑物并无直接关联，具有无形资产的某些特性。从权属看，车位分为有产权车位、无产权车位与人防车位，有产权车位是能够办理产权登记的车位；无产权车位是不计入容积率无法办理产权登记的车位；人防车位是与人防工程混合使用，利用人防工程建成的车位。

购买的车位（不管是地上还是地下），支付的外购价款对土地使用权与建筑物难以进行合理区分，应当全部作为固定资产，不能确认为无形资产；如果购买车位的目的是用于赚取租金或资本增值，应当将其转为"投资性房地产"，或者直接

[①] 《财政部 国家税务总局关于全面推开营业税改征增值税试点的通知》（财税〔2016〕36号）附件1《营业税改征增值税试点实施办法》附《销售服务、无形资产、不动产注释》。

在购买时就确认为"投资性房地产"。如果是通过以租代售协议取得，比如租赁期限 20 年的，按照"实质重于形式原则"，并不影响上述的会计处理；如果确实需要按照租赁处理，会计核算时可以计入"使用权资产[①]"。

不过不同产权的车位目前在实务操作上还存在一定的争议，销售有产权车位按照销售房地产开发产品缴纳增值税，销售无产权车位视同转让开发产品的所有权，两者全都按照销售不动产进行申报并缴纳增值税[②]，对此并无多大争议。但销售人防车位却比较复杂，人防车位通常不能办理产权登记，因此房地产企业只能与业主签订人防车位的长期租赁合同。大多数地方按照销售不动产征收增值税，也就是只征收一次增值税，但个别省份却按照租赁不动产征收增值税，每年都需要缴纳增值税。

二、使用权与所有权

应税交易包括有偿转让货物与不动产的所有权，还包括有偿转让无形资产的所有权或者使用权，可能有人会感到疑惑，有偿转让货物与不动产使用权难道就不需要征收增值税吗？这实际上是一个误解，因为有偿转让货物与不动产使用权属于有偿提供服务。

三、有偿的定义

增值税应税交易必须是有偿交易，有偿是指取得货币、货物或者其他经济利益[③]，其他经济利益是指非货币、货物形式的收益，具体包括固定资产（不含货物）、生物资产（不含货物）、无形资产（包括特许权）、股权投资、存货、不准备持有至到期的债券投资、服务以及有关权益等。

假如甲公司将房屋与乙公司的土地进行交换，虽然双方并没有进行货币交易，但甲公司却取得了乙公司的土地使用权，乙公司取得了甲公司的房屋所有权，土地使用权与房屋所有权就是这两家公司获取的其他经济利益。

假如丙银行将房屋出租给丁饭店，但丁饭店并不向其支付租金，但丙银行却可以在丁饭店就餐抵账，丙银行接受了餐饮服务，丁饭店取得了房屋的使用权，两者都获取了其他经济利益。

---

① 国家税务总局 12366 纳税服务平台 2023 年 4 月 11 日答复。
② 国家税务总局在 2016 年 5 月 12 日营改增视频通报会问题答复。
③ 《财政部 国家税务总局关于全面推开营业税改征增值税试点的通知》（财税〔2016〕36 号）附件 1《营业税改征增值税试点实施办法》第十一条。

第二节 境内与境外的认定标准

《增值税法》第四条规定：

"在境内发生应税交易，是指下列情形：

"（一）销售货物的，货物的起运地或者所在地在境内；

"（二）销售或者租赁不动产、转让自然资源使用权的，不动产、自然资源所在地在境内；

"（三）销售金融商品的，金融商品在境内发行，或者销售方为境内单位和个人；

"（四）除本条第二项、第三项规定外，销售服务、无形资产的，服务、无形资产在境内消费，或者销售方为境内单位和个人。"

一、境内销售货物的认定标准

在中国境内销售货物的认定标准适用属地原则，不管相关货物归属于境内企业，还是境外企业，只要起运地或者所在地在中国境内，那么就需要在中国缴纳增值税。货物属于有形动产，因此这个认定标准相对比较明确。

二、境内销售或者租赁不动产的认定标准

虽然租赁不动产属于服务，但由于不动产具有很强的属地性，因此与其他服务的认定标准存在一定的差异，与销售不动产的认定标准一致，不论销售方或出租方是否为中国境内单位或者个人，也不论购买方或承租方是否为中国境内单位或者个人，只要销售或者租赁的不动产位于中国境内都应当认定为境内交易。比如，西班牙某公司将位于中国境内办公楼出售或者出租给葡萄牙某公司，虽然交易双方全都位于境外，但因为不动产在中国境内，仍旧需要缴纳增值税。中国境内甲公司将位于美国境内的公寓楼出售或者出租给境内乙公司，虽然交易双方全都位于中国境内，但因为不动产在境外，不需要缴纳增值税。

三、境内销售金融产品的认定标准

根据《增值税法》第四条第（三）项的规定，销售金融商品的，金融商品在境内发行，或者销售方为境内单位和个人，属于在境内发生应税交易，应在境内缴纳增值税。之前对于销售金融商品是否属于在境内发生并没有单独界定，与销售服务适用同一标准，即"服务（租赁不动产除外）或者无形资产（自然资源使用权除外）的销售方或者购买方在境内[1]"，如今《增值税法》根据金融商品的特

---

[1] 《财政部 国家税务总局关于全面推开营业税改征增值税试点的通知》（财税〔2016〕36号）附件1《营业税改征增值税试点实施办法》第十二条第（一）项。

性出台了专属新标准,只要金融商品在境内发行,即便是销售方与购买方都在境外,也需要缴纳增值税;如果金融商品在境外发行,那么只看销售方是否在境内,如果销售方在境外,但购买方在境内,并不需要缴纳增值税。

不过向境外投资者征收税款却存在一定难度,因此确定购买人为扣缴义务人,但扣缴义务人显然无法掌握境外投资者投资多个产品的正负差。

以外汇市场为例,目前符合条件的境外央行类机构可以在中国外汇交易中心进行银行间外汇交易,但兑换的人民币资金必须存放在境内开立的账户中,之后可以用于境内或汇出境外。不管购买人位于境内还是境外,全都难以准确掌握金融商品出售者当初的买入价,因此扣缴义务人在实际代扣代缴过程中存在一定的困难,可以考虑以交易中心或开户银行为扣缴义务人。如果同一境外机构投资多种金融商品,单个交易所或单个银行也无法掌握其总体投资情况,可以考虑按单个产品代扣代缴税额,同时让境外投资者自行申报并按照各金融商品正负差抵减进行清算后,进行补缴或者退还税款。

四、境内销售服务的认定标准

销售服务(不含租赁不动产)适用属人原则,只要是境内单位或者个人销售的服务(不含租赁不动产),无论服务购买方为境内的单位、个人还是境外的单位、个人,也无论服务发生在境内还是境外,全都应当认定为在境内销售服务。

境外单位或者个人向境内单位或者个人销售的未完全在境外发生的服务(不含租赁不动产),也属于在境内销售服务,可分为以下两种情形:

第一种是境外单位或者个人向境内单位或者个人销售的完全在境内发生的服务,属于在境内销售服务,比如境外某工程公司到境内给境内某单位提供工程勘察勘探服务。

第二种是境外单位或者个人向境内单位或者个人销售的未完全在境外发生的服务,属于在境内销售服务。比如境外某咨询公司与境内某公司签订咨询合同,对该公司开拓境内、境外市场进行实地调研并提出合理化管理建议,咨询服务同时在境内和境外发生,也应认定为在境内销售服务。

境外单位或者个人销售的服务(不含租赁不动产)不属于境内销售服务的情形主要有以下三种:

第一种是境外单位或者个人向境外单位或者个人销售服务,比如俄罗斯设计公司为白俄罗斯建筑公司提供设计服务。

第二种是境外单位或者个人向境内单位或者个人销售完全在境外发生的服务，比如境内个人出境旅游或出差期间享受的餐饮、住宿、旅游等服务。

第三种是境外单位或者个人向境内单位或者个人出租完全在境外使用的有形动产，比如境外汽车租赁公司向来到境外的境内个人出租小汽车。

如今相关认定标准有所调整，除销售或者租赁不动产、转让自然资源使用权以及销售金融商品外，销售服务、无形资产的以"境内消费"作为首要判定标准，不再沿用现行规定中"提供的应税劳务发生在境内"或"销售方、购买方在境内"等具有营业税时代特点的表述。如果不是境内消费就需要看销售方是否为境内单位与个人，如果是也应当认定为境内销售服务。

举个例子，境外企业向境内企业销售咨询服务，但咨询服务完全通过线上方式提供，境外企业员工并不入境，其在中国境内也没有设立常设机构。在此种情形下，按照之前的规定就存在较大的争议，咨询服务的发生地应当认定为在境外，因此境外企业认为没有取得来源于中国境内的所得，但因该咨询服务却是在境内消费，按照《增值税法》应当认定为在境内销售服务，境外企业属于增值税的法定纳税人，境内企业负有代扣代缴增值税的义务。

五、境内销售无形资产的认定标准

之前销售无形资产与销售服务一样均适用属人原则，只要是境内的单位或者个人销售的无形资产（不含自然资源使用权）就应当被认定为在境内销售无形资产，无论购买方为境内单位、个人还是境外单位、个人，也无论无形资产（不含自然资源使用权）是否在境内使用。

境外单位或者个人向境内单位或者个人销售的未完全在境外使用或者完全在境内使用的无形资产（不含自然资源使用权），应当被认定为在境内销售无形资产，比如境外A公司向境内B公司转让A公司在境内的连锁经营权；比如境外C公司向境内D公司转让一项专利技术，该技术同时用于D公司在境内和境外的生产线。

境外单位或者个人销售的无形资产（不含自然资源使用权）不属于在境内销售无形资产，主要有以下两种情形：

第一种是境外单位或者个人向境外单位或者个人销售无形资产（不含自然资源使用权），比如俄罗斯某公司向德国某公司转让一项非专利技术。

第二种是境外单位或者个人向境内单位或者个人销售完全在境外使用的无形资产，比如美国某公司向境内某医药公司转让一项专用于非洲子公司的专利技术。

如今销售无形资产与服务仍旧保持一致，首先看是否在境内消费，如果不是就需要看销售方是否为境内单位与个人，如果是也应当认定为境内销售无形资产。

自然资源使用权是一项特殊的无形资产，具有很强的属地性，因此与销售或者租赁不动产一样完全适用属地原则。只要销售的自然资源使用权对应的自然资源在境内，无论销售方或购买方是否为境内单位或者个人，均属于在境内销售自然资源使用权。例如法国公司将其拥有的中国境内一处矿产的探矿权转让给德国公司，虽然双方均属于境外公司，但该项使用权涉及的自然资源在中国境内，仍然会被认定为境内交易。

六、跨境行为的涉税处理

跨境行为俗称"出口"，通常会适用零税率或者免税，虽然两者全都不需要缴纳销项税额，但适用零税率的一般纳税人可以正常抵扣进项税额，免税的纳税人不能抵扣进项税额。货物出口的标准相对比较明晰，下面重点介绍跨境服务。

1. 适用零税率的跨境服务

中国境内的单位和个人提供的国际运输服务，包括在境内载运旅客或者货物出境；在境外载运旅客或者货物入境；在境外载运旅客或者货物；提供的航天运输服务及利用火箭等载体将卫星、空间探测器等空间飞行器发射到空间轨道的业务活动[1]，通常情况下适用零税率[2]，不过按照国家有关规定应取得相关资质的国际运输服务项目，但纳税又未能取得，适用增值税免税政策。

运输服务有四种较为特殊的服务形式，分别是程租服务、期租服务、湿租服务与无运输工具承运服务。

程租服务是指运输企业为租船人完成某一特定航次的运输任务并收取租赁费的业务。期租服务是指运输企业将配备有操作人员的船舶承租给他人使用一定期限，承租期内听候承租方调遣，不论是否经营，均按天向承租方收取租赁费，发生的固定费用均由船东负担的业务。上述两种方式主要适用于水路运输。与之相对应的是光租业务，是指运输企业将船舶在约定的时间内出租给他人使用，不配备操作人员，不承担运输过程中发生的各项费用，只收取固定租赁费的业务活动，

---

[1] 《财政部 国家税务总局关于全面推开营业税改征增值税试点的通知》（财税〔2016〕36号）附件1《营业税改征增值税试点实施办法》附《销售服务、无形资产、不动产注释》。
[2] 《财政部 国家税务总局关于全面推开营业税改征增值税试点的通知》（财税〔2016〕36号）附件4《跨境应税行为适用增值税零税率和免税政策的规定》第一条。

这类服务不属于运输服务，属于现代服务业项下的经营租赁服务。

湿租业务主要适用于航空运输，是指航空运输企业将配备有机组人员的飞机承租给他人，承租期内听候承租方调遣，不论是否经营，均按一定标准向承租方收取租赁费，发生的固定费用均由承租方承担的业务。与之相对应的是干租业务，指航空运输企业将飞机在约定的时间内出租给他人使用，不配备机组人员，不承担运输过程中发生的各项费用，只收取固定租赁费的业务活动，也属于现代服务业项下的经营租赁服务[①]。

无运输工具承运业务是指经营者以承运人身份与托运人签订运输服务合同，收取运费并承担承运人责任，然后委托实际承运人完成运输服务的经营活动。注意其与现代服务业所属的货物运输代理服务的区别，货物运输代理服务是指接受货物收货人、发货人、船舶所有人、船舶承租人或者船舶经营人的委托，以委托人的名义，为委托人办理货物运输、装卸、仓储和船舶进出港口、引航、靠泊等相关手续的业务活动。两者最本质的区别在于以谁的名义开展经营活动，无运输工具承运业务经营者虽然并无运输工具，却以承运人身份对外签署合同并承担相应的法律责任，但货物运输代理人只提供代理服务。

境内的单位或个人提供程租服务，如果租赁的交通工具用于国际运输服务和港澳台运输服务，由出租方按规定申请适用增值税零税率。境内的单位或个人向境内单位或个人提供期租、湿租服务，如果承租方利用租赁的交通工具向其他单位或个人提供国际运输服务和港澳台运输服务，由承租方适用增值税零税率。境内的单位或个人向境外单位或个人提供期租、湿租服务，由出租方适用增值税零税率。境内单位和个人以无运输工具承运方式提供的国际运输服务，由境内实际承运人适用增值税零税率，无运输工具承运业务的经营者适用增值税免税政策。

向境外单位提供的完全在境外消费的下列服务，也适用于零税率：

（1）研发服务。

（2）合同能源管理服务。

（3）设计服务。

（4）广播影视节目（作品）的制作和发行服务。

---

① 《财政部 国家税务总局关于全面推开营业税改征增值税试点的通知》（财税〔2016〕36号）附件1《营业税改征增值税试点实施办法》附《销售服务、无形资产、不动产注释》。

(5) 软件服务。

(6) 电路设计及测试服务。

(7) 信息系统服务。

(8) 业务流程管理服务。

(9) 离岸服务外包业务。离岸服务外包业务，包括信息技术外包服务（information technology outsourcing，ITO）、技术性业务流程外包服务（business process outsourcing，BPO）、技术性知识流程外包服务（knowledge process outsourcing，KPO），其所涉及的具体业务活动。

(10) 转让技术[①]。

完全在境外消费是指服务的实际接受方在境外，且与境内的货物和不动产无关；无形资产完全在境外使用，且与境内的货物和不动产无关[②]。

2. 适用免税的跨境服务

工程项目在境外的建筑服务、工程监理服务；工程、矿产资源在境外的工程勘察勘探服务；会议展览地点在境外的会议展览服务；存储地点在境外的仓储服务；标的物在境外使用的有形动产租赁服务；在境外提供的广播影视节目（作品）的播映服务；在境外提供的文化体育服务、教育医疗服务、旅游服务；为出口货物提供的邮政服务、收派服务、保险服务（包括出口货物保险和出口信用保险）。

向境外单位提供的完全在境外消费的下列服务和无形资产也适用免税服务：

(1) 电信服务。

(2) 知识产权服务。

(3) 物流辅助服务（仓储服务、收派服务除外）。

(4) 鉴证咨询服务。

(5) 专业技术服务。

(6) 商务辅助服务。

(7) 广告投放地在境外的广告服务。

[①] 《财政部 国家税务总局关于全面推开营业税改征增值税试点的通知》（财税〔2016〕36号）附件4《跨境应税行为适用增值税零税率和免税政策的规定》第一条。

[②] 《财政部 国家税务总局关于全面推开营业税改征增值税试点的通知》（财税〔2016〕36号）附件4《跨境应税行为适用增值税零税率和免税政策的规定》第七条。

（8）无形资产。

为境外单位之间的货币资金融通及其他金融业务提供的直接收费金融服务且该服务与境内的货物、无形资产和不动产无关，也适用免税服务。

第三节 不征税项目

增值税是我国第一大税种，不仅征收的税款数额最大，涵盖范围也最广，尽管如此，仍旧有一些项目不属于增值税征税项目，此时增值税一般纳税人不得开具增值税专用发票，可以开具增值税普通发票，在发票"税率/征收率"栏，填写"不征税"。不征增值税收入无须办理增值税纳税申报。

不征税项目、免税项目、零税率项目虽然看似都不用实际缴纳税款，但三者却有着本质的区别。免税项目、零税率项目全都属于征税项目，零税率项目需要正常进行纳税申报，正常缴纳税款，不过因为税率为零，因此计算得出的税款为零；免税是免于缴纳税款，但也需要纳税申报。不征税项目不属于征税范围，相关收入既不需要缴纳税款，也不需要纳税申报，但在进行财务核算时需要计入企业损益。此外，还需要将增值税的不征税项目与企业所得税的不征税项目加以区别。目前仍在执行的不征税项目有几十项。

第一类是特殊收入类

生产经营过程中取得的一些特殊收入，如对损失的补偿、政府给予的补贴，不列入增值税的征收范围。

1. 资产重组的相关收入

在资产重组过程中，通过合并、分立、出售、置换等方式，将全部或者部分实物资产以及与其相关联的债权、负债和劳动力一并转让给其他单位和个人，其中涉及的不动产、土地使用权转让行为不征收增值税，其中涉及的货物转让不征收增值税[①]。

纳税人在重大资产重组过程中，如果将实物资产以及与其相关联的债权、负债和劳动力一并转让，其实质是进行一种"净权益"交易，类似于资本性交易。作为流转税，增值税并不对股权交易与资本利得征税，因为这属于所得税的范畴。

---

① 《财政部 国家税务总局关于全面推开营业税改征增值税试点的通知》（财税〔2016〕36号）附件2《营业税改征增值税试点有关事项的规定》第一条第（二）项第5目。

2. 有关组织的会费收入

2016年5月1日之前，增值税纳税人收取的会员费收入不征收增值税[1]，但需要征收营业税。自2016年5月1日起，各党派、共青团、工会、妇联、中科协、青联、台联、侨联收取党费、团费、会费，以及政府间国际组织收取会费，属于非经营活动，仍旧不征收增值税[2]，上述列举之外的其他社会团体取得的会费收入免征增值税[3]。

社会团体是指依照国家有关法律法规设立或登记并取得"社会团体法人登记证书"的非营利法人。会费是指社会团体在国家法律法规、政策许可的范围内，依照社团章程的规定，收取的个人会员、单位会员和团体会员的会费。社会团体开展经营服务性活动取得的其他收入，一律照章缴纳增值税。

3. 财政补贴

自2013年2月1日起，纳税人取得的中央财政补贴，不属于增值税应税收入，不征收增值税[4]，却并未明确地方财政补贴的相关政策。自2020年1月1日起，上述政策废止，纳税人取得的财政补贴收入，与其销售货物、劳务、服务、无形资产、不动产的收入或者数量直接挂钩的，应按规定计算缴纳增值税。纳税人取得的其他情形的财政补贴收入，不属于增值税应税收入，不征收增值税。

虽然财政补贴税收政策几经变化，但发电财政补贴却相对稳定，对各燃油电厂从政府财政专户取得的发电补贴不属于规定的价外费用，不计入应税销售额，不征收增值税[5]。

4. 已申报缴纳营业税未开票补开票[6]

通常情况下，只要向购买方开具发票，不管是否收到相关款项，也不管交易是否已经开始或者完成，都需要缴纳增值税。营改增过渡期，有些收入已经申报并缴纳了营业税，但营改增之后，无法再开具营业税发票，只能开具增值税发票，

---

[1]《财政部 国家税务总局关于增值税若干政策的通知》（财税〔2005〕165号）第十三条。
[2]《财政部 国家税务总局关于进一步明确全面推开营改增试点有关再保险、不动产租赁和非学历教育等政策的通知》（财税〔2016〕68号）第五条。
[3]《财政部 国家税务总局关于租入固定资产进项税额抵扣等增值税政策的通知》（财税〔2017〕90号）第八条。
[4]《国家税务总局关于中央财政补贴增值税有关问题的公告》（国家税务总局公告2013年第3号）。
[5]《国家税务总局关于燃油电厂取得发电补贴有关增值税政策的通知》（国税函〔2006〕1235号）。
[6]《国家税务总局关于增值税发票管理若干事项的公告》（国家税务总局公告2017年第45号）附件"商品和服务税收分类编码表"603。

对于这种情形不需要再缴纳增值税，不过这种情形几乎不再出现。

5. 出租不动产免租期

纳税人出租不动产，租赁合同中约定免租期的，不属于视同销售服务，不需征收增值税[①]，不过《增值税法》列举的视同应税交易的情形之中已经没有了服务。

6. 员工为受雇单位或者雇主提供取得工资、薪金的服务[②]

之前的表述为单位或者个体工商户与员工间相互提供服务不征收增值税，单位或者个体工商户聘用的员工为本单位或者雇主提供取得工资的服务，单位或者个体工商户为聘用的员工提供服务，都应当被视为内部行为，不需要缴纳增值税[③]。《增值税法》将双向提供服务不征税改为单向提供服务不征税，因为单位或者个体工商户无偿提供服务（不包括无偿转让金融商品）不再视同应税交易，不需要缴纳增值税。

7. 依照法律规定被征收、征用而取得补偿[④]

第二类是公益类事项

为了鼓励公益事业发展，国家准许一些特殊的公益性项目不征收增值税。

1. 用于公益事业或者以社会公众为对象无偿提供服务

《营业税改征增值税试点实施办法》第十四条规定：

"下列情形视同销售服务、无形资产或者不动产：

"（一）单位或者个体工商户向其他单位或者个人无偿提供服务，但用于公益事业或者以社会公众为对象的除外。

"（二）单位或者个人向其他单位或者个人无偿转让无形资产或者不动产，但用于公益事业或者以社会公众为对象的除外。

"（三）财政部和国家税务总局规定的其他情形。"

《增值税法》规定的视同应税交易已经不再包括无偿提供服务（无偿转让金融商品除外），对于无偿转让无形资产或者不动产也没有"但用于公益事业或者以社会公众为对象的除外"这样的表述，这也就意味着除非国务院出台特殊规定，无偿转让无形资产、不动产，不管是否用于公益目的均应缴纳增值税。

[①] 《关于土地价款扣除时间等增值税征管问题的公告》（国家税务总局公告2016年第86号）第七条。
[②] 《增值税法》第六条第（一）项。
[③] 《财政部 国家税务总局关于全面推开营业税改征增值税试点的通知》（财税〔2016〕36号）附件2《营业税改征增值税试点实施办法》第十条第（二）、（三）项。
[④] 《中华人民共和国增值税法》第六条第（三）项。

2. 国家指令无偿运输服务

根据国家指令无偿提供的铁路运输服务、航空运输服务，属于用于公益事业的服务[①]。

3. 通信企业代收的公益捐款

中国移动通信集团公司、中国联合网络通信集团有限公司、中国电信集团公司及其成员单位通过手机短信公益特服号为公益性机构接受捐款，以其取得的全部价款和价外费用，扣除支付给公益性机构捐款后的余额为销售额，其接受的捐款不缴纳增值税，也不得开具增值税专用发票[②]。

第三类是公用类收费

一些特殊的公用收入用于特定事项，不同于寻常的生产经营性支出，也不需要缴纳增值税。

1. 公用事业纳税人收取的有关一次性费用

对从事热力、电力、燃气、自来水等公用事业的增值税纳税人收取的一次性费用，凡与货物的销售数量有直接关系的，征收增值税；凡与货物的销售数量无直接关系的，不征收增值税[③]。

2. 住宅专项维修资金

房地产主管部门或者其指定机构、公积金管理中心、房地产开发企业以及物业管理单位代收的住宅专项维修资金不征收增值税[④]。

3. 供电工程贴费

供电工程贴费不属于增值税销售货物和收取价外费用的范围，不应当征收增值税[⑤]。供电工程贴费是指在用户申请用电或增加用电容量时，供电企业向用户收取的用于建设110千伏及以下各级电压外部供电工程建设和改造等费用的总称，包括供电和配电贴费两部分。

4. 行政单位收取的政府性基金、行政事业性收费

由国务院或者财政部批准设立的政府性基金，由国务院或者省级人民政府及

[①]《财政部 国家税务总局关于全面推开营业税改征增值税试点的通知》(财税〔2016〕36号)附件2《营业税改征增值税试点有关事项的规定》第一条第（二）项第1目。
[②]《财政部 国家税务总局关于营业税改征增值税试点若干政策的通知》(财税〔2016〕39号)第一条。
[③]《财政部 国家税务总局关于增值税若干政策的通知》(财税〔2005〕165号)第八条。
[④]《财政部 国家税务总局关于全面推开营业税改征增值税试点的通知》(财税〔2016〕36号)附件2《营业税改征增值税试点有关事项的规定》第一条第（二）项第4目。
[⑤]《财政部 国家税务总局关于供电工程贴费不征收增值税和营业税的通知》(财税字〔1997〕102号)。

其财政、价格主管部门批准设立的行政事业性收费；收取时开具省级以上（含省级）财政部门监（印）制的财政票据；所收款项全额上缴财政，满足上述条件的政府性基金、行政事业性收费不征收增值税[①]。

5. 机场建设费

航空运输企业的销售额中不包括代收的机场建设费，该部分不征收增值税[②]。

6. 证照工本费

国家管理部门行使其管理职能，发放的执照、牌照和有关证书等取得的工本费收入，不征收增值税[③]。

第四类是预售类

收到预收款在会计上通常并不会确认为收入，但增值税更多地采用收付实现制原则，纳税义务发生时间为收讫销售款项或者取得销售款项索取凭据的当日；先开具发票的，为开具发票的当日，通常情况下只要收取了相关款项就应当缴纳增值税，即便收取的是预收款也是如此，只有在以下特殊情形之下才不用缴纳增值税：

1. 预付卡销售和充值

单用途卡发卡企业或者售卡企业销售单用途卡，或者接受单用途卡持卡人充值取得的预收资金，不缴纳增值税。单用途卡，是指发卡企业按照国家有关规定发行的，仅限于在本企业、本企业所属集团或者同一品牌特许经营体系内兑付货物或者服务的预付凭证。发卡企业，是指按照国家有关规定发行单用途卡的企业。售卡企业，是指集团发卡企业或者品牌发卡企业指定的，承担单用途卡销售、充值、挂失、换卡、退卡等相关业务的本集团或同一品牌特许经营体系内的企业[④]。

支付机构销售多用途卡取得的等值人民币资金，或者接受多用途卡持卡人充值取得的充值资金，不缴纳增值税[⑤]，支付机构是指取得中国人民银行核发的"支付业务许可证"，获准办理"预付卡发行与受理"业务的发卡机构和获准办理"预

[①]《财政部 国家税务总局关于全面推开营业税改征增值税试点的通知》（财税〔2016〕36号）附件1《营业税改征增值税试点实施办法》第十条第（一）项。

[②]《财政部 国家税务总局关于全面推开营业税改征增值税试点的通知》（财税〔2016〕36号）附件2《营业税改征增值税试点有关事项的规定》第一条第（三）项第6目。

[③]《国家税务总局关于印发〈增值税问题解答（之一）〉的通知》（国税函〔1995〕288号）第六条。

[④]《国家税务总局关于营改增试点若干征管问题的公告》（国家税务总局公告2016年第53号）第三条。

[⑤]《国家税务总局关于营改增试点若干征管问题的公告》（国家税务总局公告2016年第53号）第四条。

付卡受理"业务的受理机构。多用途卡是指发卡机构以特定载体和形式发行的，可在发卡机构之外购买货物或服务的预付价值。

2. 销售自行开发的房地产项目预收款[1]

从房屋预售到正式交房通常要等很长时间，因此收取的预收款并不属于增值税征税范围，不过却需要按照规定预缴相关税款，这种制度安排是为了保证税收收入的稳定性。

3. 建筑服务预收款

按照之前的规定[2]，纳税人提供建筑服务采取预收款方式，其纳税义务发生时间为收到预收款的当天，不过上述规定已经废止[3]，因此在工程项目开工前，收到的建筑服务预收款属于不征税收入，只需要预缴，不需要申报，但在工程项目开工后所收到的预收款产生纳税义务，既需要预缴，也需要申报。

第五类是代收代付类

为了防止税基被侵蚀，增值税销售额长期以来不仅包括价款，还包括价外费用，虽然《增值税法》已经不再提及价外费用这个概念，但依旧不允许企业擅自调减销售额，只有特定的代收代付款项才允许被剔除。

1. 代收代缴的相关税款

代收代缴的消费税[4]以及代收的印花税、车船使用税[5]不计入增值税销售额。

2. 代收的保险费、车辆购置税、车辆牌照费

销售货物的同时代办保险等而向购买方收取的保险费，以及向购买方收取的代购买方缴纳的车辆购置税、车辆牌照费不计入增值税销售额[6]。

3. 代垫运输费用

承运部门的运输费用发票开具给购买方的并且纳税人将该项发票转交给购买方的代垫运输费用不计入增值税销售额[7]。

---

[1] 《国家税务总局关于营改增试点若干征管问题的公告》（国家税务总局公告2016年第53号）第九条第（十一）项。
[2] 《财政部 国家税务总局关于全面推开营业税改征增值税试点的通知》（财税〔2016〕36号）附件1《营业税改征增值税试点实施办法》第四十五条第（二）项。
[3] 《财政部 税务总局关于建筑服务等营改增试点政策的通知》（财税〔2017〕58号）第二条。
[4] 《中华人民共和国增值税暂行条例实施细则》第十二条第（一）项。
[5] 《国家税务总局关于增值税发票管理若干事项的公告》（国家税务总局公告2017年第45号）附件"商品和服务税收分类编码表"604、605。
[6] 《中华人民共和国增值税暂行条例实施细则》第十二条第（四）项。
[7] 《中华人民共和国增值税暂行条例实施细则》第十二条第（二）项。

4. 代理进口免税货物代收的货款

纳税人代理进口按规定免征进口增值税的货物，其销售额不包括向委托方收取并代为支付的货款。向委托方收取并代为支付的款项，不得开具增值税专用发票，可以开具增值税普通发票[①]。

5. 代收的签证费、认证费

纳税人提供签证代理服务，以取得的全部价款和价外费用，扣除向服务接受方收取并代为支付给外交部和外国驻华使（领）馆的签证费、认证费后的余额为销售额。向服务接受方收取并代为支付的签证费、认证费，不得开具增值税专用发票，可以开具增值税普通发票[②]。

6. 支付给境外单位的考试费

境外单位通过教育部考试中心及其直属单位在境内开展考试，教育部考试中心及其直属单位应以取得的考试费收入扣除支付给境外单位考试费后的余额为销售额[③]。

7. 特殊行业的代收代付款项

如人力资源外包服务销售额不包括受客户单位委托代为向客户单位员工发放的工资和代理缴纳的社会保险、住房公积金；航空运输服务销售额不包括代售其他航空运输企业客票而代收转付的价款。

8. 符合条件的代购货物行为

受托方不垫付资金；销货方将发票开具给委托方，并由受托方将该项发票转交给委托方；受托方按销售方实际收取的销售额和增值税额（如系代理进口货物则为海关代征的增值税额）与委托方结算贷款，并另外收取手续费。同时具备上述条件的代购货物行为不征收增值税；不同时具备上述条件，无论会计制度规定如何核算，均征收增值税[④]。

[①] 《国家税务总局关于在境外提供建筑服务等有关问题的公告》（国家税务总局公告 2016 年第 69 号）第八条。

[②] 《国家税务总局关于在境外提供建筑服务等有关问题的公告》（国家税务总局公告 2016 年第 69 号）第七条。

[③] 《国家税务总局关于在境外提供建筑服务等有关问题的公告》（国家税务总局公告 2016 年第 69 号）第六条。

[④] 《财政部 国家税务总局关于增值税、营业税若干政策规定的通知》（财税字〔1994〕26 号）第五条。《增值税法》第六条第（四）项。

9. 受托代理销售二手车

受托方不向委托方预付货款；委托方将"二手车销售统一发票"直接开具给购买方；受托方按购买方实际支付的价款和增值税额（如系代理进口销售货物则为海关代征的增值税额）与委托方结算货款，并另外收取手续费。同时具备以上条件的销售行为不征收增值税；不同时具备以上条件的销售行为视同销售征收增值税[1]，不过《增值税法》实施之后，代售行为已经不再属于视同销售。

第六类是金融类

金融服务不仅复杂而且始终处于变革之中，时刻不停地想要通过变更现有的金融体制和增加新的金融工具来获得潜在利润，因此金融服务改征增值税之后存在诸多不相适应的地方，为了保持金融业的健康发展，于是将一些项目确定为不征税项目。

1. 存款利息

存款利息仅限于存储在国家规定的吸储机构所取得的存款利息；保本收益类金融商品所取得的利息收入应按贷款服务缴纳增值税；结构性存款应区别情况处理，凡在产品说明或合约中明确约定保证本金的，需要按照贷款服务缴纳增值税；未在产品说明或合约中明确约定保证本金，属于利息收入，不征收增值税[2]。

结构性存款指的是金融机构吸收的嵌入金融衍生工具的存款，通过与利率、汇率、指数等的波动挂钩或与某实体的信用情况挂钩，使存款人在承担一定风险的基础上获得更高收益的业务产品。结构性存款通常保证本金，相比于普通存款，结构性存款的最大特征在于其利息与挂钩标的物的收益表现相关，因而其利息是浮动的，需要承担一定的风险。

2. 金融商品非保本收益

贷款是指将资金贷与他人使用而取得利息收入的业务活动，包括各种占用、拆借资金取得的收入。金融商品收益是指金融商品持有期间（含到期）利息，包括保本收益、报酬、资金占用费、补偿金等收入，如果合同中明确承诺到期本金可全部收回的投资收益，需要按照贷款服务缴纳增值税；取得的非保本的上述收

---

[1] 《国家税务总局关于二手车经营业务有关增值税问题的公告》（国家税务总局公告2012年第23号）。
[2] 《财政部 国家税务总局关于全面推开营业税改征增值税试点的通知》（财税〔2016〕36号）附件2《营业税改征增值税试点有关事项的规定》第一条第（二）项第2目。

益,不属于利息或利息性质的收入,不征收增值税①。

3. 持有至到期的资管产品

纳税人购入基金、信托、理财产品等各类资产管理产品持有至到期,不属于金融商品转让,等同于金融商品的非保本收益,不需要缴纳增值税②。

4. 保险赔付金

被保险人获得的保险赔付不征收增值税③,保险金是保险人根据保险合同的约定,对被保险人或者受益人进行给付的金额;或者当保险事故发生时,对物质损失进行赔偿的金额,通常是被保险人遭受一定损失或者受到一定损害时才能获取保险赔付金,因此不再征收增值税。

5. 融资性售后回租承租方出售资产

不征收增值税。融资性售后回租业务是指承租方以融资为目的将资产出售给经批准从事融资租赁业务的企业后,又将该项资产从该融资租赁企业租回的行为。融资性售后回租业务中承租方出售资产时,资产所有权以及与资产所有权有关的全部报酬和风险并未完全转移,因此不征收增值税④。

6. 证券结算相关项目

中国证券登记结算公司的销售额中不包括证券结算风险基金代收代付的证券公司资金交收违约垫付资金利息、结算过程中代收代付的资金交收违约罚息,上述项目不征收增值税⑤。

第七类是特殊事项类

特殊事项类包括天然水、自来水等特殊产品,也包括成品油跨县市调配等特殊的产品调拨。

1. 成品油跨县市调配⑥

对统一核算,且经税务机关批准汇总缴纳增值税的成品油销售单位跨县市调

---

① 《财政部 国家税务总局关于明确金融、房地产开发、教育辅助服务等增值税政策的通知》(财税〔2016〕140号)第一条。
② 《财政部 国家税务总局关于明确金融、房地产开发、教育辅助服务等增值税政策的通知》(财税〔2016〕140号)第二条。
③ 《财政部 国家税务总局关于全面推开营业税改征增值税试点的通知》(财税〔2016〕36号)附件2《营业税改征增值税试点有关事项的规定》第一条第(二)项第3目。
④ 《国家税务总局关于融资性售后回租业务中承租方出售资产行为有关税收问题的公告》(国家税务总局公告〔2010〕13号)。
⑤ 《财政部 国家税务总局关于营业税改征增值税试点若干政策的通知》(财税〔2016〕39号)第二条。
⑥ 《成品油零售加油站增值税征收管理办法》(国家税务总局令第2号)第四条第二款。

配成品油的不征收增值税。《中华人民共和国增值税暂行条例实施细则》（以下简称《增值税暂行条例实施细则》）第四条第（三）项规定，设有两个以上机构并实行统一核算的纳税人，将货物从一个机构移送其他机构用于销售，但相关机构设在同一县（市）的除外，视同销售货物。这条规定曾经饱受诟病，《增值税法》中的视同应税交易已经不再包括这种情形。

2. 天然水

供应或开采未经加工的天然水，如水库供应农业灌溉用水、工厂自采地下水用于生产，不征收增值税[①]。

3. 水资源费改税试点期间的自来水

对城镇公共供水用水户在基本水价（自来水价格）外征收水资源费的试点省份，在水资源费改税试点期间，按照不增加城镇公共供水企业负担的原则，城镇公共供水企业缴纳的水资源税所对应的水费收入，不计征增值税，按"不征税自来水"项目开具增值税普通发票[②]。

[①]《国家税务总局关于印发〈增值税若干具体问题的规定〉的通知》（国税发〔1993〕154号）第一条第（七）项。
[②]《关于水资源费改税后城镇公共供水企业增值税发票开具问题的公告》（国家税务总局公告2017年第47号）。

第二章 增值税纳税人的管理

我国的纳税人分为单位与个人两类，所有单位与个人都有可能成为增值税纳税人，是征税范围最广的一个税种，纳税人的具体分类如图 2.1 所示。

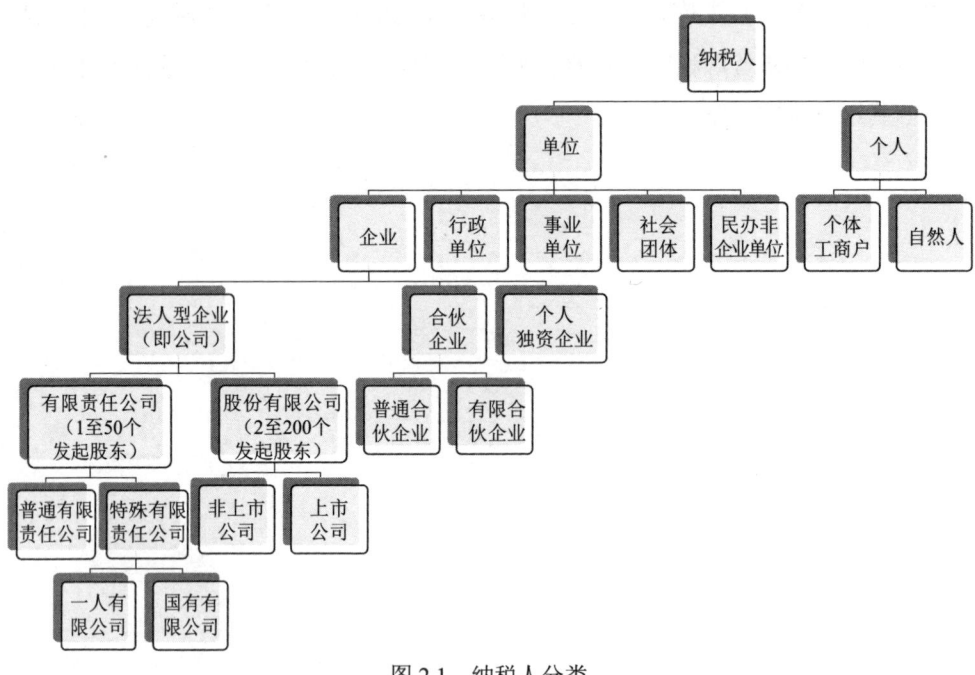

图 2.1　纳税人分类

第一节　一般纳税人

纳税人分为一般纳税人和小规模纳税人。《增值税法》第九条规定：
"本法所称小规模纳税人，是指年应征增值税销售额未超过五百万元的纳税人。
"小规模纳税人会计核算健全，能够提供准确税务资料的，可以向主管税务机关办理登记，按照本法规定的一般计税方法计算缴纳增值税。

"根据国民经济和社会发展的需要，国务院可以对小规模纳税人的标准作出调整，报全国人民代表大会常务委员会备案。"

年应征增值税销售额超过五百万元的纳税人应当认定为一般纳税人，未超过上述标准的小规模纳税人如果会计核算健全，能够提供准确税务资料，也可以向主管税务机关办理一般纳税人登记，按照一般计税方法计算缴纳增值税。

《增值税法》中的表述是"年应征增值税销售额"，但"年"的概念却并不是很清晰，因此在税务实践中实际采用的标准是连续12个月应征增值税销售额。

一、一般纳税人的认定

符合一般纳税人认定条件的纳税人应当向主管税务机关办理一般纳税人资格登记。登记时，纳税人要向主管税务机关填报"增值税一般纳税人登记表"，如实填写固定生产经营场所等信息，并提供税务登记证件[①]。税务登记证件包括纳税人领取的由工商行政管理部门或者其他主管部门核发的加载法人和其他组织统一社会信用代码的相关证件。

纳税人填报内容与税务登记信息一致的，主管税务机关当场登记；纳税人填报内容与税务登记信息不一致，或者不符合填列要求的，税务机关应当场告知纳税人需要补正的内容[②]。经税务机关核对后退还纳税人留存的"增值税一般纳税人登记表"，可以作为证明纳税人成为增值税一般纳税人的凭据。

纳税人在年应税销售额超过规定标准的月份（或季度）的所属申报期结束后15日内按照规定办理相关手续；未按规定时限办理的，主管税务机关应当在规定时限结束后5日内制作"税务事项通知书"，告知纳税人应当在5日内向主管税务机关办理相关手续；逾期仍不办理的，次月起按销售额依照增值税税率计算应纳税额，不得抵扣进项税额，直至纳税人办理相关手续为止[③]。

纳税人自一般纳税人生效之日起，按照增值税一般计税方法计算应纳税额，并可以按照规定领用增值税专用发票[④]，不过目前小规模纳税人也可以领用并自开增值税专用发票。数电票上线后，纳税人无须再进行发票领用，可以在授信额度

[①]《增值税一般纳税人登记管理办法》（国家税务总局令第43号）第六条第（一）项。
[②]《增值税一般纳税人登记管理办法》（国家税务总局令第43号）第六条第（二）、（三）项。
[③]《增值税一般纳税人登记管理办法》（国家税务总局令第43号）第八条。
[④]《增值税一般纳税人登记管理办法》（国家税务总局令第43号）第九条。

内自由开具发票。生效之日是指纳税人办理登记的当月 1 日或者次月 1 日，由纳税人在办理登记手续时自行选择，给予了纳税人一定的选择权。

纳税人登记为一般纳税人后，不得再转为小规模纳税人，国家税务总局另有规定的除外[1]，比如在 2020 年 12 月 31 日前，一般纳税人在转登记日前连续 12 个月（按月申报）或者连续 4 个季度（按季申报）累计销售额未超过 500 万元，可以选择转登记为小规模纳税人[2]，但这只是针对特殊群体的过渡性政策，目前还没有出台一般纳税人可以转为小规模纳税人的长期性政策。

如果小规模纳税人会计核算健全、能够提供准确的税务资料，即便年应征增值税销售额达不到 500 万元的标准，仍旧可以登记为一般纳税人，会计核算健全是指能够按照国家统一的会计制度规定设置账簿，根据合法、有效凭证核算[3]。

如果一般纳税人会计核算不健全、不能提供准确的税务资料，也不得转为小规模纳税人，销售额仍旧按照增值税税率计算应纳税额，但不得抵扣进项税额，也不得使用增值税专用发票。

二、辅导期一般纳税人

对税收遵从度低的一般纳税人，主管税务机关可以实行纳税辅导期管理[4]，不过新的《增值税一般纳税人登记管理办法》颁布实施之后，《增值税一般纳税人纳税辅导期管理办法》却一直没有进行相应修改，因为目前辅导期一般纳税人的数量比较稀少。

实行纳税辅导期管理的一般纳税人分为两类，一类是小型商贸批发企业，年应税销售额未超过 500 万元；注册资金在 80 万元（含 80 万元）以下；职工人数在 10 人（含 10 人）以下，但只从事出口贸易，不需要使用增值税专用发票的企业除外[5]。另一类是具有涉税风险的一般纳税人，增值税偷税数额占应纳税额的 10% 以上并且偷税数额在 10 万元以上的纳税人；骗取出口退税的纳税人；虚开增值税扣税凭证的纳税人；国家税务总局规定的其他情形[6]。

新认定为一般纳税人的小型商贸批发企业实行纳税辅导期管理的期限为 3 个月；其他一般纳税人实行纳税辅导期管理的期限为 6 个月[7]。

---

[1]《增值税一般纳税人登记管理办法》（国家税务总局令第 43 号）第十条。
[2]《国家税务总局关于明确二手车经销等若干增值税征管问题的公告》（国家税务总局公告 2020 年第 9 号）第六条。
[3]《财政部 国家税务总局关于全面推开营业税改征增值税试点的通知》（财税〔2016〕36 号）附件 1《营业税改征增值税试点实施办法》第四条。
[4]《增值税一般纳税人登记管理办法》（国家税务总局令第 43 号）第十一条。
[5]《国家税务总局关于印发〈增值税一般纳税人纳税辅导期管理办法〉的通知》（国税发〔2010〕40 号）第三条。
[6]《国家税务总局关于印发〈增值税一般纳税人纳税辅导期管理办法〉的通知》（国税发〔2010〕40 号）第四条。
[7]《国家税务总局关于印发〈增值税一般纳税人纳税辅导期管理办法〉的通知》（国税发〔2010〕40 号）第五条。

辅导期纳税人限量限额发售增值税专用发票，小型商贸批发企业领购专用发票的最高开票限额不得超过十万元；其他一般纳税人增值税专用发票最高开票限额应根据企业实际经营情况重新核定[①]。

辅导期纳税人领购增值税专用发票实行按次限量控制，主管税务机关可根据其经营情况核定每次增值税专用发票的供应数量，但每次发售数量不得超过 25 份。辅导期纳税人领购的增值税专用发票未使用完再次领购的，主管税务机关发售专用发票的份数不得超过核定的每次领购专用发票份数与未使用完的专用发票份数的差额[②]。

辅导期纳税人一个月内多次领用增值税专用发票，应从当月第二次领用增值税专用发票起，按照上一次已领购并开具的专用发票销售额的 3% 预缴增值税，未预缴增值税的，主管税务机关不得允许其领用增值税专用发票。预缴增值税时，纳税人应提供已领购并开具的专用发票记账联，主管税务机关根据其提供的专用发票记账联计算应预缴的增值税[③]。

辅导期纳税人按规定预缴的增值税可以在本期增值税应纳税额中抵减，抵减后预缴增值税仍有余额的，可抵减下期再次领购专用发票时应当预缴的增值税。纳税辅导期结束后，纳税人因增购增值税专用发票发生的预缴增值税仍旧有余额的，主管税务机关应在纳税辅导期结束后的第一个月内，一次性退还纳税人[④]。

数电票推行后，实行授信制，在授信额度内，纳税人可以自由开具任意金额、任意份数、任意发票种类的发票，对于单张发票也不再设最高开票限额，对于开具的发票份数也不再设定限制，因此，上述针对辅导期纳税人的限制措施基本失效了。

不过预缴增值税制度仍旧延续，不过不再是从第二次领用增值税专用发票时预缴而是超过授信额度之后仍旧有开票需求时进行预缴。

三、计税方法

《增值税法》第八条规定：

"纳税人发生应税交易，应当按照一般计税方法，通过销项税额抵扣进项税额计算应纳税额的方式，计算缴纳增值税；本法另有规定的除外。

"小规模纳税人可以按照销售额和征收率计算应纳税额的简易计税方法，计算

[①] 《国家税务总局关于印发〈增值税一般纳税人纳税辅导期管理办法〉的通知》(国税发〔2010〕40号)第八条（一）。
[②] 《国家税务总局关于印发〈增值税一般纳税人纳税辅导期管理办法〉的通知》(国税发〔2010〕40号)第八条（二）。
[③] 《国家税务总局关于印发〈增值税一般纳税人纳税辅导期管理办法〉的通知》(国税发〔2010〕40号)第九条。
[④] 《国家税务总局关于印发〈增值税一般纳税人纳税辅导期管理办法〉的通知》(国税发〔2010〕40号)第十条。

缴纳增值税。

"中外合作开采海洋石油、天然气增值税的计税方法等，按照国务院的有关规定执行。"

一般纳税人应当采用一般计税方法，也就是用不含税销售额乘以适用税率计算销项税额，然后再根据抵扣凭证上注明或者计算得出的税额汇总计算销项税额，两者之间的差额就是应当缴纳的增值税税款。

《增值税法》列出了两种特殊情形可以不适用一般计税方法：第一种是小规模纳税人可以适用简易计税方法，第二种是中外合作开采海洋石油、天然气，这是相较于之前的《增值税法（草案）》新增的条款，中外合作开采海洋石油、天然气并不是从价计征，更不是增值税抵扣制而是按照实物缴纳增值税、以该油（气）田开采的原油、天然气扣除了石油作业用油（气）量和损耗量之后的原油、天然气产量作为计税依据，因此需要按照国务院的有关规定执行，也不适用一般计税方法。

第二节 小规模纳税人与扣缴义务人

根据《增值税法》第九条的规定，年应征增值税销售额超过五百万元强制认定为一般纳税人，未超过上述标准可以自由选择是否登记为一般纳税人。没有被认定为一般纳税人的增值税纳税人都会被认定为小规模纳税人，既包括企业，也包括行政单位、事业单位与社会团体，还包括个体工商户与自然人。

一、小规模纳税人的征税要求

不同于已经停征的营业税，增值税只对货物、服务、无形资产、不动产的增值部分进行征税，具体做法是可以扣除进项税额，不过却需要取得合法的扣税凭证，但一些规模较小的纳税人会计核算能力比较弱，获取合法扣税凭证的难度也比较大，因此对小规模纳税人实行与一般纳税人截然不同的征税方式。

增值税在设置税率的同时又设置了征收率，小规模纳税人只需准确核算销售额，用销售额乘以征收率便可以计算出应纳税额。

《增值税法》第十一条规定："适用简易计税方法计算缴纳增值税的征收率为百分之三。"只提及 3% 这档征收率，并未提及有 5% 这档征收率。

《增值税法》第二十五条规定：

"根据国民经济和社会发展的需要，国务院对支持小微企业发展、扶持重点产业、鼓励创新创业就业、公益事业捐赠等情形可以制定增值税专项优惠政策，报全国人民代表大会常务委员会备案。

"国务院应当对增值税优惠政策适时开展评估、调整。"

国务院有权制定增值税专项优惠政策并适时进行评估与调整，却并未获得授权设定增值税征收率。《中华人民共和国增值税暂行条例》（以下简称《增值税暂行条例》）第十二条规定"小规模纳税人增值税征收率为3%，国务院另有规定的除外"，说明之前国务院拥有相应的权力，《增值税法》却并没有相应表述，因此5%这档征收率应该会被取消。

原本小规模纳税人与一般纳税人最大的两个区别在于：一般纳税人允许抵扣进项税额，小规模纳税人不允许抵扣进项税额；一般纳税人可以自行开具增值税专用发票，小规模纳税人不允许自行开具增值税专用发票。

不过如今两者之间的界限变得越来越模糊，对于一些特殊项目，一般纳税人也可以选择适用简易征收；目前全行业的小规模纳税人都允许自行开具增值税专用发票，增值税小规模纳税人自行开具增值税专用发票的发展进程如图2.2所示。

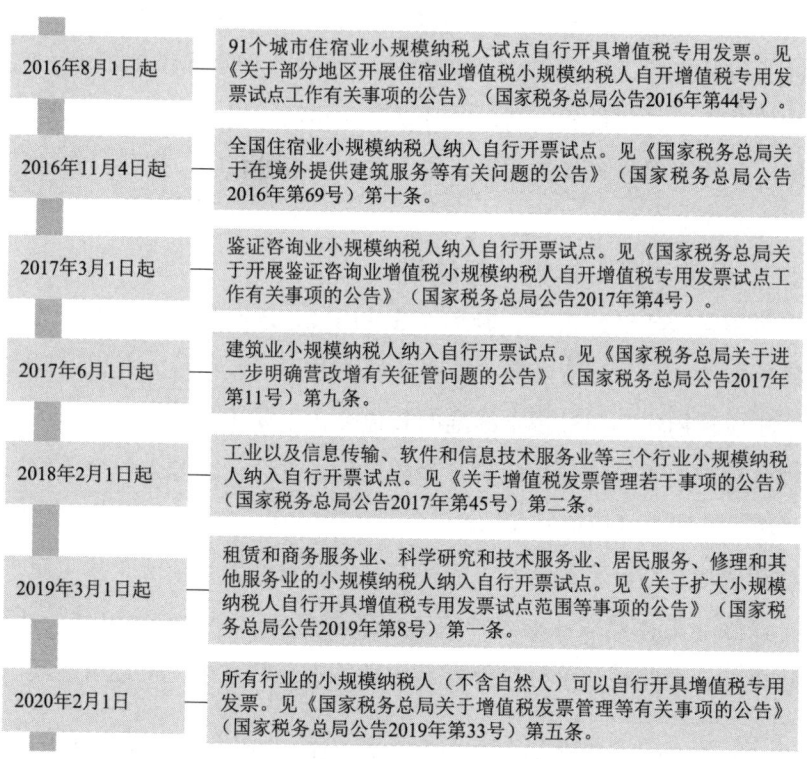

图 2.2　增值税小规模纳税人自开增值税专用发票时间轴

或许在不久的将来，将会不用再对两者进行区分，只分为采用一般计税方法的纳税人与采用简易计税方法的纳税人，或者两种方法兼有的纳税人。

新注册公司究竟是选择成为一般纳税人还是小规模纳税人，首先看规模，如果公司投资规模大，年销售收入很快就会超过500万元，建议直接认定为一般纳税人。如果预计年度销售额在120万元以下，建议选择成为小规模纳税人，可以享受增值税免征政策。

其次看客户，如果购买方主要是大客户，很可能不会接受3%征收率的增值税专用发票，建议直接认定为一般纳税人，否则会给业务开展带来一定的影响。

再次看抵扣，预估企业正式运营之后的成本费用构成，如果获取抵扣凭证的难度比较小，进项税额能够充分抵扣，测算的增值税实际税负低于3%，那么建议选择直接认定为一般纳税人。

此外，还要看行业，销售货物虽然适用13%或9%的高税率，但如果是从正规渠道进货，取得增值税专用发票相对比较容易，行业的实际税负未必高。一些服务业主要依赖于人的体力或者智力，但员工为受雇单位或者雇主提供取得工资、薪金的服务不属于增值税征税范围，如果选择外购，虽然可以获得增值税专用发票，却又侵蚀了利润空间，这些行业的税率虽然仅为6%，但实际税负却未必低。当然，还有一些特殊行业虽然税负较高，却可以享受即征即退、先征后返（退）的税收优惠政策，但这些优惠政策的适用范围通常为一般纳税人，因此，在进行选择时需要审慎地进行综合考虑。

二、小规模纳税人转为一般纳税人

年应税销售额超过财政部、国家税务总局规定的小规模纳税人标准即年应征增值税销售额500万元，应当向主管税务机关办理一般纳税人登记，但也存在例外情形。年应税销售额超过规定标准的其他个人不属于一般纳税人，年应税销售额超过规定标准但不经常发生应税行为的单位（含企业、非企业性单位）和个体工商户可选择按照小规模纳税人纳税[①]。

不过营改增之后，不经常发生应税交易的正常经营企业或个体工商户几乎已经绝迹了，除非是停业歇业的企业或个体工商户，非企业性单位倒是还有可能，比如行政单位、某些事业单位以及社会团体并不经常从事生产经营活动，某日将

---

① 《财政部 国家税务总局关于全面推开营业税改征增值税试点的通知》（财税〔2016〕36号）附件1《营业税改征增值税试点实施办法》第三条第三款。

本单位自用的货物出售，即便超过了 500 万元，但因其不经常发生应税交易，也可以选择不认定为一般纳税人。

年应税销售额是指纳税人在连续不超过 12 个月或 4 个季度（适用于季度申报的纳税人）的经营期内累计应征增值税销售额，包括纳税申报销售额、稽查查补销售额、纳税评估调整销售额，纳税申报销售额中包括适用免税或者零税率政策的销售额。

销售服务、无形资产或者不动产有扣除项目的纳税人，其应税行为年应税销售额按未扣除之前的销售额计算[①]。

小规模纳税人某劳务派遣公司，按季度申报选择差额纳税，4 个季度收到用工方支付的劳务派遣费用共计 730 万元，其中代发劳务派遣人员工资 425 万元，支付社会保险 128 万元，支付住房公积金 51 万元，共计 604 万元，按照差额征税的计算方式，当年销售额为 730-425-128-51=126（万元），折算为不含税收入 126÷（1+3%）=122.33（万元），之前适用的征收率为 5%，《增值税法》实施后降为 3%。不过计算年应税销售额不能进行扣除，不含税销售额为 730÷（1+3%）=708.74（万元），已然超过 500 万元的标准，应当向主管税务机关办理一般纳税人登记。

纳税人偶然发生的销售无形资产、转让不动产的销售额，不计入应税行为年应税销售额[②]。传统增值税业务的一般纳税人年销售额标准为 50 万元（工业企业）和 80 万元（商业企业），营改增业务为 500 万元，后来统一调整为 500 万元，但偶然发生的不动产、无形资产转让，可能会使得某些企业瞬间超出 500 万元的认定标准，因此偶然发生的销售无形资产、转让不动产的销售额准予从年应税销售额中剔除。

三、扣缴义务人

扣缴义务人是指法律、行政法规规定负有代扣代缴、代收代缴税款义务的单位或个人。他们并不是真正的纳税人，但与纳税人又存在着某种经济关联，所以法律便赋予其相应的义务，主要是代扣纳税人税款并办理相关的纳税申报手续。

通常情况下，增值税的纳税人为销售方，实际承担方为购买方，但境外单位或个人在境内销售服务、无形资产或者不动产，如果在境内发生的应税交易，我

[①]《增值税一般纳税人登记管理办法》（国家税务总局令第 43 号）第二条第二款。
[②]《增值税一般纳税人登记管理办法》（国家税务总局令第 43 号）第二条第二款。

国税务机关很难对其进行有效管理,因此,税法要求购买方为增值税的扣缴义务人。

《增值税法》第十五条规定:

"境外单位和个人在境内发生应税交易,以购买方为扣缴义务人;按照国务院的规定委托境内代理人申报缴纳税款的除外。

"扣缴义务人依照本法规定代扣代缴税款的,按照销售额乘以税率计算应扣缴税额。"

境外单位指的就是非居民企业,也就是指依照外国(地区)法律成立且实际管理机构不在中国境内的企业。

境外个人指的是非居民个人,区分居民个人和非居民个人需要把握以下两个极为重要的关键点:

第一个是住所,注意并非"房屋"或者"住宅"。"房屋"是个独立的客观存在,某个外国人在中国境内买了一处房子,却从来不住,那么便不能认定其在中国境内有住所。"住所"是"住"在前,"所"在后,强调的是居住,也就是因户籍、家庭、经济利益关系在中国境内有一个习惯性所在并长期居住就可以认定为有住所。

第二个是时间,对于无住所纳税人,在中国境内居住累计是否满183天成为判断其是否属于中国居民个人的关键,正常年份一年有365天,183天便意味着超过半年的时间居住在中国境内。在一个纳税年度内,无住所个人在中国境内累计居住天数,按照其在中国境内累计停留的天数计算。在中国境内停留的当天满24小时,该日计入中国境内居住天数,在中国境内停留的当天不足24小时,该日不计入中国境内居住天数。

之所以要严格区分居民个人和非居民个人是因为在法理上居民个人负无限纳税义务,而非居民个人只负有限纳税义务,居民个人所承担的纳税义务要更大一些,从中国境内和境外取得的所得都需要缴纳个人所得税,非居民个人仅仅对从中国境内取得的所得缴纳个人所得税,对于从境外取得的所得不需要缴纳个人所得税。

对于无住所居民个人,在中国境内连续居住不满6年,对于其来源于中国境外且由境外单位或者个人支付的所得,免予征收个人所得税,不过需要及时向主管税务机关备案。连续的年限从2019年开始计算,之前的年限一律予以清零,因此最早从2025年开始才会出现对来自中国境内、境外收入均需缴税的非住所个人,具体情况见表2.1。

表2.1　无住所个人境、内外所得纳税情况

居住时间	来源于中国境内的所得		来源于中国境外的所得	
	境内支付	境外支付	境内支付	境外支付
不超过90天	征税	工资薪金所得免税（境外支付不由该雇主在中国境内的机构、场所负担的部分）其他所得征税	无纳税义务	无纳税义务
不超过183天	征税	征税	无纳税义务	无纳税义务
每年满183天但不满6年	征税	征税	征税	免税
每年满183天且满6年	征税	征税	征税	征税

《增值税暂行条例》第十八条规定："中华人民共和国境外的单位或者个人在境内销售劳务，在境内未设有经营机构的，以其境内代理人为扣缴义务人；在境内没有代理人的，以购买方为扣缴义务人。"

按照之前的规定，需要先以其境内代理人为扣缴义务人；如果没有境内代理人才以购买方为扣缴义务人，确定扣缴义务人的程序比较烦琐，《增值税法》直接以购买方为扣缴义务人，除非国务院规定委托境内代理人申报缴纳税款，相关政策的变化无疑使得税务机关可以更为高效便捷地确定扣缴义务人。

《增值税法》第十五条规定："境外单位和个人在境内发生应税交易，以购买方为扣缴义务人；按照国务院的规定委托境内代理人申报缴纳税款的除外。

"扣缴义务人依照本法规定代扣代缴税款的，按照销售额乘以税率计算应扣缴税额。"

由于增值税属于价外税，因此在计算应当扣缴的税额时需要先将购买方支付的价款还原为不含税销售额。

第三节　一般纳税人的简易征收项目

简易征收就是按照相关政策规定针对准许从事特殊项目增值税一般纳税人可以像小规模纳税人那样采用征收率计算应纳税额的一种特殊的征收方式，通常情况下可以自由选择适用一般计税方法还是简易计税方法，不过个别项目强制要求适用简易计税方法。

选择哪种方法对企业更有利，最关键的还是要看能否取得以及能够取得多少扣税凭证。由于征收率要低于税率，因此简易征收项目与非简易征收项目必须要独立核算，如果未分别核算，税务机关有权决定全部销售额从高适用税率。

对企业而言，全部科学清晰地分开两个项目的进项税额在现实操作过程中往往有一定的难度，如果操作不当，可能会被税务机关认为有意将原本应归属于简易征税项目的进项税额归集到非简易征收项目名下，因此，如果简易征税项目的销售额比较大，企业分立的难度又不大，最好是将企业分拆成两家，其中一家专门负责简易征税项目。

一、销售货物适用简易征税的情形

目前销售货物的简易征税项目共有19项，其中一项在2023年12月31日已经到期，目前还没有出台相应的延期文件，主要涉及以下五类货物：

第一类是符合绿色环保理念的废旧物资利用项目，具体包括销售自己使用过的物品、销售旧货、二手车经销、再生资源回收。

第二类是因位于抵扣联最末端而难以取得扣税凭证的源头类货物，具体包括小型水力发电、自来水、销售自产的建筑用和生产建筑材料所用的砂、土、石料，还有以自己采掘的砂、土、石料或其他矿物连续生产的砖、瓦、石灰（不含黏土实心砖、瓦），以及以水泥为原料生产的水泥混凝土、有关生物制品、非临床用人体血液、中外合作油（气）田开采的原油与天然气。

第三类是因特殊原因难以取得扣税凭证的货物，具体包括寄售商店代销寄售物品、典当业销售死当物品。

第四类是国家鼓励的特定货物，具体包括光伏发电、抗癌药品和罕见病药品、新支线飞机以及经国务院或国务院授权机关批准的免税商店零售的免税品。

第五类是税收征管需要征收的项目，对未持"外出经营活动税收管理证明"开展跨区域经营活动的一般人按照简易方法预征税款。

五类销售货物简易征收情况具体见表2.2。

表2.2 销售货物简易征收项目一览表

项目	适用范围	适用征收率	文件依据	实施时间
销售自己使用过的物品	销售自己使用过的2008年12月31日以前购进或者自制的固定资产	3%减按2%（原为4%减按2%）		

续表

项目	适用范围	适用征收率	文件依据	实施时间
销售旧货	进入二次流通的具有部分使用价值的货物（含旧汽车、旧摩托车和旧游艇），但不包括自己使用过的物品。 纳税人受托代理销售二手车（即旧汽车），同时具备以下条件的，不征收增值税①： （1）受托方不向委托方预付货款； （2）委托方将"二手车销售统一发票"直接开具给购买方； （3）受托方按购买方实际支付的价款和增值税额（如系代理进口销售货物则为海关代征的增值税额）与委托方结算货款，并另外收取手续费	3%减按2%（原为4%减按2%）	（1）《财政部 国家税务总局关于部分货物适用增值税低税率和简易办法征收增值税政策的通知》（财税〔2009〕9号）第二条、第三条； （2）《财政部 国家税务总局关于简并增值税征收率政策的通知》（财税〔2014〕57号）	政策执行时间：2009年1月1日起；现行征收率适用时间：2014年7月1日起
小型水力发电	县级及县级以下小型水力发电单位生产的电力。小型水力发电单位，是指各类投资主体建设的装机容量为5万千瓦以下（含5万千瓦）的小型水力发电单位	3%（原为6%）		
砂、土、石料	销售自产的建筑用和生产建筑材料所用的砂、土、石料			
砖、瓦、石灰	以自己采掘的砂、土、石料或其他矿物连续生产的砖、瓦、石灰（不含黏土实心砖、瓦）			
自来水	对属于一般纳税人的自来水公司销售自来水按简易办法依照6%征收率征收增值税，不得抵扣其购进自来水取得增值税扣税凭证上注明的增值税税款			
商品混凝土	仅限于以水泥为原料生产的水泥混凝土			
寄售商店代销寄售物品	包括居民个人寄售的物品在内	3%（原为4%）		
死当物品	典当业销售死当物品			
免税品	经国务院或国务院授权机关批准的免税商店零售的免税品。 免税品具体是指免征关税、进口环节税的进口商品和实行退（免）税（增值税、消费税）进入免税店销售的国产商品②			

① 《国家税务总局关于二手车经营业务有关增值税问题的公告》（国家税务总局公告2012年第23号），自2012年7月1日起开始施行。

② 《国家税务总局关于出境口岸免税店有关增值税政策问题的通知》（国税函〔2008〕81号）第一条。

续表

项目	适用范围	适用征收率	文件依据	实施时间
二手车	从事二手车经销的纳税人销售其收购的二手车。二手车是指从办理完注册登记手续至达到国家强制报废标准之前进行交易并转移所有权的车辆，具体范围按照国务院商务主管部门出台的二手车流通管理办法执行	3%减按0.5%（原适用普通旧货的政策，3%征收率减按2%）	（1）《财政部 税务总局关于二手车经销有关增值税政策的公告》（财政部 税务总局公告2020年第17号）； （2）《财政部 税务总局关于延续实施二手车经销有关增值税政策的公告》（财政部 税务总局公告2023年第63号）	2020年5月1日至2027年12月31日
有关生物制品	（1）销售自产用微生物、微生物代谢产物、动物毒素、人或动物的血液或组织制成的生物制品； （2）属于增值税一般纳税人的药品经营企业销售生物制品； （3）属于增值税一般纳税人的兽用药品经营企业销售兽用生物制品	3% [第（1）项原为4%]	（1）《财政部 国家税务总局关于部分货物适用增值税低税率和简易办法征收增值税政策的通知》财税〔2009〕9号第二条第（三）项第4目； （2）《财政部 国家税务总局关于简并增值税征收率政策的通知》财税〔2014〕57号； （3）《国家税务总局关于药品经营企业销售生物制品有关增值税问题的公告》（国家税务总局公告2012年第20号）第一条； （4）《国家税务总局关于兽用药品经营企业销售兽用生物制品有关增值税问题的公告》（国家税务总局公告2016年第8号）第一条	项目1从2009年1月1日起执行，现行征收率从2014年7月1日起执行； 项目2从2012年7月1日起执行； 项目3从2016年4月1日起执行
非临床用人体血液	属于增值税一般纳税人的单采血浆站销售非临床用人体血液	3%（原为6%）	（1）《国家税务总局关于供应非临床用血增值税政策问题的批复》（国税函〔2009〕456号）； （2）《财政部 国家税务总局关于简并增值税征收率政策的通知》财税〔2014〕57号	政策执行时间：2009年1月1日起；现行征收率适用时间：2014年7月1日起
抗癌药品和罕见病药品	（1）增值税一般纳税人生产销售和批发、零售抗癌药品； （2）进口抗癌药品；	3%	（1）《财政部 海关总署 税务总局 国家药品监督管理局关于抗癌药品增值税政策的通知》（财税〔2018〕47号）； （2）《财政部 海关总署 税务总局 药监局关于罕见病药品增值税政策的通知》（财税〔2019〕24号）；	

续表

项目	适用范围	适用征收率	文件依据	实施时间
抗癌药品和罕见病药品	（3）增值税一般纳税人生产销售和批发、零售罕见病药品； （4）进口罕见病药品	3%	（3）《财政部 海关总署 税务总局 药监局关于第二批适用增值税政策的抗癌药品和罕见病药品清单的公告》（财政部 海关总署 税务总局 药监局公告 2020 年第 39 号）； （4）《财政部 海关总署 税务总局 药监局关于发布第三批适用增值税政策的抗癌药品和罕见病药品清单的公告》（财政部 海关总署 国家税务总局 药监局公告 2022 年第 35 号）	文件 1 从 2018 年 5 月 1 日起执行。 文件 2 从 2019 年 3 月 1 日起执行。 文件 3 从 2020 年 10 月 1 日起执行； 文件 4 从 2022 年 12 月 1 日起执行
光伏发电	光伏发电项目发电户销售电力产品，按照税法规定应缴纳增值税的，可由国家电网公司所属企业按照增值税简易计税办法计算并代征增值税税款，同时开具普通发票。 发电户为其他个人和不经常发生应税行为的非企业性单位	3%	《国家税务总局关于国家电网公司购买分布式光伏发电项目电力产品发票开具等有关问题的公告》（国家税务总局公告 2014 年第 32 号）第二条	从 2014 年 7 月 1 日起执行
再生资源回收	从事再生资源回收的增值税一般纳税人销售其收购的再生资源，再生资源是指在社会生产和生活消费过程中产生的，已经失去原有全部或部分使用价值，经过回收、加工处理，能够使其重新获得使用价值的各种废弃物。其中，加工处理仅限于清洗、挑选、破碎、切割、拆解、打包等改变再生资源密度、湿度、长度、粗细、软硬等物理性状的简单加工，同时符合以下条件： （1）从事危险废物收集的纳税人，应符合国家危险废物经营许可证管理办法的要求，取得危险废物经营许可证； （2）从事报废机动车回收的纳税人，应符合国家商务主管部门出台的报废机动车回收管理办法要求，取得报废机动车回收拆解企业资质认定证书； （3）除危险废物、报废机动车外，其他再生资源回收纳税人应符合国家商务主管部门出台的再生资源回收管理办法要求，进行市场主体登记，并在商务部门完成再生资源回收经营者备案	3%	《财政部 税务总局关于完善资源综合利用增值税政策的公告》（财政部 国家税务总局公告 2021 年第 40 号）第一条	2022 年 3 月 1 日起执行

续表

项目	适用范围	适用征收率	文件依据	实施时间
新支线飞机	生产销售新支线飞机。新支线飞机是指空载重量大于25吨且小于45吨、座位数少于130个的民用客机,后来适用范围扩大至生产销售空载重量大于25吨的民用喷气式飞机	5%	(1)《财政部 税务总局关于民用航空发动机、新支线飞机和大型客机税收政策的公告》(财政部 税务总局公告2019年第88号)第二条、第四条; (2)《财政部 税务总局关于民用飞机增值税适用政策的公告》(财政部 税务总局公告2022年第38号)	2019年1月1日至2023年12月31日
有关原油、天然气	中外合作油(气)田开采的原油、天然气按实物征收增值税。中国海洋石油总公司海上自营油田比照执行,但从2016年5月1日起,海上自营油田开采的原油、天然气,停止按实物征收增值税①	5%	(1)《国务院关于外商投资企业和外国企业适用增值税、消费税、营业税等税收暂行条例有关问题的通知》(国发〔1994〕10号)第三条; (2)《国家税务总局关于中外合作开采石油资源缴纳增值税有关问题的通知》(国税发〔1994〕114号)第八条	1994年1月1日起施行
未持"外出经营活动税收管理证明"的跨区域经营活动	固定业户(指增值税一般纳税人)临时到外省、市销售货物的,必须向经营地税务机关出示"外出经营活动税收管理证明"回原地纳税,需要向购货方开具专用发票的,亦回原地补开。对未持"外出经营活动税收管理证明"的,经营地税务机关按照征收率征税	3%（原为6%）	(1)《国家税务总局关于固定业户临时外出经营有关增值税专用发票管理问题的通知》(国税发〔1995〕87号); (2)《财政部 国家税务总局关于简易增值税征收率政策的通知》财税〔2014〕57号	政策执行时间:1995年7月1日起执行; 现行征收率适用时间:2014年7月1日起

二、销售服务适用简易征收的情形

目前销售货物的简易征收项目共有25项,主要涉及四类服务,具体见表2.3。

第一类是给予税收优惠的鼓励项目,包括公共交通运输服务、动漫服务及动漫版权转让、电影放映服务、文化体育服务、非企业性单位提供的有关服务、教育辅助服务、非学历教育服务、农村金融服务、涉农贷款。

第二类是特殊行业,人工费用在这些特殊行业占比很大,这部分支出难以取得合法的扣税凭证,或者收取的金额之中主要是代收代付款项,包括仓储服务、装卸搬运服务、收派服务、清包工建筑服务、甲供工程建筑服务、劳务派遣服务、安全保护服务、人力资源外包服务、物业收取自来水费。资管产品也因难以取得合法的进项扣税凭证而允许采用简易征收。

---

① 《财政部 国家税务总局关于营业税改征增值税试点若干政策的通知》(财税〔2016〕39号)第四条。

第三类是老项目，一些项目运营周期比较长，横跨营改增前后，由于之前无法取得合法的扣税凭证，因此在改征增值税之后面临抵扣难的问题，因此，允许选择适用简易征收，包括以纳入营改增试点之日前取得的有形动产为标的物提供的经营租赁服务、在纳入营改增试点之日前签订的尚未执行完毕的有形动产租赁合同、建筑工程老项目。

第四类是混合销售，之前统一按照主行业的适用税率征收增值税，但为了减轻纳税人负担准许安装项目简易征收，主要包括一般纳税人销售自产或者外购机器设备的同时提供安装服务；建筑工程总承包单位为房屋建筑的地基与基础、主体结构提供工程服务必须选择简易征税。

表2.3 销售货物简易征收项目一览表

项目	适用范围	适用征收率	文件依据	实施时间
公共交通运输服务	轮客渡、公交客运、地铁、城市轻轨、出租车、长途客运、班车，其中，班车是指按固定路线、固定时间运营并在固定站点停靠的运送旅客的陆路运输，但不包括铁路（高铁）、航空、游轮、邮轮的旅客运输	3%	（1）《财政部 国家税务总局关于在全国开展交通运输业和部分现代服务业营业税改征增值税试点税收政策的通知》（财税〔2013〕37号）附件2《交通运输业和部分现代服务业营业税改征增值税试点有关事项的规定》第一条第（七）项第1目； （2）《财政部 国家税务总局关于全面推开营业税改征增值税试点的通知》（财税〔2016〕36号）附件2《营业税改征增值税试点有关事项的规定》第一条第（六）项第1目	从2013年8月1日执行
动漫服务及动漫版权转让	经认定的动漫企业为开发动漫产品提供的动漫脚本编撰、形象设计、背景设计、动画设计、分镜、动画制作、摄制、描线、上色、画面合成、配音、配乐、音效合成、剪辑、字幕制作、压缩转码（面向网络动漫、手机动漫格式适配）服务，以及在境内转让动漫版权（包括动漫品牌、形象或者内容的授权及再授权）。 动漫企业和自主开发、生产动漫产品的认定标准和认定程序，按照《文化部 财政部 国家税务总局关于印发〈动漫企业认定管理办法（试行）〉的通知》（文市发〔2008〕51号）的规定执行	3%	《财政部 国家税务总局关于全面推开营业税改征增值税试点的通知》（财税〔2016〕36号）附件2《营业税改征增值税试点有关事项的规定》第一条第（六）项第2目	从2016年5月1日执行

续表

项目	适用范围	适用征收率	文件依据	实施时间
电影放映服务	一般纳税人提供的城市电影放映服务，可以选择按照简易计税办法计算缴纳增值税，在农村取得的电影放映收入以及电影发行收入免征增值税①	3%	《财政部 国家税务总局关于全面推开营业税改征增值税试点的通知》（财税〔2016〕36号）附件2《营业税改征增值税试点有关事项的规定》第一条第（六）项第3目	从2016年5月1日执行
仓储服务	利用仓库、货场或者其他场所代客贮放、保管货物的业务活动②			
装卸搬运服务	使用装卸搬运工具或者人力、畜力将货物在运输工具之间、装卸现场之间或者运输工具与装卸现场之间进行装卸和搬运的业务活动③			
收派服务	接受寄件人委托，在承诺的时限内完成函件和包裹的收件、分拣、派送服务的业务活动④			
文化体育服务	（1）文化服务是指为满足社会公众文化生活需求提供的各种服务，包括文艺创作、文艺表演、文化比赛，图书馆的图书和资料借阅，档案馆的档案管理，文物及非物质遗产保护，组织举办宗教活动、科技活动、文化活动，提供游览场所。（2）体育服务是指组织举办体育比赛、体育表演、体育活动，以及提供体育训练、体育指导、体育管理的业务活动⑤。纳税人在游览场所经营索道、摆渡车、电瓶车、游船等取得的收入按照"文化体育服务"缴纳增值税⑥			
有关有形动产租赁	以纳入营改增试点之日前取得的有形动产为标的物提供的经营租赁服务	3%	《财政部 国家税务总局关于全面推开营业税改征增值税试点的通知》（财税〔2016〕36号）附件2《营业税改征增值税试点有关事项的规定》第一条第（六）项4、5目	从2016年5月1日执行
	在纳入营改增试点之日前签订的尚未执行完毕的有形动产租赁合同			

---

① 《财政部 税务总局关于延续实施支持文化企业发展增值税政策的公告》（财政部 税务总局公告2023年第61号）第一条。
② 《财政部 国家税务总局关于全面推开营业税改征增值税试点的通知》（财税〔2016〕36号）附件1《营业税改征增值税试点实施办法》附《销售服务、无形资产、不动产注释》第一条第（四）项第6目。
③ 《财政部 国家税务总局关于全面推开营业税改征增值税试点的通知》（财税〔2016〕36号）附件1《营业税改征增值税试点实施办法》附《销售服务、无形资产、不动产注释》第一条第（四）项第5目。
④ 《财政部 国家税务总局关于全面推开营业税改征增值税试点的通知》（财税〔2016〕36号）附件1《营业税改征增值税试点实施办法》附《销售服务、无形资产、不动产注释》第一条第（六）项第4目。
⑤ 《财政部 国家税务总局关于全面推开营业税改征增值税试点的通知》（财税〔2016〕36号）附件1《营业税改征增值税试点实施办法》附《销售服务、无形资产、不动产注释》第一条第（七）项第1目。
⑥ 《财政部 国家税务总局关于明确金融、房地产开发、教育辅助服务等增值税政策的通知》（财税〔2016〕140号）第十一条。

续表

项目	适用范围	适用征收率	文件依据	实施时间
建筑服务	清包工建筑服务，施工方在提供建筑服务时，不采购建筑工程所需的材料或只采购辅助材料，并收取人工费、管理费或其他费用	征收率为3%；预征率为3%	《财政部 国家税务总局关于全面推开营业税改征增值税试点的通知》（财税〔2016〕36号）附件2《营业税改征增值税试点有关事项的规定》第一条第（七）项	从2016年5月1日执行
	甲供工程，是指全部或部分设备、材料、动力由工程发包方（即甲方）自行采购的建筑工程			
	建筑工程老项目，即"建筑工程施工许可证"注明的合同开工日期在2016年4月30日前；未取得"建筑工程施工许可证"，但建筑工程承包合同注明的开工日期在2016年4月30日前			
混合销售	建筑工程总承包单位为房屋建筑的地基与基础、主体结构提供工程服务，地基与基础、主体结构的范围，按照《建筑工程施工质量验收统一标准》（GB 50300—2013）附录B《建筑工程的分部（子分部）工程、分项工程划分》中的"地基与基础""主体结构"分部工程的范围执行	只能适用简易计税方法计税，征收率为3%	《财政部 国家税务总局关于建筑服务等营改增试点政策的通知》（财税〔2017〕58号）第一条	自2017年7月1日起执行
	一般纳税人销售自产机器设备的同时提供安装服务，应分别核算机器设备和安装服务的销售额，安装服务可以按照甲供工程选择适用简易计税方法计税	3%	《关于明确中外合作办学等若干增值税征管问题的公告》（国家税务总局公告2018年第42号）第六条	2018年7月25日执行
	一般纳税人销售外购机器设备的同时提供安装服务，如果已经按照兼营的有关规定，分别核算机器设备和安装服务的销售额，安装服务可以按照甲供工程选择适用简易计税方法计税			
劳务派遣服务	提供劳务派遣服务，是指劳务派遣公司为了满足用工单位对于各类灵活用工的需求，将员工派遣至用工单位，接受用工单位管理并为其工作的服务①，选择一般计税方法，全额计税，适用6%的税率；选择简易计税方法，准予差额计税，以扣除代用工单位支付给劳务派遣员工的工资、福利和为其办理社会保险及住房公积金后的余额为销售额	5%降为3%	《财政部 国家税务总局关于进一步明确全面推开营改增试点有关劳动派遣服务、收费公路通行费抵扣等政策的通知》（财税〔2016〕47号）第一条第一款	从2016年5月1日起执行

① 《财政部 国家税务总局关于进一步明确全面推开营改增试点有关劳动派遣服务、收费公路通行费抵扣等政策的通知》（财税〔2016〕47号）第一条。

续表

项目	适用范围	适用征收率	文件依据	实施时间
安全保护服务	安全保护服务是指提供保护人身安全和财产安全，维护社会治安等的业务活动。包括场所住宅保安、特种保安、安全系统监控以及其他安保服务①，比照劳务派遣服务政策，可以选择简易征收 纳税人提供武装守护押运服务，按照"安全保护服务"缴纳增值税②	5%降为3%	《财政部 国家税务总局关于进一步明确全面推开营改增试点有关再保险、不动产租赁和非学历教育等政策的通知》（财税〔2016〕68号）第四条	从2016年5月1日起执行
人力资源外包服务	人力资源外包服务可以选择适用简易计税方法	5%降为3%	《财政部 国家税务总局关于进一步明确全面推开营改增试点有关劳务派遣服务、收费公路通行费抵扣等政策的通知》（财税〔2016〕47号）第三条第（一）项	从2016年5月1日起执行
物业收取自来水费	提供物业管理服务的纳税人，向服务接受方收取的自来水水费，以扣除其对外支付的自来水水费后的余额为销售额，适用简易计税方法	3%	《关于物业管理服务中收取的自来水水费增值税问题的公告》（国家税务总局公告2016年第54号）	从2016年8月19日执行
非企业性单位提供的有关服务	非企业性单位中的一般纳税人提供的研发和技术服务、信息技术服务、鉴证咨询服务，以及销售技术、著作权等无形资产，如果是技术转让、技术开发和与之相关的技术咨询、技术服务可以适用免税规定，也可以适用简易征收。非企业性单位包括行政单位、事业单位、军事单位、社会团体和其他单位	3%	《财政部 国家税务总局关于明确金融、房地产开发、教育辅助服务等增值税政策的通知》（财税〔2016〕140号）第（十二）项	从2016年5月1日起执行
教育辅助服务	一般纳税人提供教育辅助服务，包括教育测评、考试、招生等服务③	3%	《财政部 国家税务总局关于明确金融、房地产开发、教育辅助服务等增值税政策的通知》（财税〔2016〕140号）第（十三）项	从2016年5月1日起执行
非学历教育服务	一般纳税人提供非学历教育服务，包括学前教育、各类培训、演讲、讲座、报告会等④，学历教育服务免征增值税	3%	《财政部 国家税务总局关于进一步明确全面推开营改增试点有关再保险、不动产租赁和非学历教育等政策的通知》（财税〔2016〕68号）第三条	从2016年5月1日起执行

① 《财政部 国家税务总局关于全面推开营业税改征增值税试点的通知》（财税〔2016〕36号）附件1《营业税改征增值税试点实施办法》附《销售服务、无形资产、不动产注释》第一条第（六）项第8目。

② 《财政部 国家税务总局关于明确金融、房地产开发、教育辅助服务等增值税政策的通知》（财税〔2016〕140号）第（十四）项。

③ 《财政部 国家税务总局关于全面推开营业税改征增值税试点的通知》（财税〔2016〕36号）附件1《营业税改征增值税试点实施办法》附《销售服务、无形资产、不动产注释》第一条第（七）项第2目。

④ 《财政部 国家税务总局关于全面推开营业税改征增值税试点的通知》（财税〔2016〕36号）附件1《营业税改征增值税试点实施办法》附《销售服务、无形资产、不动产注释》第一条第（七）项第2目。

续表

项目	适用范围	适用征收率	文件依据	实施时间
农村金融服务	农村信用社、村镇银行、农村资金互助社、由银行业机构全资发起设立的贷款公司、法人机构在县（县级市、区、旗）及县以下地区（不包括直辖市和地级市所辖城区）的农村合作银行和农村商业银行提供金融服务收入。 村镇银行是指经中国国家金融监督管理总局批准成立的由境内外金融机构、境内非金融机构企业法人、境内自然人出资，在农村地区设立的主要为当地农民、农业和农村经济发展提供金融服务的银行业金融机构。 农村资金互助社，是指经银行业监督管理机构批准，由乡（镇）、行政村农民和农村小企业自愿入股组成，为社员提供存款、贷款、结算等业务的社区互助性银行业金融机构。 由银行业机构全资发起设立的贷款公司经中国国家金融监督管理总局批准成立的由境内商业银行或农村合作银行在农村地区设立的专门为县域农民、农业和农村经济发展提供贷款服务的非银行业金融机构	3%	《财政部 国家税务总局关于进一步明确全面推开营改增试点金融业有关政策的通知》（财税〔2016〕46号）第三条	从2016年5月1日起执行
资管产品	资管产品管理人运营资管产品过程中发生的增值税应税行为，财务上应分别核算资管产品运营业务和其他业务的销售额和增值税应纳税额	3%	《财政部 国家税务总局关于资管产品增值税有关问题的通知》（财税〔2017〕56号）第一条	从2018年1月1日起执行
涉农贷款	（1）中国农业发展银行总行及其各分支机构提供涉农贷款取得的利息收入。 （2）对中国农业银行纳入"三农金融事业部"改革试点的各省、自治区、直辖市、计划单列市分行下辖的县域支行和新疆生产建设兵团分行下辖的县域支行（也称县事业部），提供农户贷款、农村企业和农村各类组织贷款取得的利息收入。 （3）对中国邮政储蓄银行纳入"三农金融事业部"改革的各省、自治区、直辖市、计划单列市分行下辖的县域支行，提供农户贷款、农村企业和农村各类组织贷款取得的利息收入	3%	（1）《财政部 国家税务总局关于营业税改征增值税试点若干政策的通知》（财税〔2016〕39号）第三条； （2）《财政部 国家税务总局关于进一步明确全面推开营改增试点金融业有关政策的通知》（财税〔2016〕46号）第四条； （3）《财政部 国家税务总局关于中国邮政储蓄银行三农金融事业部 涉农贷款增值税政策的通知》（财税〔2018〕97号）第一条； （4）《财政部 税务总局关于延续实施中国邮政储蓄银行三农金融事业部涉农贷款增值税政策的公告》（财政部国家税务总局公告2023年第66号）第一条	项目1、2从2016年5月1日起执行； 项目3从2018年7月1日执行至2027年12月31日

三、与土地不动产相关的简易征收项目

目前与土地不动产相关的简易征收项目共有 10 项,一类是转让不动产的所有权,一类是转让不动产、土地的使用权。我国的土地所有权分为国家所有与集体所有两类,单位或者个人通过划拨、出让的方式转让土地使用权,土地所有者出让土地使用权以及土地使用者将土地使用权归还给土地所有者免征增值税,因此涉及土地的增值税征税项目主要是转让土地使用权。

上述简易征收项目都是开工日期或者取得日期在营改增试点前即 2016 年 4 月 30 日前,全都属于老项目,难以取得合法的扣税凭证,允许适用简易征收,除了公路经营企业中的一般纳税人收取试点前开工的高速公路的车辆通行费之外,原本适用的征收率均为 5%,不过随着 5% 这档征收率被取消,今后将统一适用 3%,具体情况见表 2.4。

表2.4 土地不动产简易征收项目一览表

项目	适用范围	适用征收率	文件依据	实施时间
有关通行费	一般纳税人收取试点前开工的一级公路、二级公路、桥、闸通行费,试点前开工是指相关施工许可证注明的合同开工日期在 2016 年 4 月 30 日前	5% 降为 3%	《财政部 国家税务总局关于进一步明确全面推开营改增试点有关劳务派遣服务、收费公路通行费抵扣等政策的通知》(财税〔2016〕47号)第二条第(二)项	从2016年5月1日起执行
	公路经营企业中的一般纳税人收取试点前开工的高速公路的车辆通行费	3%	《财政部 国家税务总局关于全面推开营业税改征增值税试点的通知》(财税〔2016〕36号)附件2《营业税改征增值税试点有关事项的规定》第一条第(九)项第 2 目	从2016年5月1日起执行
土地使用权转让	纳税人转让 2016 年 4 月 30 日前取得的土地使用权,将土地使用权转让给农业生产者用于农业生产免征增值税政策	5% 降为 3%	《财政部 国家税务总局关于进一步明确全面推开营改增试点有关劳务派遣服务、收费公路通行费抵扣等政策的通知》财税〔2016〕47号第三条第(二)项	从2016年5月1日起执行
土地经营租赁	一般纳税人出租其 2016 年 4 月 30 日前取得的不动产	5% 降为 3%	《财政部 国家税务总局关于进一步明确全面推开营改增试点有关劳务派遣服务、收费公路通行费抵扣等政策的通知》财税〔2016〕47号第三条第(二)项	从2016年5月1日起执行

续表

项目	适用范围	适用征收率	文件依据	实施时间
销售不动产	一般纳税人销售其2016年4月30日前取得（不含自建）的不动产，允许减去该项不动产购置原价或者取得不动产时的作价后的余额为销售额	5%降为3%	《财政部 国家税务总局关于全面推开营业税改征增值税试点的通知》《营业税改征增值税试点有关事项的规定》第一条第（八）项第1目	从2016年5月1日起执行
	一般纳税人销售其2016年4月30日前自建的不动产，按照全额作为销售额	5%降为3%	《财政部 国家税务总局关于全面推开营业税改征增值税试点的通知》（财税〔2016〕36号）附件2《营业税改征增值税试点有关事项的规定》第一条第（八）项第2目	从2016年5月1日起执行
	房地产开发企业中的一般纳税人销售自行开发的房地产老项目，销售额不得扣除对应的土地价款，房地产老项目是指"建筑工程施工许可证"注明的合同开工日期在2016年4月30日前的房地产项目①	5%降为3%	《财政部 国家税务总局关于全面推开营业税改征增值税试点的通知》（财税〔2016〕36号）附件2《营业税改征增值税试点有关事项的规定》第一条第（八）项第7目	从2016年5月1日起执行
不动产经营租赁服务	一般纳税人出租其2016年4月30日前取得的不动产，停车服务按照不动产经营租赁缴纳增值税	5%降为3%	《财政部 国家税务总局关于全面推开营业税改征增值税试点的通知》（财税〔2016〕36号）附件2《营业税改征增值税试点有关事项的规定》第一条第（九）项第1目	从2016年5月1日起执行
	住房租赁企业中的一般纳税人向个人出租住房（含保障性租赁住房）取得的全部出租收入	5%减按1.5%改为3%减按1.5%	《财务部 税务总局 住房城乡建设部关于完善住房租赁有关税收政策的公告》（财政部 税务总局 住房城乡建设部公告2021年第24号）第一条、第三条	从2021年10月1日起执行
不动产融资租赁	一般纳税人2016年4月30日前签订的不动产融资租赁合同	5%降为3%	《财政部 国家税务总局关于进一步明确全面推开营改增试点有关劳务派遣服务、收费公路通行费抵扣等政策的通知》财税〔2016〕47号第三条第（三）项	从2016年5月1日起执行

---

① 《财政部 国家税务总局关于全面推开营业税改征增值税试点的通知》（财税〔2016〕36号）附件2《营业税改征增值税试点有关事项的规定》第一条第（三）项第10目。

按照《增值税法》规定，对于一些特殊项目，增值税一般纳税人可以选择简易计税，这也属于一种特殊的税收优惠，一经选择36个月内不得变更，但有些大型工程项目的运营周期往往超过36个月，因此有些房地产、建筑业一般纳税人会恶意进行税收筹划，前期收入少但投入大，于是便选择一般计税方法，可以抵扣进项税额，还可以办理留抵税额退税，等到36个月之后，投入变得很少，但很多款项往往在项目结束前后才会支付，因此收入会变得比较多，于是又选择简易计税方法，按照3%的征收率缴纳税款，无形中侵蚀了税基。

《增值税法》第八条第一款规定："纳税人发生应税交易，应当按照一般计税方法，通过销项税额抵扣进项税额计算应纳税额的方式，计算缴纳增值税；本法另有规定的除外。"

《增值税法》要求一般纳税人采用一般计税方法，《增值税法》只明确规定了两种特殊情形，第一种是小规模纳税人，第二种是中外合作开采海洋石油、天然气，这是不是意味着除此之外的其他情形必须要适用一般计税方法，如此一来，目前适用于一般纳税人的简易征收项目是否能够延续，成为人们普遍关心的焦点。

第四节 纳税义务发生时间与计税期间

增值税纳税义务发生时间是指增值税纳税人、扣缴义务人发生应税、扣缴税款行为应承担纳税义务、扣缴义务的起始时间。纳税义务发生之后，纳税人并不需要立即缴纳增值税，因为设立了计税期间，也就是税法规定纳税人向国家计算缴纳税款的期间，等到期满之后再实际缴纳增值税。

一、一般性规定

《增值税法》第二十八条规定：

"增值税纳税义务发生时间，按照下列规定确定：

"（一）发生应税交易，纳税义务发生时间为收讫销售款项或者取得销售款项索取凭据的当日；先开具发票的，为开具发票的当日。

"（二）发生视同应税交易，纳税义务发生时间为完成视同应税交易的当日。

"（三）进口货物，纳税义务发生时间为货物报关进口的当日。

"增值税扣缴义务发生时间为纳税人增值税纳税义务发生的当日。"

收讫销售款项是指纳税人销售货物、服务、无形资产、不动产过程中或者完成后收到款项。取得销售款项索取凭据的当天是指书面合同确定的付款日期；未签订书面合同或者书面合同未确定付款日期的，为货物、服务、无形资产转让完成的当天或者不动产权属变更的当天，根据《增值税法》并结合之前发布的规定按照如下方法确定纳税义务发生时间：

（1）先开具增值税发票，为开具发票的当天，销售方虽然没有收讫货款，但开出增值税专用发票之后，购货方就可以凭增值税专用发票抵扣增值税，为了避免税款被无偿占用，因此只要开具了发票就负有纳税义务。纳税人收取款项但未发生销售货物、服务、无形资产或不动产的行为，使用"未发生销售行为的不征税项目"编码开具不征税发票的情形除外。

（2）纳税人采取直接收款方式销售货物，不论货物是否发出，均为收到销售款或者取得索取销售款凭据的当天。

（3）纳税人采取赊销方式销售货物，签订了书面合同，为书面合同约定的收款日期的当天；无书面合同的或者书面合同没有约定收款日期，为货物发出的当天。如果是销售服务、无形资产或者不动产，无书面合同的或者书面合同没有约定收款日期，为服务、无形资产转让完成的当天或者不动产权属变更的当天。

（4）纳税人采取分期收款方式销售货物，签订了书面合同的，为书面合同约定的收款日期的当天；无书面合同的或者书面合同没有约定收款日期的，为货物发出的当天。

（5）纳税人采取预收货款方式销售货物（特定货物除外），为货物发出的当天，但生产销售生产工期超过12个月的大型机械设备、船舶、飞机等特定货物，为收到预收款或者书面合同约定的收款日期的当天。纳税人销售（有形动产和不动产）租赁服务采取预收款方式的，为收到预收款的当天。

（6）纳税人委托其他纳税人代销货物，为收到代销单位的代销清单或者收到全部或者部分货款的当天。未收到代销清单及货款的，为发出代销货物满180天的当天。

（7）纳税人进口货物为报关进口的当天。

（8）如果发生视同应税交易的情形，为货物移送的当天、无形资产转让完成的当天或者不动产权属变更的当天，需要注意的是视同应税交易中已经不再包括无偿服务（不含转让金融商品）。

(9) 增值税扣缴义务发生时间为被代扣税款的纳税人增值税纳税义务发生的当天。

二、房地产业的纳税义务发生时间

在原营业税时期，房地产企业销售商品房收到预收款时成为其纳税义务发生时间，但是营改增之后，房地产企业收到预收账款时先按照3%的预征率预缴税款，这是房地产行业特点与增值税征税原理相互妥协的结果。

房地产开发项目时间长，所需资金量大，依靠自有资金很难满足开发需要，因此房地产企业可以进行预售。如果房地产企业已交付全部土地使用权出让金，取得土地使用权证书；持有建设工程规划许可证和施工许可证，那么就可以向城市、县房地产管理部门办理预售登记，取得"商品房预售许可证"之后便可以进行房屋预售，但房地产企业进行商品房预售所得的款项必须用于有关的工程建设[1]。房地产预售一直是主流的售房方式，可以有效降低房地产企业自身的资金压力，快速实现回款。

从严格意义上讲，预收款是在交易行为成立或者完成之前收取的部分款项，这笔款项并不是企业的收入而是一项负债，等到商品房交付义务完成之后，才能确认收入。不过由于房地产开发的时间通常都会很长，如果等到确认收入之后再征收税款，可能将会在很长一段时间内都无法完成税款入库。

房地产企业在开发前期通常会取得大量的进项税额，如果将收取预收账款作为纳税义务发生时间，按照预收账款计算出的销项税额极有可能会被大量留抵税额抵扣，难以实际征收到税款，还会造成税款入库前后差异过大的问题。

采取一般计税方法的房地产企业在计算销项税额时允许从销售额中扣减向政府部门支付的土地价款，包括土地受让人向政府部门支付的征地和拆迁补偿费用、土地前期开发费用和土地出让收益等，在取得土地时向其他单位或个人支付的拆迁补偿费用也允许在计算销售额时扣除，但应提供拆迁协议、拆迁双方支付和取得拆迁补偿费用凭证等能够证明拆迁补偿费用真实性的材料[2]。预售商品房时一般以预测面积计算应当收取的房款，与实际面积往往存在一定的差异，如果以收取预收账款为纳税义务发生时间，将会造成销项税额计算不准的问题。

---

[1] 《城市商品房预售管理办法》（建设部令第40号）第五条、第六条、第十一条。
[2] 《财政部 国家税务总局关于明确金融、房地产开发、教育辅助服务等增值税政策的通知》（财税〔2016〕140号）第七条。

鉴于此，税法规定房地产企业采取预收款方式销售自行开发的房地产项目，应在收到预收款时按照 3% 的预征率预缴增值税，但纳税义务发生时间究竟该如何判定呢？首先要区分预售商品房还是销售现房，房地产企业将竣工验收合格的商品房出售给买受人，为销售现房，在竣工验收合格前为预售商品房。目前房地产企业普遍采取预售制度，商品房买受人与房地产企业签订"商品房预售合同"，能否按期交房存在很多不确定性，如何确定纳税义务发生时间呢？

关于纳税义务发生时间，目前存在以下三种认定标准：

第一种认定标准是以开具发票时为纳税义务发生时间，因为按照增值税的相关政策，先开具发票的，为开具发票的当日，不过需要注意的是究竟开具的是什么发票，收取预收款开具增值税普通发票并且在开票系统中使用"未发生销售行为的不征税项目"中的编码 602 "销售自行开发的房地产项目预收款"[①]，税率为"不征税"，那么就不需要缴纳增值税，只需预缴即可，但如果开具的是征税发票，那么就产生了纳税义务。

第二种认定标准是以房屋实际交付时为纳税义务发生时间，这也是目前房地产企业的通用做法，在房屋实际交付时开具征税发票，同时按照实际建筑面积对预缴的房款多退少补。

第三种认定标准是以办理产权证书时为纳税义务发生时间，但商品房产权证书办理往往需要很长时间，如果以办理完毕产权证书为准，房地产企业确认纳税义务发生的时间无疑将会严重滞后。

会计准则与企业所得税制度均以风险、报酬以及控制权转移作为确认收入的基本判定要素，房地产企业将房屋交付给买房人，已经将房屋控制权以及房屋本身的风险报酬转移至他们，可以判定销售行为已经完成，因此销售不动产的纳税义务发生时间应为合同约定的房屋交付时间，如果实际交房时间早于合同约定时间，以实际交付时间为准，但如果晚于合同约定时间，仍旧以合同约定时间为准，由于房地产企业自身原因导致延迟交房由其自身承担相应的法律后果，这种制度安排也是在督促房地产企业按时交房。

三、金融服务纳税义务发生时间

纳税人从事金融商品转让，为金融商品所有权转移的当天，比如转让股票以

[①] 《国家税务总局关于营改增试点若干征管问题的公告》（国家税务总局公告 2016 年第 53 号）第十一条。

有关证券登记结算机构中股票所有权登记发生变更时为纳税义务发生时间。

提供贷款服务按期计收利息，比如按月或按季结息，结息日当日计收的全部利息收入，均应计入结息日所属期的销售额，比如当年7月1日收取从上一年7月1日至当年6月30日的利息收入，确认收入时不应适用权责发生制而应适用收付实现制，不能将收入还原到各月而是将所有收入都计入7月份的收入，计算缴纳增值税。

金融企业发放贷款后，自结息日起90天内发生的应收未收利息按现行规定缴纳增值税，自结息日起90天后发生的应收未收利息暂不缴纳增值税，待实际收到利息时按规定缴纳增值税。上述金融企业是指银行（包括国有、集体、股份制、合资、外资银行以及其他所有制形式的银行）、城市信用社、农村信用社、信托投资公司、财务公司、证券公司、保险公司、金融租赁公司、证券基金管理公司、证券投资基金以及其他经人民银行、银保监会、证监会、批准成立且经营金融保险业务的机构。

债券利息收入的纳税义务发生时间并无特殊规定，应遵循一般性规定。企业购买债券，实际上提供的是贷款服务，其纳税义务发生时间应为发行债券章程规定的利息兑付日期，在兑付日无论是否实际收到债券利息，都应确认增值税纳税义务。如果合同约定到期一次性还本付息，增值税纳税义务发生时间为债券到期日。不过在实际操作时，很多企业持有债券都是按月计提债券利息收入，然后按照计提的利息收入缴纳增值税，甚至有些税务机关也认为应当如此，这实际上会造成企业提前缴纳增值税。

四、增值税计税期间

《增值税法》第三十条规定：

"增值税的计税期间分别为十日、十五日、一个月或者一个季度。纳税人的具体计税期间，由主管税务机关根据纳税人应纳税额的大小分别核定。不经常发生应税交易的纳税人，可以按次纳税。

"纳税人以一个月或者一个季度为一个计税期间的，自期满之日起十五日内申报纳税；以十日或者十五日为一个计税期间的，自次月一日起十五日内申报纳税。

"扣缴义务人解缴税款的计税期间和申报纳税期限，依照前两款规定执行。

"纳税人进口货物，应当按照海关规定的期限申报缴纳纳税。"

计税期间共有十日、十五日、一个月或者一个季度四种。小规模纳税人的计税期间通常为一个季度，在季度终了后十五日内申报。一般纳税人的计税期间通常为一个月，在月度终了后十五日内申报。

如果计税期间为十日或者十五日，虽然在次月一日起十五日内申报纳税，除了法律、行政法规另有规定的之外，均需要按照《增值税法》第三十一条的规定在期满之日起五日内预缴税款。如果某个纳税人的计税期间为十日，纳税义务发生时间为1月1日，那么计税期满时间为1月10日，纳税申报时间为2月1日至2月15日，但需要在1月15日内预缴税款。

在《增值税法（草案）》（二次审议稿）中，进口货物的纳税人应当按照海关规定的期限申报纳税，并自完成申报之日起十五日内缴纳税款，但最终出台的《增值税法》却删除了申报之日起十五日内缴纳税款的要求，这无疑给予征纳双方更大的缴纳税款的自由度。

第五节 纳税地点

纳税地点是指《增值税法》规定的纳税人申报纳税的地点，主要有机构所在地、居住地、应税交易发生地以及标的物所在地四个标准，明确纳税地点既有利于税务机关实施税源控管，防止税收流失，又便利了纳税人缴纳税款。

一、纳税地点的一般性规定

《增值税法》第二十九条第（一）项规定："（一）有固定生产经营场所的纳税人，应当向其机构所在地或者居住地主管税务机关申报纳税。总机构……"有固定生产经营场所的纳税人通常为单位或者个体工商户，按照之前的《增值税暂行条例》，应当向机构所在地主管税务机关申报纳税，但《增值税法》却提出了"居住地主管税务机关"这个概念，这主要是因为很多企业的实际经营地与注册地并不一致，比如甲企业在某市A区登记注册，但后来却搬到了B区，但仍旧由A区税务机关管辖，《增值税法》出台后，如何在机构所在地与居住地主管税务机关之间科学合理地划定管辖范围也就成了急需解决的问题。

总机构和分支机构不在同一县（市）的，应当分别向各自所在地的主管税务机关申报纳税，分为两种情形，一种是跨地级市，另一种是同一地级市内跨不同县（市），即便是这种情形，也必须要经省级以上财政、税务主管部门批准，才可以由总机构汇总向总机构所在地的主管税务机关申报纳税，地级市税务机关没有上述权限。

《增值税暂行条例》第二十二条第（一）项规定："固定……经国务院财政、税务主管部门或者其授权的财政、税务机关批准，可以由总机构汇总向总机构所在地的主管税务机关申报纳税。"究竟哪些机关能够得到国务院财政、税务主管部门的授权，暂行条例并没有予以明确，因此《增值税法》的表述更为明晰严谨。

目前还有一些特殊规定，纳税人在同一地级行政区范围内跨县（市、区）提供建筑服务，不适用《纳税人跨县（市、区）提供建筑服务增值税征收管理暂行办法》（国家税务总局公告 2016 年第 17 号印发 [①]），也就是在同一个地级市内跨县（市、区）提供建筑服务不再开具"外管证"，也不再需要预缴增值税。

无固定生产经营场所的纳税人，应当向其应税交易发生地主管税务机关申报纳税；未申报纳税的，由其机构所在地或者居住地主管税务机关补征税款，也就是机构所在地或者居住地主管税务机关对无固定生产经营场所的纳税人实行兜底式管理。

自然人销售或者租赁不动产，转让自然资源使用权，提供建筑服务，应当向不动产所在地、自然资源所在地、建筑服务发生地主管税务机关申报纳税。注意这条规定不适合单位纳税人。这是《增值税法》的新规定，《增值税暂行条例》中并没有相关条款。

《增值税法》第三十二条规定：

"增值税由税务机关征收，进口货物的增值税由海关代征。"

"海关应当将代征增值税和货物出口报关的信息提供给税务机关。"

"个人携带或者寄递进境物品增值税的计征办法由国务院制定，报全国人民代表大会常务委员会备案。"

因为进口货物的增值税由海关代征，所以进口货物的纳税人应当按照海关规定申报纳税。《增值税法》明确授权国务院为"个人携带或者寄递进境物品增值税的计征办法"的制定机关，并非财政部或海关总署，提高了制定机关的行政级别。

扣缴义务人应当向其机构所在地或者居住地主管税务机关申报缴纳扣缴的税款；机构所在地或者居住地在境外的，应当向应税交易发生地主管税务机关申报

[①] 《国家税务总局关于进一步明确营改增有关征管问题的公告》（国家税务总局公告 2017 年第 11 号）第三条。

缴纳扣缴的税款。

二、建筑服务的纳税地点

房地产企业通常会在开发项目所在地设立新项目公司，通常情况下并不会存在异地纳税的问题，但建筑企业却有所不同，经常要进行异地作业，也就是在机构注册地与实际经营地之外提供建筑服务。由于投标时需要相应的资质，建筑企业不能像房地产企业在项目当地设立新公司，因此对建筑企业的管理也相对比较复杂。

个人在异地提供建筑服务直接在服务所在地纳税即可，但其他类型的纳税人却需要先在建筑服务发生地进行预缴，然后再向机构所在地主管税务机关进行纳税申报[1]。

适用一般计税方法的一般纳税人，以取得的全部价款和价外费用扣除支付的分包款后的余额，按照2%的预征率计算应预缴税款，应预缴税款＝（全部价款和价外费用－支付的分包款）÷（1+9%）×2%[2]。

适用简易计税方法计税一般纳税人以取得的全部价款和价外费用扣除支付的分包款后的余额，按照3%（注意不是2%）的征收率计算应预缴税款，应预缴税款＝（全部价款和价外费－支付的分包款）÷（1+3%）×3%。

小规模纳税人以取得的全部价款和价外费用扣除支付的分包款后的余额，按照3%的征收率计算应预缴税款，月销售额10万元以下（含本数）的小规模纳税人减为1%[3]，应预缴税款＝（全部价款和价外费用－支付的分包款）÷（1+3%）×3%或（全部价款和价外费用－支付的分包款）÷（1+1%）×1%。

小规模纳税人在预缴地的月销售额未超过10万元的，当期无须预缴税款[4]。

由于在建筑服务发生地预缴时可以扣除分包款，因此填报"增值税预缴税款表"时需要出示以下资料：

（1）与发包方签订的建筑合同复印件（加盖纳税人公章）。

---

[1]《财政部 国家税务总局关于全面推开营业税改征增值税试点的通知》（财税〔2016〕36号）附件2《营业税改征增值税试点有关事项的规定》第一条第（七）项4、5、6目。
[2]《国家税务总局关于发布〈纳税人跨县（市、区）提供建筑服务增值税征收管理暂行办法〉的公告》（国家税务总局公告2016年第17号）第五条。
[3]《财政部 国家税务总局关于增值税小规模纳税人减免增值税政策的公告》（财政部 税务总局公告2023年第19号）第二条。
[4]《关于增值税小规模纳税人减免增值税等政策有关征管事项的公告》（国家税务总局公告2023年第1号）第七条。

(2) 与分包方签订的分包合同复印件（加盖纳税人公章）。

(3) 从分包方取得的发票复印件（加盖纳税人公章[①]）。

从分包方取得的发票包括从分包方取得的 2016 年 4 月 30 日前开具的建筑业营业税发票（在 2016 年 6 月 30 日前可作为预缴税款的扣除凭证）、从分包方取得的 2016 年 5 月 1 日后开具的，备注栏注明建筑服务发生地所在县（市、区）、项目名称的增值税发票以及国家税务总局规定的其他凭证[②]。

建筑企业向机构所在地税务机关申报纳税时，需要将异地作业的销售额并入企业的整体销售额。对于简易计税方法计税一般纳税人与小规模纳税人，由于预缴率与征收率相同，如果没有特殊情形，异地作业需要缴纳的税款用预缴税款抵减即可，通常并不需要再额外缴纳税款。

对于选择一般计税方式的纳税人，留抵税款可以结转下期继续抵扣，但有的建筑企业既有简易征收项目，又有一般计税项目，简易计税项目预缴的增值税能否抵减一般计税项目的应纳税额呢？目前文件对此并没有明确，但没有相应的限制性条款。

建筑企业以预缴税款抵减应纳税额应以完税凭证作为合法有效凭证。不过目前跨区域预缴税款的相关信息往往会有一定程度的滞后性，因此企业在申报缴纳增值税时经常会被认定为申报异常，企业遇到这种情形不要惊慌，只需将预缴的完税证明提交给税务机关并进行说明即可。

建筑企业应向建筑服务发生地主管税务机关预缴税款，从预缴之月起超过 6 个月没有预缴税款的，由机构所在地主管税务机关责令限期改正，可以处 2 000 元以下的罚款；情节严重的，可以处 2 000 元以上 1 万元以下的罚款[③]。

不能自行开具增值税发票的小规模纳税人跨县（市、区）提供建筑服务，可向建筑服务发生地主管税务机关申请代开增值税发票。

建筑企业应当自行建立预缴税款台账，区分不同县（市、区）和项目逐笔登记全部收入、支付的分包款、已扣除的分包款、扣除分包款的发票号码、已预缴

---

① 《国家税务总局关于营改增试点若干征管问题的公告》（国家税务总局公告 2016 年第 53 号）第八条。
② 《国家税务总局关于发布〈纳税人跨县（市、区）提供建筑服务增值税征收管理暂行办法〉的公告》（国家税务总局公告 2016 年第 17 号）第六条。
③ 《中华人民共和国税收征收管理法》第六十二条。

税款以及预缴税款的完税凭证号码等相关内容，留存备查[①]。

虽然预缴时所有一般纳税人与小规模纳税人在确定销售额时都可以减除分包款，但在机构所在地申报时选择一般计税方法的一般纳税人不允许减除分包款，因为取得了合法的扣税凭证，分包款对应的税额已经被抵扣，如果再从销售额中将其减除会造成少缴税款。选择简易计税方法的一般纳税人与小规模纳税人不允许抵扣进项税额，所以准予将分包款从进项税额中扣除。

[①]《国家税务总局关于发布〈纳税人跨县（市、区）提供建筑服务增值税征收管理暂行办法〉的公告》（国家税务总局公告2016年第17号）第十条。

第三章　销项税额的确定

《增值税法》第十六条第一款规定:"销项税额,是指纳税人发生应税交易,按照销售额乘以本法规定的税率计算的增值税税额。"只有选择一般计税方法的一般纳税人才会计算销项税额,用销售额乘以对应的税率计算出销项税额之后,减去进项税额之后便是应当缴纳的应纳税额。

《增值税法》第十四条第二款规定:"按照简易计税方法计算缴纳增值税的,应纳税额为当期销售额乘以征收率。"选择简易计税方法的一般纳税人并不需要计算销项税额,直接用销售额乘以征收率计算增值税额,但不允许抵扣进项税额。

● 第一节　销售额的构成

计算销售额的前提是发生应税交易,如果没有发生应税交易,那么收到的款项就不应被认定为销售额,也无须缴纳增值税。由于增值税为价外税,因此其销售额应为不含税销售额,需要进行价税分离,销售额＝含税销售额÷(1+税率或者征收率)。

一、价外费用

《增值税暂行条例》第六条第一款规定:

"销售额为纳税人发生应税销售行为收取的全部价款和价外费用,但是不包括收取的销项税额。"

《增值税暂行条例实施细则》第十二条规定:

"条例第六条第一款所称价外费用,包括价外向购买方收取的手续费、补贴、基金、集资费、返还利润、奖励费、违约金、滞纳金、延期付款利息、赔偿金、代收款项、代垫款项、包装费、包装物租金、储备费、优质费、运输装卸费以及其他各种性质的价外收费。但下列项目不包括在内：

"（一）受托加工应征消费税的消费品所代收代缴的消费税。

"（二）同时符合以下条件的代垫运输费用：

"1.承运部门的运输费用发票开具给购买方的；

"2.纳税人将该项发票转交给购买方的。

"（三）同时符合以下条件代为收取的政府性基金或者行政事业性收费：

"1.由国务院或者财政部批准设立的政府性基金，由国务院或者省级人民政府及其财政、价格主管部门批准设立的行政事业性收费；

"2.收取时开具省级以上财政部门印制的财政票据；

"3.所收款项全额上缴财政。

"（四）销售货物的同时代办保险等而向购买方收取的保险费，以及向购买方收取的代购买方缴纳的车辆购置税、车辆牌照费。"

《营业税改征增值税试点实施办法》第三十七条规定：

"销售额，是指纳税人发生应税行为取得的全部价款和价外费用，财政部和国家税务总局另有规定的除外。

"价外费用，是指价外收取的各种性质的收费，但不包括以下项目：

"（一）代为收取并符合本办法第十条规定的政府性基金或者行政事业性收费。

"（二）以委托方名义开具发票代委托方收取的款项。"

根据上述规定，销售额不仅包括价款，还包括各种名目的价外费用，价外费用适用排除法，明确不属于价外费用的项目包括消费税、符合条件的代垫运输费用、符合条件的代为收取的政府性基金或者行政事业性收费、代收的保险费、车辆购置税与车辆牌照费。营改增之后，以委托方名义开具发票代委托方收取的款项全都被排除在价外费用之外。

之所以要将价外费用计入销售额是为了防止不法企业以各种名义转移销售额，虽然也曾引起过诸多争议。比如违约金是合同的一方当事人不履行或不适当履行合同，按照合同的约定，为其违约行为支付的一定数额的金钱，分为惩罚性违约金（对违约者的惩罚）和补偿性违约金（对守约者损失的赔偿），原本并不属于销售行为，会计核算时往往计入营业外收入，却被纳入了价外费用，为的就是防止侵蚀税基。

比如两家公司暗中商定支付价款100万元，但合同里写明的金额是80万元，随后制定了极为严苛的合同条款，如果购买方有所违反还需另行支付 20 万元违约金，如果销售额仅仅包括价款，那么伪装成违约金的 20 万元价款就会被排除在销售额之外，将价外费用计入销售额无疑堵塞了相关漏洞。

不过合同已经开始实际履行，因履行不到位而支付的违约金，属于价外费用，但合同并未开始实际履行，违约方向守约方支付的违约金，并不属于价外费用，也不需要缴纳增值税。

《增值税法》第十七条规定："销售额，是指纳税人发生应税交易取得的与之相关的价款，包括货币和非货币形式的经济利益对应的全部价款，不包括按照一般计税方法计算的销项税额和按照简易计税方法计算的应纳税额。"

新出台的《增值税法》已经删除了价外费用的表述，这也是与《增值税暂行条例》相比一个重大差异，销售额仅仅包括价款，包括货币与非货币两种形式，长期以来计入销售额的价外费用将会何去何从也成了一个未知数，销售额认定标准的重大变化对企业而言无疑是一种利好消息，但同时也会给税收征管带来怎样的新变化，后续是否会出台相关政策，我们只能拭目以待。

二、差额征税

全面推开营改增之后，部分行业难以取得合法的扣税凭证，无法通过正常的抵扣机制来避免重复征税，导致其税负偏高，针对这些行业，只能采用差额征税，也就是直接从销售额中减除部分项目，但差额征税也会使得增值税抵扣链条断裂。

《增值税法（草案）》（二次审议稿）第十六条规定："国务院对特殊情况下差额计算销售额另有规定的，从其规定。"不过正式出台的《增值税法》却删除了相关表述，差额征税的政策未来是否还会继续执行，无疑也具有了极大的变数。

对于差额征税的企业，目前采用三种开票方式：第一种是差额扣除部分开具增值税普通发票，剩余部分开具增值税专用发票；第二种全额开具增值税普通发票；第三种采用开票系统"差额开票"功能开具发票。图 3.1 和图 3.2 为第二种和第三种方式开出的数电票。

虽然同属差额征税，但差额部分的性质却并不完全一致，比如提供劳务派遣服务的纳税人既可以选择全额征税，也可以选择差额征税，差额征税的销售额＝收取价款＋价外费用－代用工单位支付给劳务派遣员工的工资、福利、社会保险、住房公积金；提供人力资源外包服务的纳税人无论是选择一般计税方法还是简易计税方法，销售额都要扣除受客户单位委托代向客户单位员工发放的工资 – 代理缴纳的社会保险、住房公积金。这部分差额属于不征税项目，对于这部分金额可以开具不征税发票或者收据。

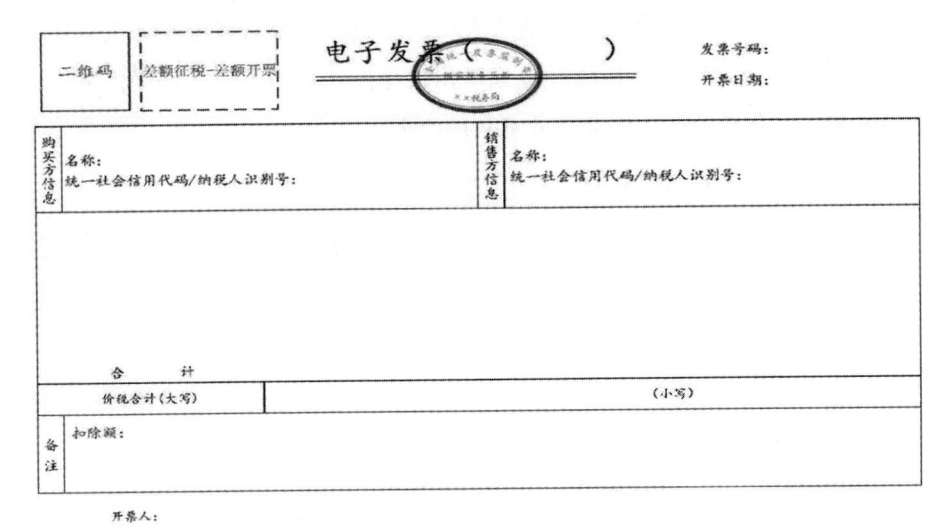

图 3.1　数电票（差额征税—差额开票）

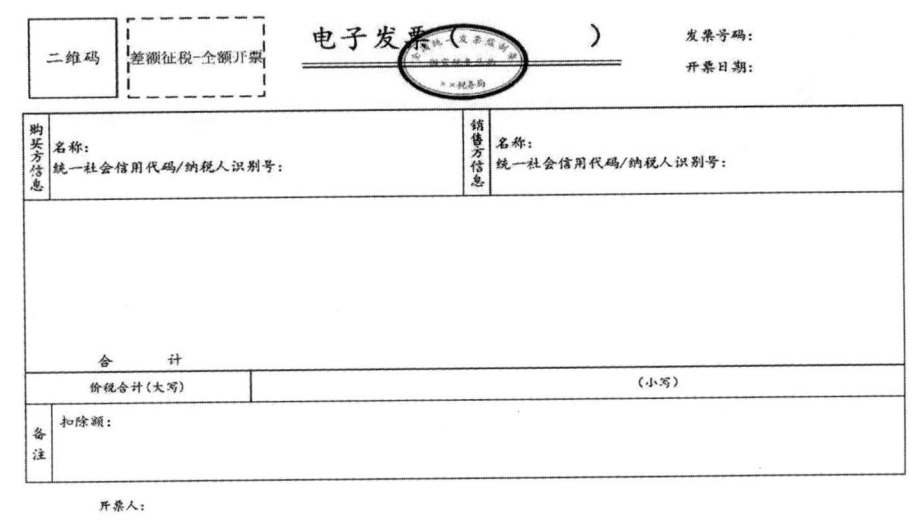

图 3.2　数电票（差额征税—全额开票）

劳务派遣与人力资源外包之所以在计税方式上存在如此之大的差异主要是因为劳务派遣人员虽然在实际用人单位工作，却并非实际用人单位的职工，这些人员与间接用人单位，也就是劳务派遣单位构成劳动关系，他们只是被派遣到实际用人单位工作，劳务派遣单位可以在企业所得税前扣除发放给劳务派遣人员的工资、薪金。

人力资源外包企业只是受托给委托人的职工发工资、上社保、上公积金，与这些职工之间并不构成劳动关系，这些人员的工资、薪金只能由委托人列支，因此人力资源外包企业计算销售额时必须要扣除受托代发的工资、代缴的社会保险与住房公积金，剩余的代理费才是其真正的收入。

具体差额征税项目见表3.1。

表3.1 差额征税项目一览表

行业	适用范围	适用税率（征收率）	计算公式	文件依据
交通运输服务	提供航空运输服务的纳税人	9%（一般纳税人）3%减按1%（小规模纳税人）	销售额=价款-代收的机场建设费-代售其他航空运输企业客票而代收转付的价款	《财政部 国家税务总局关于全面推开营业税改征增值税试点的通知》（财税〔2016〕36号）附件2《营业税改征增值税试点有关事项的规定》第一条第（三）项第6目
电信服务	移动、联通、电信通过手机短信公益特服号为公益性机构接受捐款	6%	销售额=价款-给公益性机构捐款	《财政部 国家税务总局关于营业税改征增值税试点若干政策的通知》（财税〔2016〕39号）第一条
建筑服务	选择简易计税的一般纳税人、小规模纳税人预缴税款与申报纳税时	3%（选择简易计税的一般纳税人）3%减按1%（小规模纳税人）	销售额=价款-支付的分包款	《财政部 国家税务总局关于全面推开营业税改征增值税试点的通知》（财税〔2016〕36号）附件2《营业税改征增值税试点有关事项的规定》第一条第（三）项第9目
	选择一般计税方法的一般纳税人预缴税款时，申报纳税时不得减去支付的分包款	2%	预缴额=预收款-支付的分包款	《国家税务总局关于发布〈纳税人跨县（市、区）提供建筑服务增值税征收管理暂行办法〉的公告》（国家税务总局公告2016年第17号）第五条
金融服务	提供融资性售后回租服务的纳税人	6%（一般纳税人）3%减按1%（小规模纳税人）	销售额=价款（不含本金）-对外支付的借款利息-发行债券利息	《财政部 国家税务总局关于全面推开营业税改征增值税试点的通知》（财税〔2016〕36号）附件2《营业税改征增值税试点有关事项的规定》第一条第（三）项第5目

续表

行业	适用范围	适用税率（征收率）	计算公式	文件依据
金融服务	中国证券登记结算金融服务	6%	销售额=价款-提取的证券结算风险基金-代收代付的证券公司资金交收违约垫付资金利息-结算过程中代收代付的资金交收违约罚息	《财政部 国家税务总局关于营业税改征增值税试点若干政策的通知》（财税〔2016〕39号）第二条
金融服务	金融商品转让	6%（一般纳税人）3%减按1%（小规模纳税人）	销售额=卖出价-买入价。不得扣除买卖交易中的其他税费；出现负差，可结转下期，但不得跨年；买入价，可以选择加权平均法或移动加权平均法进行核算，选择后36个月内不得变更	《财政部 国家税务总局关于全面推开营业税改征增值税试点的通知》（财税〔2016〕36号）附件2《营业税改征增值税试点有关事项的规定》第一条第（三）项第3目
现代服务	提供客运场站服务的一般纳税人	6%	销售额=价款-支付给承运方运费	《财政部 国家税务总局关于全面推开营业税改征增值税试点的通知》（财税〔2016〕36号）附件2《营业税改征增值税试点有关事项的规定》第一条第（三）项第7目
现代服务	物业管理服务的纳税人收取自来水水费	3%（采取简易计税的一般纳税人）3%减按1%（小规模纳税人）	销售额=收取的自来水水费-对外支付自来水水费	《国家税务总局关于物业管理服务中收取的自来水水费增值税问题的公告》（国家税务总局公告2016年第54号）
现代服务	拍卖行	6%（一般纳税人）3%减按1%（小规模纳税人）	受托拍卖文物艺术品，委托方按规定享受免征增值税政策，拍卖行可以自己的名义就代为收取的货物价款向购买方开具增值税普通发票，对应的货物价款不计入拍卖行的增值税应税收入	《国家税务总局关于明确二手车经销等若干增值税征管问题的公告》（国家税务总局公告2020年第9号）第三条
现代服务	提供签证代理服务的经纪代理服务企业	6%（一般纳税人）3%减按1%（小规模纳税人）	销售额=价款-支付给外交部和外国驻华使（领）馆的签证费和认证费	《国家税务总局关于在境外提供建筑服务等有关问题的公告》（国家税务总局公告2016年第69号）第七条
现代服务	代收政府性基金或行政事业性收费的经纪代理服务企业	6%（一般纳税人）3%减按1%（小规模纳税人）	销售额=价款-向委托方收取并代为支付的政府性基金或者行政事业性收费后的余额	《财政部 国家税务总局关于全面推开营业税改征增值税试点的通知》（财税〔2016〕36号）附件2《营业税改征增值税试点有关事项的规定》第一条第（三）项第4目

续表

行业	适用范围	适用税率（征收率）	计算公式	文件依据
现代服务	代理进口免征进口增值税的货物的经纪代理服务企业	6%（一般纳税人）3% 减按 1%（小规模纳税人）	销售额=价款-代收转付货款	《国家税务总局关于在境外提供建筑服务等有关问题的公告》（国家税务总局公告2016年第69号）第八条
	提供境外航段机票代理服务的航空运输销售代理企业	6%（一般纳税人）3% 减按 1%（小规模纳税人）	销售额=价款-代收转付境外航段机票结算款-相关费用	《财政部 税务总局关于租入固定资产进项税额抵扣等增值税政策的通知》（财税〔2017〕90号）第三条
	提供机票代理服务的航空运输销售代理企业	6%（一般纳税人）3% 减按 1%（小规模纳税人）	销售额=价款-向客户收取并支付给航空运输企业或其他航空运输销售代理企业的境内机票净结算款-相关费用	《国家税务总局关于明确中外合作办学等若干增值税征管问题的公告》（国家税务总局公告2018年第42号）第二条
	采用简易计税方法的一般纳税人与选择差额征税的小规模纳税人提供劳务派遣服务	5%（降为3%）	销售额=价款-代用工单位支付给劳务派遣员工的工资、福利、社会保险、住房公积金	《财政部 国家税务总局关于进一步明确全面推开营改增试点有关劳务派遣服务、收费公路通行费抵扣等政策的通知》（财税〔2016〕47号）第一条
	采用简易计税方法的一般纳税人与选择差额征税的小规模纳税人提供安全保护服务	5%（降为3%）	销售额=价款-代用工单位支付给劳务派遣员工的工资、福利、社会保险、住房公积金	《财政部 国家税务总局关于进一步明确全面推开营改增试点有关再保险、不动产租赁和非学历教育等政策的通知》（财税〔2016〕68号）第四条
	采用简易计税方法的一般纳税人与选择差额征税的小规模纳税人提供武装押运服务	5%（降为3%）	销售额=价款-代用工单位支付给劳务派遣员工的工资、福利、社会保险、住房公积金	《财政部 国家税务总局关于明确金融、房地产开发、教育辅助服务等增值税政策的通知》（财税〔2016〕140号）第十四条
	纳税人提供人力资源外包服务	6%（选择一般计税方法的一般纳税人）5%（降为3%）（选择简易计税方法的一般纳税人与小规模纳税人）	销售额=价款-受客户单位委托代向客户单位员工发放的工资-代理缴纳的社会保险、住房公积金	《财政部 国家税务总局关于进一步明确全面推开营改增试点有关劳务派遣服务、收费公路通行费抵扣等政策的通知》（财税〔2016〕47号）第三条第（一）项
	融资租赁服务	13%（从事动产租赁的一般纳税人）9%（从事不动产租赁的一般纳税人）3%（小规模纳税人）	销售额=价款（含本金）-支付的借款利息、发行债券利息-车辆购置税	《财政部 国家税务总局关于全面推开营业税改征增值税试点的通知》（财税〔2016〕36号）附件2《营业税改征增值税试点有关事项的规定》第一条第（三）项第5目

续表

行业	适用范围	适用税率（征收率）	计算公式	文件依据
转让无形资产	转让2016年4月30日前取得的土地使用权的采用简易计税方法的纳税人	5%（降为3%）	销售额=价款+价外费用-土地使用权取得原价	《财政部 国家税务总局关于进一步明确全面推开营改增试点有关劳务派遣服务、收费公路通行费抵扣等政策的通知》（财税〔2016〕47号）第三条第（二）项
生活服务业	提供旅游服务的纳税人	6%（一般纳税人）3%减按1%（小规模纳税人）	销售额=价款+价外费用-向旅游服务购买方收取并支付给其他单位或个人的住宿费、餐饮费、交通费、签证费、门票费-支付给其他接团旅游企业的旅游费用	《财政部 国家税务总局关于全面推开营业税改征增值税试点的通知》（财税〔2016〕36号）附件2《营业税改征增值税试点有关事项的规定》第一条第（三）项第8目
生活服务业	教育辅助服务中的境外单位通过教育部考试中心及其直属单位在境内开展考试	6%（一般纳税人）3%减按1%（小规模纳税人）	销售额=考试费收入-支付给境外单位考试费	《国家税务总局关于在境外提供建筑服务等有关问题的公告》（国家税务总局公告2016年第69号）第六条
销售不动产	选择一般计税方法的房地产一般纳税人销售自行开发不动产，选择简易计税方法的一般纳税人与小规模纳税人不适用	9%	销售额=价款+价外费用-受让土地时向政府部门支付的土地价款-取得土地时向其他单位或个人支付的拆迁补充费用；向政府部门支付的土地价款包括土地受让人向政府部门支付的征地和拆迁补偿费用、土地前期开发费用和土地出让收益等。在取得土地时向其他单位或个人支付的拆迁补偿费用也允许在计算销售额时扣除	《财政部 国家税务总局关于全面推开营业税改征增值税试点的通知》（财税〔2016〕36号）附件2《营业税改征增值税试点有关事项的规定》第一条第（三）项第10目
销售不动产	选择一般计税方法的一般纳税人销售取得的不动产（不含自建）预缴时，不管不动产是2016年4月30日之前还是之后取得	5%降为3%	销售额=全部价款和价外费用-该项不动产购置原价或者取得不动产时的作价；预缴为差额征税，但申报纳税时为全额征税	《国家税务总局关于公布〈纳税人转让不动产增值税征收管理暂行办法〉的公告》（国家税务总局公告2016年第14号）第三条第（三）、（五）项
销售不动产	选择简易计税方式的一般纳税人销售2016年4月30日前取得（不含自建）的不动产	5%降为3%	销售额=全部价款和价外费用-该项不动产购置原价或者取得不动产时的作价；预缴与申报纳税时均为差额征税	《财政部 国家税务总局关于全面推开营业税改征增值税试点的通知》（财税〔2016〕36号）附件2《营业税改征增值税试点有关事项的规定》第一条第（八）项第1目

续表

行业	适用范围	适用税率（征收率）	计算公式	文件依据
销售不动产	小规模纳税人销售其取得（不含自建）的不动产（不含个人转让其购买的住房）	5%降为3%	销售额=价款+价外费用−该项不动产购置原价或取得不动产时的作价	《财政部 国家税务总局关于全面推开营业税改征增值税试点的通知》（财税〔2016〕36号）附件2《营业税改征增值税试点有关事项的规定》第一条第（八）项第5目；《国家税务总局关于发布〈纳税人转让不动产增值税征收管理暂行办法〉的公告》（国家税务总局公告2016年第14号）第四条第（一）项
	北京市、上海市、广州市和深圳市个体工商户和个人对外销售购买2年以上（含2年）的非普通住房（目前已不再区分普通住房与非普通住房）。其他地区销售购买2年以上（含2年）的非普通住房对外销售免税	5%降为3%	销售额=销售收入−购买住房价款	《财政部 国家税务总局关于全面推开营业税改征增值税试点的通知》（财税〔2016〕36号）附件3《营业税改征增值税试点过渡政策的规定》第五条

纳税人提供建筑服务，按照规定允许从其取得的全部价款和价外费用中扣除的分包款，是指支付给分包方的全部价款和价外费用[①]，不过在实践中究竟哪些支出属于分包款支出还存在一定的争议。

建筑企业中标或者通过其他手段承揽工程之后，时常会进行分包，具体分为专业工程分包和劳务作业分包。专业工程分包是指某项专业工程发包给具有相应资质的其他企业，如地基与基础工程、土石方工程、建筑装修装饰工程、建筑幕墙工程、钢结构工程等，实际上就是专业的人干专业事，挣的是技术钱。劳务作业分包是将部分劳务作业发包给其他企业，实际就是花钱买劳力，挣的是辛苦钱。

目前争议比较大的是购进的需要安装的建筑构件或者电梯等相关设备，如果

[①] 《国家税务总局关于国内旅客运输服务进项税抵扣等增值税征管问题的公告》（国家税务总局公告2019年第31号）第七条。

是同一家企业在销售货物的同时提供了安装服务，那么就可以认定为专业工程分包，相关支出准予从销售额中扣除，但如果并非同一家公司，那么就不应认定为是分包款，购买建筑材料、支付设备租赁费等支出不应认定为分包款。

承包单位承包工程后，不履行合同约定的责任和义务，将其承包的全部工程或者将其承包的全部工程肢解后以分包的名义分别转给其他单位或个人施工的行为，属于法律禁止的转包，但有证据证明属于挂靠的除外。挂靠是指单位或个人以其他有资质的施工单位的名义承揽工程的行为[①]。

● 第二节 适用税率与征收率

增值税税率适用于一般计税方法的计算，增值税征收率针对小规模纳税人和采用简易计税方法的一般纳税人。之前征收率共有两档，分别是 5% 与 3%，销售自行开发、取得、自建的不动产以及不动产经营租赁等服务适用 5% 的征收率，其他情形适用 3% 的征收率，不过《增值税法》却将两档征收率简化为一档即 3%。

一、现行增值税税率

营改增之前，增值税税率共有三档，普通行业为 17%，需要扶持的特殊行业为 13%，货物出口为 0，随着营改增全面推广之后，又陆续增设了 6% 和 11% 两档税率。

过多的税率等级可能会导致税收管理的复杂性，同时也可能增加纳税人的遵从成本，因此，国家开始简并税率，先是取消了 13% 这档税率，原适用这档税率的应税项目降为 11%；后来又将 17% 的税率降为 16%，11% 的税率降为 10%；之后 16% 的税率继续降为 13%，10% 的税率继续降为 9%，除了零税率之外，目前共有 13%，9% 和 6% 三档税率。

《增值税法》对于适用低税率 9% 的货物基本平移了《增值税暂行条例》第二条第（二）项的规定，不过却删去了"国务院规定的其他货物"这一兜底条款，也就是说国务院没有权利再扩展适用低税率 9% 的货物范围。增值税一般纳税人适用税率见表 3.2。

---

① 《住房和城乡建设部关于印发建筑工程施工发包与承包违法行为认定查处管理办法的通知》（建市规〔2019〕1号）第七条、第九条。

表3.2 增值税一般纳税人适用税率表

类别	项目	适用税率	文件依据
销售货物	农产品、食用植物油、食用盐	9%	初始文件：《增值税暂行条例》； 第一次税率调整文件：《财政部 税务总局关于简并增值税税率有关政策的通知》（财税〔2017〕37号）
	自来水、暖气、冷气、热气、煤气、石油液化气、沼气、二甲醚、天然气、居民用煤炭制品	9%	
	图书、报纸、杂志、影像制品、电子出版物	9%	
	饲料、化肥、农药、农机、农膜	9%	
	上述以外的货物	13%	
进口货物	上述适用低税率货物	9%	
	其他货物	13%	
销售无形资产	转让技术、商标、著作权、商誉、自然资源和其他权益性无形资产所有权和使用权	6%	
	土地使用权	9%	
销售不动产	转让建筑物、构筑物等不动产产权	9%	第二次税率调整文件：《财政部 税务总局关于调整增值税税率的通知》（财税〔2018〕32号）
交通运输业	陆路运输服务	9%	
	水路运输服务		
	航空运输服务		
	管道运输服务		
	无运输工具承运服务		
加工、修理修配服务	从单列的劳务转为服务	13%	
建筑服务	工程服务	9%	
	安装服务		
	修缮服务		
	装饰服务		
	其他建筑服务		
邮政服务	邮政普遍服务	9%	
	邮政特殊服务		
	邮政其他服务		
电信服务	基础电信服务	9%	
	增值电信服务	6%	
金融服务	贷款服务	6%	
	直接收费金融服务		
	保险服务		
	金融商品转让		

续表

类别	项目		适用税率	文件依据
现代服务	研发和技术服务		6%	第二次税率调整文件：《财政部 税务总局关于调整增值税税率的通知》（财税〔2018〕32号）
	信息技术服务			
	文化创意服务			
	物流辅助服务			
	鉴证咨询服务			
	广播影视服务			
	商务辅助服务			
	其他现代服务			
	租赁服务	有形动产	13%	
		不动产	9%	
生活服务	文化体育服务		6%	第三次税率调整文件：《财政部 税务总局 海关总署关于深化增值税改革有关政策的公告》（财政部 税务总局 海关总署公告2019年第39号）
	教育医疗服务			
	旅游娱乐服务			
	餐饮住宿服务			
	居民日常服务			
	其他生活服务			
出口货物、服务、无形资产	出口货物（国务院另有规定的除外）		0	
	跨境销售国务院规定范围内的服务、无形资产		0	
	符合免税条件的销售货物、劳务提供跨境应税行为		免税 选择免税不能抵扣增值税进项税额，但适用零税率可以正常抵扣	

在不久的将来，增值税三档税率或许将会继续简并为两档，甚至会实行一档税率，能够有力地压缩节税空间，但这样也会使得部分行业不得不面临税负偏高的局面，不过可以通过进项税额加计抵减等方式降低其实际税负。

二、容易混淆的增值税项目

增值税之所以要设置多档税率最主要的原因是不同行业成本费用的构成比例不同、获取合法的扣税凭证的难易程度不同。原征收增值税的销售货物以及加工、修理、修配服务，外购原材料在成本费用中所占的比例很大并且容易获得合法的扣税凭证，适用13%这档最高税率。在很多服务企业的成本费用中，外购的原材料所占比重很小，主要是员工的工资、薪金支出，但这部分支出不属于增值税征收范围，不能抵扣增值税，因此适用6%这档最低税率。

虽然增值税对不同税目进行了精确界定，但在税收征管实际中，一些内容相近的应税交易在确定税目时依旧容易混淆，具体见表3.3和表3.4。

表3.3　内容相近适用税率却不同的应税交易

业务内容	所属行业	适用税率	文件依据
提供汽车	有形动产租赁	13%	《财政部 国家税务总局关于全面推开营业税改征增值税试点的通知》（财税〔2016〕36号）
提供汽车与司机	交通运输服务	9%	
提供飞机	有形动产租赁	13%	
提供飞机与机组人员	交通运输服务	9%	
提供船舶	有形动产租赁	13%	
提供船舶与船务人员	交通运输服务	9%	
仓库租赁	有形动产租赁	13%	
仓库租赁并配备管理人员	仓储服务	6%	
建筑施工设备出租	有形动产租赁	13%	《财政部 国家税务总局关于明确金融、房地产开发、教育辅助服务等增值税政策的通知》（财税〔2016〕140号）
建筑施工设备出租并配备操作人员	建筑服务	9%	
会议场地租赁	有形动产租赁	13%	
会议场地租赁并配备服务人员	会议展览服务	6%	
运输货物	交通运输服务	9%	
运输货物并配备押运人员	安全保护服务	6%	

表3.4　与建筑服务容易混淆的应税交易

应税交易名称	误以为的应税交易	误以为的税率	实际应税交易	实际税率
电信安装服务	电信服务	9%或6%	建筑服务	9%
物业服务企业为业主提供的装修服务	商务辅助服务—物业管理服务	6%	建筑服务	9%
工程设计	建筑服务	9%	文化创意服务—设计服务	6%
建筑图纸审核	建筑服务	9%	鉴证咨询服务	6%
工程勘察勘探服务	建筑服务	9%	研发和技术服务	6%
工程造价鉴证	建筑服务	9%	鉴证咨询服务	6%
工程监理	建筑服务	9%	鉴证咨询服务	6%
委托代建	建筑服务	9%	商务辅助服务	6%
航道疏浚服务	建筑服务	9%	物流辅助服务	6%
植物养护服务	建筑服务	9%	其他生活服务	6%
电梯维护保养服务	建筑服务	9%	其他现代服务	6%

三、低税率货物

在确定适用税率时，除了上面所述一些内容相近的应税交易之外，还有一个难点，那就是绝大部分货物适用13%的税率，但一些特殊货物却适用9%的低税率。适用低税率的货物主要包括以下三类：

第一类是与农业生产有关的货物，如农产品、食用植物油、饲料、化肥、农药、农机、农膜。

第二类是与公用事业有关的货物，如自来水、暖气、冷气、热水、煤气、石油液化气、天然气、沼气、二甲醚、居民用煤炭制品、食用盐。

第三类是与文化有关的货物，如图书、报纸、杂志、音像制品、电子出版物。

为了防止侵蚀税基，每一类低税率货物都有严格的范围限制[1]，严禁超范围错误适用低税率。

1. 农产品

农产品，指种植业、养殖业、林业、牧业、水产业生产的各种植物、动物的初级产品。农业生产者销售自产的农产品免征增值税，但销售外购的农业产品或者用外购农业产品生产、加工后销售仍旧属于农产品范围的产品，应当按照9%的税率征收增值税。

不过农民个人按照竹器企业提供样品规格，自产或购买竹、芒、藤、木条等，再通过手工简单编织成竹制或竹芒藤柳混合坯具的，属于自产农业初级品，免征销售环节增值税[2]，但农业生产者用自产的茶青再经筛分、风选、拣剔、碎块、干燥、匀堆等工序精制而成的精制茶不属于免税范围[3]。

对从事农产品批发、零售的纳税人销售的部分鲜活肉蛋产品[4]、蔬菜[5]免征增值税，不过却不能开具农产品销售发票、农产品收购发票。农产品的具体范围，见表3.5。

---

[1]《财政部 国家税务总局关于简并增值税税率有关政策的通知》（财税〔2017〕37号）附件1《适用11%增值税税率货物范围注释》。

[2]《国家税务总局关于农户手工编织的竹制和竹芒藤柳坯具征收增值税问题的批复》（国税函〔2005〕56号）。

[3]《财政部 国家税务总局关于印发〈农业产品征税范围注释〉的通知》（财税字〔1995〕52号）第二条。

[4]《财政部 国家税务总局关于免征部分鲜活肉蛋产品流通环节增值税政策的通知》（财税〔2012〕75号）第一条。

[5]《财政部 国家税务总局关于免征蔬菜流通环节增值税有关问题的通知》（财税〔2011〕137号）第一条。

表3.5　农产品的范围[①]

类别	项目	具体范围
植物类	粮食	粮食是指各种主食食料植物果实的总称,包括小麦、稻谷、玉米、高粱、谷子和其他杂粮（如大麦、燕麦等）,以及经碾磨、脱壳等工艺加工后的粮食（如面粉、米、玉米面、渣等）,包括切面、饺子皮、馄饨皮、面皮、米粉、挂面等粮食复制品以及玉米胚芽,但不包括以粮食为原料加工的速冻食品、方便面、副食品和各种熟食品
	蔬菜	蔬菜是指可作副食的草本、木本植物的总称,包括各种蔬菜、菌类植物和少数可作副食的木本植物；包括经晾晒、冷藏、冷冻、包装、脱水等工序加工的蔬菜、腌菜、咸菜、酱菜和盐渍蔬菜等；注意不包括各种蔬菜罐头,罐头是指以金属罐、玻璃瓶和其他材料包装,经排气密封的各种食品
	烟叶	烟叶是指各种烟草的叶片和经过简单加工的叶片,包括晒烟叶即利用太阳能露天晒制的烟叶、晾烟叶即在晾房内自然干燥的烟叶、初烤烟叶即烟草种植者直接烤制的烟叶,不包括专业复烤厂烤制的复烤烟叶
	茶叶	茶叶是指从茶树上采摘下来的鲜叶和嫩芽（即茶青）,以及经吹干、揉拌、发酵、烘干等工序初制的茶,包括各种毛茶（如红毛茶、绿毛茶、乌龙毛茶、白毛茶、黑毛茶等）,也包括农业生产者用自产的茶青再经筛分、风选、拣剔、碎块、干燥、匀堆等工序精制而成的精制茶,但不包括其他精制茶、边销茶及掺各种药物的茶和茶饮料
	园艺植物	园艺植物是可供食用的果实,如水果、果干（如荔枝干、桂圆干、葡萄干等）、干果、果仁、果用瓜（如甜瓜、西瓜、哈密瓜等）,以及胡椒、花椒、大料、咖啡豆等；包括经冷冻、冷藏、包装等工序加工的园艺植物；不包括各种水果罐头,果脯,蜜饯,炒制的果仁、坚果以及碾磨后的园艺植物（如胡椒粉、花椒粉等）
	药用植物	药用植物是指用作中药原药的各种植物的根、茎、皮、叶、花、果实等,包含干姜、姜黄；包括利用上述药用植物加工制成的片、丝、块、段等中药饮片,但不包括中成药
	油料植物	油料植物是指主要用作榨取油脂的各种植物的根、茎、叶、果实、花或者胚芽组织等初级产品,如菜子（包括芥菜子）、花生、大豆、葵花子、蓖麻子、芝麻子、胡麻子、茶子、桐子、橄榄仁、棕榈仁、棉籽等；包括提取芳香油的芳香油料植物
	纤维植物	纤维植物是指利用其纤维作纺织,造纸原料或者绳索的植物,如棉（包括籽棉、皮棉、絮棉）,大麻、黄麻、槿麻、苎麻、苘麻、亚麻、罗布麻、蕉麻、剑麻等；包括棉短绒和麻纤维经脱胶后的精干（洗）麻
	糖料植物	糖料植物是指主要用作制糖的各种植物,如甘蔗、甜菜等

[①] 《财政部 国家税务总局关于印发〈农业产品征税范围注释〉的通知》（财税字〔1995〕52号）、《财政部 国家税务总局关于简并增值税税率有关政策的通知》（财税〔2017〕37号）附件1《适用11%增值税税率货物范围注释》第一条。

续表

类别	项目	具体范围
植物类	林业产品	林业产品是指乔木、灌木和竹类植物，以及天然树脂、天然橡胶，具体包括： ①原木，指将砍伐倒的乔木去其枝芽、梢头或者皮的乔木、灌木，以及锯成一定长度的木段，不包括锯材。 ②原竹，指将砍倒的竹去其枝、梢或者叶的竹类植物，以及锯成一定长度的竹段。 ③天然树脂，指木科植物的分泌物，包括生漆、树脂和树胶，如松脂、桃胶、樱胶、阿拉伯胶、古巴胶和天然橡胶（包括乳胶和干胶）等。 ④其他林业产品。如竹笋、笋干、棕竹、棕榈衣、树枝、树叶、树皮、藤条等。包括盐水竹笋，但不包括竹笋罐头
植物类	其他植物	其他植物是指除上述列举植物以外的其他各种人工种植和野生的植物，如树苗、花卉、植物种子、植物叶子、草、麦秸、豆类、薯类、藻类植物等；包括干花、干草、薯干、干制的藻类植物，农业产品的下脚料等
动物类	水产品	水产品是指人工放养和人工捕捞的鱼、虾、蟹、鳖、贝类、棘皮类、软体类、腔肠类、海兽类动物，包括鱼、虾、蟹、鳖、贝类、棘皮类、软体类、腔肠类、海兽类、鱼苗（卵）、虾苗、蟹苗、贝苗（秧），以及经冷冻、冷藏、盐渍等防腐处理和包装的水产品。 包括干制的鱼、虾、蟹、贝类、棘皮类、软体类、腔肠类，如干鱼、干虾、干虾仁、干贝等，以及未加工成工艺品的贝壳、珍珠，但不包括熟制的水产品和各类水产品的罐头
动物类	畜牧产品	畜牧产品是指人工饲养、繁殖取得和捕获的各种畜禽，包括： ①兽类、禽类和爬行类动物，如牛、马、猪、羊、鸡、鸭等。 ②兽类、禽类和爬行类动物的肉产品，包括整块或者分割的鲜肉、冷藏或者冷冻肉、盐渍肉、兽类、禽类和爬行类动物的内脏、头、尾、蹄等组织。 包括各种兽类、禽类和爬行类动物的肉类生制品，如腊肉、腌肉、熏肉等，但不包括各种肉类罐头、肉类熟制品。 ③蛋类产品。是指各种禽类动物和爬行类动物的卵，包括鲜蛋、冷藏蛋。 包括经加工的咸蛋、松花蛋、腌制的蛋等，但不包括各种蛋类的罐头。 ④鲜奶。是指各种哺乳类动物的乳汁和经净化、杀菌等加工工序生产的乳汁，但不包括用鲜奶加工的各种奶制品，如酸奶、奶酪、奶油等。 包括按照《食品安全国家标准 巴氏杀菌乳》（GB 19645—2010）生产的巴氏杀菌乳、按照《食品安全国家标准 灭菌乳》（GB 25190—2010）生产的灭菌乳
动物类	动物皮张	动物皮张是指从各种动物（兽类、禽类和爬行类动物）身上直接剥取的，未经鞣制的生皮、生皮张，包括将生皮、生皮张用清水、盐水或者防腐药水浸泡、刮里、脱毛、晒干或者熏干，但未经鞣制的半成品
动物类	动物毛绒	动物毛绒是指未经洗净的各种动物的毛发、绒发和羽毛，但不包括洗净毛、洗净绒等

续表

类别	项目	具体范围
动物类	其他动物组织	其他动物组织是指上述列举以外的兽类、禽类、爬行类动物的其他组织，以及昆虫类动物，包括： ①蚕茧，包括鲜茧和干茧，以及蚕蛹。 ②天然蜂蜜，是指采集的未经加工的天然蜂蜜、鲜蜂王浆等。 ③动物树脂，如虫胶等。 ④其他动物组织，如动物骨（含动物骨粒）、壳、兽角、动物血液、动物分泌物、蚕种等

2. 食用植物油

食用植物油，包括芝麻油、花生油、豆油、菜籽油、米糠油、葵花籽油、棉籽油、玉米胚油、茶油、胡麻油，以及以上述油为原料生产的混合油，还包括棕榈油、棉籽油、茴油、毛椰子油、核桃油、橄榄油、花椒油、杏仁油、葡萄籽油、牡丹籽油。

3. 自来水

自来水，是指自来水公司及工矿企业经抽取、过滤、沉淀、消毒等工序加工后，通过供水系统向用户供应的水，但不包括农业灌溉用水、引水工程输送的水等。饮水工程运营管理单位向农村居民提供生活用水取得的自来水销售收入免征增值税，如果是非农村居民或者非生活用水则不免税[①]。

4. 暖气、热水

暖气、热水，是指利用各种燃料（如煤、石油、其他各种气体或固体、液体燃料）和电能将水加热，使之生成的气体和热水，以及开发自然热能，如开发地热资源或用太阳能生产的暖气、热气、热水，包括利用工业余热生产、回收的暖气、热气和热水。

5. 冷气

冷气，是指为了调节室内温度，利用制冷设备生产的并通过供风系统向用户提供的低温气体。

6. 煤气

煤气，指由煤、焦炭、半焦和重油等经干馏或汽化等生产过程所得气体产物，包括：焦炉煤气即煤在炼焦炉中进行干馏所产生的煤气；发生炉煤气即是指用空

---

① 《关于继续实施农村饮水安全工程税收优惠政策的公告》（财政部 税务总局公告2023年第58号）第四条。

气（或氧气）和少量的蒸气将煤或焦炭、半焦，在煤气发生炉中进行汽化所产生的煤气、混合煤气、水煤气、单水煤气、双水煤气等；液化煤气口压缩成液体的煤气。

7. 石油液化气

石油液化气，指由石油加工过程中所产生的低分子量的烃类炼厂气经压缩成的液体，主要成分是丙烷、丁烷、丁烯等，包括由石油伴生气加工压缩而成的石油液化气。

8. 天然气

天然气，指蕴藏在地层内的碳氢化合物可燃气体，主要含有甲烷、乙烷等低分子烷烃和丙烷、丁烷、戊烷及其他重质气态烃类，包括气田天然气、油田天然气、煤矿天然气和其他天然气以及西气东输项目上游中外合作开采天然气。

9. 沼气

沼气，主要成分为甲烷，由植物残体在与空气隔绝的条件下经自然分解而成，沼气主要做燃料，包括天然沼气与人工生产的沼气。

10. 居民用煤炭制品

居民用煤炭制品，指煤球、煤饼、蜂窝煤和引火炭。

11. 图书、报纸、杂志

图书、报纸、杂志，是采用印刷工艺，按照文字、图画和线条原稿印刷成的纸制品包括：图书即由国家新闻出版署批准的出版单位出版，采用国际标准书号编序的书籍以及图片；报纸即经国家新闻出版署批准，在各省、自治区、直辖市新闻出版部门登记，具有国内统一刊号（CN）的报纸；杂志即经国家新闻出版署批准，在省、自治区、直辖市新闻出版管理部门登记，具有国内统一刊号（CN）的刊物。除此之外，还包括中小学课本配套产品（包括各种纸制品或图片）以及国内印刷企业承印的经新闻出版主管部门批准印刷且采用国际标准书号编序的境外图书。

图书、期刊、音像制品、电子出版物按照9%的税率正常缴纳增值税后分别适用100%或者50%先征后退政策。中国共产党和各民主党派的各级组织的机关报纸，各级人大、政协、政府、工会、共青团、妇联、残联、科协的机关报纸，新华社的机关报纸，军事部门的机关报纸适用100%先征后退政策；综合类报纸与行业专业类报纸适用50%先征后退政策，其他报纸不适用先征后退的政策。

12. 音像制品

音像制品，指正式出版的录有内容的录音带、录像带、唱片、激光唱盘和激光视盘。

13. 电子出版物

电子出版物，指以数字代码方式，使用计算机应用程序，将图文声像等内容信息编辑加工后存储在具有确定的物理形态的磁、光、电等介质上，通过内嵌在计算机、手机、电子阅读设备、电子显示设备、数字音/视频播放设备、电子游戏机、导航仪以及其他具有类似功能的设备上读取使用，具有交互功能，用以表达思想、普及知识和积累文化的大众传播媒体。载体形态和格式主要包括只读光盘（CD只读光盘CD-ROM、交互式光盘CD-I、照片光盘Photo-CD、高密度只读光盘DVD-ROM、蓝光只读光盘HD-DVD ROM和BD ROM）、一次写入式光盘（一次写入CD光盘CD-R、一次写入高密度光盘DVD-R、一次写入蓝光光盘HD-DVD／R，BD-R）、可擦写光盘（可擦写CD光盘CD-RW、可擦写高密度光盘DVD-RW、可擦写蓝光光盘HDDVD-RW和BD-RW、磁光盘MO）、软磁盘（FD）、硬磁盘（HD）、集成电路卡（CF卡、MD卡、SM卡、MMC卡、RR-MMC卡、MS卡、SD卡、XD卡、T-Flash卡、记忆棒）和各种存储芯片。

14. 饲料

饲料，指用于动物饲养的产品或其加工品，包括单一饲料即做饲料用的某一种动物、植物、微生物产品或其加工品；混合饲料即采用简单方法，将两种以上的单一饲料混合到一起的饲料；配合饲料即根据不同的饲养对象、饲养对象的不同生长发育阶段对各种营养成分的不同需要量，采用科学的方法，将不同的饲料按一定的比例配合到一起，并均匀地搅拌，制成一定料型的饲料。符合条件单一大宗饲料、混合饲料、配合饲料、复合预混料与浓缩饲料免征增值税[1]，具体适用范围将在第八章进行详细介绍。

适用9%税率的饲料还包括豆粕、宠物饲料、饲用鱼油、矿物质微量元素添砖、饲料级磷酸二氢钙产品[2]，但不包括直接用于动物饲养的粮食、饲料添加剂。

---

[1]《财政部 国家税务总局关于饲料产品免征增值税问题的通知》（财税〔2001〕121号）第一条。
[2]《财政部 税务总局关于简并增值税税率有关政策的通知》（财税〔2017〕37号）附件1《适用11%增值税税率货物范围注释》第三条。

15. 化肥

化肥，指经化学和机械加工制成的各种化学肥料，具体包括：

（1）化学氮肥，主要品种有尿素和硫酸铵、硝酸铵、碳酸氢铵、氯化铵、石灰氮、氨水等。

（2）磷肥，主要品种有磷矿粉、过磷酸钙（包括普通过磷酸钙和重过磷酸钙）、钙镁磷肥、钢渣磷肥等。

（3）钾肥，主要品种有硫酸钾、氯化钾等。

（4）复合肥料，指用化学方法合成或混配制成含有氮、磷、钾中的两种或两种以上的营养元素的肥料。含有两种的称二元复合肥，含有三种的称三元复合肥料，也有含三种元素和某些其他元素的叫多元复合肥料。主要产品有硝酸磷肥、磷酸铵、磷酸二氢钾肥、钙镁磷钾肥、磷酸一铵、磷粉二铵、氮磷钾复合肥等。

（5）微量元素肥，指含有一种或多种植物生长所必需的，但需要量又极少的营养元素的肥料，如硼肥、锰肥、锌肥、铜肥、钼肥等。

（6）其他肥，指上述列举以外的其他化学肥料。

需要注意的是生产销售和批发、零售有机肥产品享受免税政策，具体包括有机肥料、有机-无机复混肥料与生物有机肥[①]。

16. 农药

农药，指用于农林业防治病虫害、除草及调节植物生长的药剂，包括农药原药和农药制剂，如杀虫剂、杀菌剂、除草剂、植物生长调节剂、植物性农药、微生物农药、卫生用药、其他农药原药、制剂等。流通环节即批发、零售农药免征增值税，但生产环节的农药需要按照9%的税率缴纳增值税[②]。

17. 农膜

农膜，是指用于农业生产的各种地膜、大棚膜，农膜在生产环节、流通环节均免征增值税[③]。

18. 农机

农机，是指用于农业生产（包括林业、牧业、副业、渔业）的各种机器和机械化和半机械化农具以及小农具，流通环节免征增值税，生产环节适用9%的税率，

[①]《财政部 国家税务总局关于有机肥产品免征增值税的通知》（财税〔2008〕56号）第一条。
[②]《财政部 国家税务总局关于农业生产资料征免增值税政策的通知》（财税〔2001〕113号）第一条。
[③]《财政部 国家税务总局关于农业生产资料征免增值税政策的通知》（财税〔2001〕113号）第一条。

农机具体包括：

（1）拖拉机，以内燃机为驱动牵引机具从事作业和运载物资的机械，包括轮拖拉机、履带拖拉机、手扶拖拉机、机耕船以及不带动力的手扶拖拉机（也称"手扶拖拉机底盘"）[①]。

（2）土壤耕整机械，指对土壤进行耕翻整理的机械，包括机引犁、机引耙、旋耕机、镇压器、联合整地器、合壤器、其他土壤耕整机械。

（3）农田基本建设机械，指从事农田基本建设的专用机械，包括开沟筑埂机、开沟铺管机、铲抛机、平地机、农用挖掘机以及其他农田基本建设机械。

（4）种植机械，指将农作物种子或秧苗移植到适于作物生长的苗床机械，包括播作机、水稻插秧机、栽植机、地膜覆盖机、复式播种机、秧苗准备机械。

（5）植物保护和管理机械，指农作物在生长过程中的管理、施肥、防治病虫害的机械，包括机动喷粉机、喷雾机（器）、弥雾喷粉机、修剪机、中耕除草机、播种中耕机、培土机具、施肥机以及频振式杀虫灯、自动虫情测报灯、粘虫板、卷帘机。

（6）收获机械，指收获各种农作物的机械，包括粮谷、棉花、薯类、甜菜、甘蔗、茶叶、油料等收获机。

（7）场上作业机械，指对粮食作物进行脱粒、清选、烘干的机械设备，包括各种脱粒机、清选机、粮谷干燥机、种子精选机以及密集型烤房设备。

（8）排灌机械，指用于农牧业排水、灌溉的各种机械设备，包括喷灌机、半机械化提水机具、打井机以及农用水泵。

（9）农副产品加工机械，指对农副产品进行初加工，加工后的产品仍属农副产品的机械，包括茶叶机械、剥壳机械、棉花加工机械（包括棉花打包机）、食用菌机械（培养木耳、蘑菇等）、小型粮谷机械以及蔬菜清洗机，但不包括以农副产品为原料加工工业产品的机械。

（10）农业运输机械，指农业生产过程中所需的各种运输机械，包括人力车（不包括三轮运货车）、畜力车和拖拉机挂车以及三轮农用运输车（指以单缸柴油机为动力装置的三个车轮的农用运输车辆[②]），还包括农用柴油机，但不包

---

① 《财政部 国家税务总局关于不带动力的手扶拖拉机和三轮农用运输车增值税政策的通知》（财税〔2002〕89号）。

② 《财政部 国家税务总局关于不带动力的手扶拖拉机和三轮农用运输车增值税政策的通知》（财税〔2002〕89号）。

括农用汽车。

（11）畜牧业机械，指畜牧业生产中所需的各种机械，包括草原建设机械、牧业收获机械、饲料加工机械、畜禽饲养机械、畜产品采集机械以及养鸡设备系列、养猪设备系列产品、动物尸体降解处理机。

（12）渔业机械，指捕捞、养殖水产品所用的机械，包括捕捞机械、增氧机、饵料机。机动渔船不属于本货物的范围。

（13）林业机械，指用于林业的种植、育林的机械，包括清理机械、育林机械、树苗栽植机械，不包括森林砍伐机械、集材机械。

（14）小农具，包括畜力犁、畜力耙、锄头和镰刀等农具，但不包括农机零部件。

19. 二甲醚

二甲醚，指化学分子式为 CH_3OCH_3，常温常压下为具有轻微醚香味，易燃、无毒、无腐蚀性的气体。

20. 食用盐

食用盐，指符合《食用盐》(GB/T 5461—2016)和《食品安全国家标准 食用盐》(GB 2721—2015)两项国家标准的食用盐。

第三节 特殊销售方式销售额的确定

在现实生活中，销售方式千变万化，不同的销售方式在涉税处理中有着明显的差异，下面就来看一下在一些特殊销售方式下，究竟应该如何确定销售额。

一、商业折扣、现金折扣、销售折让与销售退回

商业折扣、现金折扣、销售折让与销售退回是生产企业、批发零售企业经常会遇到的销售问题，商业折扣就是俗称的"打折"，是最为常用的商品促销手段。现金折扣是为了让购买方迅速付款而给予的一种现金奖励，增值税、企业所得税都不允许将现金折扣从收入中扣除，但企业所得税允许将现金折扣计入财务费用在税前进行抵扣。

销售折让、销售退回与现金折扣属于事后发生的补偿行为，现金折扣是销售方主动提出的优惠条件，销售退回与销售折让是因未能达到购买方要求等原因，销售方被动接受或者主动做出的让步，不同的是销售折让是在不退货的前提下销售方给予购买方的金额减免，销售退回是全部或者部分退回货物，然后退还相应

的款项，具体涉税处理见表3.6。

表3.6 商业折扣、现金折扣、销售折让与销售退回涉税处理对比表

项目	具体定义[1]	增值税处理方式	企业所得税处理方式[2]
商业折扣（又称折扣销售）	为促进商品销售而在商品价格上给予的价格扣除	销售额和折扣额在同一张发票上的"金额"栏分别注明，可以按折扣后的销售额征收增值税，仅在发票"备注"栏注明折扣额，折扣额不得从销售额中减除[3]	按照扣除商业折扣后的金额确定商品收入金额
现金折扣（又称是销售折扣）	债权人为鼓励债务人在规定的期限内付款而向债务人提供的债务扣除	按照销售额全额缴纳增值税	按扣除现金折扣前的金额确定商品收入金额，现金折扣在实际发生时作为财务费用予以扣除
销售折让	因售出商品质量、品种不符合要求等原因在售价上给予的减让	因销货折让而退还给购买方的增值税额，应从发生销货折让当期的销项税额中扣减，因折让而收回的增值税额，应从发生折让当期的进项税额中扣减[4]	已经确认销售收入的售出商品发生销售折让，应当在发生当期冲减当期销售收入
销售退回	因售出商品质量、品种不符合要求等原因而发生的退货	因销货退回而退还给购买方的增值税额，销售方应从发生销货退回当期的销项税额中扣减。因进货退回而收回的增值税额，购买方应从发生进货退出当期的进项税额中扣减[5]	已经确认销售收入的售出商品发生销售退回，应当在发生当期冲减当期销售商品收入

二、售后回购、还本销售与以旧换新

售后回购通常有三种形式：第一种是企业和客户约定企业有义务回购该商品，即存在远期安排；第二种是企业有权利回购该商品，即企业拥有回购选择权；第三种是当客户要求时，企业有义务回购该商品，即客户拥有回售选择权。

为了保障增值税抵扣链条的完整性，除非文件明确规定售后回购的销售行为和回售行为不缴纳增值税，否则需要正常缴纳增值税，目前只是明确了融资性售后回租（注意不是回购）不属于增值税征收范围，不缴纳增值税[6]，售后回购仍旧需要正常缴纳增值税。

企业所得税规定有明确证据证明属于融资行为，且回购价格大于原售价，可

---

[1] 《国家税务总局关于确认企业所得税收入若干问题的通知》(国税函〔2008〕875号)。
[2] 《国家税务总局关于确认企业所得税收入若干问题的通知》(国税函〔2008〕875号)。
[3] 《国家税务总局关于折扣额抵减增值税应税销售额问题通知》(国税函〔2010〕56号)。
[4] 《中华人民共和国增值税暂行条例实施细则》第十一条。
[5] 《中华人民共和国增值税暂行条例实施细则》第十一条。
[6] 《国家税务总局关于融资性售后回租业务中承租方出售资产行为有关税收问题的公告》(国家税务总局公告2010年第13号)。

以不确认收入，按照新的会计收入准则，相关金额需要计入"合同负债"这个会计科目，回购价格高于原售价的部分计入财务费用。虽然企业所得税与会计核算看似并无差异，但会计核算确认财务费用时采用的是实际利率法，但税法却要求按照直线法（即名义利率法）计算财务费用，两者的区别有点类似于单利与复利，虽然实际利率法更为精准科学，但计算过程却相对复杂，税法更加追求简洁高效。

如果回购价小于原售价，企业要按照正常的销售产品和购买商品计算缴纳企业所得税，此时会计核算与企业所得税便存在较大差异。

采取还本销售的销售方式，收入确认与成本结转与正常销售货物一样，区别在于对于以后还本支出的会计处理，如果是为了融资，需要计入财务费用；如果是为了促销，还本支出需要计入销售费用；如果是两者兼而有之，分别通过两个科目进行核算，还本支出要按年或按月计提。

缴纳增值税时，企业不得从销售额中减除还本支出；缴纳企业所得税时，还本支出可以在税前扣除，如果约定若干年之后才还本，在实际支出的年度才能进行税前扣除，有些企业在会计核算时会在还本之前按一定比例计提支出并计入销售费用或财务费用，等到年度汇算清缴时，需要对这部分金额进行纳税调整。

采取"以旧换新"的销售方式，销售货物与有偿收购旧货是两项不同的业务活动，旧商品的收购额不能抵减新商品的销售额，只有金银首饰才准许按照实际收取的差价来确认收入。由于收购的旧货一般无法获取增值税专用发票，自然也就不能进行抵扣，因此，采取这种方式的纳税人应该审慎核算自身税负，加强与废旧物资收购行业的经济往来，通过提高利润率的方式来降低自身税负，具体见表3.7。

表3.7 售后回购、还本销售与以旧换新涉税处理对比表

项目	具体定义	增值税处理方式	企业所得税处理方式
售后回购	在销售商品的同时承诺或有权选择日后再将该商品购回的销售方式。被购回的商品包括原销售给客户的商品、与该商品几乎相同的商品，或者以该商品作为组成部分的其他商品	销售的商品按照向购买方收取的全部价款作为销售额计算销项税额，回购时按照购进货物进行进项抵扣	销售的商品按照售价确认收入，回购的商品作为购进商品处理。有证据表明不符合销售收入确认条件的，如以销售商品方式进行融资，收到的款项应确认为负债，回购价格大于原售价，差额应在回购期间确认为利息费用①

① 《国家税务总局关于确认企业所得税收入若干问题的通知》（国税函〔2008〕875号）第一条第（三）项。

续表

项目	具体定义	增值税处理方式	企业所得税处理方式
还本销售	企业销售货物后，在一定期限内将全部或部分货款一次或分次无条件地退还给购货方	纳税人采取还本销售方式销售货物，不得从销售额中减除还本支出①	—
以旧换新	用旧商品折抵部分金额购置新商品	按新商品的同期销售价格确定销售额，开具发票并计税，收取旧商品，取得增值税专用发票注明的进项税额可以抵扣②。对金银首饰以旧换新业务，可以按销货方实际收取的不含增值税的全部价款征收增值税③	销售的新商品应当按照销售商品收入确认条件确认收入，回收的旧商品作为购进商品处理④

三、平销返利

零售企业通常会向供货商收取与商品销售量或者销售额挂钩的各种返还收入，此时按照税法相关规定应当冲减当期增值税进项税额，不过销售货物适用的税率通常为13%，但提供服务的税率却仅为6%，因此，有些零售企业故意将这部分收入以其他业务收入或营业外收入的名义入账，企图达到少缴增值税的目的。

对于此种情形，应当重点核查零售商与供货商签订的供货合同是否有与返利相关的约定，进而判断究竟有没有收取过返利，收取的是现金返利还是实物返利，收取的返利是否按规定入账，重点核查"其他业务收入""营业外收入""应交税费——应交增值税（进项税额转出）"等会计科目，判断实际收取的返利是否冲减了进项税额，是否将实际收取的返利"巧妙"地变身为其他收入。

四、"买一赠一"

"买一赠一"是在销售主货物的同时附送从货物，比如购买电脑赠送电脑包，这种销售方式究竟该如何征税曾经有过争议。有人认为应当认定为"无偿赠送"，那么赠送的电脑包应当视同应税交易缴纳增值税，不过也有人认为名义上虽然是"赠送"，但实际上电脑包的价格已经包含在电脑的价格之中。

《国家税务总局关于确认企业所得税收入若干问题的通知》（国税函〔2008〕

---

① 《国家税务总局关于印发〈增值税若干具体问题的规定〉的通知》（国税发〔1993〕154号）第二条第（三）项。

② 《国家税务总局关于印发〈增值税若干具体问题的规定〉的通知》（国税发〔1993〕154号）第二条第（三）项。

③ 《财政部 国家税务总局关于金银首饰等货物征收增值税管理问题的通知》（财税字〔1996〕74号）。

④ 《国家税务总局关于确认企业所得税收入若干问题的通知》（国税函〔2008〕875号）第一条第（四）项。

875号）第三条明确规定："企业以买一赠一等方式组合销售本企业商品的，不属于捐赠，应将总的销售金额按各项商品的公允价值的比例来分摊确认各项的销售收入。"不过这个文件规范的是企业所得税收入确认原则，原则上对增值税并没有效力。

目前最稳妥的办法是将主货物与从货物开具在同一张发票上，注明主货物为折扣销售，折扣金额就是从货物的价值，也就是用一张发票体现主、从两种货物的价值，销售额与折扣额在同一张发票上列明，可以按照折扣后的销售额征收增值税。

五、生产周期长的货物或者持续时间长的服务

按照增值税的相关规定[①]，采取预收货款方式销售货物，为货物发出的当天，但生产销售生产工期超过12个月的大型机械设备、船舶、飞机等货物，为收到预收款或者书面合同约定的收款日期的当天，销售额就是实际收到的预付款或者合同约定的金额，更多的是按照收付实现制来确定销售额。

按照企业所得税的规定[②]，企业受托加工制造大型机械设备、船舶、飞机，以及从事建筑、安装、装配工程业务或者提供其他服务等，持续时间超过12个月的，按照纳税年度内完工进度或者完成的工作量确认收入的实现，更多是按照权责发生制来确定，之所以以12个月为标准是因为企业所得税实行年度汇算清缴，即便没有收到任何预付款，仍旧要及时确认收入而且还要与工作完成度相吻合。

六、非货币性资产交换

企业发生非货币性资产交换是一种视同应税交易的行为，双方不是以货币结算，而是以同等价款的货物进行结算。双方都应作购销处理，即以各自发出的货物核算销售额并计算销项税额，以各自收到的货物按规定核算购货额并计算进项税额，取得增值税专用发票之后允许抵扣。

● 第四节　视同应税交易认定标准的变化

视同应税交易，之前称为视同销售，是指在会计上不作为销售核算但在税收上却作为销售、确认收入并计算缴纳税费的应税交易行为。

增值税上的视同应税交易的本质是增值税抵扣链条出现了断裂，比如将自产或者委托加工的货物用于个人消费或者职工福利，但与该货物相对应的原材料以

[①]《中华人民共和国增值税暂行条例实施细则》第三十八条第（四）项。
[②]《中华人民共和国企业所得税法实施条例》第二十三条第（二）项。

及相关的购进的运输、搬运、仓储等服务已经作为进项税额进行了抵扣，即便并没有真正发生应税交易，也需要视同应税交易，计算销项税额。

企业所得税中的视同销售只指将资产移送他人，资产所有权属已经发生改变，但会计上却没有作为收入处理。外购的货物用于个人消费或者职工福利按照企业所得税的规定应当视同销售，但按照增值税的规定却不用视同应税交易，只需要将相应的进项税额转出即可。

一、视同应税交易认定标准的改变

《增值税暂行条例实施细则》第四条规定了八种视同销售行为：

（一）将货物交付其他单位或者个人代销；

（二）销售代销货物；

（三）设有两个以上机构并实行统一核算的纳税人，将货物从一个机构移送其他机构用于销售，但相关机构设在同一县（市）的除外；

（四）将自产或者委托加工的货物用于非增值税应税项目；

（五）将自产、委托加工的货物用于集体福利或者个人消费；

（六）将自产、委托加工或者购进的货物作为投资，提供给其他单位或者个体工商户；

（七）将自产、委托加工或者购进的货物分配给股东或者投资者；

（八）将自产、委托加工或者购进的货物无偿赠送其他单位或者个人。

《营业税改征增值税试点实施办法》第十四条又规定了三种视同销售行为：

（一）单位或者个体工商户向其他单位或者个人无偿提供服务，但用于公益事业或者以社会公众为对象的除外。

（二）单位或者个人向其他单位或者个人无偿转让无形资产或者不动产，但用于公益事业或者以社会公众为对象的除外。

（三）财政部和国家税务总局规定的其他情形。

表 3.8 给出了视同应税交易的认定差异。

表3.8 视同应税交易的认定差异[①]

情形	增值税中是否视同销售	企业所得税中是否视同销售	会计中是否确定收入
将货物交付他人代销	√	×	×

---

① 《国家税务总局关于企业处置资产所得税处理问题的通知》（国税函〔2008〕828号）第二条。

续表

情形	增值税中是否视同销售	企业所得税中是否视同销售	会计中是否确定收入
销售代销货物	√	×	×
统一核算，异地移送销售	√	×	×
自产、委托加工用于集体福利、个人消费	√	√	√
外购货物用于集体福利、个人消费	×	√	×
自产、委托加工、外购用于投资	√	√	√
自产、委托加工、外购用于分配	√	√	√
自产、委托加工、外购用于赠送	√	√	×
单位或个体工商户无偿提供服务	√	√	×
单位或个人无偿转让无形资产或者不动产	√	√	×

《增值法税法（草案）》（二次审议稿）将上述十一项视同应税交易行为归并成为四项，分别为：

（1）单位和个体工商户将自产或者委托加工的货物用于集体福利或者个人消费。

（2）单位和个体工商户赠与货物。

（3）单位和个人赠与无形资产、不动产或者金融产品。

（4）国务院财政、税务主管部门规定的其他情形。

不过《增值法税法》却删除了兜底条款国务院财政、税务主管部门规定的其他情形，还将草案中的"赠与"，改为"无偿转让"。

《增值税法》实施后，视同应税交易仅包括将自产或者委托加工的货物用于集体福利、个人消费以及无偿转让货物、无形资产、不动产或者金融商品，需要注意以下要点：

第一，将自产或者委托加工的货物用于集体福利、个人消费应当被认定为视同应税交易，注意并不包括购买。如果是将购买的货物用于集体福利、个人消费，在进行用途勾选时，选择"不抵扣"；已做抵扣的，应做"进项税额转出"处理。

第二，委托代销及销售代销不再视同应税交易。代销虽然使得货物实际控制权发生了转移，但所有权却并未发生转移，之前为了使得税基不受到侵蚀，一直视同应税交易，也因此与会计核算产生了差异。《增值税法》出台后，将委托代销商品视为存货，无须确认收入。双方在结算代销手续费时，受托方将获取的手续费收入确认收入,委托方确认货物销售收入并结转成本,这样核算起来更为简便。

第三,机构间移送货物不再视同应税交易。按照现行规定,同一纳税人不同市县机构间的货物移送也视同销售,这个规定当初是为了防止利用不同地区之间的税负差进行避税,但出台后却一直饱受诟病,同一法人内部移送货物,所有权并未发生转移。如今地区间的税负差基本上已经消除,这条视同应税交易的情形被取消之后,有利于提升企业的运营效率。

第四,投资与分配股东行为不再视同应税交易。无论是将货物用于对外投资,还是分配给股东,所有权都发生了转移,从本质上讲并不属于无偿转让而是有偿转让,如今会计上已经将其确认为收入,自然也就没有视同应税交易的必要了。

第五,用于非增值税应税项目不再视同应税交易。当初之所以会出台这样的规定是因为还没有开始营改增,用于营业税应税项目的情形比较普遍。随着营改增的全面完成,所有行业都征收增值税,不征税项目犹如凤毛麟角。不征税项目包括暂时不征税项目,比如房地产企业收到预收款,要等到交房之后再确认收入;还有长期不征税项目,比如存款利息,这种情形只需将相应的进项税额转出即可,没有必要视同应税交易。

第六,无偿转让服务(不含金融商品)不再视同应税交易,按照之前的规定,纳税人出租不动产,租赁合同中约定免租期,不视同应税交易①,不需要缴纳增值税,但其他服务依然需要视同销售。《增值税法》出台之后,无偿提供几乎所有服务都不再视同应税交易,其中最为常见便是非集团企业之间的资金无偿借贷、无偿出租房屋,在《增值税法》出台前都视同应税交易。

第七,视同应税交易的适用主体分为两类:第一类是单位和个体工商户,注意并不包括自然人,也就是说自然人将自产或者委托加工的货物用于集体福利或者个人消费,抑或无偿转让货物,均不应被认定为视同应税交易;第二类是单位与个人,涵盖了包括自然人在内的所有增值税纳税人,自然人无偿转让无形资产、不动产或者金融商品也应当视同应税交易并按照规定缴纳增值税。

二、视同应税交易的核算

根据《增值税暂行条例实施细则》第十六条以及《财政部 国家税务总局关于

---

① 《关于土地价款扣除时间等增值税征管问题的公告》(国家税务总局公告 2016 年第 86 号)第七条。

全面推开营业税改征增值税试点的通知》（财税〔2016〕36号）附件1《营业税改征增值税试点实施办法》第四十四条的规定，纳税人发生应税行为价格明显偏低或者偏高且不具有合理商业目的的，或者发生应税交易行为但无销售额的，主管税务机关有权按照下列顺序确定销售额：

（1）按照纳税人最近时期销售同类货物、服务、无形资产或者不动产的平均价格确定。

（2）按照其他纳税人最近时期销售同类服务、无形资产或者不动产的平均价格确定。

（3）按照组成计税价格确定。组成计税价格的公式为：组成计税价格 = 成本 ×（1+ 成本利润率），销售自产货物的成本为实际生产成本，销售外购货物的成本为实际采购成本，成本利润率由国家税务总局确定，目前为10%[①]。

属于应征消费税的货物，其组成计税价格中应加计消费税额。

上述三种销售额确定方法并非随意三选一而是按照顺序确定。

《中华人民共和国消费税暂行条例》第七条规定："纳税人自产自用的应税消费品，按照纳税人生产的同类消费品的销售价格计算纳税；没有同类消费品销售价格的，按照组成计税价格计算纳税。

实行从价定率办法计算纳税的组成计税价格计算公式：

组成计税价格 =（成本 + 利润）÷（1– 比例税率）

实行复合计税办法计算纳税的组成计税价格计算公式：

组成计税价格 =（成本 + 利润 + 自产自用数量 × 定额税率）÷（1– 比例税率）"

用于换取生产资料和消费资料、投资入股和抵偿债务等方面的应税消费品，应当以纳税人同类应税消费品的最高销售价格作为计税依据计算消费税[②]。

企业所得税上的视同销售，除另有规定外，应按照被移送资产的公允价值确定销售收入。

案例：汽车制造企业哗啦公司是增值税一般纳税人，适用企业会计准则，生产的汽车均适用5%的消费税税率。乙型小汽车的成本为8万元/辆，C型小

[①]《国家税务总局关于印发〈增值税若干具体问题的规定〉的通知》（国税发〔1993〕154号）第二条第四款。
[②]《国家税务总局关于印发〈消费税若干具体问题的规定〉的通知》（国税发〔1993〕156号）第三条第（六）项。

汽车的成本利润率为10%。2024年1月1日，哗啦公司将15辆甲型小汽车捐赠给贫困山区，甲型小汽车的不含税售价为每辆15万元，生产成本为每辆10万元。2024年5月2日，该公司将当时尚未正式投放的市场乙型小汽车奖励给20名表现优秀的销售精英，每人1辆，该型汽车的生产成本为每辆12万元。2024年8月9日，该公司将30辆丙型汽车以投资形式交付给咔嚓公司，该公司没有销售过同型号汽车，但该型号汽车归集的生产成本为每辆15万元。滴答公司销售过三批丙型汽车，售价分别是每辆19万元、20万元与21万元。

解析：

（1）捐赠给贫困山区15辆甲型小汽车。

哗啦公司将自产的货物用于对外捐赠，虽然在会计上对上述行为不确认收入，但增值税、消费税、企业所得税均视同应税交易，会计处理如下：

借：营业外支出　　　　　　　　　　　　　　　　　　1 792 500
　　贷：库存商品　　　　　　　　　　　　　1 500 000（100 000×15）
　　　　应交税费——应交增值税（销项税额）　292 500（150 000×15×13%）

借：税金及附加　　　　　　　　　　　　　　　　　　112 500
　　贷：应交税费——应交消费税　　　　　112 500（150 000×15×5%）

企业所得税视同应税交易，应当按照同期该产品的售价确认不含税销售收入225万元，计算需要缴纳的增值税为29.25万元，含税销售收入为确认计税成本254.25万元，这也就是所捐赠汽车的公允价值。在将225万元确认为收入的同时，营业外支出之间的差额75万元（254.25万－179.25万）用来调增营业外支出，由于直接捐赠不能在税前扣除，需要按照捐赠汽车的公允价值全额调增应纳税所得额。

企业所得税应纳税所得额调整额为：确认收入调增所得额225万元－确认成本调减所得额150万元－按照公允价值确认支出调增所得额75万元＋直接捐赠不予税前扣除调减所得额254.25万元＝254.25（万元）。

如果哗啦公司通过符合条件的公益性组织的捐赠，企业所得税调整时依然需要按照视同应税交易的公允价值确认捐赠支出的金额，但可以在12%限额内予以扣除，假设会计利润1 000万元。

哗啦公司确认视同应税交易收入225万元，确认视同应税交易成本150万元，相应金额应分别填报在"视同销售和房地产开发企业特定业务纳税调整明细表"（A105010）第7行与第17行，应纳税调增金额为225-150=75（万元），见表3.9。

表3.9 A105010视同销售和房地产开发企业特定业务纳税调整明细表

行次	项目	税收金额 1	纳税调整金额 2
1	一、视同销售（营业）收入（2+3+4+5+6+7+8+9+10）		
2	（一）非货币性资产交换视同销售收入		
3	（二）用于市场推广或销售视同销售收入		
4	（三）用于交际应酬视同销售收入		
5	（四）用于职工奖励或福利视同销售收入		
6	（五）用于股息分配视同销售收入		
7	（六）用于对外捐赠视同销售收入	225万	225万
8	（七）用于对外投资项目视同销售收入		
9	（八）提供劳务视同销售收入		
10	（九）其他		
11	二、视同销售（营业）成本（12+13+14+15+16+17+18+19+20）		
12	（一）非货币性资产交换视同销售成本		
13	（二）用于市场推广或销售视同销售成本		
14	（三）用于交际应酬视同销售成本		
15	（四）用于职工奖励或福利视同销售成本		
16	（五）用于股息分配视同销售成本		
17	（六）用于对外捐赠视同销售成本	150万	150万
18	（七）用于对外投资项目视同销售成本		
19	（八）提供劳务视同销售成本		
20	（九）其他		
21	三、房地产开发企业特定业务计算的纳税调整额（22-26）		
22	（一）房地产企业销售未完工开发产品特定业务计算的纳税调整额（24-25）		
23	1.销售未完工产品的收入		*
24	2.销售未完工产品预计毛利额		
25	3.实际发生的税金及附加、土地增值税		
26	（二）房地产企业销售的未完工产品转完工产品特定业务计算的纳税调整额（28-29）		
27	1.销售未完工产品转完工产品确认的销售收入		*
28	2.转回的销售未完工产品预计毛利额		
29	3.转回实际发生的税金及附加、土地增值税		

哗啦公司在会计上确认的捐赠支出为 179.25 万元，税收上确认的捐赠支出为 254.25 万元，应纳税调减额为 254.25-179.25=75（万元），上述金额填入"纳税调整项目明细表"（A105000）第 30 行"扣除类—其他[①]"，见表 3.10。

表3.10　纳税调整项目明细表

A105000

行次	项目	账载金额	税收金额	调增金额	调减金额
		1	2	3	4
1	一、收入类调整项目（2+3+…+8+10+11）	*	*		
2	（一）视同销售收入（填写 A105010）	*			*
3	（二）未按权责发生制原则确认的收入（填写 A105020）				
4	（三）投资收益（填写 A105030）				
5	（四）按权益法核算长期股权投资对初始投资成本调整确认收益	*	*	*	
6	（五）交易性金融资产初始投资调整	*	*		*
7	（六）公允价值变动净损益		*		
8	（七）不征税收入	*	*		
9	其中：专项用途财政性资金（填写 A105040）	*	*		
10	（八）销售折扣、折让和退回				
11	（九）其他				
12	二、扣除类调整项目（13+14+…+24+26+27+28+29+30）	*	*		
13	（一）视同销售成本（填充 A105010）	*		*	
14	（二）职工薪酬（填写 A105050）				
15	（三）业务招待费支出				*
16	（四）广告费和业务宣传费支出（填写 A105060）	*	*		
17	（五）捐赠支出（填写 A105070）				
18	（六）利息支出				
19	（七）罚金、罚款和被没收财物的损失		*		*
20	（八）税收滞纳金、加收利息		*		*
21	（九）赞助支出		*		*
22	（十）与未实现融资收益相关在当期确认的财务费用				

[①]《国家税务总局关于修订企业所得税年度纳税申报表有关问题的公告》（国家税务总局公告 2019 年第 41 号）。

续表

行次	项目	账载金额 1	税收金额 2	调增金额 3	调减金额 4
23	（十一）佣金和手续费支出（保险企业填写A105060）				
24	（十二）不征税收入用于支出所形成的费用	*	*		*
25	其中：专项用途财政性资金用于支出所形成的费用（填写A105040）	*	*		*
26	（十三）跨期扣除项目				
27	（十四）与取得收入无关的支出		*		
28	（十五）境外所得分摊的共同支出		*		
29	（十六）党组织工作经费				
30	（十七）其他	179.25万	254.25万	0	75万

经过上述调整之后，纳税调增了75万元，又纳税调减了75万元，实际上对应纳税所得额并无实际影响，真正影响应纳税所得额的是接下来这一步。

按照企业所得税法相关规定，通过某些公益性团体（如红十字会、中国医药卫生事业发展基金会、中华慈善总会、宋庆龄基金会、中国福利会）的公益性捐赠和一些自然灾害受灾地区的捐赠可以全额在税前扣除，其他公益性捐赠支出在利润总额12%限额内的部分才准予扣除，超出部分可结转今后三年内扣除，哗啦公司税前扣除限额为 1 000×12%=120（万元）。经过纳税调整之后，公益性捐赠的账载金额已经从最初会计核算的179.25万元，增加到254.25万元①[即"纳税调整项目明细表"（A105000）第30行填写的"税收金额"]，不过当年准予扣除的限额为120万元，剩余134.25万元只能留待之后的三年时间内再进行抵扣。

表3.11 捐赠支出及纳税调整明细表

A105070

行次	项目	账载金额 1	以前年度结转可扣除的捐赠额 2	按税收规定计算的扣除限额 3	税收金额 4	纳税调增金额 5	纳税调减金额 6	可结转以后年度扣除的捐赠额 7
1	一、非公益性捐赠	254.25万	*	*	*	254.25万	*	*
2	二、限额扣除的公益性捐赠（3+4+5+6）	254.25万	0	120万	120万	134.25万	0	

---

① 《国家税务总局关于修订企业所得税年度纳税申报表的公告》（国家税务总局公告2020年第24号）。

续表

行次	项目	账载金额	以前年度结转可扣除的捐赠额	按税收规定计算的扣除限额	税收金额	纳税调增金额	纳税调减金额	可结转以后年度扣除的捐赠额
		1	2	3	4	5	6	7
3	前三年度（　　年）	*		*	*	*		*
4	前二年度（　　年）	*		*	*	*		*
5	前一年度（　　年）	*		*	*	*		*
6	本年（　　年）		*				*	
7	三、全额扣除的公益性捐赠	*	*		*	*	*	
8	1.	*	*		*	*	*	
9	2.	*	*		*	*	*	
10	3.	*	*		*	*	*	
11	合计（1+2+7）							
附列资料	2015年度至本年发生的公益性扶贫捐赠合计金额	*	*		*	*	*	

准予扣除的公益性捐赠支出不能是直接捐赠，必须通过税法认可的组织并取得相应的加盖公章的公益事业捐赠票据。如果不满足上述条件，需要将相关金额填列在表3.11第1行"非公益性捐赠"。图3.3为税法认可的准予接受公益性捐赠的组织。

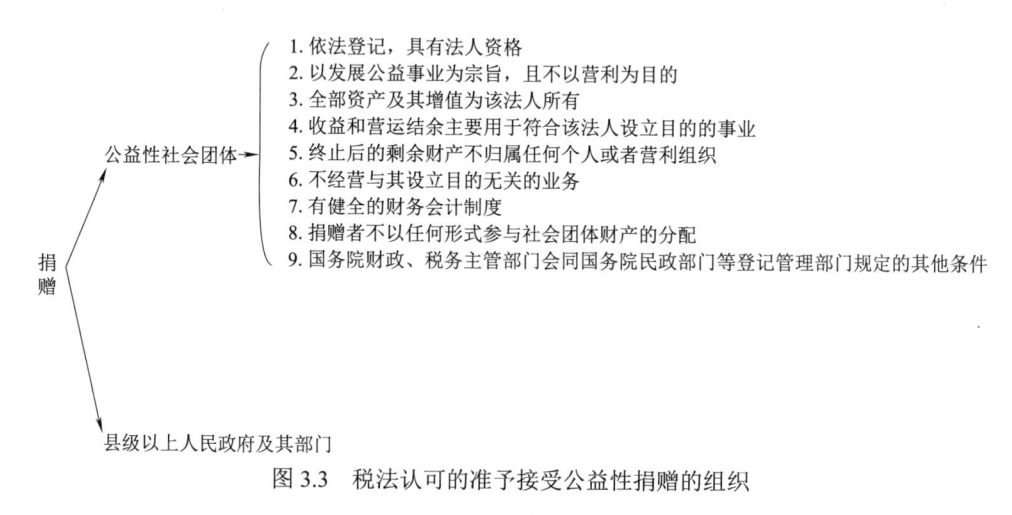

捐赠
- 公益性社会团体
  1. 依法登记，具有法人资格
  2. 以发展公益事业为宗旨，且不以营利为目的
  3. 全部资产及其增值为该法人所有
  4. 收益和营运结余主要用于符合该法人设立目的的事业
  5. 终止后的剩余财产不归属任何个人或者营利组织
  6. 不经营与其设立目的无关的业务
  7. 有健全的财务会计制度
  8. 捐赠者不以任何形式参与社会团体财产的分配
  9. 国务院财政、税务主管部门会同国务院民政部门等登记管理部门规定的其他条件
- 县级以上人民政府及其部门

图3.3　税法认可的准予接受公益性捐赠的组织

（2）将20辆乙型小汽车奖励给表现优秀的销售精英。

由于没有同期同类销售价格，按照组成计税价格来确定视同应税交易的价格，很多财务人员会这样进行会计处理。

借：销售费用　　　　　　　　　　　　　2 400 000（120 000×20）
　　　贷：应付职工薪酬——销售部　　　　　　　　　2 400 000
借：应付职工薪酬——销售部　　　　　　　2 400 000
　　　贷：库存商品　　　　　　　　　　　　　　　　2 400 000

其实上述会计处理方式是错误的，企业将自产或委托加工的货物以奖励等各种名义送给员工在会计上应及时确认收入，也就是会计、增值税、消费税、企业所得税均认为属于应税交易。

由于该产品还没有上市，自然也就没有同期售价，只能按照组成计税价格来确认计税收入：240×（1+10%）÷（1-5%）=277.89（万元）。

应当缴纳的增值税税额为：277.89×13%=36.13（万元）。

应当缴纳的消费税税额为：277.89×5%=13.89（万元）。

计算企业所得税时，也应当按照组成计税价格277.89万元来确认计税收入，同时确认计税成本240万元；按包含增值税的价格314.02万元来确认应付职工薪酬金额。缴纳的消费税通过计入税金及附加来调减应纳税所得额。

正确的会计分录为：

借：销售费用　　　　　　　　　　　　　　　　　　3 140 200
　　　贷：应付职工薪酬　　　　　　　　　　　　　　3 140 200
借：应付职工薪酬——销售部　　　　　　　　　　　　3 140 200
　　　贷：主营业务收入　　　　　　　　　　　　　　2 778 900
　　　　　应交税费——应交增值税（销项税额）　　　　361 300
借：主营业务成本　　　　　　　　　　　　　　　　　240 000
　　　贷：库存商品　　　　　　　　　　　　　　　　240 000
借：税金及附加　　　　　　　　　　　　　　　　　　138 900
　　　贷：应交税费——应交消费税　　　　　　　　　138 900

通过变更会计分录，企业所得税应纳税所得额调整额为：确认的收入调增的所得额277.89万元－确认的成本调减的所得额240万元－应付职工薪酬的增加间接调减的所得额74.02万元－缴纳消费税调减的所得额13.89万元=-50.02（万元）。

也就说经过上述调整之后，应纳税所得额最终减少了50.02万元。由于会计上已将上述行为确认为收入，因此如果企业进行了正确的会计核算，年度汇算清缴时通常不用进行调整。

（3）将30辆丙型汽车以投资形式交付给咔嚓公司。

有些公司对上述业务进行如下会计处理：

借：长期股权投资　　　　　　　　　　　4 500 000（15万×30）
　　贷：库存商品　　　　　　　　　　　　　　　　　　4 500 000

以自产或者委托加工的货物用于投资，会计、增值税、消费税与企业所得税均视同应税交易，但由于哗啦公司并没有销售过同型号汽车，只能按照滴答公司销售的同等型号汽车来确定价格，但关于价格的判定原则却并不相同。

按照增值税的规定，滴答公司销售的三批同类型汽车的售价分别为每辆19万元、20万元与21万元，该型号汽车的加权平均价格为20万元，哗啦公司应当缴纳的增值税税额为：20×30×13%=78（万元）。

按照消费税的规定，用于换取生产资料和消费资料，投资入股和抵偿债务等方面的应税消费品，不应按照加权平均价格而应按照最高价格来确定计税收入，哗啦公司应当缴纳的消费税税额为：21×30×5%=31.5（万元）。

企业所得税与增值税一样，按照同期该产品的平均售价来确认计税收入600万元，确认计税成本450万元，按照这批汽车的公允价值（含税）678万元来确认长期股权投资成本；计算缴纳的消费税31.5万元调减应纳税所得额。

正确的会计分录为：

借：长期股权投资　　　　　　　　　　　　　　　　6 780 000
　　贷：主营业务收入　　　　　　　　　　　　　　　　6 000 000
　　　　应交税费——应交增值税（销项税额）　　　　　780 000
借：主营业务成本　　　　　　　　　　　　　　　　4 500 000
　　贷：库存商品　　　　　　　　　　　　　　　　　　4 500 000
借：税金及附加　　　　　　　　　　　　　　　　　　315 000
　　贷：应交税费——应交消费税　　　　　　　　　　　315 000

通过变更会计分录，企业所得税应纳税所得额调整额为：确认的收入调增的所得额600万元－确认的成本调减的所得额450万元－补缴消费税31.5万元＝118.5（万元），也就是通过上述调整应纳税所得额最终增加了118.5万元。长期股权投资成本也增加了78万元，但并不会影响当期的损益。

由于会计上已将上述行为确认为收入，如果企业正确进行会计核算，年度汇算清缴时通常不用再进行纳税调整。

第五节　兼营业务与混合销售

如今，企业的经营模式日趋复杂，正确区分兼营与混合销售行为对于合理确定主要业务类型，准确适用税率，有效防范和化解涉税风险，具有极其重要的意义。

一、兼营业务与混合销售的区别

《增值税法》第十二条规定："纳税人发生两项以上应税交易涉及不同税率、征收率的，应当分别核算适用不同税率、征收率的销售额；未分别核算的，从高适用税率。"

一般纳税人可能会同时从事适用不同税率、征收率的多项业务，也可能同时采用一般计税方法与简易计税方法，比如某建筑企业提供建筑服务，采用一般计税方法，适用9%的税率；采用简易计税方法，适用3%的征收率，但不允许抵扣进项税额；如果还存在销售机器设备、建筑材料的行为，适用13%的税率；如果还提供勘察设计、咨询服务，适用6%的税率。这种情形属于兼营，需要分别进行核算，否则所有销售额一律适用高税率。

兼营行为是两项独立的业务，既可以是销售两项服务，如既提供设计服务，又提供建筑服务；也可以是销售两种不同适用税率的货物，也可以是在销售货物的同时提供服务。兼营行为需要对货物销售与应税服务项目分别核算。

混合销售行为是一项应税交易涉及两个以上税率、征收率，比如在销售空调时提供安装服务，需要先行判定主业务，然后所有销售额都按照主业务适用税率或者征收率来缴纳增值税。

如何判断一项业务是一项交易还是多项交易，目前《增值税法》以及现行法规并没有给出清晰的指引。在税务实践中，税务机关主要根据交易各组成部分是否不可分割来进行判断。通常而言，一项交易是销售方基于一份合同或订单进行的，所有组成部分密不可分并且交易价格为整体报价，各部分不进行分别核算。

《财政部 国家税务总局关于全面推开营业税改征增值税试点的通知》（财税〔2016〕36号）附件1《营业税改征增值税试点实施办法》第四十条第一款规定："一项销售行为如果既涉及服务又涉及货物，为混合销售。从事货物的生产、批发或者零售的单位和个体工商户的混合销售行为，按照销售货物缴纳增值税；其他单位和个体工商户的混合销售行为，按照销售服务缴纳增值税。"

《增值税法》第十三条规定："纳税人发生一项应税交易涉及两个以上税率、征收率的，按照应税交易的主要业务适用税率、征收率。"《增值税法》扩大了混合销售的范围，不再要求是既涉及服务又涉及货物，只要是一项应税交易涉及两个以上税率、征收率的就应当被认定为混合销售。

《增值税法》还明确按照主要业务选择适用税率、征收率，也就是将从属业务的销售额并入主要业务，统一适用主要业务的税率、征收率计算缴纳增值税。之前按照纳税人的主要经营范围来确定适用税率、征收率，只要是从事货物的生产、批发或者零售的单位和个体工商户，即便提供的主要业务是服务，也需要按照销售货物来缴纳增值税，如今却改为按照主要业务来确定适用税率、征收率，无疑更为科学，但也为纳税人进行税收筹划提供了更大的空间，增加了税收征管的难度。

案例：酒店向客户甲提供住宿服务，每间房每天价格为518元，赠送价值20元的两瓶矿泉水，客户甲晚上还从该酒店购买了一盒标价为10元的方便面，请问哪些是兼营业务，哪些是混合销售？

解析：酒店在提供住宿服务的同时免费提供了2瓶矿泉水，酒店在提供住宿服务的同时通常都会提供矿泉水、洗发液、沐浴露等物品，两者有直接的关联和从属关系，所以确认为混合销售行为，按照主行业住宿服务缴纳税款，适用6%的税率。在提供住宿服务的同时售卖了10元的方便面，属于兼营行为，这10元为销售货物收入，适用13%的税率。

在提供住宿场所的同时提供配套服务（如房间清洁、住宿安保等），属于住宿服务，适用6%的税率；在出租房屋的同时并不提供配套服务，属于不动产经营租赁，适用11%的税率。温泉酒店的温泉门票收入按照"居民日常服务"缴纳增值税，宾馆、旅馆、旅社、度假村和其他经营性住宿场所提供会议场地及配套服务的活动，按照"会议展览服务"缴纳增值税[①]。

---

① 《财政部 国家税务总局关于明确金融、房地产开发、教育辅助服务等增值税政策的通知》（财税〔2016〕140号）第十条。

在提供饮食的同时提供配套服务（如饮食场地、传菜、分餐等），属于餐饮服务。餐饮企业销售的外卖食品，与堂食统一按照餐饮服务缴纳增值税[①]，但外卖食品仅限于该餐饮企业参与了生产、加工过程的食品。餐饮企业将外购的酒水、农产品等货物，未进行后续加工直接与外卖食品一同销售的，应按照兼营的有关规定，按照销售货物的适用税率计算缴纳增值税。纳税人只是提供将饮食从餐厅送到消费者手中的送餐服务，不提供餐饮场地，也不提供布菜等配套服务，属于"其他生活服务"。

二、兼营业务与混合销售的税收政策变化

建筑安装服务分为包清工（单纯提供建筑服务）与包工包料两种。包工包料又分为两种类型：

第一种类型是建筑企业外购活动板房、机器设备、钢结构件等建筑材料并提供建筑安装服务，外购行为显然是为了提供建筑安装服务，因此应当认定为混合销售，所有销售额都需要按照建筑服务来缴纳增值税。

第二种类型是建筑企业销售自产的活动板房、机器设备、钢结构件等建筑材料并提供建筑安装服务，似乎也应认定为混合销售，不过却并未被认定为混合销售[②]而是被认定为兼营行为，适用不同税率或者征收率的，应当分别核算；未分别核算的，从高适用税率[③]，因此，建筑企业在签订合同时应分别注明货物销售额与建筑安装服务销售额，可在同一份合同中分别标明，也可另行签订安装合同。如果合同中仅标明总价、未分别注明货物和安装服务金额，将会按混合销售统一适用高税率。

一般纳税人销售机器设备的同时提供安装服务，按照之前的认定标准，应当被认定为混合销售，主行业通常被认定为销售货物，适用税率通常为13%，但安装服务的税率通常为9%，却需要统一适用13%的税率。

建筑服务项下的安装服务指生产设备、动力设备、起重设备、运输设备、传动设备、医疗实验设备以及其他各种设备、设施的装配、安置工程作业，包括与

[①]《财政部 国家税务总局关于明确金融、房地产开发、教育辅助服务等增值税政策的通知》（财税〔2016〕140号）第九条及其政策解读。

[②]《国家税务总局关于进一步明确营改增有关征管问题的公告》（国家税务总局公告2017年第11号）第一条。

[③]《财政部 国家税务总局关于全面推开营业税改征增值税试点的通知》（财税〔2016〕36号）附件1《营业税改征增值税试点实施办法》第三十九条。

被安装设备相连的工作台、梯子、栏杆的装设工程作业，以及被安装设备的绝缘、防腐、保温、油漆等工程作业。除此之外，还包括固定电话、有线电视、宽带、水、电、燃气、暖气等经营者向用户收取的安装费、初装费、开户费、扩容费以及类似收费，上述服务适用9%的税率。

对机器设备使用后的常规性的安全检测、性能测试、运行调校，按照"其他现代服务"缴纳税款，适用6%的税率。如果是设备出现故障需要修理、换件，需要按照"加工修理修配服务"来缴纳税款，适用13%的税率。

不过上述混合销售的税收政策如今却有所松动，一般纳税人销售自产机器设备的同时提供安装服务，应分别核算机器设备和安装服务的销售额，安装服务可以按照甲供工程选择适用简易计税方法计税。如果已经按照兼营的有关规定，分别核算机器设备和安装服务的销售额，可以与销售自产机器设备享受同样的优惠政策，安装服务按照甲供工程选择适用简易计税方法计税[①]。

按照混合销售政策，安装服务需要与销售货物同样适用13%的税率，如今却可以适用3%的征收率，税负可谓大幅下降，不过需要注意以下两点：

首先，销售的机器设备必须是自产而不是外购。

其次，文件并未明确机器设备的具体范围，不过《企业所得税法实施条例》第六十条规定："除国务院财政、税务主管部门另有规定外，固定资产计算折旧的最低年限如下：

"（一）房屋、建筑物，为20年；

"（二）飞机、火车、轮船、机器、机械和其他生产设备，为10年；

"（三）与生产经营活动有关的器具、工具、家具等，为5年；

"（四）飞机、火车、轮船以外的运输工具，为4年；

"（五）电子设备，为3年。"

机器设备是否仅指最低折旧为10年的飞机、火车、轮船、机器、机械和其他生产设备目前没有明确，因此，销售电子设备应当谨慎使用上述税收政策，因为电子设备的最低折旧年限为3年，是否属于文件中所称机器设备，目前还存在很大的疑问。

[①] 《国家税务总局关于明确中外合作办学等若干增值税征管问题的公告》（国家税务总局公告2018年第42号）第六条。

第六节 增值税与企业所得税收入差异的原因

增值税与企业所得税申报的收入不一致，尤其是企业所得税申报收入低于增值税开票收入，有的企业会收到来自税务机关的风险自查通知，一些企业会感到很紧张，也不知道究竟从哪些切入点进行自查，其实可以尝试从以下几个方面查找原因：

一、核算口径不一致

增值税年度申报收入通常会提取当年12月"增值税及附加税费纳税申报表"（一般纳税人适用），即表3.12上的年度累计数，包括按适用税率计税销售额、按简易办法计税销售额、免抵退办法销售额和免税销售额等四项收入。

表3.12 增值税及附加税费申报表（一般纳税人适用）

根据国家税收法律法规及增值税相关规定制定本表。纳税人不论有无销售额，均应按税务机关核定的纳税期限填写本表，并向当地税务机关申报。
税款所属时间：自 年 月 日至 年 月 日　　填表日期： 年 月 日　金额单位：元（列至角分）
纳税人识别号（统一社会信用代码）：□□□□□□□□□□□□□□□□□□□□　所属行业：

纳税人名称：		法定代表人姓名	注册地址	生产经营地址
开户银行及账号			登记注册类型	电话号码

项目		栏次	一般项目		即征即退项目	
			本月数	本年累计	本月数	本年累计
销售额	（一）按适用税率计税销售额	1				
	其中：应税货物销售额	2				
	应税劳务销售额	3				
	纳税检查调整的销售额	4				
	（二）按简易办法计税销售额	5				
	其中：纳税检查调整的销售额	6				
	（三）免、抵、退办法出口销售额	7			—	—
	（四）免税销售额	8			—	—
	其中：免税货物销售额	9			—	—
	免税劳务销售额	10			—	—

企业所得税申报收入通常会提取表3.13，"企业所得税年度纳税申报表（A类）"主表第1行营业收入，包括主营业务收入与其他业务收入，营业外收入一般不体现，不过如果为了与企业开票金额进行比对，有时也会将营业外收入涵盖进来，具体见表3.14。

表3.13　中华人民共和国企业所得税年度纳税申报表（A类）

A100000

行次	类别	项目	金额
1	利润总额计算	一、营业收入（填写A101010\101020\103000）	
2		减：营业成本（填写A102010\102020\103000）	
3		减：税金及附加	
4		减：销售费用（填写A104000）	
5		减：管理费用（填写A104000）	
6		减：财务费用（填写A104000）	
7		减：资产减值损失	
8		加：公允价值变动收益	
9		加：投资收益	
10		二、营业利润（1-2-3-4-5-6-7+8+9）	
11		加：营业外收入（填写A101010\101020\103000）	
12		减：营业外支出（填写A102010\102020\103000）	
13		三、利润总额（10+11-12）	
14	应纳税所得额计算	减：境外所得（填写A108010）	
15		加：纳税调整增加额（填写A105000）	
16		减：纳税调整减少额（填写A105000）	
17		减：免税、减计收入及加计扣除（填写A107010）	
18		加：境外应税所得抵减境内亏损（填写A108000）	
19		四、纳税调整后所得（13-14+15-16-17+18）	
20		减：所得减免（填写A107020）	
21		减：弥补以前年度亏损（填写A106000）	
22		减：抵扣应纳税所得额（填写A107030）	
23		五、应纳税所得额（19-20-21-22）	
24	应纳税额计算	税率（25%）	
25		六、应纳所得税额（23×24）	
26		减：减免所得税额（填写A107040）	
27		减：抵免所得税额（填写A107050）	
28		七、应纳税额（25-26-27）	
29		加：境外所得应纳所得税额（填写A108000）	
30		减：境外所得抵免所得税额（填写A108000）	
31		八、实际应纳所得税额（28+29-30）	
32		减：本年累计实际已缴纳的所得税额	
33		九、本年应补（退）所得税额（31-32）	
34		其中：总机构分摊本年应补（退）所得税额（填写A109000）	
35		财政集中分配本年应补（退）所得税额（填写A109000）	
36		总机构主体生产经营部门分摊本年应补（退）所得税额（填写A109000）	

续表

行次	类别	项目	金额
37	实际应纳税额计算	减：民族自治地区企业所得税地方分享部分：（□免征□减征；减征幅度____%）	
38		十、本年实际应补（退）所得税额（33-37）	

表3.14 一般企业收入明细表

A101010

行次	项目	金额
1	一、营业收入（2+9）	
2	（一）主营业务收入（3+5+6+7+8）	
3	1.销售商品收入	
4	其中：非货币性资产交换收入	
5	2.提供劳务收入	
6	3.建造合同收入	
7	4.让渡资产使用权收入	
8	5.其他	
9	（二）其他业务收入（10+12+13+14+15）	
10	1.销售材料收入	
11	其中：非货币性资产交换收入	
12	2.出租固定资产收入	
13	3.出租无形资产收入	
14	4.出租包装物和商品收入	
15	5.其他	
16	二、营业外收入(17+18+19+20+21+22+23+24+25+26)	
17	（一）非流动资产处置利得	
18	（二）非货币性资产交换利得	
19	（三）债务重组利得	
20	（四）政府补助利得	
21	（五）盘盈利得	
22	（六）捐赠利得	
23	（七）罚没利得	
24	（八）确实无法偿付的应付款项	
25	（九）汇兑收益	
26	（十）其他	

增值税属于流转税，主要采用收付实现制，按照之前的规定，纳税人发生应税行为时取得的全部价款和价外费用都会被认定为销售额，除了代为收取的符合规定的政府性基金或者行政事业性收费、代垫运费以及以委托方名义开具发票代委托方收取的款项等少数几个项目之外，几乎所有价外费用都会计入销售额计算申报缴纳增值税。虽然《增值税法》不再将价外费用计入销售额，但也应该只是表述上的变化，销售额的认定标准应该不会有实质性重大变化。

企业所得税核算时更倾向于采用权责发生制，与会计核算规则更为接近，因此，很多价外收费并不会计入营业收入，如收取的延期利息费用通常会冲减财务费用，收取的包装费、储备费、运输装卸费会冲减销售费用，收取的违约金、赔偿金、滞纳金会计入营业外收入，代收、代垫款项会计入往来科目，虽然这种核算差异最终并不会影响应纳税所得额的计算，但也造成了增值税收入与企业所得税收入的不一致。

二、视同应税交易认定不一致

增值税、消费税、企业所得税、土地增值税、资源税都有视同应税交易的情形，口径并非完全一致。

纳税人将自产或委托加工的货物用于集体福利（注意不是职工福利），如生产水泥的企业将自产水泥用于建造职工宿舍，在此种情况下货物的所有权并没有发生转移，更没有相关经济利益的流入，因此，会计核算上只会结转成本，并不会确认收入，企业所得税也不会确认收入，但在增值税上却视同销售。

纳税人将外购的货物（注意不包括自产、委托加工的货物）用于集体福利、以其持有的非上市公司股权对外进行非货币资产交换或偿还债务等情形，所有权发生了实质性转移，企业所得税视同应税交易，计入营业外收入，但增值税却并不会视同应税交易。

三、资产处置方式不一致

在生产经营过程中，无论是转让固定资产，还是转让无形资产，需要按照不含税的销售收入乘以适用税率或征收率计算缴纳增值税，相关购置支出之前已经凭扣除凭证抵扣了进项税额。在会计处理与企业所得税纳税申报时，资产处置收入按照扣除账面价值和相关税费后的余额计入营业外收入或营业外支出，这也就造成增值税申报收入大于企业所得税申报收入。

企业在生产经营过程中还会转让金融商品，具体包括外汇、有价证券、非货物期货以及基金、信托、理财产品等，按照卖出价减去买入价之后的余额为销售额计算缴纳增值税[①]，但在纳税申报时依旧会按照并不减除买入价的卖出价填入主表"增值税及附加税费申报表"的销售额之中，该金融产品的买入价计入"增值税及附加税费申报表附列资料（三）"第3列"服务、不动产和无形资产扣除项目""本期发生额"。在会计处理与企业所得税纳税申报时，往往将买入价减去卖出价之后的实际收益体现在当期损益及应纳税所得额中，由此造成增值税申报收入大于企业所得税收入。

四、不征税收入与免税收入核算方式不一致

纳税人取得的财政补贴与其销售货物、劳务、服务、无形资产、不动产的收入或者数量直接挂钩，应按规定计算缴纳增值税。纳税人取得的其他情形的财政补贴收入，不属于增值税应税收入，不征收增值税[②]。

在进行会计核算、企业所得税纳税申报时，对于纳税人取得的财政补贴并不会区分是否与营业活动具体挂钩，之前根据企业会计制度，财政补贴计入补贴收入；如今根据企业会计准则，财政补贴计入营业外收入。

增值税纳税人发生应税行为适用免税规定的，不得开具增值税专用发票，但可以开具税率栏注明"免税"的普通发票。纳税人进行增值税免税业务纳税申报时，将相关销售额填报在主表"增值税及附加税费申报表"第8行"免税销售额"。

增值税免税收入在会计上究竟如何核算目前还不够明确，之前《财政部关于减免和返还流转税的会计处理规定的通知》（财会字〔1995〕6号）虽然曾经对此有过专门规定，但随着企业会计制度被企业会计准则取代，这项规定其实已经被废止，目前存在两种不同的处理方法：

第一种是将免税销售额全部计入主营业务收入，另一种是将计提的销项税额计入营业外收入，将免税销售额减去计提的销项税额之后的余额计入主营业务收入，若采用第一种方法核算，并不会出现收入不一致的问题，但如果采用第二种方法进行核算，增值税收入会大于企业所得税收入。

[①] 《财政部 国家税务总局关于全面推开营业税改征增值税试点的通知》（财税〔2016〕36号）附件2《营业税改征增值税试点有关事项的规定》第一条第（三）项第3目。

[②] 《国家税务总局关于取消增值税扣税凭证认证确认期限等增值税征管问题的公告》（国家税务总局公告2019年第45号）第七条。

五、收入确认原则不一致

增值税与企业所得税是我国最重要的两大税种，全都以收入作为起点计算应纳税额，但两者在收入确认上却存在很大的差异。

增值税更关注收取款项或者取得相关凭据，如果先开具发票，需要在开票日确认收入；企业所得税更注重经济业务实质，收入确认上的差异势必导致收入的差异，具体见表3.15。

表3.15 增值税与企业所得税收入确认情况[①]

项目	增值税确认收入标准	企业所得税收入确认标准	是否存在差异
直接收款销售货物	不论货物是否发出，均为收到销售款或者取得索取销售款凭据的当天	商品销售合同已经签订，企业已将商品所有权相关的主要风险和报酬转移给购货方；企业对已售出的商品既没有保留通常与所有权相联系的继续管理权，也没有实施有效控制；收入的金额能够可靠地计量；已发生或将发生的销售方的成本能够可靠地核算	企业所得税更强调所有权发生实质性转移。按照企业所得税的规定，销售商品需要安装和检验，在购买方接受商品以及安装和检验完毕时确认收入；如果安装程序比较简单，可在发出商品时确认收入，但增值税对此却并无要求
托收承付和委托银行收款方式销售货物	发出货物并办妥托收手续的当天	办妥托收手续时确认收入	企业所得税不要求实际发出货物，若纳税人先办妥托收手续后发出货物，企业所得税要先于增值税确认收入
采取赊销和分期收款方式销售货物	书面合同约定的收款日期当天，无书面合同的或者书面合同没有约定收款日期，为货物发出的当天	按照合同约定的收款日期确认收入的实现	企业所得税严格按照合同约定的收款日期确认收入，增值税可以在货物发出日确认收入
采取预收货款方式销售货物	货物发出的当天，但生产销售生产工期超过12个月的大型机械设备、船舶、飞机等货物，为收到预收款或者书面合同约定的收款日期的当天	在发出商品时确认收入	对于生产销售生产工期超过12个月大型机器设备等货物，增值税以收到预收款或者书面合同约定的收款日期的当天确认收入，但企业所得税则却要求按照完工进度（即完工百分比法）确认收入

[①] 依据《中华人民共和国增值税暂行条例实施细则》第三十八条、《国家税务总局关于确认企业所得税收入若干问题的通知》(国税函〔2008〕875号)、《中华人民共和国企业所得税法实施条例》第二十三条、《国家税务总局关于印发〈增值税若干具体问题的规定〉的通知》(国税发〔1993〕154号)。

续表

项目	增值税确认收入标准	企业所得税收入确认标准	是否存在差异
纳税人提供建筑服务、租赁服务采取预收款方式	收到预收款的当天	在各个纳税期末应采用完工进度（完工百分比）法确认收入	企业所得税按照权责发生制原则确认收入，增值税按照收付实现制原则确认收入
委托其他纳税人代销货物	收到代销单位的代销清单或者收到全部或者部分货款的当天。未收到代销清单及货款的，为发出代销货物满180天的当天	销售商品采用支付手续费方式委托代销，在收到代销清单时确认收入	如果先收到代销清单后收到货款，两者同时确认收入。如果先收到货款后收到代销清单，增值税先确认收入。如果纳税人既没有收到代销清单也没有收到货款，在发出代销货物满180天的当天增值税要确认收入，企业所得税还要继续等待代销清单

第四章 进项税额的计算

《增值税法》第十六条第二、三款规定：

"进项税额，是指纳税人购进货物、服务、无形资产、不动产支付或者负担的增值税税额。"

"纳税人应当凭法律、行政法规或者国务院规定的增值税扣税凭证从销项税额中抵扣进项税额。"

● 第一节 增值税扣税凭证

增值税是以货物、服务、无形资产、不动产在流转过程中产生的增值额为计税依据而征收的一种流转税，缴纳税款的多少不仅取决于销项税额的多少，还取决于进项税额的多少，但企业要想抵扣进项税额必须要获得法律上认可的扣税凭证。

一、准予抵扣增值税的扣税凭证

增值税扣税凭证按照抵扣方式可以分为直接抵扣与计算抵扣，直接抵扣就是按照凭证上载明的增值税税额直接进行抵扣；计算抵扣就是凭证上没有税额，或者虽有税额但不按该税额抵扣（如3%征收率的农产品发票），需要人工计算应当抵扣的数额。

《增值税法》第七条规定："增值税为价外税，应税交易的销售额不包括增值税税额。增值税税额，应当按照国务院的规定在交易凭证上单独列明。"随着数电票的推广，几乎所有发票上都会单独列明增值税税额，因此计算抵扣的范围变得越来越小，目前只剩下农产品销售发票与农产品收购发票，这两种发票均属于免税发票，收购或者销售时并没有实际缴纳增值税，但受票方依旧可以按照票面金额的9%或10%进行扣除。

1. 增值税专用发票

最常见的增值税扣税凭证是增值税专用发票，纸质增值税专用发票（见图 4.1）开具时必须要通过防伪税控系统，所以发票右上方设有密码区，采用复合式加密认证算法，一机一密，一次一密，具有很强的保密性和安全性，随着信息技术水平的不断提高，增值税防伪税控系统还可以开具电子发票，为了与后来的数电票（见图 4.2）相区别，称为"纸电票"。

图 4.1 增值税专用发票（税控纸质票）

随着"金税四期"的上线，无论是纸质票还是纸电票，都即将成为历史，今后所有增值税专用发票都被数电票取代。

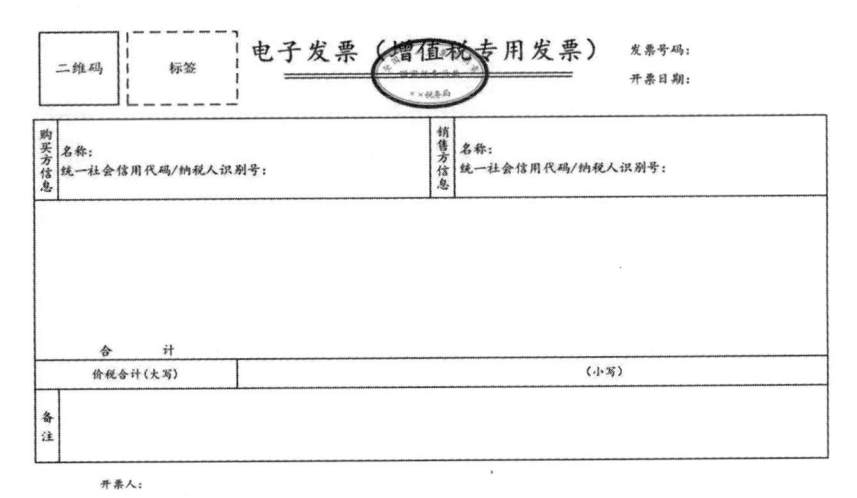

图 4.2 数电票（增值税专用发票）（通用样式）

2. 机动车销售统一发票

这是专门针对机动车销售业务设计的一种发票，其特点在于其六联式设计，包括发票联、抵扣联、报税联、注册登记联、记账联和存根联，各联具有不同的颜色和用途，如图 4.3 所示。这种发票不仅证明了销售交易的发生，还作为购货单位付款、扣税、报税、注册登记以及销货单位记账的凭证。注意，图 4.4 为即将上线的机动车销售数电票。

按照税收理论，下一家企业可以凭借合法扣税凭证抵扣上一家企业实际缴纳或者应当缴纳的增值税。小规模纳税人月销售额未超过 10 万元（按季申报不超过 30 万元）可以享受免征增值税政策，但如果开具了增值税专用发票，不管金额大小均需要缴税，不过却并不包括机动车销售统一发票。即便机动车经销商享受了免税政策，但其开具的机动车销售统一发票依旧可以抵扣进项税额[①]。不过机动车生产厂商对下游经销商有着严格的资质要求，绝大部分都是一般纳税人，享受免税政策的机动车经销商极少。

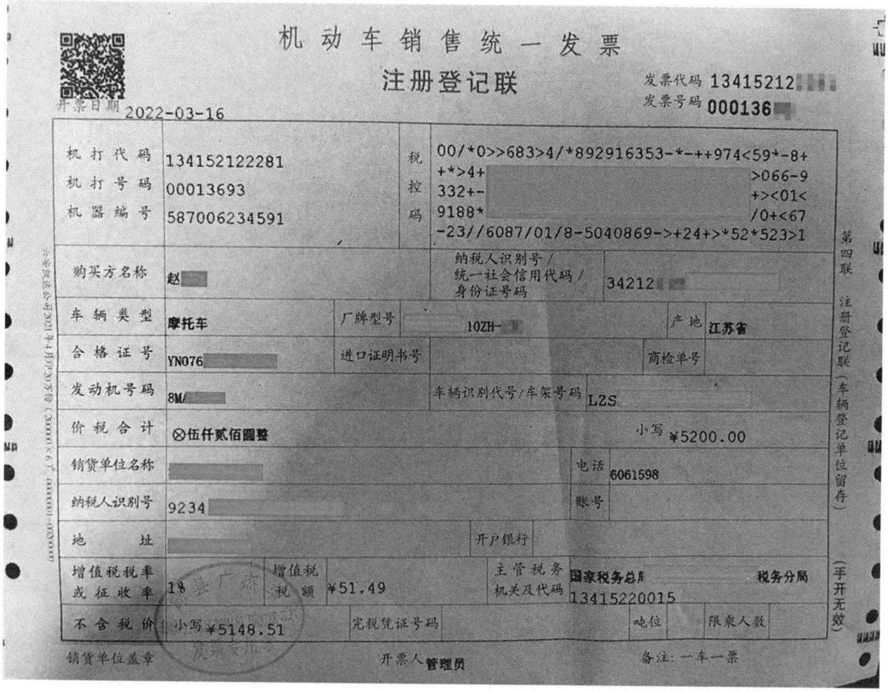
机动车销售统一发票
注册登记联
发票代码 13415212
发票号码 000136
开票日期 2022-03-16
机打代码 134152122281
机打号码 00013693
机器编号 587006234591
税控码 00/*0>>683>4/*892916353-*-++974<59*-8+ +*>4+ >066-9 332+- +><01< 9188* /0+<67 -23//6087/01/8-5040869->+24+>*52*523>1
购买方名称 赵
纳税人识别号/统一社会信用代码/身份证号码 34212
车辆类型 摩托车
厂牌型号 10ZH-
产地 江苏省
合格证号 YN076
进口证明书号
商检单号
发动机号码 8M/
车辆识别代号/车架号码 L2S
价税合计 ⊗伍仟贰佰圆整
小写 ¥5200.00
销货单位名称
电话 6061598
纳税人识别号 9234
账号
地址
开户银行
增值税税率或征收率 1%
增值税税额 ¥51.49
主管税务机关及代码 国家税务总局 税务分局 13415220015
不含税价 小写 ¥5148.51
完税凭证号码
吨位
限乘人数
销货单位盖章
开票人 管理员
备注：一车一票
第四联 注册登记联（车辆登记单位留存）
（手开无效）

图 4.3 目前使用的机动车销售统一发票

① 国家税务总局实施减税降费工作领导小组办公室《2019 年减税降费政策答复汇编》第 64 道问答。

图 4.4　数电票（机动车销售统一发票）（即将上线）

需要注意的是二手车销售统一发票不能作为扣税凭证，也就是机动车只能抵扣一次。数电票（二手车销售统一发票，图 4.5）上线后还推出了反向开票功能，这是因为卖出二手车的多是个人，通常无法向二手车收购企业开具发票，所以推出了反向开票功能，也就是准许二手车收购企业自己给自己开票，虽然这种发票不能抵扣增值税，但可以作为企业所得税税前抵扣的记账凭证，如图 4.6 所示。

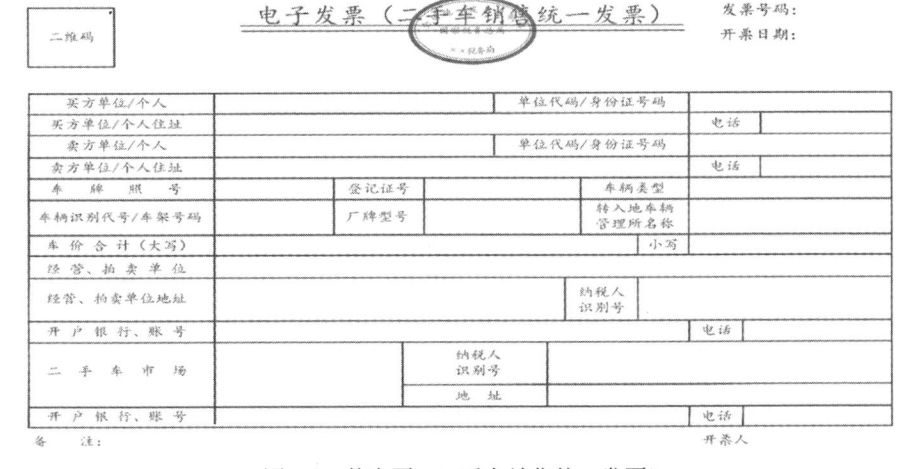

图 4.5　数电票（二手车销售统一发票）

图 4.6　数电票（二手车销售统一发票）（反向开票）

机动车、二手车销售之所以要采用专门发票是因为其发票版式比增值税专用发票更为复杂，包括车辆类型、发动机号码、车辆识别代码/车架号码等信息，联次也比增值税专用发票更多，其中注册登记联需要交给车辆登记单位留存，用于上牌，但数电票上线之后，上述相关限制已经不存在了，因此在沿用机动车销售统一发票与二手车销售统一发票的版式的同时，数电票还推出了机动车增值税专用发票（见图4.7）与二手车增值税专用发票（见图4.8）。

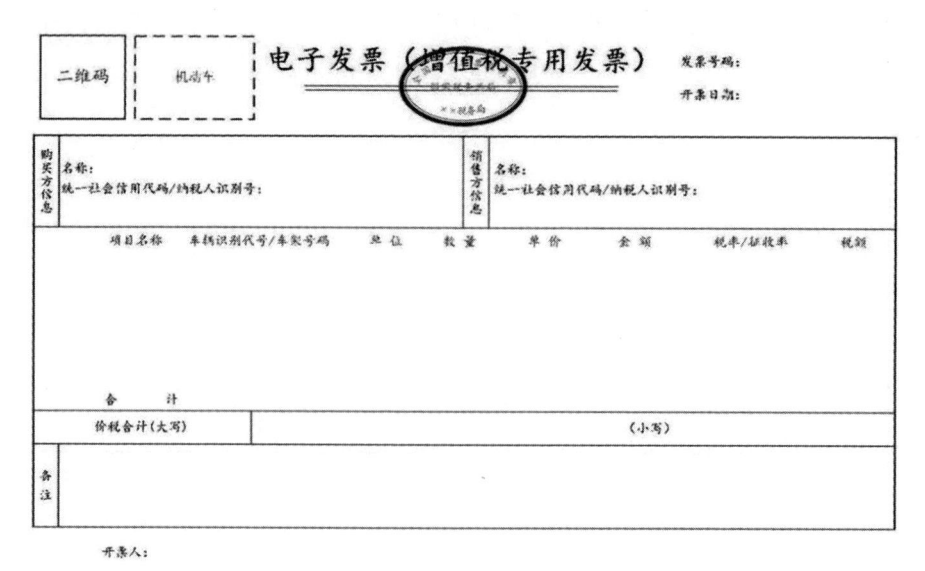

图 4.7　数电票（增值税专用发票）（机动车专用）

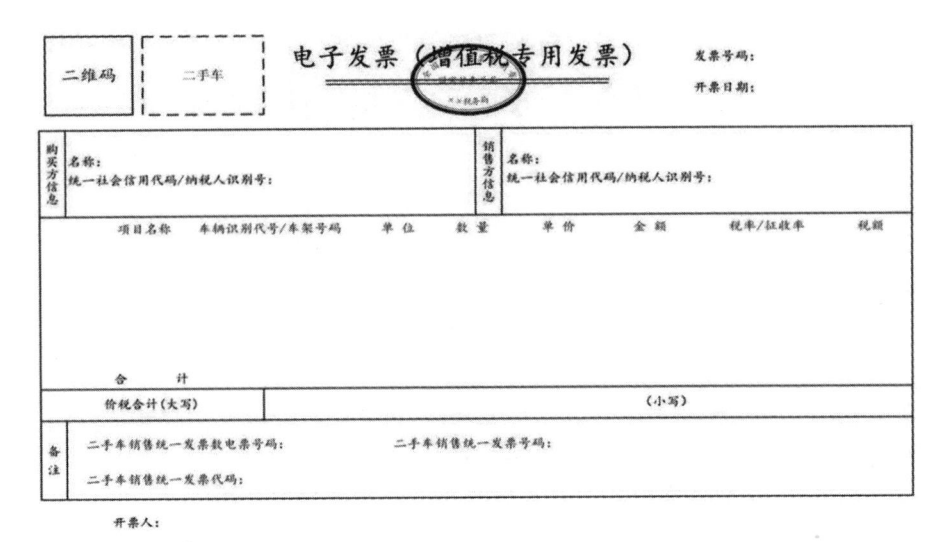

图 4.8　数电票（增值税专用发票）（二手车专用）

3. 海关进口增值税专用缴款书

进口环节的增值税由海关代缴，因此海关开具的专用缴款书（见图 4.9）也可以作为增值税扣税凭证，不过却需要进行稽核比对，稽核比对的结果分为相符、不符、滞留、缺联、重号五种。

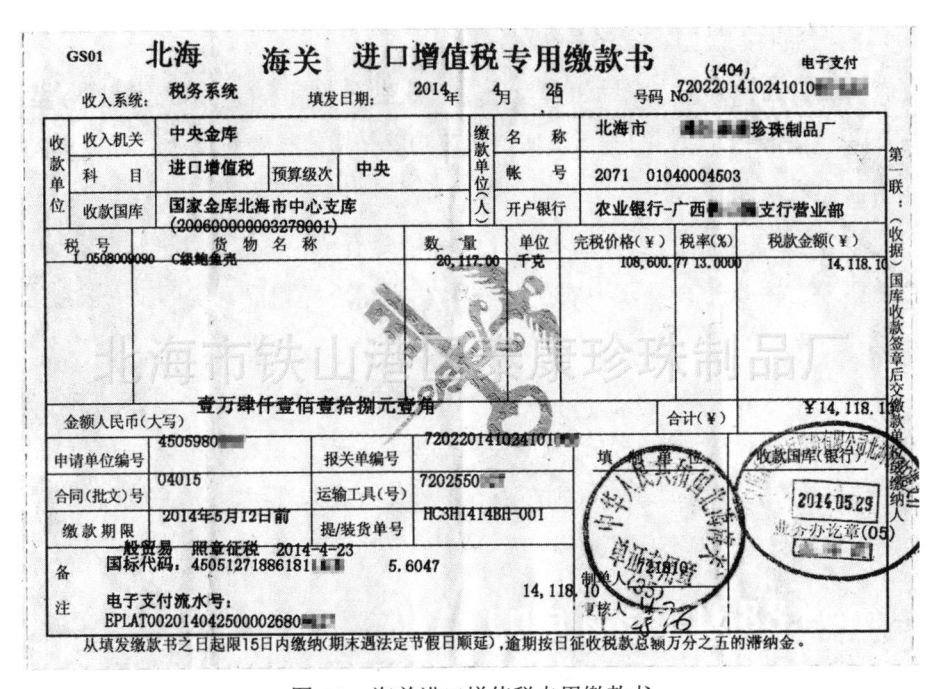

图 4.9　海关进口增值税专用缴款书

对于稽核比对结果为不符、缺联的海关缴款书，纳税人应当持海关缴款书原件向主管税务机关申请数据修改或核对，属于纳税人数据采集错误的，数据修改后再次进行稽核比对；不属于数据采集错误的，纳税人可向主管税务机关申请数据核对，主管税务机关会同海关进行核查。经核查，海关专用缴款书票面信息与纳税人实际进口货物业务一致的，纳税人可以凭此申报抵扣或办理出口退税。

对于稽核比对结果为重号的海关专用缴款书，纳税人可以向主管税务机关申请核查。经核查，海关专用缴款书票面信息与纳税人实际进口货物业务一致的，纳税人可以凭此申报抵扣或办理出口退税。

对于稽核比对结果为滞留的海关缴款书，可继续参与稽核比对，纳税人无须申请数据核对[①]。

增值税一般纳税人取得2016年12月31日及以前开具的增值税专用发票、海关进口增值税专用缴款书、机动车销售统一发票即便超过了之前规定的需在360日内确认或稽核比对的期限，凡是符合规定的，仍可继续抵扣。

随着数电票逐渐取代纸质票与纸电票，之前使用的增值税发票综合服务平台将陆续停用，将通过电子发票服务平台税务数字账户进行发票勾选。

4. 农产品收购发票、农产品销售发票

农产品收购发票与农产品销售发票是农业生产者销售自产农产品开具或者使用的发票，并非专门印制的发票，使用的其实就是增值税普通发票。

企业向农业生产者个人购买自产农产品时自行开具农产品收购发票，发票左上角通常会打印有"收购"两字，税率栏写有"免税"字样，如图4.10所示。发票通常由卖方开具，但农产品收购发票却恰好相反，实际上是自己给自己开票。

与农产品收购发票有所不同，农产品销售发票符合日常开票惯例，由作为卖方的农业生产者开具，有的自行领用发票后开具，有的请税务机关代开。农产品销售发票与农产品销售发票的区别在于并不打印"收购"两字。农产品收购发票、农产品销售发票的开具范围主要有：

[①]《国家税务总局关于增值税发票管理等有关事项的公告》（国家税务总局公告2019年第33号）第三条。

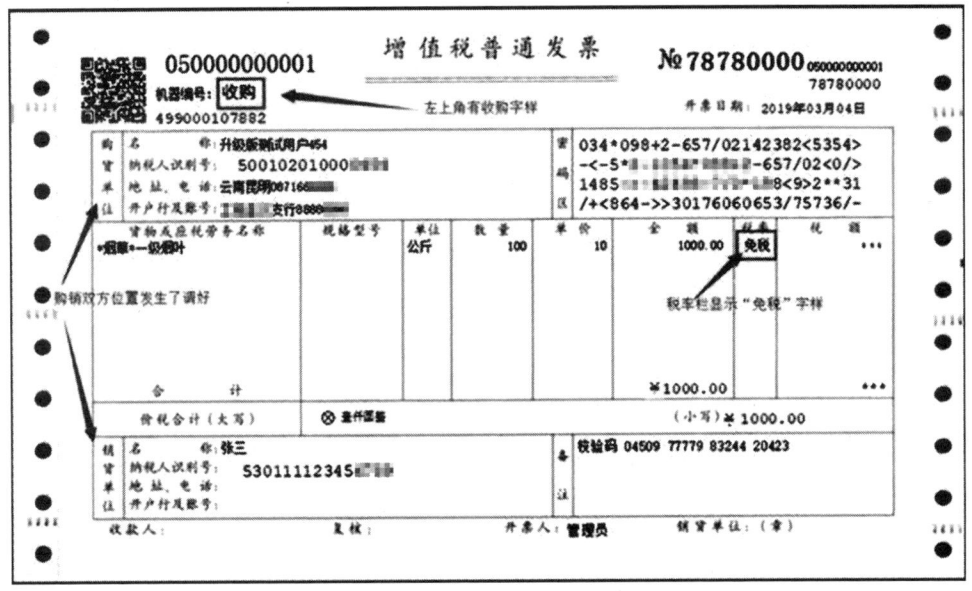

图 4.10 农产品收购发票

（1）直接从事植物的种植、收割和动物的饲养、捕捞的单位和个人销售的注释所列的自产农业产品[①]，上述单位和个人销售外购的农业产品以及对外购农业产品进行生产、加工后再销售的农业产品不属于开具范围。

（2）农民专业合作社销售本社成员生产的农业产品，视同农业生产者销售自产农业产品。

（3）纳税人采取"公司+农户"经营模式，纳税人回收再销售畜禽，制种企业在规定的生产经营模式下生产销售种子，也属于农业生产者销售自产农产品。

对承担粮食收储任务的国有粮食购销企业销售粮食、大豆虽然可以免征增值税，但免税业务只能开具增值税专用发票；享受免征增值税优惠政策的批发零售蔬菜、部分鲜活肉蛋产品、种子、种苗等业务只能开具增值税普通发票，上述两种情形都不能开具农产品收购发票或农产品销售发票。

由于农产品收购发票或农产品销售发票涉及的全都是免税业务，发票上并没有标注税额，因此准许抵扣的税额是计算出来的，用买价（因为有价无税，不需

[①] 《财政部 国家税务总局关于印发〈农业产品征税范围注释〉的通知》（财税字〔1995〕52号）附件《农产品征税范围注释》。

要进行价税分离）直接乘以扣除率，计算得出扣除额。

下面是农产品收购发票农产品销售发票扣除率变化时间线：

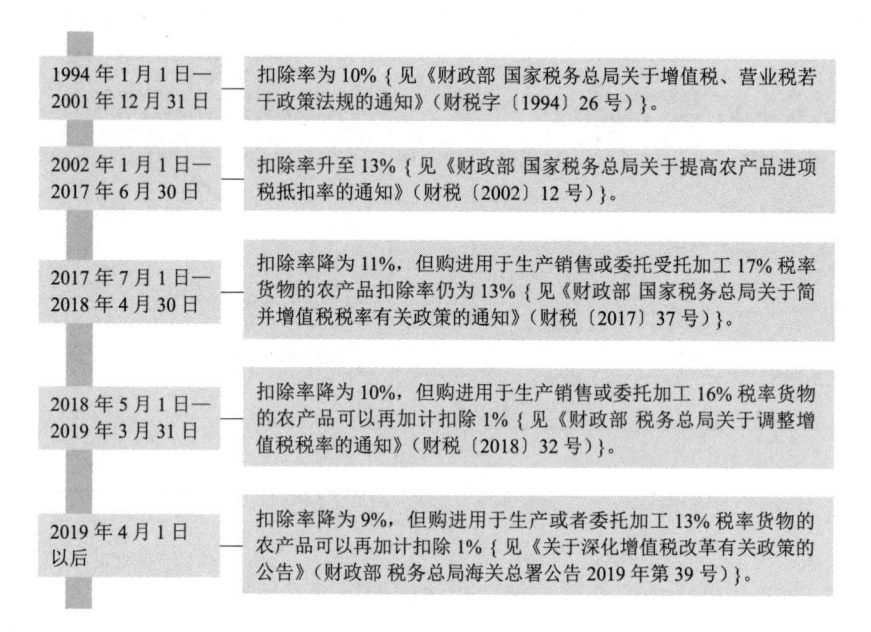

1994年1月1日—2001年12月31日	扣除率为10%｛见《财政部 国家税务总局关于增值税、营业税若干政策法规的通知》（财税字〔1994〕26号）｝。
2002年1月1日—2017年6月30日	扣除率升至13%｛见《财政部 国家税务总局关于提高农产品进项税抵扣率的通知》（财税〔2002〕12号）｝。
2017年7月1日—2018年4月30日	扣除率降为11%，但购进用于生产销售或委托受托加工17%税率货物的农产品扣除率仍为13%｛见《财政部 国家税务总局关于简并增值税税率有关政策的通知》（财税〔2017〕37号）｝。
2018年5月1日—2019年3月31日	扣除率降为10%，但购进用于生产销售或委托加工16%税率货物的农产品可以再加计扣除1%｛见《财政部 税务总局关于调整增值税税率的通知》（财税〔2018〕32号）｝。
2019年4月1日以后	扣除率降为9%，但购进用于生产或者委托加工13%税率货物的农产品可以再加计扣除1%｛见《关于深化增值税改革有关政策的公告》（财政部 税务总局海关总署公告2019年第39号）｝。

由于农产品收购发票与农产品销售发票的特性，对其进行管理一直是一个难点，图4.11和图4.12是农产品收购和销售的数电票。

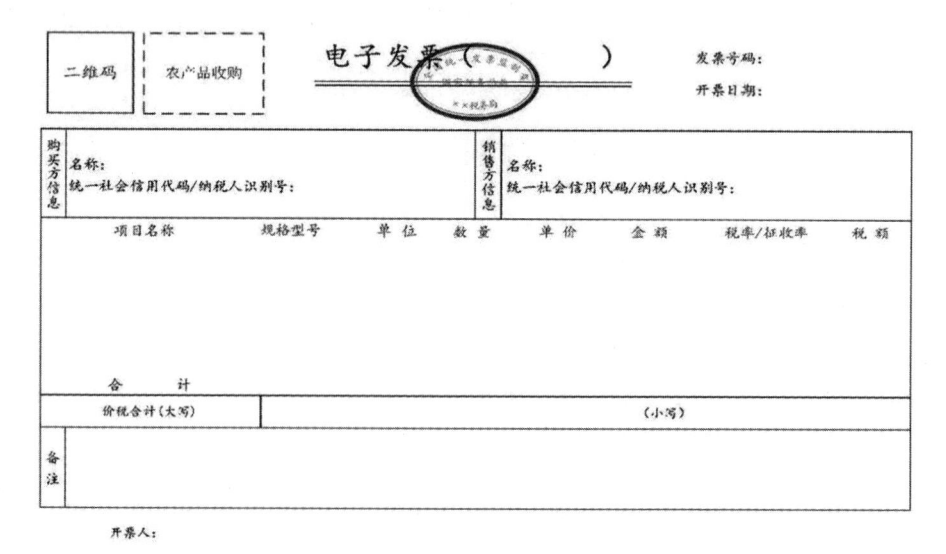

图4.11 数电票（农产品收购发票）

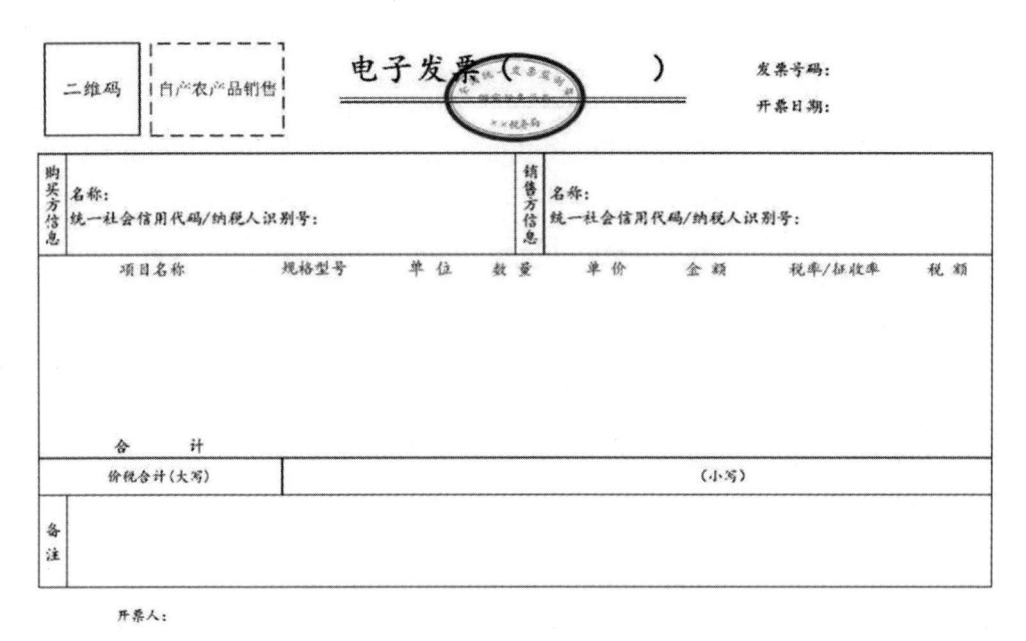

图 4.12　数电票（农产品销售发票）

5. 公路通行费与桥、闸通行费发票

2018年1月1日以后，使用ETC卡或用户卡缴纳的通行费，以及ETC卡充值费可以开具通行费电子发票，不得再开具纸质票据。收费公路通行费电子普通发票左上角标识"通行费"字样，且税率栏次显示适用税率或征收率；如果左上角并没有"通行费"字样，"税率"栏显示"不征税"，"税额"栏不显示金额，那么这种发票就属于不征税发票，不得用于抵扣。

有关单位依法或者依规设立并收取的过路、过桥和过闸费用可以作为进项税额进行抵扣，其他纸质通行费发票一律不得抵扣进项，由于票面上并未标注税额，也需要人工计算扣除额，与农产品收购发票、农产品销售发票有所不同的是需要先计算不含税金额再乘以税率。

桥、闸通行费可抵扣进项税额 = 桥、闸通行费发票上注明的金额 ÷（1+5%）× 5%。

数电票（通行费专用），即图4.13推行之后不再进行计算抵扣，应当按照上面载明的增值税税额进行抵扣。

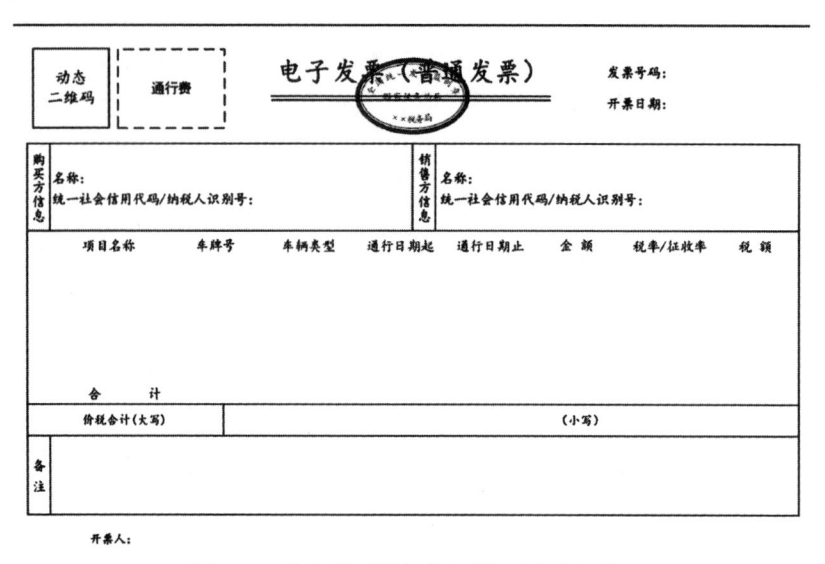

图 4.13 数电票（通行费专用）（即将上线）

6. 旅客运输发票

在营改增之后，旅客运输服务在很长一段时间内并不允许抵扣，只有 2019 年 4 月 1 日之后开具的符合要求的旅客运输发票才允许抵扣[①]。

允许抵扣的扣税凭证的抬头通常都是企业，旅客运输发票无疑是个特例，上面载明的是报销人的个人信息，报销人必须是企业职工或是劳务派遣人员。没有旅客身份信息的客票，比如出租车票等暂时还不能进行抵扣。由于旅客运输发票通常并不会显示增值税税额，因此也需要手工计算抵扣额。

航空旅客运输服务进项税额 =（票价 + 燃油附加费）÷（1+9%）×9%，燃油附加费可以与票价一起合计计算进项税额，但民航发展基金不得计入计算进项数额的基数。图 4.14 为即将停用的航空运输电子客票行程单。

数电票（航空运输电子客票行程单）推出后省去了计算的烦恼，票面上所列票价与燃油附加费均为不含税价格，还会直接显示增值税税额，如图 4.15 所示。

之前乘坐火车之前需要领取纸质火车票（见图 4.16），后来推出铁路电子客票，旅客购票后，铁路运输企业不再提供纸质车票，旅客可以持购票时使用的有效身份证件原件快速、自助进站检票乘车，如果需要报销可以在 180 天内领取铁路电子

---

① 《财政部 税务总局 海关总署关于深化增值税改革有关政策的公告》（财政部 国家税务总局 海关总署公告 2019 年第 39 号）第六条。

客票报销凭证，上面会注明"仅供报销使用"。

铁路旅客运输进项税额 = 票面金额 ÷（1+9%）× 9%。

图 4.14 航空运输电子客票行程单（即将停用）

图 4.15 数电票（航空运输电子客票行程单）

图 4.16 铁路电子客票报销凭证

如今又推出了数电票（铁路电子客票），上面也会显示增值税税额，省去了计算的烦恼，如图4.17所示。

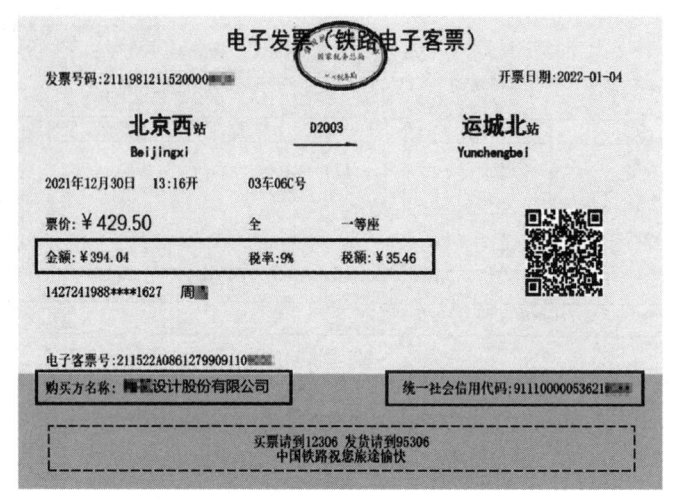

图4.17　数电票（铁路电子客票）

公路、水路等领域其他客票的进项税额＝票面金额÷（1+3%）×3%，除了上述发票之外，提供国内旅客运输服务的企业开具的增值税电子普通发票也可以抵扣增值税，其进项税额为发票上注明的税额，但发票品名必须为运输服务。

随着"金税四期"的上线，增值税电子普通发票（见图4.18）已经基本停用了，如今改为数电票，公路、水路等领域其他客票也陆续改用数电票（旅客运输服务专用），如图4.19所示。

如果出行计划有变化，无论是退票，还是改签，通常都会产生一定的费用，旅客运输企业为客户办理退票而向客户收取的退票费、手续费等收入，按照"其他现代服务"缴纳增值税[①]，因此旅客支付退票费时可以要求对方开具增值税专用发票，但航空运输电子客票行程单上列明的机票改签费，可以按照有关规定计算抵扣进项税，无须另行开具增值税专用发票[②]。

7. 完税凭证

进口货物可以凭借海关专用缴款书抵扣进口环节缴纳的增值税，但服务（含加工修理修配服务）、无形资产都不具备实物形态，不动产不能移动，同时各

[①] 《财政部　税务总局关于租入固定资产进项税额抵扣等增值税政策的通知》（财税〔2017〕90号）第二条。

[②] 国家税务总局12366纳税服务平台2020年3月18日留言回复。

图 4.18　国内旅客运输企业开具的增值税电子普通发票（已经停用）

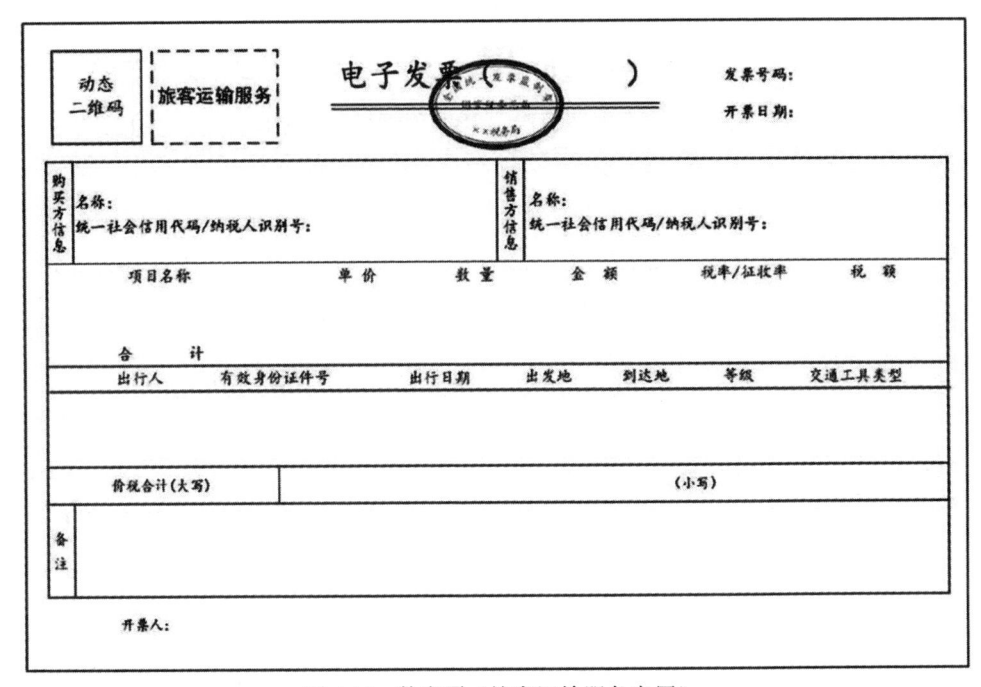

图 4.19　数电票（旅客运输服务专用）

国税收征管制度存在较大差异，很多国家并没有发票，因此从境外单位或者个人购进服务、无形资产或者不动产,从税务机关或者扣缴义务人取得的解缴税款的完税凭证上注明的增值税税额准予抵扣,但应当留存合同、付款证明和境外单位的对账单或者发票,如果资料不全,相关进项税额也不得从销项税额中抵扣[①]。

第二节 新型扣税凭证数电票

《增值税法》第三十四条规定:"纳税人应当依法开具和使用增值税发票。增值税发票包括纸质发票和电子发票。电子发票与纸质发票具有同等法律效力。

"国家积极推广使用电子发票。"

《增值税法》积极倡导推行的电子发票就是数电票,与纸质发票具有同等法律效力,但不以纸质形式存在、不用介质支撑、不需申请领用,通过标签管理将多个票种集成归并为单一票种,实现全国统一赋码、系统智能赋予发票额度,同时设立税务数字账户,实现发票自动流转交付和数据归集。

一、数电票与纸电票的不同

数电票是发票发展到数字经济时代的新形态,顺应了数字经济发展潮流,将会成为交易行为的有效证明、财务收支的法定凭证、会计核算的原始依据,同时也将成为税务机关执法检查的重要依据。图4.20形象地展示了以发票为引领的大数据模式。

数电票开具、打印、查验与交付都不需要支付任何费用,真正做到了免费用票。2020年,全国各类纸质发票印制使用份数约为300亿张,如果数电票能够彻底取代纸质票,那么每年可以节约用票成本1 000亿元以上,相当于每年保护了1 200万棵树木不被砍伐,符合低碳节能、绿色环保的发展需要。

除此之外,纳税人还会大幅降低发票开具、打印、邮寄、存储等管理成本,一般纳税人也不用再购置税控专用设备并按年支付服务费,有效减轻了纳税人的经济负担,切实提升了纳税人获得感。

在数电票诞生之前,电子发票其实已经应运而生了,为了与目前正在推广的数电票进行区分,称之为"纸电票"。纸电票是纸质票的电子化映像,依托于原有的业务逻辑与管理制度,只是凭借信息系统实现了纸质发票的电子化开具与交付,

---

① 《财政部 国家税务总局关于全面推开营业税改征增值税试点的通知》(财税〔2016〕36号)附件1《营业税改征增值税试点实施办法》第二十五条第(四)项、第二十六条。

第四章 进项税额的计算 115

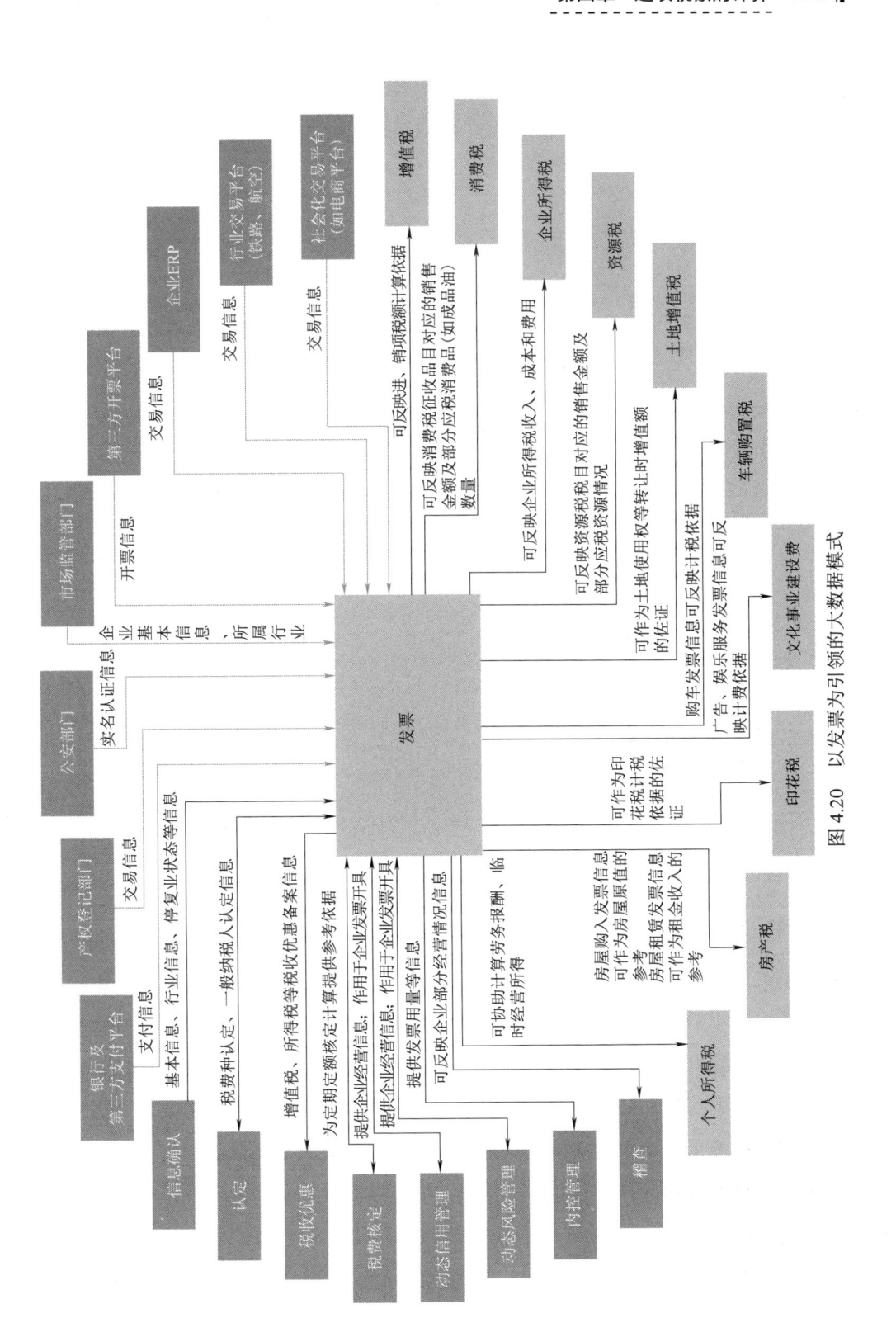

图 4.20 以发票为引领的大数据模式

两者只是载体不同，一个是纸质的，一个是电子的，除此之外几乎没有什么差别，但数电票却是与纸质票、纸电票截然不同的全新发票种类。图4.21展示了纸质票、纸电票和数电票的相关情况。

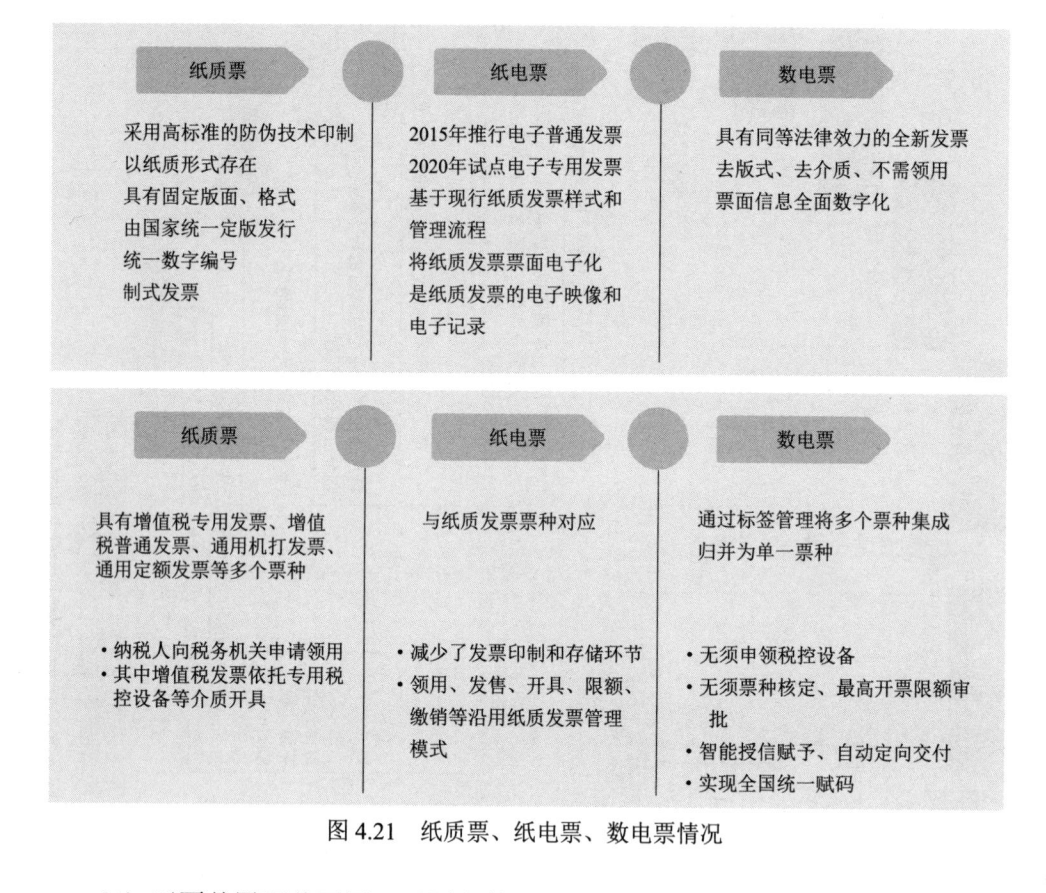

纸质票
- 采用高标准的防伪技术印制
- 以纸质形式存在
- 具有固定版面、格式
- 由国家统一定版发行
- 统一数字编号
- 制式发票

纸电票
- 2015年推行电子普通发票
- 2020年试点电子专用发票
- 基于现行纸质发票样式和管理流程
- 将纸质发票票面电子化
- 是纸质发票的电子映像和电子记录

数电票
- 具有同等法律效力的全新发票
- 去版式、去介质、不需领用
- 票面信息全面数字化

纸质票
- 具有增值税专用发票、增值税普通发票、通用机打发票、通用定额发票等个票种
- 纳税人向税务机关申请领用
- 其中增值税发票依托专用税控设备等介质开具

纸电票
- 与纸质发票票种对应
- 减少了发票印制和存储环节
- 领用、发售、开具、限额、缴销等沿用纸质发票管理模式

数电票
- 通过标签管理将多个票种集成归并为单一票种
- 无须申领税控设备
- 无须票种核定、最高开票限额审批
- 智能授信赋予、自动定向交付
- 实现全国统一赋码

图4.21 纸质票、纸电票、数电票情况

（1）开票前置环节不同。开票之前，纸电票依然需要进行票种核定并向主管税务机关领用纸电票的号码段，数电票却不需要进行票种核定，也不需要申领税控设备，更不需要进行发票领用，开业并完成税务登记之后就可以开具数电票。

（2）发票开票限制不同。纸电票发票数量、票面限额管理同纸质发票一样，只能在限定的份数和限额内开具发票，如果无法满足正常的业务需要，还需进行发票的增版增量。数电票采用赋额制，企业可以在系统智能赋予的发票开具总额度内开具任意金额、任意份数的数电票，既可以开具增值税专用发票，也可以开具普通发票。

（3）票面展示内容不同。数电票票面更为简洁，删除了纸电票票面上的地址、银行账户账号、发票代码等栏次，不再设密码区，购买方和销售方信息并列展示，更加直观。数电票号码为 20 位，包含年度、行政区划代码、开具渠道、顺序编码等信息，纸电票发票号码为 8 位，按年度、分批次编制。纸电票开具的项目不能超过 8 行，但数电票却取消了相应限制，当货物、服务信息繁多时，再也不用在开具发票的同时附加清单。

（4）发票开具平台不同。纸电票在公共服务平台上开具，可以离线开票，数电票在电子发票服务平台上开具，目前仅允许纳税人在线开票。

（5）发票种类构成不同。纸电票仅仅包括增值税电子普通发票、增值税电子专用发票两种类型，除此之外，数电票还将陆续推出机动车销售统一发票、二手车销售统一发票、航空运输客票电子行程单、铁路电子客票、医疗服务发票等发票种类，无论是内涵还是外延，较纸电票都更为丰富，可以满足纳税人不同的需求。

（6）发票交付手段不同。纸电票开具后，开票方需将发票电子数据版式文件（即 OFD 等）通过邮件、短信等方式人工交付给受票方，但数电票开具之后，发票电子数据文件会自动发送至开票方和受票方的税务数字账户，并可对各类发票数据自动进行归集。

（7）版式文件格式不同。纸电票电子数据版式文件格式为 OFD 等格式。数电票电子数据文件增加了国际通行的 XML 纯数据电文格式，同时保留了 OFD、PDF 等格式。

二、数电票的特征

数电票具有"两去两化两制"六大特征：

第一大特征是去介质

纳税人不再需要预先领取专用税控设备，通过网络可信身份等新型技术手段就可以开具数电票，摆脱了专用算法与特定硬件的束缚，从过去"认盘"改为现在的"认人"。

第二大特征是去版式

数电票可以选择以数据电文形式（XML）交付，破除了 PDF、OFD 等特定版式要求，也降低了发票使用成本，提升了纳税人用票的便利度，纳税人还可以根据实际业务需要进行数电票差异化展示。

之前纸电票推出后，财务人员依旧习惯于让报销人将 PDF、OFD 等特定版式的纸电票打印出来作为原始凭证，纸电票虽然比纸质票领用更为便捷，却不具有唯一性，无法避免同一张纸电票多次打印、多次报销的问题。纸质票虽然具有唯一性，却又面临丢失的风险，空白发票丢失后将会面临行政处罚，如果是已经开具的发票丢失，虽然不会被处罚，但丢失后补办发票的手续却比较麻烦，需要提供记账联复印件等相关证明材料。

数电票既没有联次，又并非纸质，自然也就不存在丢失的风险，还彻底摆脱了传统报销模式，数电票直接计入税务数字账户，可以满足在线报销的需要，当然企业也可以沿用传统的报销模式将数电票打印出来，数电票右侧会自动标记下载次数，以便日后进行核查。

第三大特征是标签化

标签是指在发票开具、取得、使用和申报纳税等环节，税务机关根据税源管理、税费联动、风险管理、纳税服务的需要，赋予数电票不同类型的标识，数电票的标签情况见表4.1。

表4.1 数电票标签情况表

标签类别	类别细分	具体标签
纳税人管理类	纳税人标签	纳税人类型标签
		纳税人信用等级标签
		企业行业性质类标签
		消费税纳税人标签
		出口企业分类管理标签
发票管理类	发票集成标签	票种类标签
		特定要素类标签
	发票开具标签	发票开具方式标签
		差额征税标签
		红字发票标签
		特定征税方式标签
	发票用途标签	增值税用途标签
		增值税优惠用途标签
		消费税用途标签
		发票入账状态标签
		注销用途标签
		有奖发票标签

续表

标签类别	类别细分	具体标签
税种管理类	税款缴纳标签	车辆购置税税款缴纳标签
		契税税款缴纳标签
		自然人自开发票税款缴纳标签
	其他管理标签	出口业务适用政策标签
		出口退税类标签
	税收优惠标签	增值税即征即退标签
		其他税种优惠标签
风险管理类	风险管理标签	成品油异常标识标签
		发票风险类型标签

以"纳税人管理"类标签为例，纳税人类型标签会将纳税人细分为一般纳税人、小规模纳税人、辅导期一般纳税人等五个类型；纳税人信用等级标签会将纳税人细分为A、B、C、D、M五个等级；企业行业性质类标签会标识机动车、二手车、卷烟、稀土等36个重点行业。

电子发票服务平台会根据纳税人的不同特征自动给其开具的发票添加不同的标签，成品油一直是税收征管的薄弱环节，数电票推广后将在很大程度上补足短板，标签为"成品油经销"的企业开具成品油发票时，如果成品油库存为零，电子发票服务平台将会自动阻断其开票，实现了事前源头防控；对成品油单价过低的发票，在开具时电子发票服务平台也会自动标识并加注"成品油单价异常"标签，锁定该发票，无法交付至受票方税务数字账户，实现了事中风险防控。

即将上线的数电票（机动车销售统一发票）、数电票（二手车销售电子统一发票）将依据机动车VIN码与机动车车架号全程记录机动车全生命周期流转信息，彻底实现源头环节"票车相符"，流通环节"以进控销"，过户环节"全面记录"，防范票实不符、发票虚开低开、一车多票等涉税风险。

第四大特征是要素化

发票要素是发票记载的具体内容，是构成电子发票信息的基本数据项，也是构成电子发票的最小单元，生成后用于交付、使用和归档等环节。根据发票基本属性和特定行业、特殊商品服务及特定应用场景，对纳税人相关行为及时进行规范。图4.22为发票要素的组成情况。

纸质票与纸电票在发票最下方有"收款人""审核""开票人"三个栏次需要填写，但数电票（见图4.23）却仅需填写"开票人"，右下方也不再需要加盖本企业的发票专用章。购货方与销售方仅需填写"名称""统一社会信用代码/纳税人识别号"两栏,不需要再填写"地址、电话""开户行及账号"等信息,版面显得更为简洁。

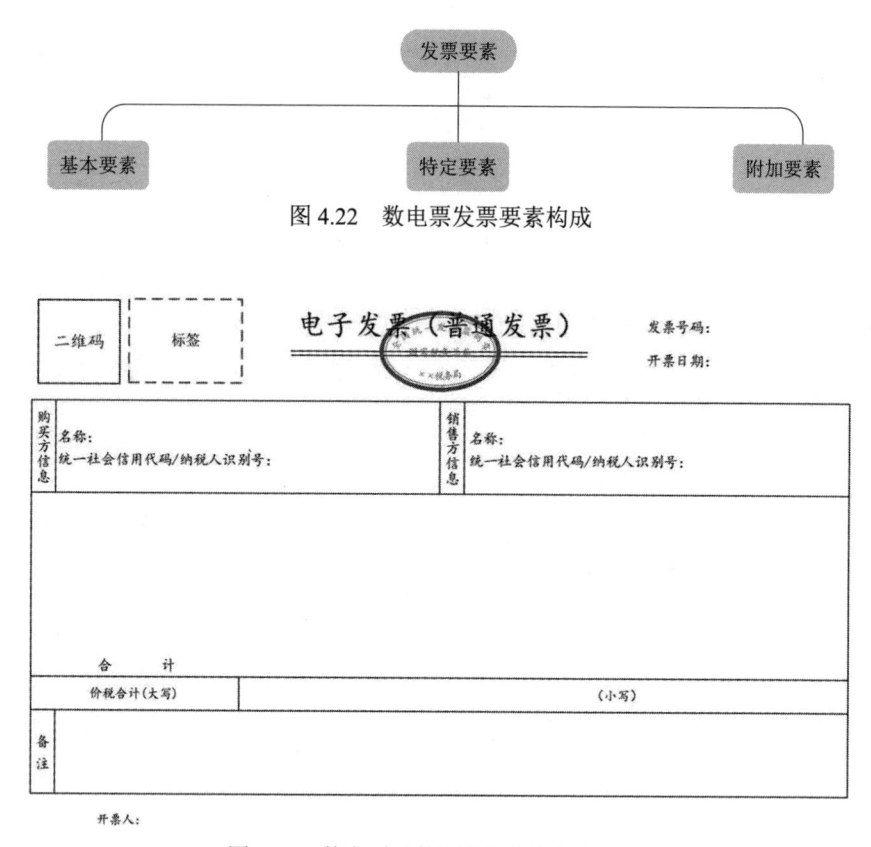

图 4.22 数电票发票要素构成

图 4.23 数电票(普通发票)(通用样式)

基本要素是在原增值税发票基础上总结提炼的发票必须具备的通用要素,主要包括二维码、发票号码、开票日期、购买方信息、销售方信息、项目名称、规格型号、单位、数量、单价、金额、税率/征收率、税额、合计、价税合计(大写、小写)、备注、开票人等信息。

特定要素实际上就是之前在纸质票或纸电票备注栏填写的相关信息,如今在发票左上角有特殊标识,目前包括稀土、卷烟、建筑服务、旅客运输服务、货物运输服务、不动产销售、不动产经营租赁服务、农产品收购、光伏收购、代收车船税、自产农产品销售、差额征税、成品油等13项特定业务,图4.24就是专用于光伏收购的数电票。

第四章 进项税额的计算　121

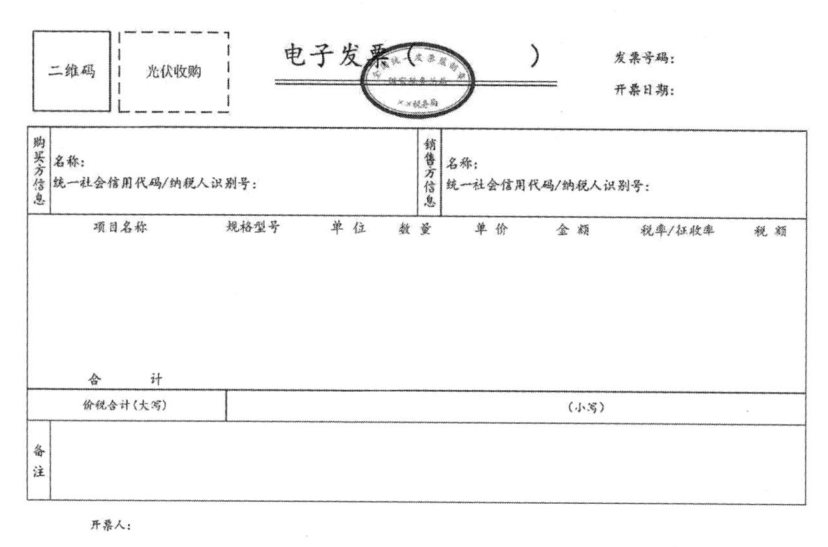

图 4.24　数电票（专用于光伏收购）

如之前提供货物运输的纳税人开具增值税专用发票时会将起运地、到达地、车种车号以及运输货物信息等内容填写在发票备注栏中，如内容较多可另附清单，清单上必须加盖货物运输企业的公章，如图4.25所示。如果发票备注栏填写不规范，那么这张增值税专用发票就不能进行抵扣。

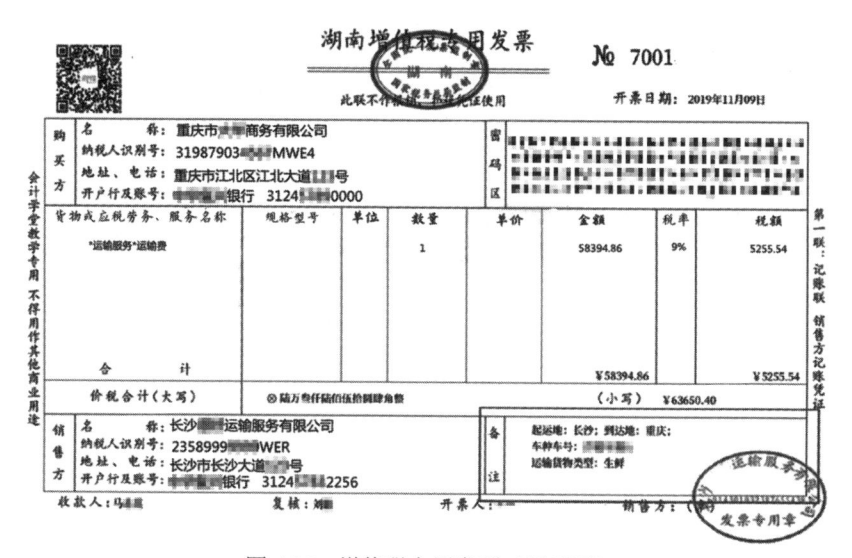

图 4.25　增值税专用发票（纸质票）

不过由于技术限制，之前只能对发票备注栏信息进行人工识别、统计与分析，如果数电票自动将这些重要信息纳入税费大数据库，可以实现实时的信息比对与风险筛查。由于数电票的载体为电子文件，并没有最大开票行数的限制，所有交易项目明细都能够在数电票中得以展示，企业也不需要再开具销货清单。图 4.26 为专用于货物运输服务的数电票。

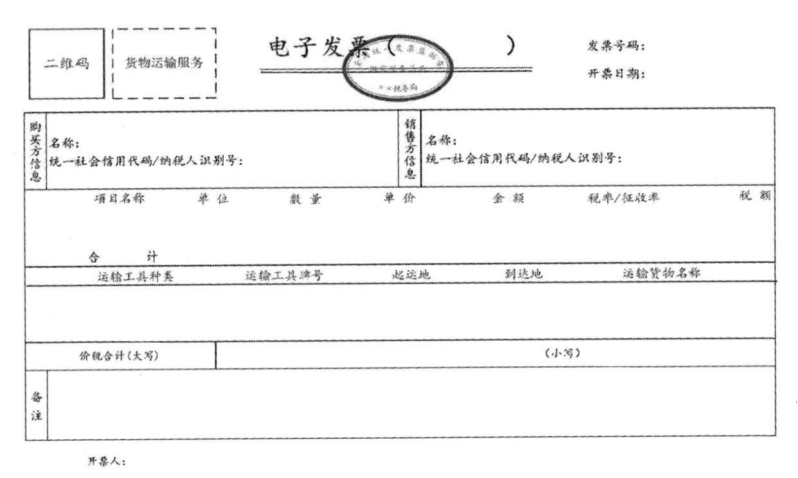

图 4.26　数电票（专用于货物运输服务）

销售或者租赁不动产的纳税人应在发票"货物或应税劳务、服务名称"栏填写不动产名称及房屋产权证书号码（无房屋产权证书的可不填写），"单位"栏填写面积单位，"备注"栏注明不动产的详细地址，图 4.27 为专用于不动产租赁的数电票。数电票中的所有信息均自动汇入税费大数据库，同一房产重复开票的情形也将会得以杜绝。

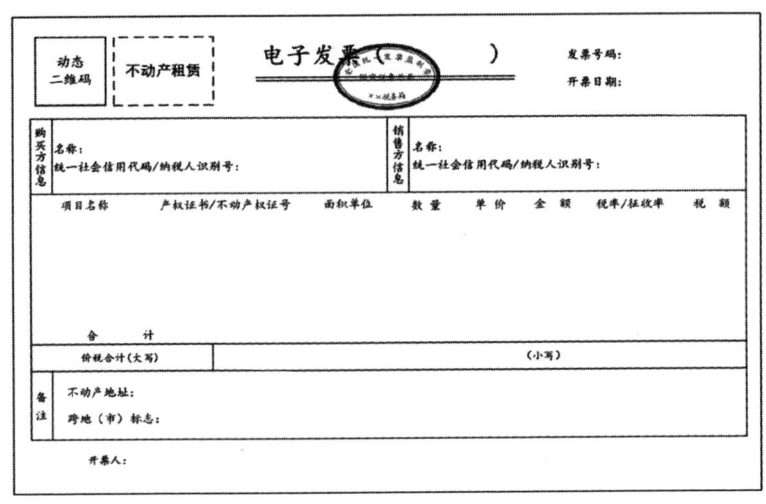

图 4.27　数电票（专用于不动产租赁）

附加要素是数电票最大的特色，纳税人可以根据所属行业特点和生产经营需要在发票"备注"栏填写相关信息，还可以在"选择场景模板"下拉菜单中选择适合自己的场景，填写该场景自带的需要填写的信息，满足不同纳税人的不同需要。

不过"备注"栏中填写的文字不能超过 200 个字符，如果超过了上述限制，需要点击"添加附加内容"按钮，这样可以不再受上述字数限制，如图 4.28 所示。

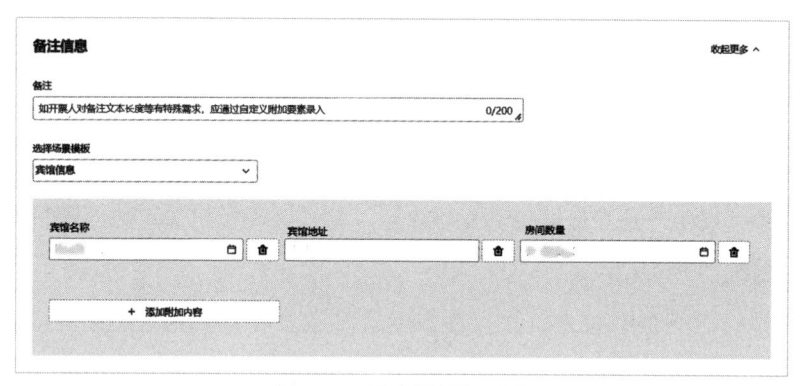

图 4.28　数电票附加要素

数电票的要素化使得税务机关可以对纳税人的经营交易行为进行全量化采集、要素化处理、标签化管理，税费大数据颗粒度更细、覆盖面更广，实现了管理重点从纸质发票本身转向发票所承载的数据的重大跨越，能够更好地服务特定行业经济分析，更好地防范潜在税收风险。

第五大特征是授信制

依托动态"信用＋风险"的体系，结合纳税人生产经营、开票和申报行为，自动为纳税人赋予发票开具金额总额度并进行动态调整，实现"以系统授信为主，人工调整为辅"的授信制管理。

授信额度指纳税人在一个所属期内（一般是按月）最多可以开具发票金额的合计值。之前进行票种核定（见图 4.29）时需要核定纳税人每月可以领取多少份增值税专用发票或普通发票，每张最大开票限额是多少，每月分几次领取。如果一次领购发票数量过多无疑会增大涉税风险，但领用数量过少或者增值税专用发票与普通发票数量搭配不当又无法满足正常的业务需要，后期还需要进行增版增量。

实行授信制之后，上述问题便不再是问题，数电票既没有开票限额的限制，也没有数量的限制，更没有增值税专用发票与普通发票的比例限制，只要不超额度想怎么开就怎么开，在减轻税务机关工作量的同时，也极大地方便了纳税人。

图 4.29 票种核定情况

电子发票服务平台将纳税人分为四个等级，每个等级设定一个默认的授信额度，最高为 1 000 万元，最低仅为 1 000 元，各省级税务机关可以对不同等级纳税人出台更精细的分类标准。

初始授信额度是纳税人首次使用数电票时当月可开具的最高额度，注意不仅包括通过电子发票服务平台开具的数电票、纸质票，还包括通过传统的增值税发票管理系统开具的纸质票、纸电票，具体如图 4.30 所示。

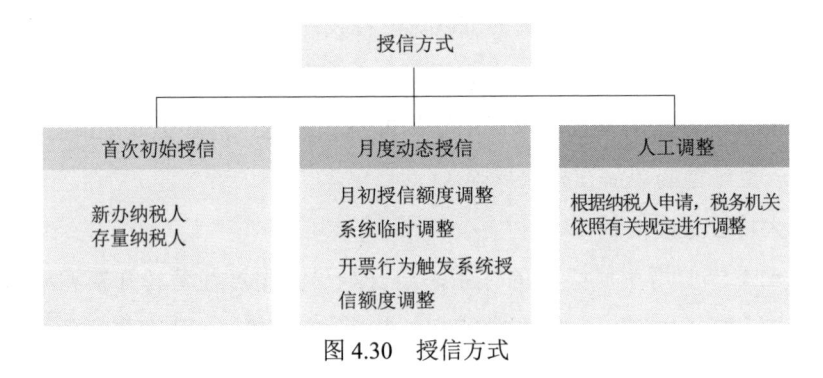

图 4.30 授信方式

月度动态授信分为定期调整与临时调整两种，定期调整是指电子发票服务平台每月自动对纳税人发票开具总额度进行调整。临时调整是指税收风险程度较低的纳税人发票开具额度首次达到授信额度一定比例时，电子发票服务平台当月自动为其临时增加一次授信额度。

如果月度动态授信满足不了实际需求，纳税人还可以自主进行人工调整，通过电子发票服务平台"税务数字账户—发票额度调整申请"模块申请调整授信额度，主管税务机关依法依规进行审核。

纳税人在增值税申报期内，按规定完成增值税申报前，在电子发票服务平台中可以按照上月剩余可用额度且不超过当月开具金额总额度的范围内开具发票；按规定完成增值税申报后，可以按照当月剩余可用额度开具发票。

假如某纳税人10月授信额度为100万元，实际使用了50万元，剩余50万元，11月的授信额度调整为80万元，在申报前，该纳税人最多可以开具50万元的发票，但如果在申报前使用了50万元的额度，那么在申报后只能再使用30万元；假设11月的授信额度调整为30万元，那么申报前只能开具30万元而不是50万元的发票，即便申报后也不能再开具发票，对于这种情形只能申请人工调整。图4.31为开票业务与用票业务界面。

图4.31 开票业务与用票业务界面

在改革过渡期内，纳税人可以通过电子发票服务平台开具纸质票，但纸质票设有最高开票限额，单张发票开具金额不得超过最高开票限额，也不得超过当月剩余可用额度。

辅导期一般纳税人当月首次申请人工调整授信额度或者当月第二次领用增值税专用发票应当按照当月已开具带有"增值税专用发票"字样的数电票和已领用并开具的增值税专用发票销售额的3%预缴增值税；多次申请人工调整授信额度或者多次领用增值税专用发票，应当自本月上次申请人工调整授信总额度或者上次领用增值税专用发票起，按照已开具带有"增值税专用发票"字样的数电票和已领用并开具的增值税专用发票销售额的3%预缴增值税。

第六大特征是赋码制

电子发票服务平台在数电票开具时自动赋予每张发票唯一的编码，图4.32为数电票编码规则。

```
电子发票服务平台开票渠道。
"0" 暂不使用
"1" 总局在线分配
"2" 省局在线分配
"3" 总局移动端在线分配
"4" 省局移动端在线分配
"5" 暂不使用
"6" 暂不使用
"7" 乐企平台
"8" 航空运输客票电子行程单
"9" 铁路电子客票。
```

开票年份的末2位：2 1

省级行政区划编码：4 4

4 1 0 0 0 0 0 0 0 0 0 0 0 0 0 1

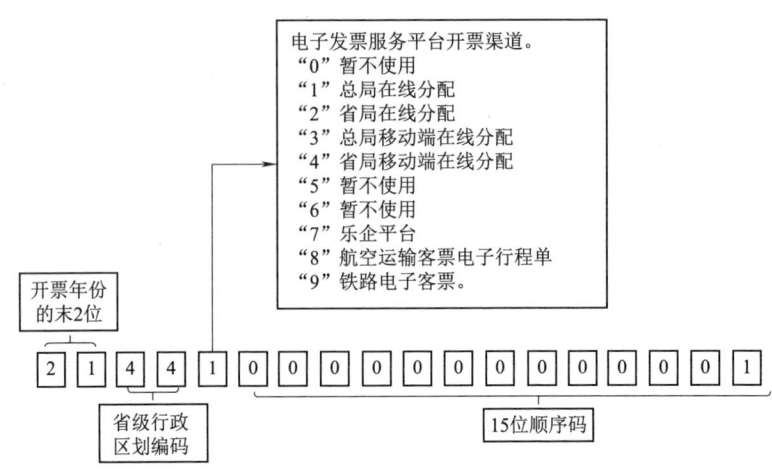

15位顺序码

图 4.32 数电票赋码规则

三、数电票的独特优势

依托云计算、大数据、人工智能技术，电子发票服务平台为市场主体交易双方提供 7×24 小时全国统一、规范可靠、安全便捷的数电票服务，全程留痕、不可篡改。数电票实现了要素数字化、流转无纸化，有力地促进了政府部门、市场主体和其他组织的数字化转型，有效提升了经济社会运行效率。

1. 领票流程便捷化

由于数电票彻底实现了"去介质"，纳税人开业与开票真正地实现了"无缝衔接"，不再需要预先领取税控专用设备，"赋码制"的实施取消了发票号段申领，发票信息生成后，系统将会自动分配唯一的发票号码，同时系统也会自动为纳税人赋予授信额度，实现了开票"零前置"。

2. 发票开具多途径

电子发票服务平台全部功能上线后，发票开具渠道更为多元，纳税人不仅可以通过电脑网页端开具数电票，还可以通过客户端、移动端手机 App 随时随地开具数电票。"一站式"服务更便捷，纳税人登录电子发票服务平台后，可进行发票开具、交付、查验以及勾选等系列操作，享受"一站式"服务，无须再登录多个平台完成相关操作。发票数据应用更广泛，通过"一户式""一人式"发票数据归集，加强各税费数据之间的联动，为实现"一表集成"式税费申报预填服务奠定了数据基础。

数电票样式根据不同业务进行差异化展示，为纳税人提供更为优质的个性化服务。电子发票服务平台提供征纳互动相关功能,如增加智能咨询,纳税人在开票、受票等过程中,平台自动接收纳税人业务处理过程中存在的问题并进行智能答疑;增设异议提交功能,纳税人对开具金额总额度有异议时,还可以通过平台向税务机关进行申辩。

3. 入账归档一体化

通过制发电子发票数据规范、出台电子发票国家标准,实现数电票全流程数字化流转,进一步推进企业和行政事业单位会计核算、财务管理信息化。

数电票全面推行后,在开票方面,去介质,"认人不认盘",纳税人不再需要预先购置专用税控设备,通过可信身份体系登录电子发票服务平台开票;去审核,"开票零前置",不再需要进行增值税专用发票最高开票限额审批和发票票种核定,通过"授信制"自动为纳税人赋予开票总额度;去申领,"赋码即开具",纳税人不再需要进行特定发票号段申领,通过"赋码制"自动分配唯一的发票号码。除此之外,数电票还支持扫码开票,极大地方便了开票人与受票人。

在受票方面,发票去版式,受票方可以选择以数据电文形式交付至税务数字账户,"开具即交付",便利交付入账,减少人工收发;平台零切换,税务数字账户集成各种功能,纳税人登录电子发票服务平台后,可进行发票接收、查询、查验、勾选、抵扣等系列操作,打造"一站式服务";业财一体化,符合条件的企业还可以通过"乐企"嵌入式发票引擎免费对接税务部门的信息系统,纳税人无须再租用第三方平台,"没有中间商赚差价"。

在管票方面,发票"要素化"使得交易信息更集成,将发票所承载的信息全量归集,推动发票数据颗粒度更细、可信度更高,便利税企双方统计、分析与管理,促进政府和市场主体实现数字化转型,有效提升经济社会运行效率;发票"标签化"使得联动管理更高效,以发票标签为抓手"集成归并一张票",推动从票种分割管理向联动管理转变,打破以票种为界的发票信息壁垒;发票"授信制"使得智能赋额更科学,发票开具额度以系统赋予为主,人工调整为辅,将税务干部从人工审核等事务性工作中解放出来,也降低了税务干部的执法风险。

● 第三节　四种抵扣方式

抵扣是计算增值税应纳税款的重要环节,国际上普遍采用购进扣除法,也就是首先根据销售额计算出销项税额，再计算出购进的进项税额，我国也采用这一方法，可以有效避免重复征税，这也是增值税最终取代营业税的重要原因。

一、据实抵扣

据实抵扣（见表4.2）是根据合法有效的增值税扣税凭证来确定应当抵扣的进项税额，又可细分为以下两类：

第一类是按照扣税凭证上注明的税额进行抵扣，如增值税专用发票、海关进口增值税专用缴款书与机动车销售统一发票均是如此，这也是最为常见的抵扣方式。

第二类是计算抵扣，农产品销售发票、农产品收购发票涉及的都是免税农产品，发票上并未标注金额，用发票金额直接乘以扣除率计算进项税额。公路通行费发票、桥（闸）通行费发票、航空运输电子客票行程单与铁路电子客票均不注明税额，需要将上面的金额换算成不含税金额再乘以适用税率或者征收率计算得出进项税额，不过新推出的数电票（航空运输电子客票行程单）、数电票（铁路电子客票）、数电票（旅客运输服务专用）上均标注有增值税税额，自然也就省去了计算的烦恼。

表4.2　据实抵扣情况表

扣税凭证种类		出具方	进项税额
1.增值税专用发票（从小规模纳税人购进农产品除外）		销售方或通过税务机关代开	注明的增值税额
2.机动车销售统一发票		销售方	注明的增值税额
3.海关进口增值税专用缴款书		海关	注明的增值税额
4.完税凭证（从境外购进扣税）		税务机关	注明的增值税额
5.增值税专用发票（从小规模纳税人购进农产品且征收率为3%）		销售方或通过税务机关代开	注明的金额×扣除率（9%或10%）
6.农产品销售发票		销售方	买价×扣除率（9%或10%）
7.农产品收购发票		购买方	买价×扣除率（9%或10%）
8.通行费增值税电子普通发票（已基本停用）		收费公路经营管理单位	注明的增值税额
9.桥、闸通行费发票		收费公路经营管理单位	桥、闸通行费发票金额÷（1+5%）×5%
10.国内旅客运输服务	增值税电子普通发票	国内旅客运输服务承运方或票务代理方	注明的增值税额
	注明旅客身份信息的航空运输电子客票行程单		（票价+燃油附加费）÷（1+9%）×9%
	注明旅客身份信息的铁路车票		票面金额÷（1+9%）×9%
	注明旅客身份信息的公路、水路等其他客票		票面金额÷（1+3%）×3%

二、核算抵扣

为了解决农产品收购发票管理漏洞，我国推出具有一定探索性质的特殊抵扣制度，也就是核算抵扣。

从2012年7月1日开始，以购进农产品为原料生产销售液体乳及乳制品、酒及酒精、植物油的增值税一般纳税人纳入农产品增值税进项税额核定扣除试点范围[①]，为了扩大政策覆盖面，又于2013年授权各省、自治区、直辖市和计划单列市结合本地特点选择部分行业扩大试点范围，逐步探索和建立更为完善的农产品抵扣机制[②]。

实行进项税额核定扣除的企业在抵扣增值税时不再与扣税凭证脱钩而是通过货物的生产情况反向推算出进项税额，计算公式为：

当期允许抵扣农产品增值税进项税额＝当期销售农产品数量/（1－损耗率）×农产品平均购买单价×适用税率/（1+适用税率）。

损耗率＝损耗数量/购进数量。

购进农产品用于生产经营但不构成货物实体的（包括包装物、辅助材料、燃料、低值易耗品等），进项税额按照以下方法核定扣除：

当期允许抵扣农产品增值税进项税额＝当期耗用农产品数量×农产品平均购买单价×适用税率/（1+适用税率）。

除了免税的农产品之外，其他农产品大多适用优惠税率，之前是13%，后来降为11%，现为9%。

三、加计抵扣

加计扣除是指纳税人购进用于生产或者委托加工13%税率货物的农产品，在9%扣除率的基础上再加计扣除1%[③]，总计按照10%的扣除率进行扣除。

加计扣除与下面要介绍的加计抵减的区别在于，加计扣除是在销售额的基础上进行加计，加计抵减是在进项税额的基础上进行加计，比如销售额为100元，税率为9%，假设加计扣除率为1%，那么增加的扣除额为100×1%=1（元）；若

---

① 《财政部 国家税务总局关于在部分行业试行农产品增值税进项税额核定扣除办法的通知》（财税〔2012〕38号）。
② 《财政部 国家税务总局关于扩大农产品增值税进项税额核定扣除试点行业范围的通知》（财税〔2013〕57号）。
③ 《财政部 税务总局 海关总署关于深化增值税改革有关政策的公告》（财政部 税务总局 海关总署公告2019年第39号）第二条。

是加计抵减率为1%，那么增加的扣除额为100×9%×1%=0.09元。

四、加计抵减

从2019年4月1日开始，生产、生活性服务业纳税人允许按照当期可抵扣进项税额加计10%抵减应纳税额。2019年10月1日，生活性服务业纳税人加计抵减额度提高到了15%[①]，上述政策一直延续执行到了2022年12月31日[②]。

允许享受加计抵减政策的纳税人具体指提供邮政服务、电信服务、现代服务、生活服务取得的销售额占全部销售额的比重超过50%的纳税人[③]。2019年3月31日前设立的纳税人，其销售额比重按2018年4月至2019年3月期间的累计销售额进行计算；实际经营期不满12个月的，按实际经营期的累计销售额计算。2019年4月1日后设立的纳税人，其销售额比重按照设立之日起3个月的累计销售额进行计算。

虽然加计抵减政策只适用于一般纳税人，但在确定主营业务时参与计算的销售额，不仅包括登记为一般纳税人之后的销售额，其在小规模纳税人期间的销售额也可以参与计算。比如某公司成立于2018年1月，当年9月登记为一般纳税人，在计算四项服务销售额占比时，应当计算2018年4月至2019年3月的销售额。

从2023年1月1日开始，邮政服务、电信服务、现代服务业纳税人加计抵减比例从10%降至5%，生活性服务业纳税人加计抵减比例降为10%[④]，但上述已于2023年12月31日到期，截至目前并未出台政策延期的企业。

2023年1月1日至2027年12月31日，先进制造业企业（即高新技术企业中的制造业一般纳税人）允许按照当期可抵扣进项税额加计5%抵减增值税应纳税额[⑤]。生产销售先进工业母机主机、关键功能部件、数控系统的增值税一般纳税人，允许按当期可抵扣进项税额加计15%抵减增值税应纳税额。图4.33为加计抵减情况。

[①]《财政部 税务总局关于明确生活性服务业增值税加计抵减政策的公告》（财政部 税务总局公告2019年第87号）第一条。

[②]《财政部 税务总局关于促进服务业领域困难行业纾困发展有关增值税政策的公告》（财政部 税务总局公告2022年第11号）第一条。

[③]《财政部 税务总局 海关总署关于深化增值税改革有关政策的公告》（财政部 国家税务总局 海关总署公告2019年第39号）第七条。

[④]《财政部 税务总局关于明确增值税小规模纳税人减免增值税等政策的公告》（财政部 税务总局公告2023年第1号）第三条。

[⑤]《财政部 税务总局关于先进制造业企业增值税加计抵减政策的公告》（财政部 税务总局公告2023年第43号）第一条。

需要特别注意的是一旦发生进项税额转出，需要同时调减加计扣除额，否则将会面临税务机关的核查。

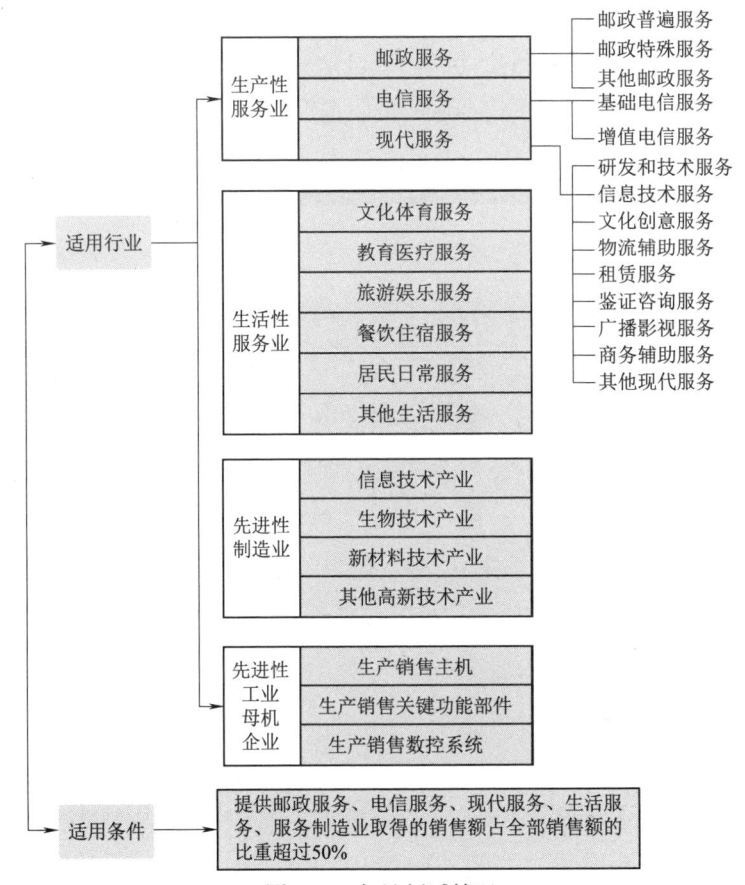

```
                              ┌─ 邮政普遍服务
                   ┌─ 邮政服务 ─┼─ 邮政特殊服务
          ┌ 生产性  │           └─ 其他邮政服务
          │ 服务业 ─┤           ┌─ 基础电信服务
          │        ├─ 电信服务 ─┤
          │        │           └─ 增值电信服务
          │        └─ 现代服务 ─┐
          │                    ├─ 研发和技术服务
          │                    ├─ 信息技术服务
          │        ┌─ 文化体育服务  ├─ 文化创意服务
          │        │           ├─ 物流辅助服务
          │        ├─ 教育医疗服务  ├─ 租赁服务
  适用行业 ─┤ 生活性  ├─ 旅游娱乐服务  ├─ 鉴证咨询服务
          │ 服务业 ─┤           ├─ 广播影视服务
          │        ├─ 餐饮住宿服务  ├─ 商务辅助服务
          │        ├─ 居民日常服务  └─ 其他现代服务
          │        └─ 其他生活服务
          │        ┌─ 信息技术产业
          │ 先进性  ├─ 生物技术产业
          ├ 制造业 ─┤
          │        ├─ 新材料技术产业
          │        └─ 其他高新技术产业
          │ 先进性  ┌─ 生产销售主机
          │ 工业   ├─ 生产销售关键功能部件
          └ 母机  ─┤
            企业   └─ 生产销售数控系统

  适用条件 ── 提供邮政服务、电信服务、现代服务、生活服
             务、服务制造业取得的销售额占全部销售额的
             比重超过50%
```

图 4.33 加计抵减情况

加计抵减有效降低了特定行业纳税人的税负，但也为不法企业虚开发票带来了较大的风险，后面将进行详细介绍。

第四节 增值税抵扣操作实务

数电票全面普及之后，税务数字账户也应运而生，依托税费大数据，以数据集中与共享为途径，彻底打通了信息壁垒，形成一套可供多部门使用的全国通用账户。税务数字账户具有极强的开放性，可由纳税人自行开发满足自身需要的子系统接入税务数字账户，成为高度契合纳税人生产经营需要的一站式平台。

一、发票的抵扣勾选

税务数字账户嵌入电子税务局之中,纳税人抵扣时依次选择"税务数字账户""发票勾选确认"命令。首页正中间有"抵扣类勾选""不抵扣类勾选""逾期抵扣勾选"与"注销勾选"四个选项,出口企业还会有"出口退税类勾选"选项,准许代办退税的企业还会有"代办退税类勾选"选项,如图 4.34 所示。

图 4.34 发票勾选功能路径

"发票勾选确认"页面提供红字发票提醒、取得不得抵扣增值税专用发票提醒、开具或取得的不动产发票不规范提醒、上游风险企业提醒功能,不仅可以查看本属期增值税进项发票已经勾选的情况,也可查看当年或以前年度各属期间勾选情况。

1. 特殊情况下的勾选

"不抵扣类勾选"是指对不用于进项抵扣、出口退税、代办出口退税等特殊用途的增值税扣税凭证进行勾选,需要录入不抵扣原因,如图 4.35 所示。

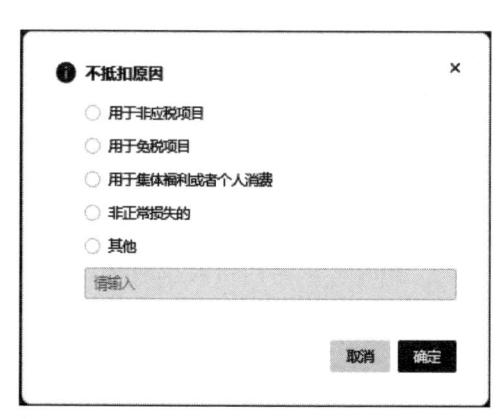

图 4.35 不抵扣原因

一般纳税人取得 2016 年 12 月 31 日以前开具的增值税专用发票、海关进口增值税专用缴款书、机动车销售统一发票、收费公路通行费增值税电子普通发票需要在 360 天内进行认证确认、稽核比对、申报抵扣，之后取得的抵扣凭证取消了相应的时间限制，如果之前开具的发票出现了逾期的情形，需要选择"逾期抵扣勾选"选项。

开票人点击"录入"按钮，显示手工录入框，手工录入相关信息后点击"提交"按钮；如果逾期的发票或者海关专用缴款书数量比较多，还可以点击"清单导入"按钮，下载"逾期抵扣申请发票导入模板"或"逾期抵扣申请海关缴款书导入模板"，按照模板要求填写好之后，点击"清单导入"将相关信息批量导入到系统中，如图 4.36 和图 4.37 所示。

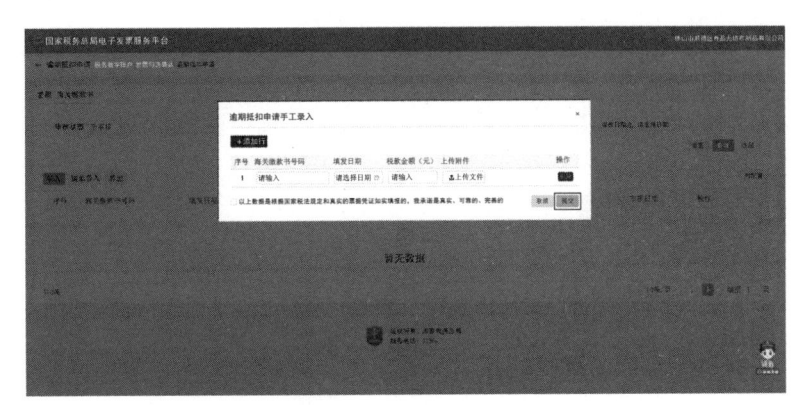

图 4.36　手工录入逾期海关专用缴款书信息

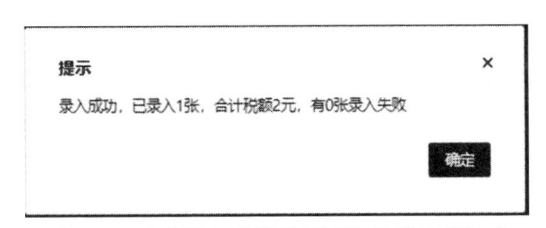

图 4.37　清单导入逾期发票或海关缴款书信息

"注销勾选"指办理注销业务时，对当期的扣税凭证进行抵扣统计确认。正常情况下，纳税人当月只申报上个月或者上个季度的增值税，如果是注销就需要结清当月的税款，需要勾选当月的扣税凭证。

点击"注销勾选"按钮，系统将会自动弹出提示，询问是否继续。"注销勾选"与后面即将介绍的抵扣类勾选的操作完全一致，只是选择对象是需要在当月进行抵扣的相关凭证。

2. 正常抵扣类勾选

纳税人最常用的是抵扣勾选，需要注意的是如果发票风险等级为"疑点发票"，那么这张发票就是黄色发票，受票人勾选该类发票时系统将会自动弹出相关提示，此时应当谨慎操作，最好先联系开票方，对开票人目前状态和发票相关信息进行核实确认后再进行勾选。如果风险等级为"异常凭证"，那么这张发票就是红色发票，受票人无法进行抵扣勾选。

"抵扣勾选"下方并排有"发票""海关缴款书""代扣代缴凭证"三个按钮，如果勾选抵扣的是发票就点击"发票"按钮，选择相关发票进行勾选，操作完成之后点击最下方的"提交勾选"按钮，如图4.38所示。

图4.38　抵扣类勾选初始化页面

如果勾选有误，勾选状态选择"已勾选"，设置查询截止时间，点击"查询"按钮，可查询当前税款所属期已勾选的全部发票，选择要撤销勾选的发票，点击"撤销勾选"按钮即可。

一般纳税人勾选用于本期抵扣的带有"增值税专用发票"字样的数电票的份数、金额及税额，填列在"增值税及附加税费申报表附列资料（二）"（本期进项税额明细）第2栏"其中：本期认证相符且本期申报抵扣"或第3栏"前期认证相符且本期申报抵扣"。如果出现了冲红的情况，对应的"红字发票信息确认单"中所列增值税税额填列在"增值税及附加税费申报表附列资料（二）"（本期进项税额明细）第20栏"红字专用发票信息表注明的进项税额"，具体见表4.3。

表4.3　增值税及附加税费申报表附列资料（二）

（本期进项税额明细）

税款所属时间：　年　月　日至　年　月　日

纳税人名称：（公章）　　　　　　　　　　　　　　　　　　金额单位：元（列至角分）

一、申报抵扣的进项税额			
项目	栏次	份数	金额	税额
（一）认证相符的增值税专用发票	1=2+3			
其中：本期认证相符且本期申报抵扣	2			
前期认证相符且本期申报抵扣	3			
（二）其他扣税凭证	4=5+6+7+8a+8b			
其中：海关进口增值税专用缴款书	5			
农产品收购发票或者销售发票	6			
代扣代缴税收缴款凭证	7		—	
加计扣除农产品进项税额	8a		—	
其他	8b			
（三）本期用于购建不动产的扣税凭证	9			
（四）本期用于抵扣的旅客运输服务扣税凭证	10			
（五）外贸企业进项税额抵扣证明	11		—	
当期申报抵扣进项税额合计	12=1+4+11			

二、进项税额转出额		
项目	栏次	税额
本期进项税额转出额	13=14至23之和	
其中：免税项目用	14	
集体福利、个人消费	15	
非正常损失	16	
简易计税方法征税项目用	17	
免抵退税办法不得抵扣的进项税额	18	
纳税检查调减进项税额	19	
红字专用发票信息表注明的进项税额	20	
上期留抵税额抵减欠税	21	
上期留抵税额退税	22	
异常凭证转出进项税额	23a	
其他应作进项税额转出的情形	23b	

二、海关专用缴款书与完税凭证的抵扣勾选

如果需要进行抵扣的是海关专用缴款书，那么就点击"海关缴款书"按钮，

勾选状态选择"未勾选",输入截止时间,查询到想要勾选的海关专用缴款书,选中之后点击最下方的"提交勾选"按钮,撤销勾选方式与发票一样,如图4.39所示。

图 4.39　抵扣类勾选页面

勾选抵扣代扣代缴完税凭证时只需选择"海关缴款书"旁边的"代扣代缴凭证"选项,其他操作与海关专用缴款书一样。

三、农产品抵扣勾选

农产品一直是税务管理的重点和难点,能够抵扣的扣税凭证包括增值税专用发票、农产品收购发票、农产品销售发票与海关进口增值税专用缴款书四大类,如图4.40所示。

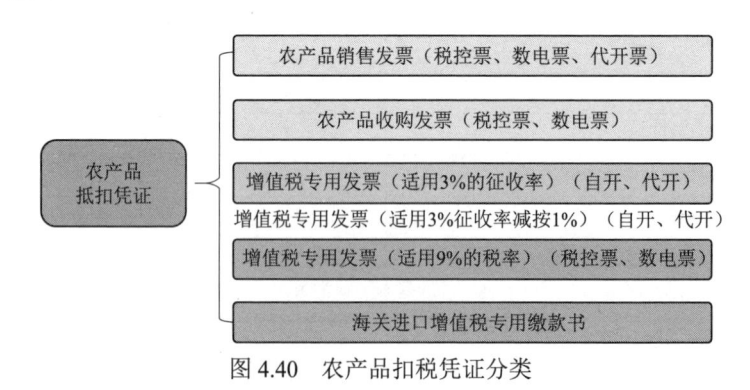

图 4.40　农产品扣税凭证分类

农产品企业取得增值税一般纳税人开具的适用9%税率的增值税专用发票准予按照上面载明的增值税税额进行抵扣,与其他增值税专用发票并无差别,不过取得增值税小规模纳税人自开或者代开的涉及农产品增值税专用发票就要注意了,如果取得的是适用3%征收率的增值税专用发票,可以按照发票上注明的金额和9%的扣除率计算进项税额[1],但如果取得的是减按1%征收率开具的增值税专用发票,只能按照票面税额,也就是销售额的1%进行抵扣[2],两者相差了8个百分点,具体如图4.41所示。

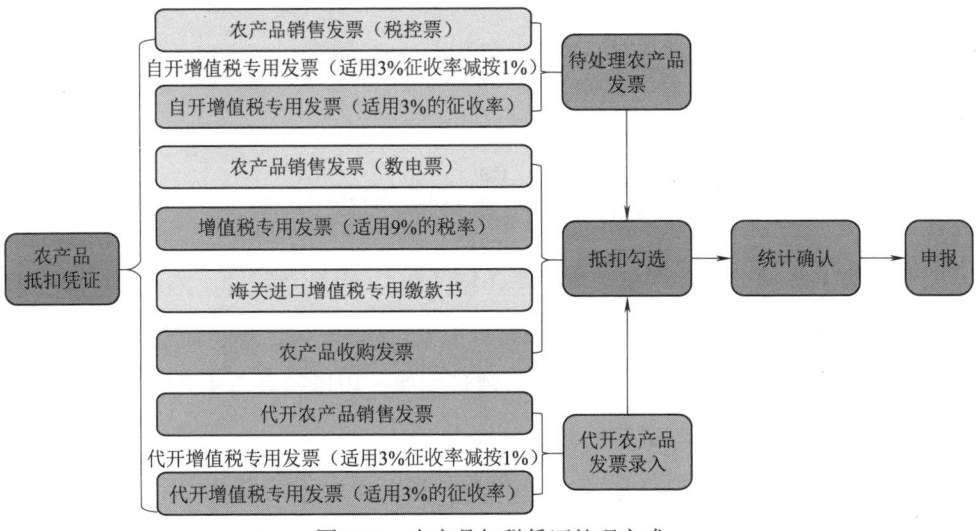

图4.41 农产品扣税凭证处理方式

不同类别的农产品扣税凭证的处理方式有着很大的差异,农产品销售发票(税控票)、小规模纳税人自开的增值税专用发票在税务数字账户中属于"待处理农产品发票",需要先在系统中进行处理,依次选择"发票勾选确认"→"抵扣类勾选"→"待处理农产品发票"选项即可。

需要注意的是纳税人启用电子发票服务平台次月开具的发票才能够进行下面的操作,当月及之前开具的相关发票仍旧按照原有方法进行处理,也就是自行计算可抵扣税额后填入"增值税及附加税费申报表附列资料(二)"(本期进项税额明细)第6行"农产品收购发票或者销售发票"。

录入"开票日期起""开票日期止""是否处理"三个必录查询条件后,点击"查询"按钮,根据实际情况选择"类型",点击"提交"按钮,查找到想要进行处理的发票,具体如图4.42所示。

---

[1] 《财政部 国家税务总局关于简并增值税税率有关政策的通知》(财税〔2017〕37号)。
[2] 《餐饮行业涉税风险手册》(国家税务总局佛山市税务局编)(2023年7月)。

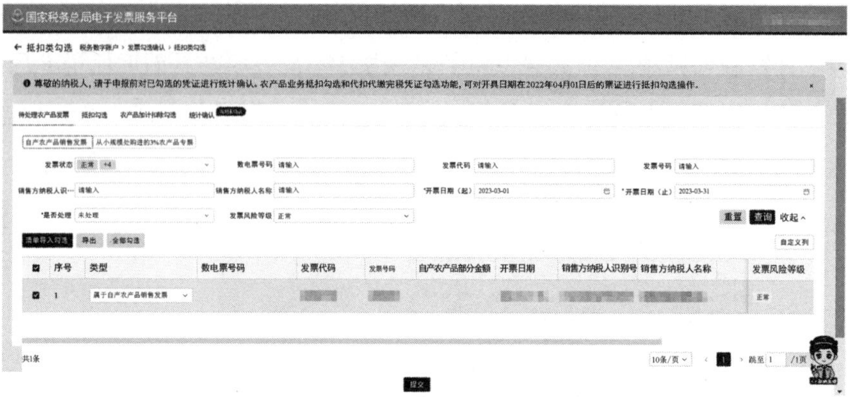

图 4.42　农产品抵扣类勾选页面

如果需要处理的是农产品销售发票（税控票），也就是通过原增值税发票管理系统（即防伪税控系统）开具的纸质票与纸电票，由于开具时并没有添加相关标签，系统无法自行判断究竟是否属于农产品销售发票，所以需要点击"自产农产品销售发票"按钮进行信息录入。

同一张发票上既有免税的自产农产品，也有不免税的其他农产品，那么这张发票就属于"部分属于自产农产品发票"。纳税人需要在"农产品部分金额"一列中填入相关金额，之后系统会按照该金额×9%计算可抵扣税额，自动带入"抵扣勾选"页面，后续纳税人需要在"抵扣勾选"页面进一步进行勾选确认操作，具体如图 4.43 所示。

图 4.43　部分属于自产农产品抵扣勾选页面

纳税人开具的适用 3% 征收率的增值税专用发票可以与农产品收购发票、农产品销售发票一样按照票面金额适用 9% 的抵扣率，但需要纳税人对其进行确认，确认究竟是"按票面税额抵扣"（即常规抵扣模式），还是"按票面金额和基础扣除率计算扣除"（即计算抵扣模式），但不能自行填写金额。确认完成之后，纳税人在"抵扣勾选"界面进行勾选确认操作，提示页面如图 4.44 所示。

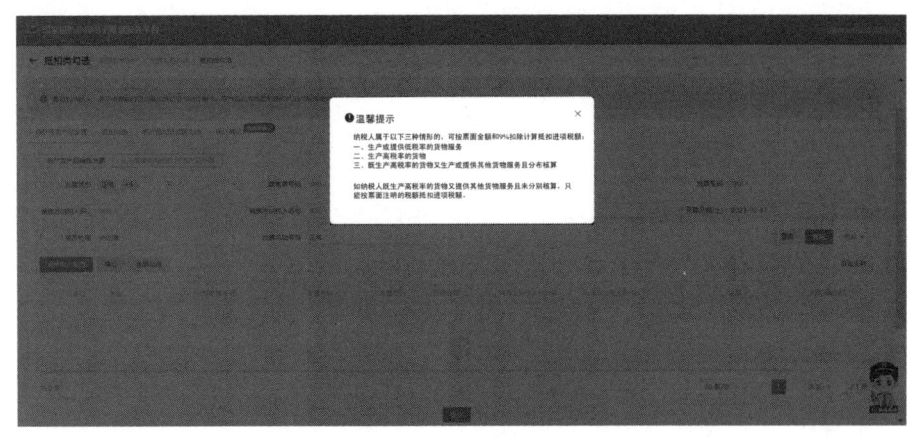

图 4.44 提示页面

对小规模纳税人来说,其开具的增值税专用发票必须要分开核算,否则其开出的增值税专用发票只能按照票面税额进行抵扣,如图 4.45 所示。

图 4.45 按票面价税额抵扣页面

目前税务机关只能代开纸质票,还不能代开数电票,税务机关代开的农产品销售发票、增值税专用发票都没有商品编码,系统无法自动识别是否为农产品发票,需要点击"代开农产品发票录入"按钮采集相关抵扣信息,如图 4.46 所示。

填写"发票代码""发票号码"之后,系统将会自动校验上述信息,校验通过之后将会自动带出"开票日期""销售方纳税人识别号""销售方纳税人名称""金额""税额"等开票信息,如图 4.47 所示。不过却无法识别税额之中究竟有多少是农产品涉及的税额,需要纳税人手动填写"有效抵扣税额""农产品部分票面金额"与"农产品部分票面税额"。

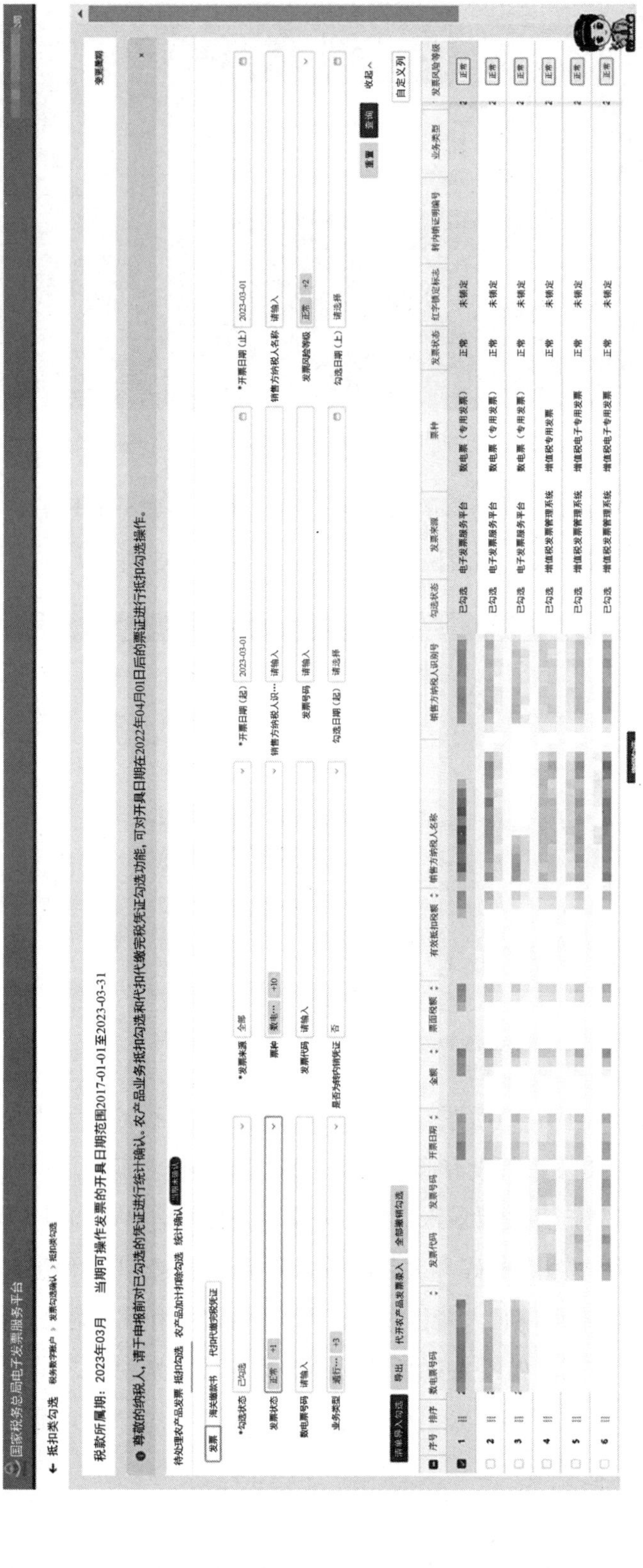

图 4.46 待处理农产品发票页面

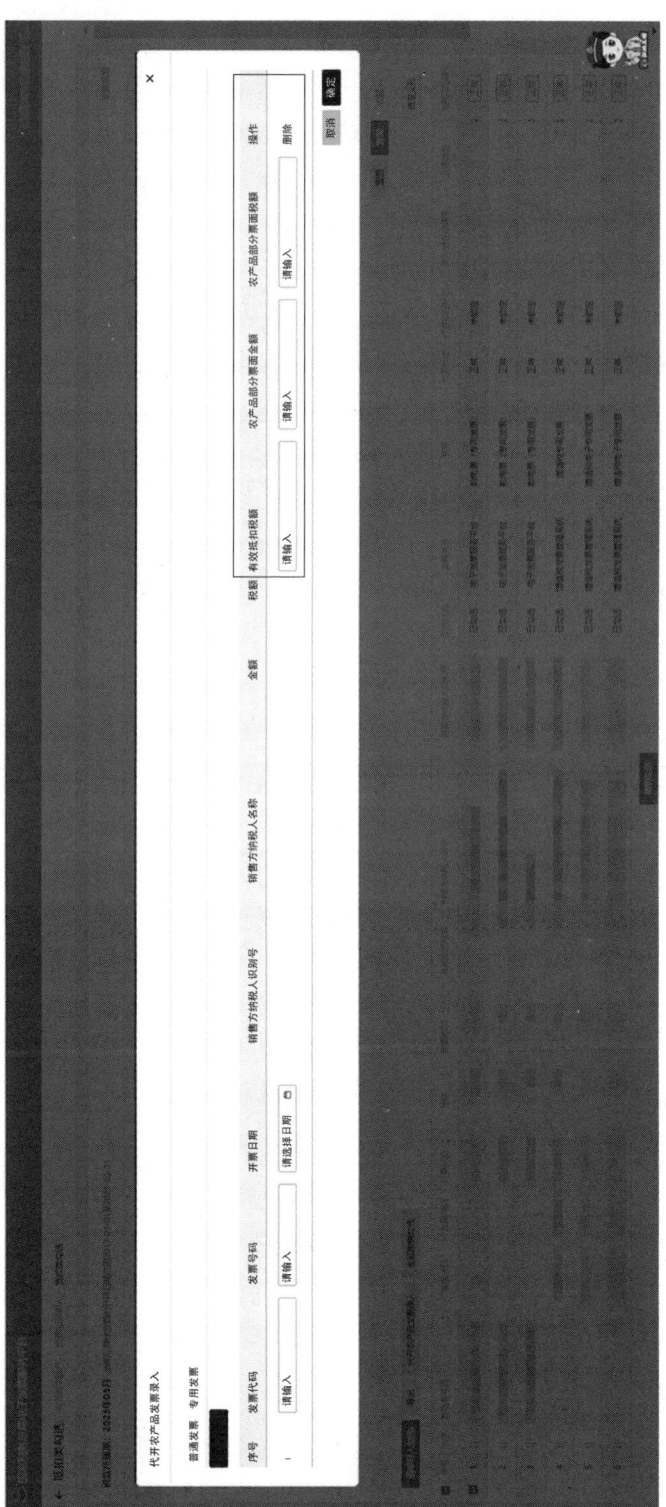

图 4.47 代开农产品发票录入页面

在不久的将来，税务机关将会开通数电票代开业务，在线申请、线上代开并通过数字账户交付，避免了纳税人领票、交付两头跑。在税务机关代开的纸质票上，代开方信息只能填列在备注栏，无法实现信息的自动比对分析，数电票代开业务上线后，代开方信息将会体现在"销售方信息"之中，彻底实现了代开方信息的实时采集与事后分析，代开数电票如图4.48所示。

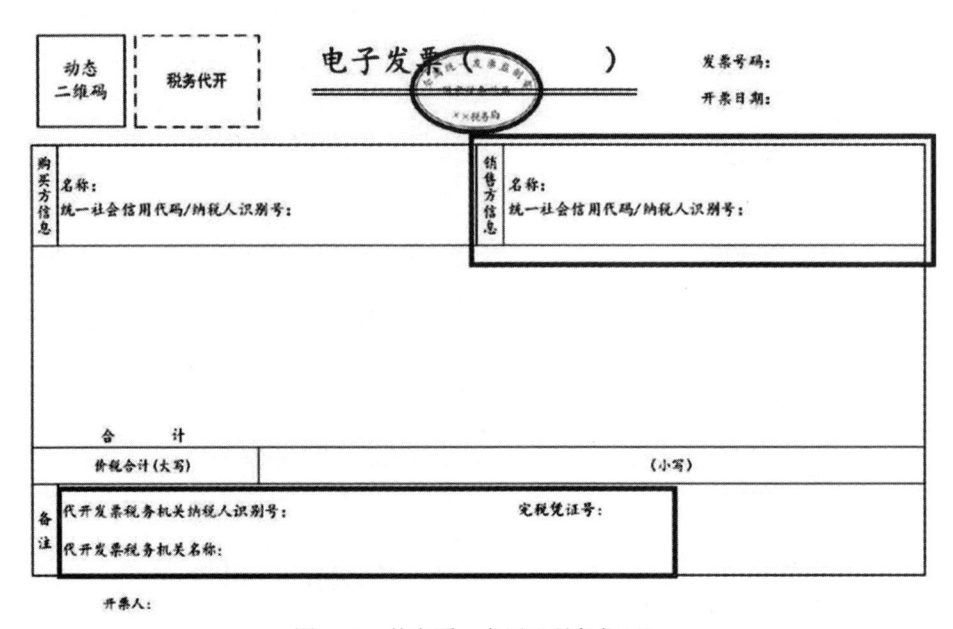

图4.48 数电票（专用于税务代开）

农产品销售发票（数电票）、农产品收购发票、增值税专用发票（适用9%的税率）、海关专用缴款书可以直接进行抵扣勾选，此时已经处理完毕的待处理农产品发票与已采集的代开农产品发票也可以在勾选列表中看到。

已实际领用的农产品涉及的相关发票在完成"抵扣勾选"后、"统计确认"之前，农产品深加工企业还可以点击"农产品加计扣除勾选"按钮。购进用于生产或者委托加工13%税率货物的农产品可以加计扣除1%，不过需要向主管税务机关提出申请，开通加计抵扣确认功能，注意上述方法不适用于实行核定扣除的纳税人。

涉及农产品的海关专用缴款书如果在系统中没有显示，可以点击"农产品加计扣除勾选"按钮，再点击"发票"旁边的"海关缴款书"按钮，手工录入相关信息，录入成功后便可以看见该发票信息，进行加计扣除的方法与发票一样，如图4.49所示。

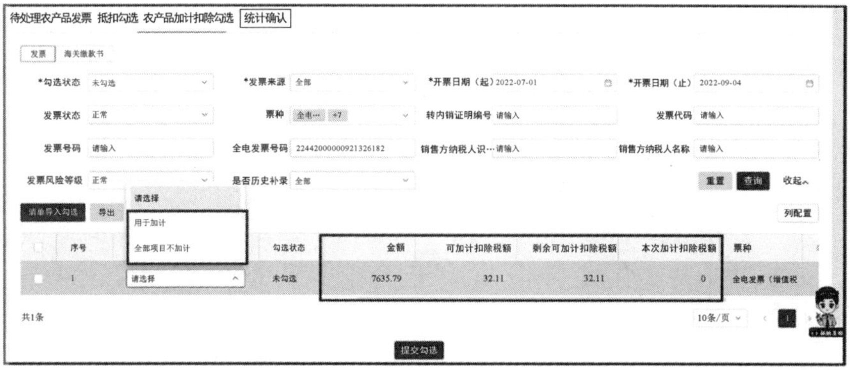

图 4.49　农产品加计扣除勾选页面

上述操作完成之后，点击“农产品加计扣除勾选”旁边的“统计确认”按钮，系统将会自动出现抵扣类勾选统计结果，需要注意的是做过进项税额转出的异常凭证在解除异常状态后，勾选时将会单独进行统计，如图 4.50 所示。

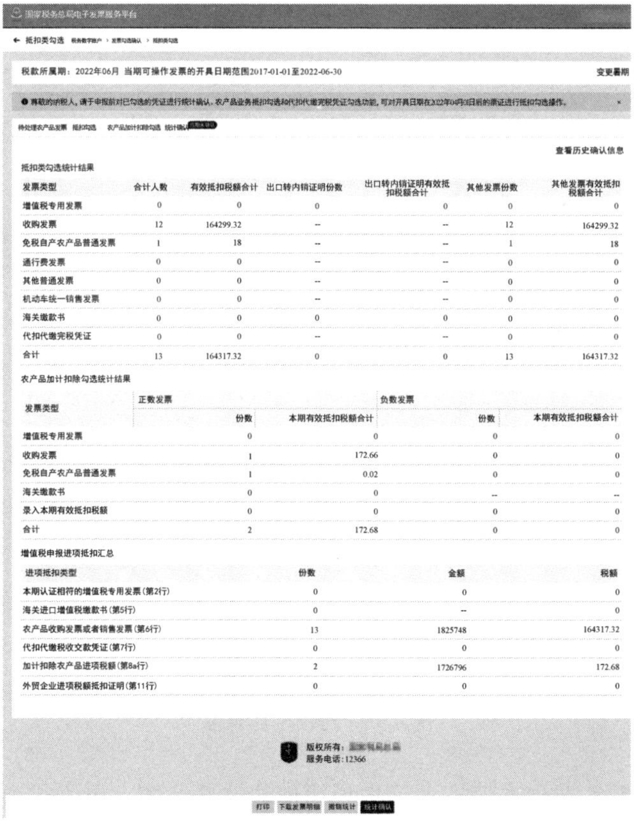

发票类型	合计人数	有效抵扣税额合计	出口转内销证明份数	出口转内销证明有效抵扣税额合计	其他发票份数	其他发票有效抵扣税额合计
增值税专用发票	0	0	0	0	0	0
收购发票	12	164299.32	--	--	12	164299.32
免税自产农产品普通发票	1	18	--	--	1	18
通行费发票	0	0	--	--	0	0
其他普通发票	0	0	--	--	0	0
机动车统一销售发票	0	0	--	--	0	0
海关缴款书	0	0	0	0	0	0
代扣代缴完税凭证	0	0	--	--	0	0
合计	13	164317.32	0	0	13	164317.32

发票类型	正数发票		负数发票	
	份数	本期有效抵扣税额合计	份数	本期有效抵扣税额合计
增值税专用发票	0	0	0	0
收购发票	1	172.66	0	0
免税自产农产品普通发票	1	0.02	0	0
海关缴款书	0	0	--	--
录入本期有效抵扣税额	0	0	0	0
合计	2	172.68	0	0

进项抵扣类型	份数	金额	税额
本期认证相符的增值税专用发票(第2行)	0	0	0
海关进口增值税缴款书(第5行)	0	--	0
农产品收购发票或者销售发票(第6行)	13	1825748	164317.32
代扣代缴税收文款凭证(第7行)	0	0	0
加计扣除农产品进项税额(第8a行)	2	1726796	172.68
外贸企业进项税额抵扣证明(第11行)	0	0	0

图 4.50　统计结果页面

对统计结果核对无误之后，点击最下方的"统计确认"按钮，出现弹窗提示，如图4-51所示。

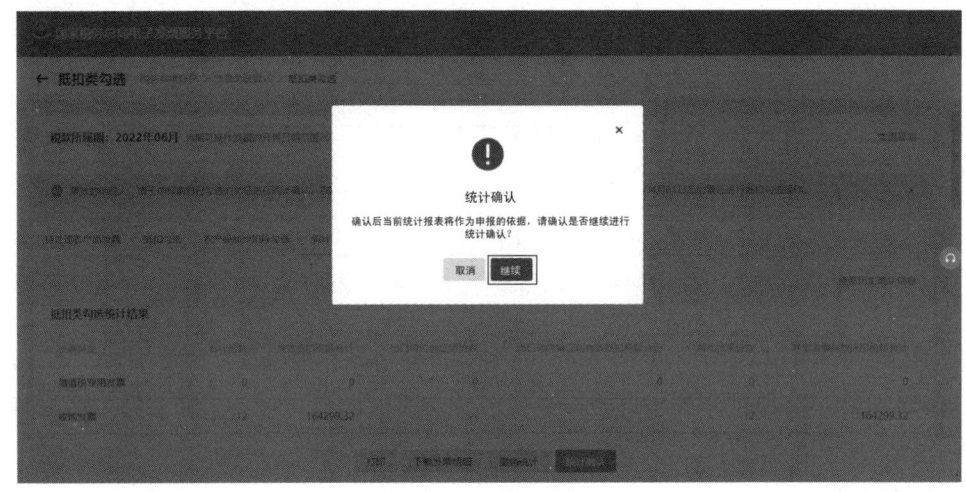

图 4.51　弹窗提示页面

如果确认无误，纳税人可以点击"继续"按钮，弹窗消失后会显示相应的勾选抵扣结果。此时下方按钮变为"撤销确认"，如果纳税人对统计确认结果有异议，还可以撤销，重新进行勾选抵扣，如图 4.52 所示。

图 4.52　撤销确认页面

电子发票服务平台不仅扩大了扣税凭证的勾选范围，更为重要的是增值税纳税申报从过去的手工计算填报变为系统自动预填，系统根据纳税人对扣税凭证勾选确认情况自动将相关数据预填至申报表中，解决了农产品等特殊业务进项税额计算困难、容易出错的问题，极大地提高了申报的准确性，减轻了纳税人的申报负担，起到了寓管理于服务的作用。图4.53列出了分开核算和未分开核算的对比情况。

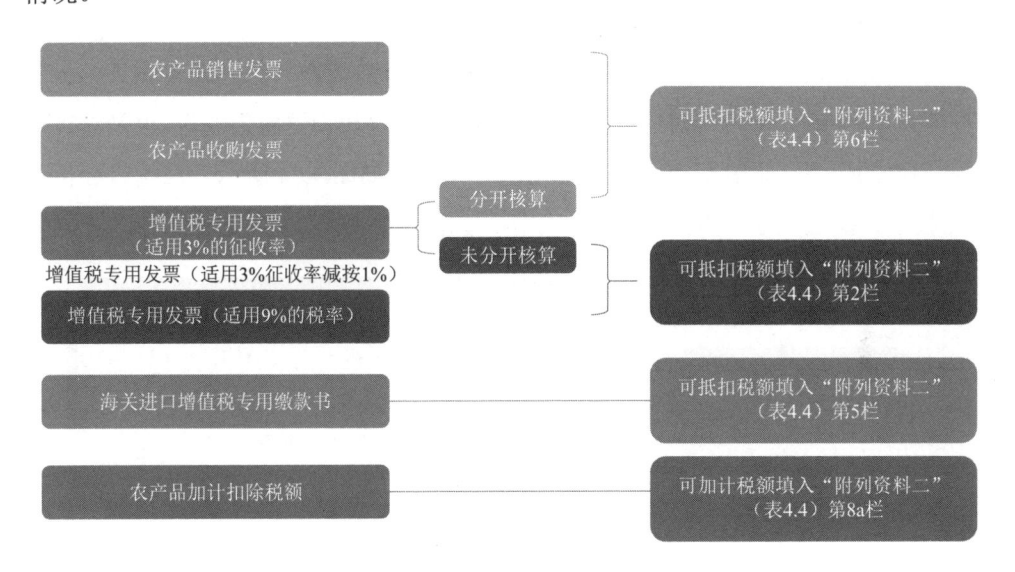

图 4.53 分开核算与未分开核算对比

表 4.4 增值税及附加税费申报表附列资料（二）
（本期进项税额明细）

税款所属时间： 年 月 日 至 年 月 日

纳税人名称：（公章） 金额单位：元（列至角分）

申报抵扣的进项税额				
项目	栏次	份数	金额	税额
（一）认证相符的增值税专用发票	1=2+3			
其中：本期认证相符且本期申报抵扣	2			
前期认证相符且本期申报抵扣	3			
（二）其他扣税凭证	4=5+6+7+8a+8b			
其中：海关进口增值税专用缴款书	5			
农产品收购发票或者销售发票	6			
代扣代缴税收缴款凭证	7		—	
加计扣除农产品进项税额	8a	—	—	
其他	8b			
（三）本期用于购建不动产的扣税凭证	9			
（四）本期用于抵扣的旅客运输服务扣税凭证	10			

续表

申报抵扣的进项税额			
（五）外贸企业进项税额抵扣证明	11	—	—
当期申报抵扣进项税额合计	12=1+4+11		

四、出口退税与代办退税勾选

上面介绍的勾选方式只适用于在中国境内销售的货物、劳务或者服务，出口的货物、服务或无形资产对应的扣税凭证需要点击"出口退税勾选"，也是先查询需要勾选的发票，选择后点击"提交勾选"按钮，如图4.54所示。系统将会自动弹出提示，确认无误后点击"确定"按钮，如图4.55所示。

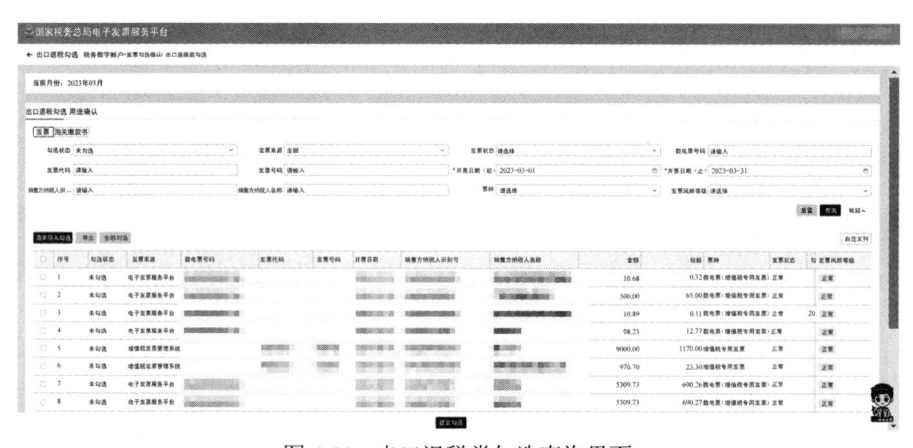

图4.54　出口退税类勾选查询界面

图4.55　确认勾选页面

发票勾选提交成功后，发票勾选状态由"未勾选"变为"已勾选"，如图4.56所示。

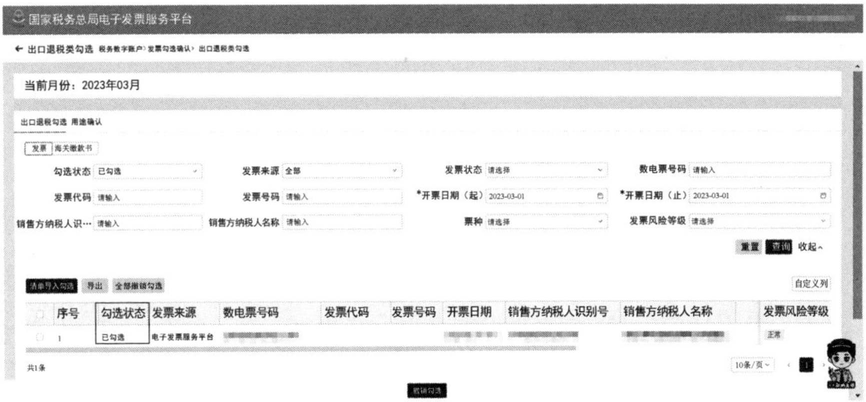

第四章 进项税额的计算　147

图 4.56　已勾选状态页面

勾选完成后，点击"出口退税勾选"旁边的"用途确认"按钮，核对统计数据无误后，点击页面最下方的"用途确认"按钮，如图 4.57 所示。系统将会弹出提示框，出口退税凭证一经用途确认便不可撤销，只有在确认无误后才能点击"继续"按钮，如图 4.58 所示。

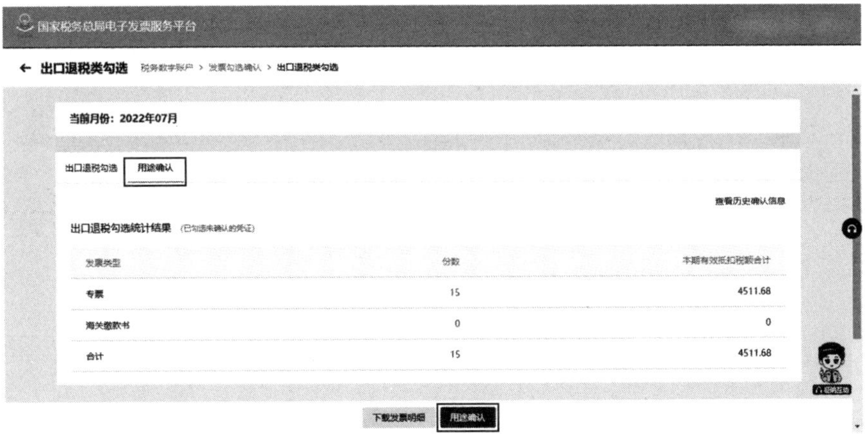

图 4.57　用途确认页面

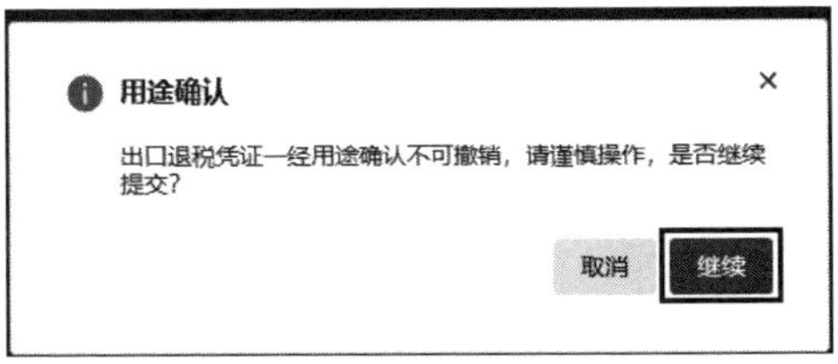

图 4.58　用途确认提示页面

有时外贸综合服务企业会代国内生产企业办理出口退税事项，生产企业代办退税的出口货物应先按出口货物离岸价和增值税适用税率计算销项税额并按规定申报缴纳增值税，同时向外贸综合服务企业开具"备注"栏内注明"代办退税专用"的增值税专用发票，该发票不得作为外贸综合服务企业的增值税扣税凭证[①]。

对于具有代办退税标识的发票，纳税人可以进行代办退税勾选，将勾选状态设置为"未勾选"，选择"发票来源"和"发票状态"等必录项后便可查询到相关发票，选中需要勾选的发票，点击页面最下方的"提交勾选"按钮，如图 4.59 所示。代办退税勾选与出口退税勾选一样，只要一经确认就不能撤销，图 4.60 为系统弹出的确认提示框。

图 4.59　代办发票退税勾选页面

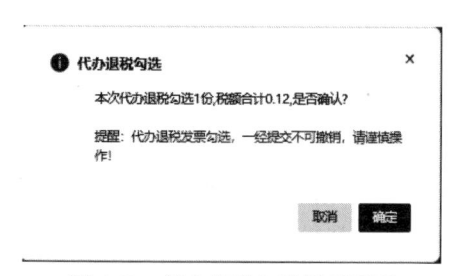

图 4.60　代办退税勾选提示页面

点击"代办退税勾选"旁边的"代办退税统计表"按钮，查询所属月份的代办退税勾选数据统计表，点击份数，可以查看到已经勾选的发票信息，点击"导出"按钮就可以将发票信息从系统中导出来，如图 4.61 所示。

---

① 《关于调整完善外贸综合服务企业办理出口货物退（免）税有关事项的公告》（国家税务总局公告2017 年第 35 号）第六条、第七条。

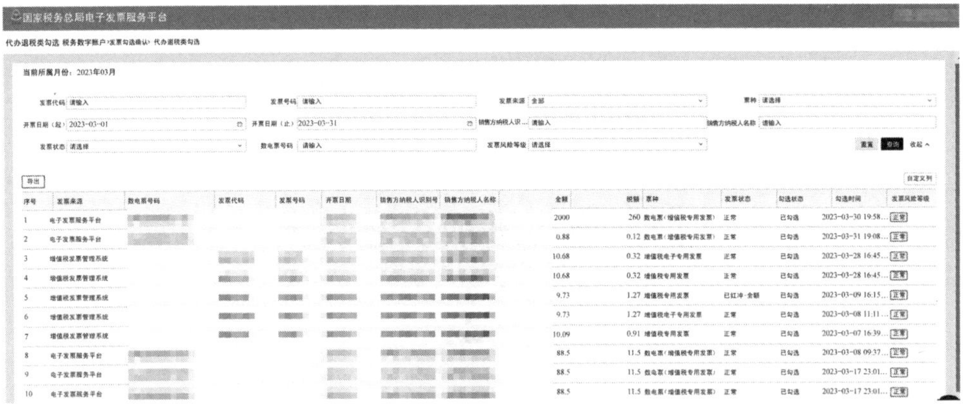

图 4.61 所属月份已勾选发票信息

如果纳税人将出口货物的扣税凭证错误地进行了"抵扣类勾选",只能向主管税务机关申请更正,主管税务机关在核实确认相关进项税额已经转出后,为其调整发票用途。如果纳税人将内销的扣税凭证的发票用途错误地进行了"出口退税勾选"或"代办退税勾选",也必须向主管税务机关申请更正,如果纳税人尚未申报出口退税,经主管税务机关确认后,系统将会取消相关发票的用途,纳税人可以重新确认发票用途;如果已经申报办理了出口退税,只能向主管税务机关申请开具出口货物转内销证明,因此出口企业在确认发票用途时一定要谨慎操作!

第五章　进项税额转出

《增值税法》第二十二条规定：

"纳税人的下列进项税额不得从其销项税额中抵扣：

"（一）适用简易计税方法计税项目对应的进项税额；

"（二）免征增值税项目对应的进项税额；

"（三）非正常损失项目对应的进项税额；

"（四）购进并用于集体福利或者个人消费的货物、服务、无形资产、不动产对应的进项税额；

"（五）购进并直接用于消费的餐饮服务、居民日常服务和娱乐服务对应的进项税额；

"（六）国务院规定的其他进项税额。"

应纳增值税额＝增值额×税率＝（产出－投入）×税率＝销售额×税率－同期外购项目已纳税额＝当期销项税额－当期进项税额。

当某项购进资产不再投入生产经营的时候，也就不能再产生增值，实际上已经到了增值过程的末端，在实际生活中，一些进项税额在抵扣时完全符合抵扣要求，不过后来却改变了用途，发生了非正常损失，抑或发生了服务中止、销售退回、销售折让等情形，需要将全部或者部分已经抵扣的进项税额转出，通过"应交税费——应交增值税（进项税额转出）"这个会计科目进行核算。

● 第一节　改变用途的进项税额转出

改变用途是指原本用于生产经营，但抵扣之后却用于简易计税项目、免税项目、集体福利或个人消费，需要将之前已经抵扣的进项税额转出，如果购进时就明确用于简易计税项目、免税项目、集体福利或个人消费，自然也就不会进行抵扣勾选确认，不存在进项税额转出的问题。

一、购进货物与服务改变用途

企业福利分为职工福利（即个人福利）与集体福利，前者针对职工个人，后者针对全体职工，比如企业自建食堂、理发室、浴室，提供宿舍。集体福利有两个显著特点，一个是免费或者虽然收费却给予一定的价格优惠，二是具有不可分割性，面向全体职工或者部分职工，并非仅仅针对个别职工。

个人消费是指人们为满足自身需要而对各种物质生活资料、服务以及精神产品的消耗，是人们维持自身生存和发展的必要条件。个人消费的对象主要包括用于个人及其家庭消费的衣、食、住、行、用等方面的消费品，通常包括职工福利，也包括交际应酬消费。

企业将已经抵扣的外购的货物（不含固定资产）、服务，用于集体福利和个人消费，应当进行进项税额转出，需要注意的是只适用于外购的货物或服务，将自产或者委托加工的货物用于集体福利或者个人消费，视同应税交易，计算销项税额，相关进项税额准予正常抵扣。

案例：甲公司购进一批面粉用于生产，不含税价格为100万元，但这些面粉后来却全部用于职工食堂。请问如何进行进项税额转出？

解析：原本用于生产的面粉却用于集体福利，需要进行进项税额转出，转出的税额为100×9%=9（万元）。

借：应付职工薪酬——职工福利费　　　　　　　　　　　　1 090 000
　　贷：原材料　　　　　　　　　　　　　　　　　　　　1 000 000
　　　　应交税费——应交增值税（进项税额转出）　　　　　　90 000

购进的货物或者服务在用于一般计税项目的同时，又用于简易计税项目或免税项目，如果能够准确区分，应当准确认定用于简易计税项目或免税项目的购进货物或服务的进项税额并及时转出，如果难以准确区分就需要计算需要转出的进项税额，计算公式为：不得抵扣的进项税额＝当期无法划分的全部进项税额×当期免税项目销售额、当期简易计税项目销售额合计÷当期全部销售额。

国家通常会在特定时期出台临时性免税措施，比如，自2020年1月1日—2021年3月31日，为居民提供必需生活物资快递收派服务取得的收入，免征增值税，但这些享受临时免税政策的纳税人往往对适用免税政策后的后续操作缺乏了解。

案例： 某物流企业F公司在申报2021年3月的增值税时，在"增值税及附加税费申报表附列资料（一）"（本期销售情况明细）中，第19行"免税""免税服务、不动产和无形资产"第9列"销售额"的金额为69万元，第1列"开具增值税专用发票""销售额"所填金额为40万元，第3列"开具其他发票""销售额"所填金额为40万元；在"增值税及附加税费申报表附列资料（二）"（本期进项税额明细）中，第12行"当期申报抵扣进项税额合计"所填金额为55万元，第13行"本期进项税转出额"所填金额为0。"增值税减免税申报明细表"第10行"生活物资快递收派服务"第1列"免征增值税项目销售额"的金额为69万元[①]，请问F公司进行的纳税申报是否正确？

解析： 用于免税项目的购进货物、服务、无形资产和不动产，进项税额不得从销项税额中抵扣，已抵扣进项税额的应当将相应的进项税额转出，发生应税销售行为适用免税规定的，不得开具增值税专用发票。因此，物流企业提供生活物资快递收派服务取得的收入开具增值税专用发票违反了上述规定。

二、固定资产、无形资产改变用途

固定资产、无形资产的进项税额转出与货物、服务类似，但需要注意的是固定资产、无形资产混用的情形较为普遍，进项税额转出的标准是专门用于集体福利、个人消费、简易计税项目或免税项目，如果只是混用并不需要转出进项税额。

比如企业购买了一栋楼，既用于经营办公，又用于职工宿舍，并非专门用于集体福利，不需要转出进项税额；如果只用作职工宿舍，那么就属于专门用于职工福利，需要进行进项税额转出。

再比如某企业的货运车辆既用于运输免税的单一大宗饲料，也用于运输不免税的宠物饲料，只要在一年之中曾经运输过宠物饲料，哪怕只要一次，那么该货运车辆就不属于专门用于免税项目的固定资产，也不需要转出进项税额。

纳税人自有的固定资产与租赁的固定资产，尽管在法律上有所区别，但都是企业控制的用于生产经营的重要资源，为了解决租赁的固定资产的税收政策空白，规定从2018年1月1日起，租入的固定资产，既用于一般计税方法计税项目，又

[①] 丁晓爽，《享受增值税免税优惠：进项税额应及时转出》，刊载于《中国税务报》。

用于简易计税方法计税项目、免税项目、集体福利或者个人消费的，其进项税额准予从销项税额中全额抵扣[①]，也就是与自有固定资产、不动产享受相同的政策。

固定资产、无形资产在改变用途时通常已经使用过一段时间，需要先核定净值，净值是指纳税人根据财务会计制度计提折旧或摊销后的余额，计算公式为：

不得抵扣的进项税额＝固定资产、无形资产或者不动产净值 × 适用税率[②]

案例：某服务业一般纳税人，对外提供职业中介与婚姻中介服务，其中婚姻中介服务享受免征增值税的优惠政策。2023 年 5 月 13 日，购进打印机一台，折旧期为五年，预计净残值率 5%，不含税金额为 13 246 元。当年 12 月，该打印机专门用于婚姻中介服务，需要转出的进项税额是多少？

解析：新购进的打印机在购进的次月即 2023 年 6 月开始计提折旧，在专门用于免税项目的当月[③]（注意不是次月）将相关进项税额转出，转出的金额直接增加固定资产的原值。

混用期间该打印机计提的折旧总额：13 246 ×（1-5%）÷ 5 ÷ 12 × 6=1 258.37（元）。

该打印机净值 =13 246-1 258.37=11 987.63（元）。

应转出的进项税额 =11 987.63 × 13%=1 558.39（元）。

会计处理如下：

借：固定资产　　　　　　　　　　　　　　　　　　　　1 558.39

　　贷：应交税金——应交增值税（进项税额转出）　　　　　1 558.39

需要注意的是不得抵扣且未抵扣进项税额的固定资产、无形资产，发生用途改变，用于允许抵扣进项税额的应税项目，可在用途改变的次月（注意不是当月）按照下列公式计算可以抵扣的进项税额：

可以抵扣的进项税额＝固定资产、无形资产、不动产净值 ÷
（1+ 适用税率）× 适用税率[④]

[①]《财政部 国家税务总局关于租入固定资产进项税额抵扣等增值税政策的通知》（财税〔2017〕90 号）第一条。

[②]《财政部 国家税务总局关于全面推开营业税改征增值税试点的通知》（财税〔2016〕36 号）附件 1《营业税改征增值税试点实施办法》第三十一条。

[③]《财政部 国家税务总局关于全国实施增值税转型改革若干问题的通知》（财税〔2008〕170 号）第五条。

[④]《财政部 国家税务总局关于全面推开营业税改征增值税试点的通知》（财税〔2016〕36 号）附件 2《营业税改征增值税试点有关事项的规定》第一条第（四）项第 2 目。

注意区分上述两个计算公式的差异，从不允许抵扣转为允许抵扣，需要先除以"1+适用税率"，换算成不含税的价格，然后再乘以适用税率；从允许抵扣转为不允许抵扣，直接乘以适用税率。这是因为如果此前已经抵扣了进项税额，那么说明已然取得了相关扣税凭证，能够准确区分销售额与税额，增值税属于价外税，固定资产原值通常并不会包括增值税税额，因此直接乘以适用税率即可。如果此前并没有抵扣过进项税额，有可能当时并未取得相关的扣税凭证，自然也就难以准确核算其不含税价格，因此一律视同为含税价格，先还原为不含税价格再乘以适用税率。

近几年，增值税税率变化比较频繁，如果固定资产、无形资产混用时间比较长，转出时与购进时的适用税率极有可能并不一致，如打印机最初的税率为17%，从2018年5月1日起，税率降为16%；2019年4月1日起，税率再降为13%，因此选择适用税率时要选择购进时而并非转出时的税率。

三、不动产改变用途

不动产的金额往往都比较大，因此不动产60%的进项税额可以在取得扣税凭证的当期从销项税额中抵扣；剩余的40%的进项税额为待抵扣进项税额，在取得扣税凭证的当月起第13个月允许从销项税额中抵扣。

由于上述分期抵扣政策诞生了一种特殊的转出情形，购进货物、服务用于不动产在建工程，当年只允许抵扣60%，如果已经全额抵扣，需要将40%的进项税额转入待抵扣进项税额，到期之后再进行抵扣。不过上述政策从2019年4月1日起已经废止[1]，不动产准予一次性抵扣，因此这种特殊的转出情形也就不存在了。

不动产的进项税额转出政策起初与固定资产、无形资产并无差异，不过后来政策却有所变化[2]。已抵扣进项税额的不动产，发生非正常损失，或者改变用途，专用于简易计税方法计税项目、免征增值税项目、集体福利或者个人消费的，按照下列公式计算不得抵扣的进项税额，并从当期进项税额中扣减：

不得抵扣的进项税额＝已抵扣进项税额×不动产净值率

不动产净值率＝（不动产净值÷不动产原值）×100%

按照规定不得抵扣进项税额的不动产，发生用途改变，用于允许抵扣进项税额项目的，按照下列公式在改变用途的次月计算可抵扣进项税额。

---

[1] 《关于深化增值税改革有关事项的公告》（国家税务总局公告2019年第14号）第九条。
[2] 《国家税务总局关于深化增值税改革有关事项的公告》（国家税务总局公告2019年第14号）第六条、第七条。

可抵扣进项税额＝增值税扣税凭证注明或计算的进项税额 × 不动产净值率

享受阶段性增值税免税政策的企业需要注意，自 2019 年 4 月 1 日起，如果是前期征税，后期免税，应在不动产改变用途即免税期起的当期，按上述公式计算进项税额转出额，并做进项税额转出处理；如果是前期免税、后期征税，应在不动产改变用途即免税期满、恢复征税的次月，计算进项税额转入额，并做进项税额转入处理。

第二节　非正常损失的转出

正常损失指的是购进的货物或服务在生产经营过程中的正常的合理损耗，即便发生了损失，相关进项税额也不需要转出。

修订前的《增值税暂行条例实施细则》（〔1993〕财法字第 38 号）规定的非正常损失包括自然灾害损失，但修订后《增值税暂行条例实施细则》第二十四条将"非正常损失"界定为"因管理不善造成被盗、丢失、霉烂变质的损失"，删除了自然灾害损失。《财政部 税务总局关于全面推开营业税改征增值税试点的通知》第二十八条又将"非正常损失"外延进行了扩展，包括"因违反法律法规造成货物或者不动产被依法没收、销毁、拆除的情形"。

增值税中的非正常损失包括管理原因与法律原因导致的损失，其他原因如自然灾害等不可抗力造成的损失并不包括在内，每种原因只列举了三种情形，因管理不善造成被盗、丢失、霉烂变质；因违反法律法规导致被依法没收、销毁、拆除，其他情形不应被认定为"非正常损失"，进项税额也不需要转出，注意企业所得税中的非正常损失的范围要比增值税更为宽泛，具体见表 5.1。

表5.1　非正常损失适用情形

情形	进项税额处理
货物因自然灾害、地震、台风、大雨造成的毁损	不需要转出
货物物理特性导致的挥发、蒸发等原因减少	不需要转出
存货低价处置	不需要转出
市场原因卖不出去，过期按规定销毁	不需要转出
被法院执行	不需要转出
被盗、丢失腐烂变质	转出
存货盘亏	转出
存货被罚没	转出

商业零售企业的存货因零星失窃、报废、废弃、过期、破损、腐败、鼠咬、顾客退换货等正常因素形成的损失，应当认定为正常损失[①]，这虽然是企业所得税的规定，但增值税也可以参照执行。纳税人生产或购入在货物外包装或使用说明书中注明有使用期限的货物，超过有效（保质）期无法进行正常销售，需进行销毁处理的，可视作企业在经营过程中的正常经营损失，不纳入非正常损失[②]。建筑企业在建筑工地搭建的临时建筑在完工后被拆除，也不属于非正常损失，已经抵扣的进项税额不用转出。

非正常损失的对象为购进货物以及相关的加工修理修配、交通运输服务；在产品、产成品所耗用的购进货物（不包括固定资产）以及加工修理修配、交通运输服务；不动产以及该不动产所耗用的购进货物以及设计、建筑服务；不动产在建工程所耗用的购进货物以及设计、建筑服务。纳税人新建、改建、扩建、修缮、装饰不动产，均属于不动产在建工程[③]。

注意非正常损失目前并不涉及固定资产中的动产，也不涉及无形资产。

一、货物发生非正常损失

货物发生非正常损失之后不仅要将货物本身的进项税额转出，同时还应将与其相关的加工修理修配、交通运输服务的进项税额一并转出。

案例：甲商贸公司于2023年10月2日采购了一批货物，不含税价格为100万元，后将该批货物送到乙修理公司进行加工修理，支付不含税加工修理费20万元，另外支付不含税运输费10万元，以上均取得了增值税专用发票。甲商贸公司在交通要道占道经营，被没收货物价值10万元，相关加工修理费、运输费对应的进项税额0.37万元。值班人员抽烟导致仓库失火烧毁一批价值20万元的货物，相关加工修理费、运输费对应的进项税额0.74万元。遭遇百年不遇的洪水导致损失价值50万元货物，相关加工修理费、运输费对应的进项税额1.85万元。请问需要转出的进项税额是多少？

解析：因违法被罚没的10万元货物属于非正常损失，需要进行进项税额转出。

[①] 《国家税务总局关于商业零售企业存货损失税前扣除问题的公告》（国家税务总局公告2014年第3号）第一条。

[②] 国家税务总局纳税服务司2009年11月9日问题解答。

[③] 《财政部 国家税务总局关于全面推开营业税改征增值税试点的通知》（财税〔2016〕36号）附件1《营业税改征增值税试点实施办法》第二十七条第（二）项至第（五）项。

遭遇洪水损失的50万元货物不属于非正常损失，相关进项税额不需要转出，不过依旧需要进行会计处理。

因管理不善被火灾焚毁的20万元货物是否属于非正常损失尚存在争议，不少人认为凡是管理不善导致的损失均属于非正常损失，这种说法目前占据主流，不过要是严格按照文件表述，因管理不善导致火灾焚毁货物应该并不属于非正常损失，只有因管理不善导致被盗、丢失、霉烂变质才属于非正常损失，注意文件中并没有"等"字，因此不宜对此进行扩大解释，相关进项税额不应转出，不过相关适用政策应与当地税务机关进行沟通确认。

借：待处理财产损失——待处理流动资产损失　　　　　816 700
　　贷：库存商品　　　　　　　　　800 000（100 000+200 000+500 000）
　　　　应交税费——应交增值税（进项税额转出）
　　　　　　　　　　　　　　　　　　16 700（100 000×13%+3 700）

二、在产品、产成品发生非正常损失

在产品、产成品发生非正常损失，其耗用的购进货物（不包括固定资产），以及相关的加工修理修配、交通运输服务已经抵扣的进项税额应转出[①]，如果无法准确确定进项税额，应当按照当期实际成本计算应转出的进项税额。

案例：大华纺织公司存放一批价值100万元的丝织品，对应的进项税额13万元，相关的运输费用及修理费用对应的进项税额5万元，因管理不善导致70%的丝织品损毁。此外库房中存放的一批刚刚生产的针织品被盗，共计5万米，单位成本为每万米10万元，原材料占产成品的比例为75%，运输费用占原材料成本的10%，加工修理费用占原材料成本的5%。为生产丝织品与针织品，该公司购进价值100万元的针织机器，13万元的进项税额已经抵扣，本月计提折旧1万元。请问需要转出的进项税额是多少？

解析：因保管不善导致丝织品属于非正常损失，可以按照移动成本比例法计算进项税额转出额（100×13%+5）×70%=12.6（万元）。

借：待处理财产损溢——待处理流动资产损溢　　　　　826 000
　　贷：库存商品——在产品　　　　　700 000（1 000 000×70%）

[①] 《财政部 国家税务总局关于全面推开营业税改征增值税试点的通知》（财税〔2016〕36号）附件1《营业税改征增值税试点实施办法》第二十七条第（三）项。

应交税费——应交增值税（进项税额转出）　　　　　　126 000

　　被盗的针织品属于非正常损失，可以按照当量成本比例法计算进项税额转出额 $5×10×75\%×13\%×（1+10\%+5\%）=5.61$（万元）。

　　借：待处理财产损溢——待处理流动资产损溢　　　　556 100
　　　　贷：库存商品——产成品　　　　　　　　　　　　500 000
　　　　　　应交税费——应交增值税（进项税额转出）　　56 100

　　固定资产中的动产并不在非正常损失范围之内，即便因管理原因导致损毁，也不用进行进项税额转出，因此非正常损失的在产品、产成品对应的机器设备，进项税额不需要转出。表5.2为存货进项税额转出的方法。

表5.2　存货进项税额转出的四种方法

情形	进项税转出的方法	应转出进项税的计算
取得增值税专用发票、海关进口增值税专用缴款书的外购货物发生非正常损失	直接法	损失货物的账面价值×适用税率
取得农产品销售发票、农产品收购发票、小规模纳税人开具的税率为3%的增值税专用发票的外购农产品发生非正常损失	含税支付额还原法	2019年4月1日之后，损失货物的账面价值/（1-9%）×9；注意：用于生产13%税率货物的适用10%的扣除率
在产品、产成品的非正常损失	移用成本比例法	某批外购货物总的进项税额×（损失货物的成本÷该批货物的总成本）
	当量成本比例法	非正常损失中损毁的产品、产成品或货物数量×单位成本×进项税额扣除率×外购扣除项目金额占产成品、半成品或项目成本的比例

三、不动产、不动产在建工程发生非正常损失

　　不同于货物，不动产、不动产在建工程不存在被盗、丢失、霉烂变质的可能，目前争议比较大的是因管理不善导致火灾或者施工不当导致坍塌等原因是否属于非正常损失，其实前面已经对此讨论过，文件规定管理不善导致被盗、丢失、霉烂变质才属于非正常损失，至于管理不善引发其他原因导致的损失在正式明确之前不应归入非正常损失，因此不动产、不动产在建工程发生的非正常损失主要是因违反法律法规造成不动产、不动产在建工程被依法没收、销毁、拆除。

　　案例：WC公司自行建造一栋仓库，为了仓库建设购进货物、设计服务和

建筑服务 500 万元，进项税额共计 51 万元并已经全部抵扣，但该仓库却被建设管理部门认定为违章建筑并强行进行了拆除。WC 公司只得向 AB 公司另行购买了一栋仓库，取得了对方开具的增值税专用发票，不含税销售额为 300 万元，增值税税款为 27 万元，但因政府变更市政规划，该仓库被政府征收之后拆除。

解析：WC 公司自行建造的仓库被建设管理部门认定为违章建筑而被拆除，属于非正常损失，但其向 AB 公司购买的仓库因市政规划变更而被征收，不应被认定为非正常损失，所涉及的进项税额正常抵扣，不用转出。

借：待处理财产损溢——待处理固定资产损溢　　　　　　　　5 510 000
　　贷：在建工程　　　　　　　　　　　　　　　　　　　　5 000 000
　　　　应交税费——应交增值税（进项税额转出）　　　　　 510 000
借：待处理财产损溢——待处理固定资产损溢　　　　　　　　3 000 000
　　贷：固定资产　　　　　　　　　　　　　　　　　　　　3 000 000

● 第三节　发票冲红的操作

进项税额转出还存在一种较为常见的情形，也就是抵扣进项税额之后，发生了销售退回、服务中止或者销售折让。

销售折让是在不退货的前提下销售方给予购买方一定的金额减免，销售退回是全部或者部分退回货物，服务中止是部分或者全部停止服务，之前已经抵扣的相关的税款需要全部或者部分转出。

案例：A 企业购买一批木材，准备制作成家具，向销售方支付了不含税价款 200 万元，后因存在质量问题，A 企业退回了部分木材，收到退回的货款 113 万元，请问如何填写会计分录？

解析：应当转出的进项税额 113÷（1+13%）×13%=13（万元）。

借：银行存款　　　　　　　　　　　　　　　　　　　　　　1 130 000
　　贷：原材料　　　　　　　　　　　　　　　　　　　　　1 000 000
　　　　应交税费——应交增值税（进项税额转出）　　　　　 130 000

发生了销售折让、销售退回或是服务中止，销售方通常会将之前已经开具的发票冲红。纸质票几乎都有作废功能，因为在打印过程中难免会出现打印异常的情形，不过如果对方已经抵扣或者月度终了之后才发现存在问题，那么就只能开具一张与原发票相同金额的负数发票，由于发票上的数字为红色，不同于正常的正数发票即蓝字发票，因此被称为"红字发票"。

随着纸质票逐渐被数电票取代，发票的打印问题也就不存在了，数电票一旦开具就无法作废，冲红又出现了一种新的情形，那就是开票有误。

一、红字发票开具规则

如今正值"金税四期"在全国全面推广的过渡期，纸质票、纸电票并未彻底退出历史舞台，使用的开票平台也不一致，有的使用的是新推出的电子发票服务平台，有的仍在使用增值税发票管理系统（即防伪税控系统），为发票冲红带来了一定的麻烦，表5.3列出了发票种类的选择，可以参照类别选择平台。

通过电子发票服务平台开具的数电票或是增值税发票管理系统开具的纸电票冲红时，无须追回被冲红的发票或者纸质打印件，只有纸质票才需要追回。

表5.3　发票种类的选择

蓝字发票开具平台	蓝字发票类别	红字发票平台	红字发票类别
电子发票服务平台	数电票	电子发票服务平台	数电票
	纸质票		数电票或纸质票
增值税发票管理系统（即防伪税控系统）	纸质票	电子发票服务平台	数电票
		增值税发票管理系统	纸质票、纸电票
	纸电票	电子发票服务平台	数电票、纸电票
		增值税发票管理系统	纸电票

虽然数电票可以对所有系统开具的所有发票进行冲红，不过仍旧提倡原路径、原票种开具红字发票，通常只是在防伪税控设备已经注销的情形下才会通过数电票对在原系统开具的纸质票、纸电票进行冲红。

一些开票人可能还会有这样的误解，以为只要开具了红字数电票，那么授信额度会相应增加，其实并非一定如此，如果是当月开具的发票被冲红，通常会同步增加授信额度，但如果是因发生销售折让而冲红，并不会增加可开具发票额度。如果是跨月开具红字数电票，电子发票服务平台并不会增加冲红当月的授信额度。

除此之外，需要特别注意的是以下几种情形不允许开具红字数电票：

（1）蓝字发票已经作废（指增值税普通发票）、已全额冲红、已被认定为异常扣税凭证不允许发起冲红；已经发起冲红流程，在撤销之前，也不允许再度发起冲红流程。

（2）蓝字发票增值税用途为"待退税""已退税""已抵扣（改退）""已代办退税""不予退税且不予抵扣"时，不允许发起冲红。

（3）蓝字发票税收优惠类标签中，"冬奥会退税标签"为"已申请冬奥会退税"时，不允许发起冲红，不过随着冬奥会的落幕，这种情形几乎不再出现。

（4）发起冲红时，如果对方纳税人为"非正常""注销"等状态、无法登录系统进行相关操作时，不允许发起冲红。

蓝字发票已经用于申请出口退税或代办退税，暂时不允许开具红字发票。

二、电子发票服务平台的冲红流程

纳税人根据业务实际自由选择发票冲红原因，但如果原蓝字发票商品服务编码为货物时，冲红原因不允许选择"服务中止"；商品服务编码为服务时，冲红原因不允许选择"销货退回"。

如果受票方还没有将相应的蓝字发票进行用途确认或者入账确认，只能由开票方发起红字发票开具流程，如果已经进行勾选抵扣或者入账确认，双方都可以发起冲红流程。

在用途确认或者入账确认前，冲红流程相对比较简单，开票方在红字发票业务模块点击"红字发票确认信息申请"按钮，系统会自动跳转到"①选择票据"界面，查询到需要冲红的蓝字发票，选择之后进入"②信息确认"界面，需要冲红的蓝字发票信息会自动带入，核实无误之后点击页面最下方的"提交"按钮，如图 5.1 所示。

开票方可以全额或者部分开具红字数电票，无须得到受票方的确认，不过需要注意的是如果开具原因选择的是"开票有误"，只能全额冲红，其他原因可以选择部分冲红。

发起冲红流程之后，对应的数电票会被系统自动锁定，不允许受票方再进行发票用途确认操作。如果数电票并没有确认用途，但已经入账，开票方部分开具红字发票，受票方可以对该数电票未冲红的部分进行抵扣勾选，如图 5.2 所示；若开票方全额开具红字发票，不允许继续进行抵扣勾选。

进行用途确认或者入账确认之后，开票方与受票方都可以发起冲红流程，但另一方需要在 72 小时内进行确认，未在规定时间内确认的，该流程自动作废；如果仍旧需要开具红字发票，只能重新发起流程。

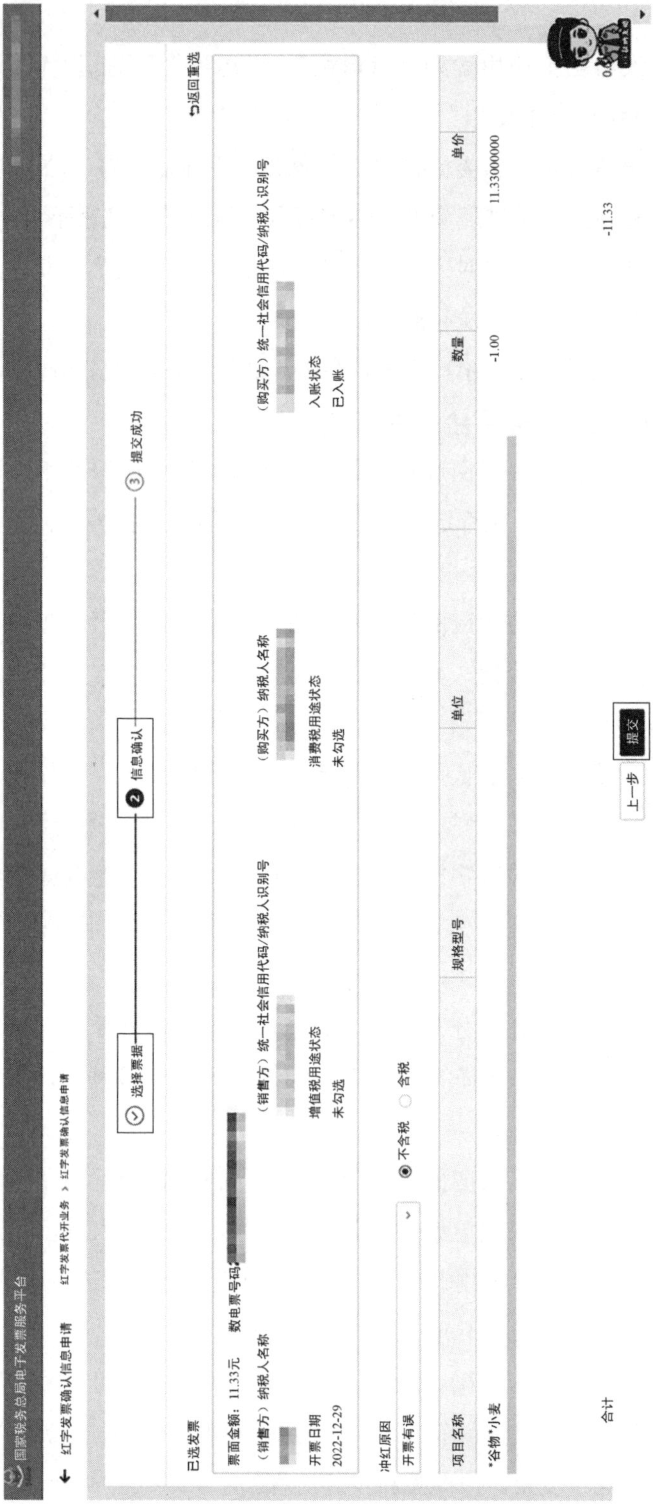

图 5.1 红字发票确认信息申请页面

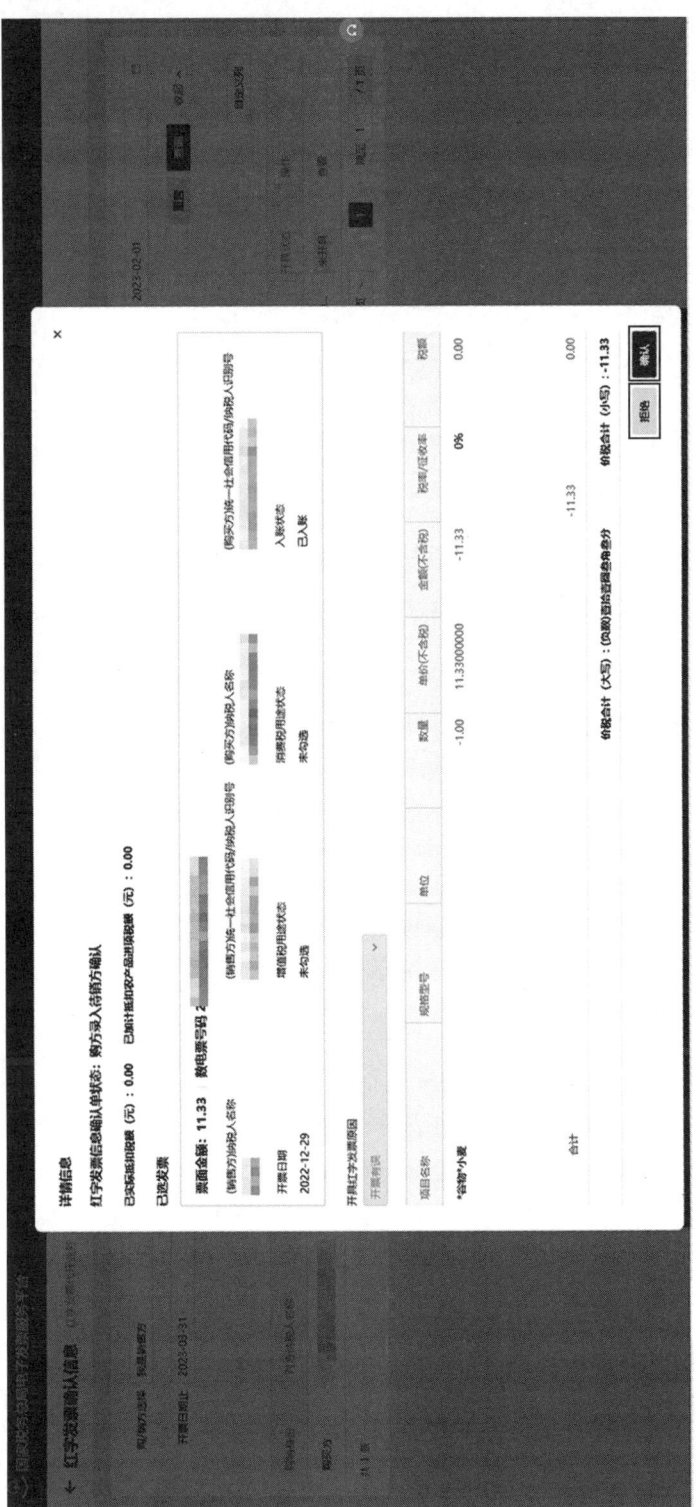

图 5.2 "红字发票信息确认单"对方确认页面

如果想要查找"红字发票信息确认单",纳税人可以在"我发出的确认单"或者"发给我的确认单"中进行查找,如图5.3所示。

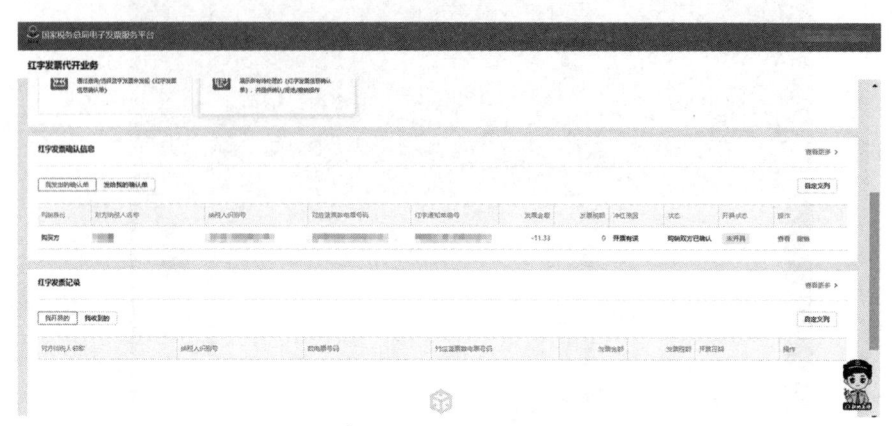

图 5.3 查找红字发票确认信息页面

经过对方确认之后,开票方才能开具红字发票,如果已经申报抵扣,受票方应当暂依"红字发票信息确认单"所列增值税税额从当期进项税额中转出,待取得开票方开具的红字发票之后,与"红字发票信息确认单"(见表5.4)一并作为记账凭证。

表5.4 红字发票信息确认单

填开日期: 年 月 日

销售方	纳税人名称(销方)		购买方	纳税人名称(购方)		
	统一社会信用代码/纳税人识别号(销方)			统一社会信用代码/纳税人识别号(购方)		
开具红字发票确认信息内容	项目名称	数量	单价	金额	税率/征收率	税额
	合计	——	——		——	

续表

销售方	纳税人名称（销方）		购买方	纳税人名称（购方）	
	统一社会信用代码/纳税人识别号（销方）			统一社会信用代码/纳税人识别号（购方）	

开具红字发票确认信息内容	一、录入方身份： 　　1. 销售方 □　2. 购买方 □ 二、冲红原因： 　　1. 开票有误 □　2. 销货退回 □　3. 服务中止 □　4. 销售折让 □ 三、对应蓝字发票抵扣增值税销项税额情况： 　　1. 已抵扣 □　2. 未抵扣 □ 　　对应蓝字发票的代码：＿＿＿＿＿＿　号码：＿＿＿＿＿＿＿＿ 四、是否涉及数量（仅限成品油、机动车等业务填写） 　　涉及销售数量 □　仅涉及销售金额 □
红字发票信息确认单编号	

试点过渡期内，如果受票方不是数电票受票试点纳税人，受票方可以通过增值税发票综合服务平台填开传统的"红字增值税专用发票信息表"，也可以由开票方通过电子发票服务平台填开"红字发票信息确认单"。

过渡期内还会存在这样一类特殊的受票人，虽然不使用电子发票服务平台开具发票，但使用电子发票服务平台进行发票用途确认，对这样的纳税人，也需要在电子发票服务平台中发起红字发票开具流程。

开票方通过电子发票服务平台开具的纸质发票如果需要冲红，与数电票的冲红流程一样。

三、作废红字发票开具流程

开票方填开不需对方确认的"红字发票信息确认单"，在没有实际开具红字发票之前，可以自行撤回"红字发票信息确认单"。

对于需要对方确认的情形，发起方在提交"红字发票信息确认单"之后，对方尚未确认前，发起方不允许对其进行修改，但可以撤销"红字发票信息确认单"。已经得到对方确认的"红字发票信息确认单"，发起方不允许进行撤销，但确认方可以在确认后并且在没有实际开具红字发票之前撤销，如果已经开具红字发票，"红字发票信息确认单"不允许撤销。

发起冲红流程之后，在开具红字发票前，如果蓝字发票被税务机关认定为异常凭证，相应的冲红流程将会自动作废。

四、增值税发票管理系统的冲红流程

开票方通过增值税发票管理系统（即防伪税控系统）开具的纸质票或者纸电票需要冲红，但受票人却是使用电子发票服务平台的试点纳税人，如果发票尚未交付受票方，或者受票方并未用于申报抵扣并将发票联与抵扣联退回，开票方可以在增值税发票管理系统中填开并上传"红字增值税专用发票信息表"，在表上准确填写相对应的蓝字专用发票信息。

如果受票方已经申报抵扣或者未用于申报抵扣但发票联或抵扣联无法退回，受票方可以在电子发票服务平台中填开并上传开具"红字增值税专用发票信息表"（注意不是"红字发票信息确认单"），暂时按照上面所列增值税税额从当期进项税额中转出，待取得开票方开具的红字专用发票后，与"红字增值税专用发票信息表"一并作为记账凭证。开票方凭借"红字增值税专用发票信息表"开具红字发票，在增值税发票管理系统中以负数开具，红字发票上的信息应与信息表保持一致。

通过增值税发票管理系统开具的发票，既可以在原系统开具红字发票，也可以通过电子发票服务平台开具红字数电票，但"红字增值税专用发票信息表"与"红字发票信息确认单"不能互相转换，对校验通过的"红字增值税专用发票信息表"需要通过增值税发票管理系统开具红字发票，不能在电子发票服务平台中直接开具数电票。

五、部分冲红与多次冲红的规定

如果冲红原因为"开票有误"，必须全额冲红，但如果为销货退回、服务中止、销售折让，可以对蓝字发票上的部分金额进行冲红，之后还可以再次申请冲红，也就是对同一张发票准许多次冲红，但如果蓝字发票标签标注为"差额征税—差额开票"，只能全额冲红。

部分发票冲红时允许删除项目行，但销货退回只允许修改数量，自动计算金额和税额，不能修改单价，也不能直接修改金额；如果蓝字发票没有数量仅有金额，才允许修改金额，税额自动计算；服务中止，允许修改金额和数量，不能修改单价，自动计算税额；销售折让，先选择需要给予折让的商品，录入折让比例或金额，

不能修改单价和数量，税额自动计算。

如果蓝字发票对应的"增值税优惠用途标签"为"待农产品全额加计扣除"或"已用于农产品全额加计扣除"的，必须全额冲红。"增值税优惠用途标签"为"待农产品部分加计扣除"或"已用于农产品部分加计扣除"的，第一次冲红只能对未加计部分全额冲红或整票全额冲红，如果第一次对未加计部分全额冲红，第二次冲红仅允许对剩余部分（即已加计部分）全额冲红。

第四节　进项税额转出的其他情形

改变用途、非正常损失以及货物退回、发票中止、销售折让是企业经常遇到的进项税额转出的情形，除此之外，还存在一些特殊情形，也需要将相应的进项税额转出。

一、"免抵退税"办法不得抵扣的进项税额

生产型出口企业实行"免抵退税"办法，为了增强国产货物在国际市场上的竞争力，在出口之后通常会将该出口货物对应的增值税税额退还。绝大部分货物的征税率与退税率一致，但也有一些货物的退税率低于征税率，两者之间的税率差对应的税额成为永久性差异，需要将这笔税额从进项税额中转出并直接计入成本。增值税属于价外税，在正常情况下不会对成本费用与会计利润产生影响，这种直接计入成本的情形也成为唯一的特例。

二、纳税检查调减进项税额

税务、财政、审计部门对企业进行检查后，发现违法违规的情形，会要求该企业调减相关进项税额，此时企业需要按照规定将相关进项税额转出。

三、上期留抵税额退税

本期经税务机关批准的上期留抵税额退税额，税务机关准予退税后，应当在批准当期将相应的进项税额转出，关于留抵退税的相关问题，将在后面章节详细介绍。

四、异常凭证

本期被认定为异常增值税扣税凭证对应的进项税额也需要转出，具体包括：

（1）走逃（失联）企业存续经营期间发生下列情形之一的，所对应属期开具

的增值税专用发票：

①商贸企业购进、销售货物名称严重背离的。

②生产企业符合以下特征之一的：

a. 生产企业无实际生产加工能力且无委托加工。

b. 生产企业生产能耗与销售情况严重不符。

c. 生产企业购进货物并不能直接生产其销售的货物且无委托加工的。

③直接走逃失踪不纳税申报的。

④虽然申报但通过不实填列增值税纳税申报表相关栏次，规避税务机关审核比对，进行虚假申报的。

（2）纳税人丢失、被盗税控专用设备中未开具或已开具未上传的增值税专用发票。

（3）非正常户纳税人未向税务机关申报或未按规定缴纳税款的增值税专用发票。

（4）增值税发票管理系统稽核比对发现"比对不符""缺联""作废"的增值税专用发票。

（5）经税务机关大数据分析发现，纳税人开具的增值税专用发票存在涉嫌虚开、未按规定缴纳消费税等违法违规情形的。

（6）增值税一般纳税人申报抵扣异常凭证，同时符合下列情形的，其对应开具的增值税专用发票列入异常凭证范围：

①异常凭证进项税额累计占同期全部增值税专用发票进项税额70%（含）以上的。

②异常凭证进项税额累计超过5万元的。

尚未申报抵扣增值税进项税额，暂不允许抵扣。已经申报抵扣增值税进项税额，除另有规定外，一律在收到"税务事项通知书"的当期（税款所属期）进行进项税额转出，于次月（季）申报期申报。

尚未申报出口退税或者已申报但尚未办理出口退税，除另有规定外，暂不允许办理出口退税。适用增值税免抵退税办法的纳税人已经办理出口退税，应根据列入异常凭证范围的增值税专用发票上注明的增值税额进行进项税额转出；适用增值税"免退税"办法的纳税人已经办理出口退税，税务机关应按照现行规定将列入异常凭证范围的增值税专用发票对应的已退税款追回。

消费税纳税人以外购或委托加工收回的已税消费品为原料连续生产应税消费品，尚未申报抵扣原料已纳消费税税款，暂不允许抵扣；已经申报抵扣，冲减当期允许抵扣的消费税税款，当期不足冲减的应当补缴税款。

纳税信用A级纳税人取得异常凭证且已经申报抵扣增值税、办理出口退税或抵扣消费税，可以自接到税务机关通知之日起10个工作日内，向主管税务机关提出核实申请。经税务机关核实，符合现行增值税进项税额抵扣、出口退税或消费税抵扣相关规定，可不做进项税额转出、追回已退税款、冲减当期允许抵扣的消费税税款等处理。纳税人逾期未提出核实申请的，应于期满后按上述规定做相关处理。

企业对税务机关认定的异常凭证有异议，可以向主管税务机关提出核实申请。经主管税务机关核实，符合现行增值税进项税额抵扣或出口退税相关规定，纳税人可继续申报抵扣或者重新申报出口退税；符合消费税抵扣规定且已缴纳消费税税款，纳税人可继续申报抵扣消费税税款。

异常增值税扣税凭证转出后，经核实允许继续抵扣的，纳税人重新确认用于抵扣的，在"增值税及附加税费申报表附列资料（二）"（本期进项税额明细）第23a行"异常凭证转出进项税额"填写负数，将已经转出的进项税额重新转入。

第六章 金融服务的增值税问题

增值税认定的金融服务是指经营金融保险的业务活动，包括贷款服务、直接收费金融服务、保险服务和金融商品转让[①]，一般纳税人适用的税率为6%，小规模纳税人适用的征收率为3%。

● 第一节 贷款服务

贷款是指将资金贷与他人使用而取得利息收入的业务活动，具体包括以下六类：

第一类是各种占用、拆借资金取得的收入，包括金融商品持有期间（含到期）利息（保本收益、报酬、资金占用费、补偿金等）收入、信用卡透支利息收入、买入返售金融商品利息收入、融资融券收取的利息收入，以及融资性售后回租、押汇、罚息、票据贴现、转贷等业务取得的利息及利息性质的收入，按照贷款服务缴纳增值税。

其中"保本收益、报酬、资金占用费、补偿金"是指合同中明确承诺到期本金可全部收回的投资收益。金融商品持有期间（含到期）取得的非保本的上述收益，不属于利息或利息性质的收入，不征收增值税[②]。

第二类是典当业务，当户将其动产、财产权利作为当物质押或者将其房地产作为当物抵押给典当行，交付一定比例费用，取得当金，并在约定期限内支付当金利息、偿还当金、赎回当物的行为。典当行收回的赎金超过发放当金的部分属

[①]《财政部 国家税务总局关于全面推开营业税改征增值税试点的通知》（财税〔2016〕36号）附件1《营业税改征增值税试点实施办法》附《销售服务、无形资产、不动产注释》第一条第（五）项。

[②]《财政部 国家税务总局关于明确金融、房地产开发、教育辅助服务等增值税政策的通知》（财税〔2016〕140号）第一条。

于利息性质的收入，按"贷款服务"缴纳增值税。典当行销售死当物品属于"销售货物"，可选择适用简易计税方法按3%的征收率计算缴纳增值税。

第三类是黄金租赁业务，黄金属于货币等价物，无论是实物黄金还是纸黄金，黄金租赁业务中取得的租金收入，按照"贷款服务"缴纳增值税。

第四类保理业务，也就是销售方、供应商（或出口商）与保理商之间存在契约关系，根据该契约，卖方、供应商或出口商将其现在或将来的基于其与买方（债务人）订立的货物销售或服务合同所产生的应收账款转让给保理商，由保理商为其提供贸易融资、销售分户账管理、应收账款的催收、信用风险控制与坏账担保等服务中的至少两项。保理商取得的债权买卖价差或受让债权后取得的利息，按照贷款服务缴纳增值税。

第五类是融资性售后回租，承租方以融资为目的，将资产出售给从事融资性售后回租业务的企业后，从事融资性售后回租业务的企业将该资产出租给承租方的业务活动。

第六类是以货币资金投资收取的固定利润或者保底利润，按照贷款服务缴纳增值税。

需要注意的是利息收入与投资收益的区别，通俗来讲就是当债主与当股东的区别，关键点在于是否"保本"，无论取得的回报以什么名义，只要是承诺保本，本质上都属于债主提供贷款服务，取得的收益属于利息收入，按照贷款服务缴纳增值税。反之，如果不保本，资金提供方要承担相应的投资风险，取得的收益属于股权投资，不属于流转税的征税范围，属于所得税的征税范围。

一、贷款利息的征税政策

贷款服务以取得的全部利息及利息性质的收入为销售额，银行提供贷款服务按期计收利息，结息日当日计收的全部利息收入，均应计入结息日所属期的销售额，按照现行规定计算缴纳增值税[①]。

银行计收利息的期间可能是一个月，也可能是多个月，但如果是多个月，那么就需要注意了。假设6月30日收取上半年的利息，相关利息收入全部计入6月份，也就是说1~5月不需要就上述利息收入缴纳增值税，但不少银行出于核算便利并没有严格按照纳税义务发生时间来计提或者缴纳增值税，仍旧按照权责发生

---

① 《国家税务总局关于营改增试点若干征管问题的公告》（国家税务总局公告2016年第53号）第六条。

制分月、分季度计提利息收入,同时按照会计确认的收入申报缴纳增值税,实际上提前缴纳了税款。

金融企业发放贷款后,自结息日起90天内发生的应收未收利息按现行规定缴纳增值税,自结息日起90天后发生的应收未收利息暂不缴纳增值税[①],待实际收到利息时按规定缴纳增值税。

假设某银行计息日为3月31日,应当不含税利息收入为10 000元。

借:应收利息　　　　　　　　　　　　　　　　　　　10 600
　　贷:利息收入　　　　　　　　　　　　　　　　　10 000
　　　　应交税费——应交增值税(销项税额)　　　　600

该银行正常缴纳增值税,如果到了7月1日仍未收到上述利息,那么就用红字冲减上述会计分录,利息收入与销项税额会同步减少,多缴的增值税将会在申报7月份的增值税时进行抵减,等到实际收到这笔利息收入时再计入当月的销售额。

适用上述税收优惠政策的金融企业包括银行(包含国有、集体、股份制、合资、外资银行以及其他所有制形式的银行)、城市信用社、农村信用社、信托投资公司、财务公司[②],后来又将适用范围扩大至证券公司、保险公司、金融租赁公司、证券基金管理公司、证券投资基金以及其他经人民银行、银保监会、证监会批准成立且经营金融保险业务的机构[③],其他从事贷款服务的单位不能享受上述政策。

《增值税法》第二十二条规定:

"纳税人的下列进项税额不得从其销项税额中抵扣:

"……

"(五)购进并直接用于消费的餐饮服务、居民日常服务和娱乐服务对应的进项税额。

"(六)国务院规定的其他进项税额。"

随着营改增的全面推行和逐渐完善,增值税抵扣链条基本上已经彻底打通,但目前仍有部分服务不能抵扣。

原本共有五项不允许抵扣,分别是旅客运输服务、贷款服务、餐饮服务、居

[①] 《财政部 国家税务总局关于全面推开营业税改征增值税试点的通知》(财税〔2016〕36号)附件3《营业税改征增值税试点过渡政策的规定》第四条。

[②] 《财政部 国家税务总局关于全面推开营业税改征增值税试点的通知》(财税〔2016〕36号)附件3《营业税改征增值税试点过渡政策的规定》第四条。

[③] 《财政部 国家税务总局关于明确金融、房地产开发、教育辅助服务等增值税政策的通知》(财税〔2016〕140号)第三条。

民日常服务和娱乐服务。自2019年4月1日起,一般纳税人购进国内旅客运输服务,其进项税额允许从销项税额中抵扣[①],不过目前只允许注明旅客身份信息的航空运输电子客票行程单、铁路车票、公路和水路等其他客票,作为进项税扣税凭证,之后陆续推出了航空运输专用与铁路运输专用数电票,但不注明旅客身份信息的出租车发票等发票暂时还不能进行抵扣。

《增值税法》中列举的不能抵扣的服务仅剩下餐饮服务、居民日常服务和娱乐服务,这三项服务与企业日常经营活动的关联程度并不高,接受服务的主体主要是个人,因此排除在抵扣范围之外,不过却需要注意其表述,购进并直接用于消费的餐饮服务、居民日常服务和娱乐服务不允许抵扣,如果并不是直接用于消费,比如购进后转售餐饮服务、居民日常服务和娱乐服务,并不在限制之列,应该可以正常抵扣。

新出台的《增值税法》已经将贷款服务从不允许抵扣名单中删除,这自然是可喜的变化。之前贷款利息不得抵扣的原因主要有三个:一是利息支付频次高,银行等金融机构需要大量开具增值税专用发票,在操作上存在一定的难度;二是贷款利息数额巨大,一旦纳入抵扣范围,增值税收入势必会存在较大程度的下滑;三是贷款与存款是上、下游关系,存款利息并不征收增值税,如果允许抵扣贷款,显然与增值税抵扣基本原理不相符。

随着数电票的广泛使用,银行可以选择批量开票,操作层面的障碍已经基本消除,将贷款利息纳入增值税进项抵扣范围,可以进一步贯通增值税抵扣链条,降低企业的资金成本,让广大纳税人受益,也符合减税降费的政策导向,从而拉动经济增长。

《增值税法》第六条第(四)项进一步明确,取得存款利息收入不属于应税交易,不征收增值税。如果存款利息不征收增值税,却准许抵扣贷款利息,不仅会导致抵扣链条不完整,还会导致增值税税款大幅下降。

《增值税法》第二十二条第六款为"国务院规定的其他进项税额",也就是说国务院有权规定贷款服务不得从销项税额中抵扣,因此贷款利息究竟是否允许抵扣还需要看后续政策安排,不过从长期来看,贷款利息是准予抵扣的。

存款利息是经国务院银行业监督管理机构审查批准,具有吸收公众存款业务的

---

① 《财政部 税务总局 海关总署关于深化增值税改革有关政策的公告》(财政部 税务总局 海关总署公告2019年第39号)第六条。

金融机构支付的存款利息。小贷公司不具有吸收公众存款资质，企业或个人存放于小贷公司取得的利息收入不属于存款利息收入，应当按照贷款服务缴纳增值税。

目前争议比较大的是结构性存款，结构性存款是指商业银行吸收的嵌入金融衍生产品的存款，通过与利率、汇率、指数等的波动挂钩或者与某实体的信用情况挂钩，使存款人在承担一定风险的基础上获得相应收益的金融产品[①]。

有人认为结构性存款属于存款，所以不应征收增值税，但也有人认为不征收增值税的存款利息仅限于金融机构吸收的普通存款，结构性存款的设计兼具"存款+期权"的特点，应当认定为理财产品，保本的理财产品收益需要缴纳增值税。非保本的理财产品收益，类似于投资收益，不需要缴纳增值税。

在针对上述问题尚未明确出台相关政策之前，笔者倾向于不征税，结构性存款纳入商业银行表内核算，体现为银行负债，理财产品独立于商业银行自有资产，结构性存款按照存款管理，纳入存款准备金和存款保险保费的缴纳范围。如果对投资者取得的结构性存款利息按照贷款利息征收增值税，那么对同一笔结构性存款利息，将在上游银行、下游投资者之间重复缴纳增值税。

按照之前的规定企业集团内部的资金无偿借贷行为免征增值税[②]，但非集团企业间的资金无偿借贷行为，需要依法缴纳增值税，税务机关有权按照同期同类贷款利率核定征收相应税款，依据的是《营业税改征增值税试点实施办法》第十四条第（一）项的规定，"单位或者个体工商户向其他单位或者个人无偿提供服务，但用于公益事业或者以社会公众为对象的除外。"不过《增值税法》第五条规定的视同应税交易已经不再包括除无偿转让金融商品之外的其他服务，非集团企业间的资金无偿借贷行为也不再需要视同应税交易并缴纳增值税，不过目前还有待相关文件予以明确。

需要注意的是无偿提供金融服务是指不带附加条件的提供服务，如果在有偿提供某项服务的同时又无偿提供另一项服务，不应认定为视同应税交易。比如银行、证券公司等金融机构对于VIP客户免收金融服务手续费或年费，这种针对特定对象的优惠不以避税为目的，同时暗含附加条件，因此并不属于无偿提供服务。

二、贷款利息收入的免税政策

贷款利息收入的免税政策主要分为两类，一类是特殊贷款利息收入，另一类

---

① 《商业银行理财业务监督管理办法》(中国银行保险监督管理委员会令2018年第6号令)第七十五条。
② 《财政部 税务总局关于明确养老机构免征增值税等政策的通知》(财税〔2019〕20号)第三条、《财政部 税务总局关于延长部分税收优惠政策执行期限的公告》(财政部 税务总局公告2022年第4号)。

是金融同业往来利息收入。

1. 享受免税政策的特殊贷款利息收入

（1）国家助学贷款。全日制普通本专科学生（含第二学士学位、高职学生、预科生）每人每年申请贷款额度不超过 12 000 元；全日制研究生每人每年申请贷款额度不超过 16 000 元，学生申请的国家助学贷款应优先用于支付在校期间学费和住宿费，超出部分可用于弥补日常生活费[①]。

（2）国债、地方政府债。国债和地方政府债利息收入免税是针对所有纳税人的，任何单位和个人持有国债和地方政府债取得的利息收入，均免征增值税。金融债券利息收入适用"金融同业往来利息收入"的免税政策，只有符合条件的"金融机构"持有金融债券取得的利息收入才能免税，此外还需要注意的是国债和地方政府债的利息收入免税，如果是转让国债和地方政府债取得的收入属于"金融商品转让收入"，并不属于免税范围。

（3）人民银行对金融机构的贷款。

（4）住房公积金管理中心用住房公积金在指定的委托银行发放的个人住房贷款。

（5）外汇管理部门在从事国家外汇储备经营过程中，委托金融机构发放的外汇贷款。

（6）统借统还业务中，企业集团或企业集团中的核心企业以及集团所属财务公司按不高于支付给金融机构的借款利率水平或者支付的债券票面利率水平，向企业集团或者集团内下属单位收取的利息。统借方向资金使用单位收取的利息，高于支付给金融机构借款利率水平或者支付的债券票面利率水平的，应全额缴纳增值税。

统借统还业务是指企业集团或者企业集团中的核心企业向金融机构借款或对外发行债券取得资金后，将所借资金分拨给下属单位（包括独立核算单位和非独立核算单位），并向下属单位收取用于归还金融机构或债券购买方本息的业务。企业集团向金融机构借款或对外发行债券取得资金后，由集团所属财务公司与企业集团或者集团内下属单位签订统借统还贷款合同并分拨资金，并向企业集团或者集团内下属单位收取本息，再转付企业集团，由企业集团统一归还金融机构或债

---

① 《财政部 教育部 人民银行 银保监会关于进一步完善国家助学贷款政策的通知》（财教〔2021〕164 号）第一条。

券购买方的业务①。

（7）企业集团内单位（含企业集团）之间的资金无偿借贷行为，免征增值税，执行至 2027 年 12 月 31 日②。

（8）金融机构向农户、小型企业、微型企业和个体工商户的小额贷款。

自 2017 年 12 月 1 日开始，金融机构单户授信小于 100 万元（含本数）的农户、小型企业、微型企业或个体工商户贷款；没有授信额度的，单户贷款合同金额且贷款余额在 100 万元（含本数）以下的贷款，免征增值税。经省级地方金融监督管理部门批准成立的小额贷款公司取得的农户小额贷款即单笔且该农户贷款余额总额在 10 万元（含本数）以下的贷款的利息收入免征增值税③。

农户是指长期（一年以上）居住在乡镇（不包括城关镇）行政管理区域内的住户，还包括长期居住在城关镇所辖行政村范围内的住户和户口不在本地而在本地居住一年以上的住户，国有农场的职工。位于乡镇（不包括城关镇）行政管理区域内和在城关镇所辖行政村范围内的国有经济的机关、团体、学校、企事业单位的集体户；有本地户口，但举家外出谋生一年以上的住户，无论是否保留承包耕地均不属于农户。农户以户为统计单位，既可以从事农业生产经营，也可以从事非农业生产经营。农户贷款的判定应以贷款发放时的借款人是否属于农户为准。

小型企业、微型企业是指符合《中小企业划型标准规定》（工信部联企业〔2011〕300 号）的小型企业和微型企业。资产总额和从业人员指标均以贷款发放时的实际状态确定，营业收入指标以贷款发放前 12 个自然月的累计数确定，不满 12 个自然月的，营业收入（年）= 企业实际存续期间营业收入 / 企业实际存续月数 ×12④。

自 2018 年 9 月 1 日起，金融机构向小型企业、微型企业和个体工商户发放小额贷款取得的利息收入，小额贷款是指单户授信小于 1 000 万元（含本数）的贷款；没有授信额度的，是指单户贷款合同金额且贷款余额在 1 000 万元（含本数）以下的贷款。金融机构可以选择以下两种方法之一适用免税政策：

---

① 1~6 项依据《财政部 国家税务总局关于全面推开营业税改征增值税试点的通知》（财税〔2016〕36 号）附件 3《营业税改征增值税试点过渡政策的规定》第一条第（十九）项。
② 《财政部 税务总局关于延续实施医疗服务免征增值税等政策的公告财政部》（财政部 税务总局公告 2023 年第 68 号）第二条。
③ 《财政部 税务总局关于延续实施小额贷款公司有关税收优惠政策的公告》（财政部 税务总局公告 2023 年第 54 号）。
④ 《财政部 税务总局关于支持小微企业融资有关税收政策的通知》（财税〔2017〕77 号）。

第一种是对金融机构向小型企业、微型企业和个体工商户发放的，利率水平不高于人民银行同期贷款基准利率150%（含本数）的单笔小额贷款取得的利息收入，免征增值税；高于人民银行同期贷款基准利率150%的单笔小额贷款取得的利息收入，按照现行政策规定缴纳增值税。

第二种是对金融机构向小型企业、微型企业和个体工商户发放单笔小额贷款取得的利息收入中，不高于该笔贷款按照人民银行同期贷款基准利率150%（含本数）计算的利息收入部分，免征增值税；超过部分按照现行政策规定缴纳增值税。

假设贷款基准利率为5%，银行共计发放了两笔贷款：第一笔贷款金额为100万元，年利率为6%，未超过贷款基准利率150%；第二笔贷款额度为200万元，年利率为8%，超过了贷款基准利率150%。按照第一种方法，第一笔贷款的利息收入6万元免税，第二笔贷款的利息收入16万元不免税，需要缴纳增值税9 600元（不考虑进项税额）。按照第二种办法，两笔贷款不高于贷款基准利率150%的部分免税，第一笔贷款的利息收入6万元，第二笔贷款的利息收入中的15万元（即200×5%×150%），剩余的1万元不免税，需要缴纳增值税600元。

其实究竟选择哪种免税方法，要看本银行大部分贷款的利率是低于贷款基准利率150%，还是高于贷款基准利率150%，然后再进行精准测算，确定最适合自己的方法。上述两种方法一经选定，该会计年度内不得变更[①]。

上述政策的适用范围为经人民银行、国家金融监督管理总局批准成立的已通过监管部门上一年度"两增两控"考核的机构，以及经人民银行、国家金融监督管理总局、证监会批准成立的开发银行及政策性银行、外资银行和非银行业金融机构。"两增两控"是指单户授信总额1 000万元以下（含）小微企业贷款同比增速不低于各项贷款同比增速，有贷款余额的户数不低于上年同期水平，合理控制小微企业贷款资产质量水平和贷款综合成本（包括利率和贷款相关的银行服务收费）水平。

自2019年8月20日起，金融机构向小型企业、微型企业和个体工商户发放1年期以上（不含1年）至5年期以下（不含5年）小额贷款取得的利息收入，可选择中国人民银行授权全国银行间同业拆借中心公布的1年期贷款市场报价利率或5年期以上贷款市场报价利率，按照上述办法选择免税政策[②]。

[①] 《财政部 国家税务总局关于金融机构小微企业贷款利息收入免征增值税政策的通知》（财税〔2018〕91号）。

[②] 《财政部 税务总局关于明确无偿转让股票等增值税政策的公告》（财政部 税务总局公告2020年第40号）第二条。

2. 享受免税政策的金融同业往来利息收入免征增值税

（1）金融机构与人民银行所发生的资金往来业务，包括人民银行对一般金融机构贷款，以及人民银行对商业银行的再贴现等，还包括商业银行购买央行票据、与央行开展货币掉期和货币互存等业务[①]。

（2）银行联行往来业务，即同一银行系统内部不同行、处之间所发生的资金账务往来业务，还包括境内银行与其境外的总机构、母公司之间，以及境内银行与其境外的分支机构、全资子公司之间的资金往来业务[②]。

（3）金融机构间的资金往来业务，即经人民银行批准，进入全国银行间同业拆借市场的金融机构之间通过全国统一的同业拆借网络进行的短期（一年以下含一年）无担保资金融通行为[③]。

（4）同业存款，即金融机构之间开展的同业资金存入与存出业务，其中资金存入方仅为具有吸收存款资格的金融机构。

（5）同业借款，即法律法规赋予此项业务范围的金融机构开展的同业资金借出和借入业务，此条款所称"法律法规赋予此项业务范围的金融机构"主要是指农村信用社之间以及在金融机构营业执照列示的业务范围中有反映为"向金融机构借款"业务的金融机构。

（6）同业代付，即商业银行（受托方）接受金融机构（委托方）的委托向企业客户付款，委托方在约定还款日偿还代付款项本息的资金融通行为。

（7）买断式买入返售金融商品，即金融商品持有人（正回购方）将债券等金融商品卖给债券购买方（逆回购方）的同时，交易双方约定在未来某一日期，正回购方再以约定价格从逆回购方买回相等数量同种债券等金融商品的交易行为；持有金融债券。

（8）金融债券，依法在中国境内设立的金融机构法人在全国银行间和交易所债券市场发行的、按约定还本付息的有价证券。

（9）同业存单，银行业存款类金融机构法人在全国银行间市场上发行的记账式定期存款凭证[④]。

[①]《财政部 国家税务总局关于金融机构同业往来等增值税政策的补充通知》（财税〔2016〕70号）第二条。
[②]《财政部 国家税务总局关于金融机构同业往来等增值税政策的补充通知》（财税〔2016〕70号）第三条。
[③] 1~3项依据《财政部 国家税务总局关于全面推开营业税改征增值税试点的通知》（财税〔2016〕36号）附件3《营业税改征增值税试点过渡政策的规定》第一条第（二十三）项。
[④] 4~9项依据《财政部 国家税务总局关于金融机构同业往来等增值税政策的补充通知》（财税〔2016〕70号）第一条。

上述金融机构包括银行（含人民银行、商业银行、政策性银行）、信用合作社、证券公司、金融租赁公司、证券基金管理公司、财务公司、信托投资公司、证券投资基金以及保险公司，还有其他经人民银行、国家金融监督管理总局、证监会批准成立且经营金融保险业务的机构等[①]。

三、融资性售后回租的税收政策

融资性售后回租是指承租方以融资为目的，将资产出售给从事融资性售后回租业务的企业后，从事融资性售后回租业务的企业将该资产再出租给承租方的业务活动，实际上就是先将自己的资产卖给对方，然后再从对方手中租回来，貌似是租赁行为，但实际上却是一种融资手段而已。融资性售后回租以货币资金投资收取的固定利润或者保底利润，按照贷款服务缴纳增值税[②]，适用6%的税率。

融资性售后回租与融资租赁服务具有很多相似之处，经人民银行、国家金融监督管理总局或者商务部批准之后才能从事这两项业务，不过这两项业务适用的增值税政策却截然不同。

融资租赁服务看似是租赁，实际上却是购买，这也是与经营租赁服务最大的不同。出租人根据承租人要求的规格、型号、性能等条件购入有形动产或者不动产，然后再租赁给承租人。在合同有效期内，租赁物的所有权仍旧属于出租人，但合同期满付清租金后，承租人有权按照残值购入租赁物，因此按照"实质重于形式"的原则，融资租赁的资产视同为自有资产。

融资租赁服务属于"现代服务"项下的"融资租赁"，根据出租物的不同，又可分为有形动产融资租赁服务（适用税率13%）与不动产融资租赁服务（适用税率9%）。

融资性售后回租与融资租赁不仅适用税率不同，计税办法也有所差异。融资性售后回租服务以取得的全部价款（不含本金），扣除对外支付的借款利息（包括外汇借款和人民币借款利息）、发行债券利息后的余额作为销售额。融资租赁服务以取得的全部价款（含本金），扣除支付的借款利息（包括外汇借款和人民币借款利息）、发行债券利息和车辆购置税后的余额为销售额[③]。

---

① 《财政部 国家税务总局关于全面推开营业税改征增值税试点的通知》（财税〔2016〕36号）附件3《营业税改征增值税试点过渡政策的规定》第一条第（二十三）项。

② 《财政部 国家税务总局关于全面推开营业税改征增值税试点的通知》（财税〔2016〕36号）附件1《营业税改征增值税试点实施办法》附《销售服务、无形资产、不动产注释》第一条第（五）项第1目。

③ 《财政部 国家税务总局关于全面推开营业税改征增值税试点的通知》（财税〔2016〕36号）附件2《营业税改征增值税试点有关事项的规定》第一条第（三）项第5目。

融资性售后回租在计算销售额时准予扣除本金，但融资租赁却不允许扣除本金，这也是这两项应税交易在计税时最大的区别。这是因为融资性售后回租最初的资产出售行为并未是真正的销售行为，只是为了获得一笔资金，相当于获得了一笔贷款，之后支付的租金实际上就是贷款利息，贷款服务的销售额只包括全部利息及利息性质的收入，并不包括本金，既然融资性售后回租业务属于贷款服务，自然也就应当适用与贷款服务相同的税收政策。

提供融资租赁的一般纳税人可以向下游企业全额开具增值税专用发票，由于并不属于贷款服务，因此，下游一般纳税人可以抵扣包括本金与利息在内的全部进项税额，但企业从银行和其他金融机构取得的贷款利息，不得抵扣进项。

融资性售后回租服务的销售额中并不包括本金，因此出租方向承租方收取的本金部分不得开具增值税专用发票，只能开具普通发票，承租方自然也就不能抵扣相应税额；相当于融资利息部分的收入，可以开具增值税专用发票，承租方可以抵扣，这也是与贷款利息不同的地方。

融资性售后回租服务还应注意与售后回购的区别，售后回购是指销售方同意日后重新买回所销商品的销售方式。融资性售后回租服务与售后回租本质上都属于融资行为，但税务处理却有所不同。提供融资性售后回租服务的出租方需要缴纳交增值税与企业所得税，但承租方不缴纳上述税款。售后回购业务在增值税上将销售与回购视为两项应税交易，在第一项交易中，销售方需要缴纳增值税；在第二项交易中，第一项交易中的购买方需要缴纳增值税，至于是否需要缴纳企业所得税需要看是否有证据表明不符合销售收入确认条件，如以销售商品方式进行融资，销售方收到的款项应确认为负债，回购价格大于原售价的，差额应在回购期间确认为利息费用[①]，销售方不需要确认收入，也不需要缴纳企业所得税，但要求销售方回购的购买方却需要缴纳企业所得税。

第二节　金融商品转让

金融商品转让主要指转让外汇、有价证券、非货物期货和其他金融商品所有权的业务活动。其他金融商品转让包括基金、信托、理财产品等各类资产管理产品和各

[①]《国家税务总局关于确认企业所得税收入若干问题的通知》(国税函〔2008〕875号)第一条第(三)项。

种金融衍生品的转让[1]，增值税纳税义务发生时间为金融商品所有权转移的当天。

一、一般性税收规定

营改增之后，无论是金融企业，还是非金融企业，抑或是个人，转让金融商品都需要按照"金融服务"来缴纳增值税，按照卖出价扣除买入价后的余额为销售额，一般纳税人适用6%的税率。

转让金融商品出现的正负差，按盈亏相抵后的余额为销售额。若相抵后出现负差，可结转下一纳税期间与下期转让金融商品销售额相抵，但年末时仍出现负差，不得转入下一个会计年度。金融商品转让可以多种产品合并计算，以最后的收益来确认是否需要缴纳增值税，但不得跨年抵减。

金融商品的买入价是购入金融商品时支付的价格，不包括买入金融商品支付的交易费用和税费，金融商品的买入价可以选择按照加权平均法或者移动加权平均法进行核算，选择后36个月内不得变更。转让金融商品采取差额征税，自然也就不存在抵扣的问题，转让时也不得开具增值税专用发票，应当全额也就是按照卖出价开具增值税普通发票。

按照之前的规定[2]，个人从事金融商品转让业务免税，不管是有偿转让，还是无偿赠送全都免税。其他纳税人无偿转让股票，转出方以该股票的买入价而不是公允价值作为卖出价，转入方将上述股票再转让时，以原转出方的卖出价为买入价计算缴纳增值税[3]。

假如甲公司持有A公司股票10 000股，买入价为5元，6月30日，无偿赠送给乙公司，当日该股票公允价值为10元；12月31日，乙公司将该股票以15元的价格售出。

按照现行税收政策，赠予股票时，甲公司应缴纳的增值税税额为（5-5）×6%×10 000=0（元）。转让时，乙公司应缴纳的增值税税额为（15-5）×6%×10 000=6 000（元）。

不过《增值税法》第五条第三款却明确将单位和个人无偿转让金融商品视同

---

[1] 《财政部 国家税务总局关于全面推开营业税改征增值税试点的通知》（财税〔2016〕36号）附件1《营业税改征增值税试点实施办法》附《销售服务、无形资产、不动产注释》第一条第（五）项第4目。

[2] 《财政部 国家税务总局关于全面推开营业税改征增值税试点的通知》（财税〔2016〕36号）附件3《营业税改征增值税试点过渡政策的规定》第一条第（二十二）项第5目。

[3] 《财政部 税务总局关于明确无偿转让股票等增值税政策的公告》（财政部 税务总局公告2020年第40号）第一条。

应税交易，按照视同应税交易的一般性政策，赠予股票时，甲应当以赠予的股票的公允价值为卖出价，应当缴纳的增值税税额为（10-5）×6%×10 000=3 000元。转让时，乙公司并未支付买入价，应缴纳的增值税税额为（15-0）×6%×10 000=9 000（元），如此一来双方税负都会有所上升，赠送股票的税收政策是否会随着《增值税法》的出台而有所改变，我们只能拭目以待。

二、限售股买入价的确定

以前的上市公司，尤其是国有上市公司，存在相当一部分的法人股，与流通股同股同权，但取得成本却极低，股价波动风险全由流通股股东来承担，但这些法人股不能在公开市场自由买卖，因此称为"限售股"，后来通过股权分置改革，实现了上市公司所有股份的自由流通与自有买卖。

限售股的销售额也是用卖出价减去买入价，计税方法也完全一致，与其他金融产品的区别在于买入价的确定方式有所不同，具体如图6.1所示。

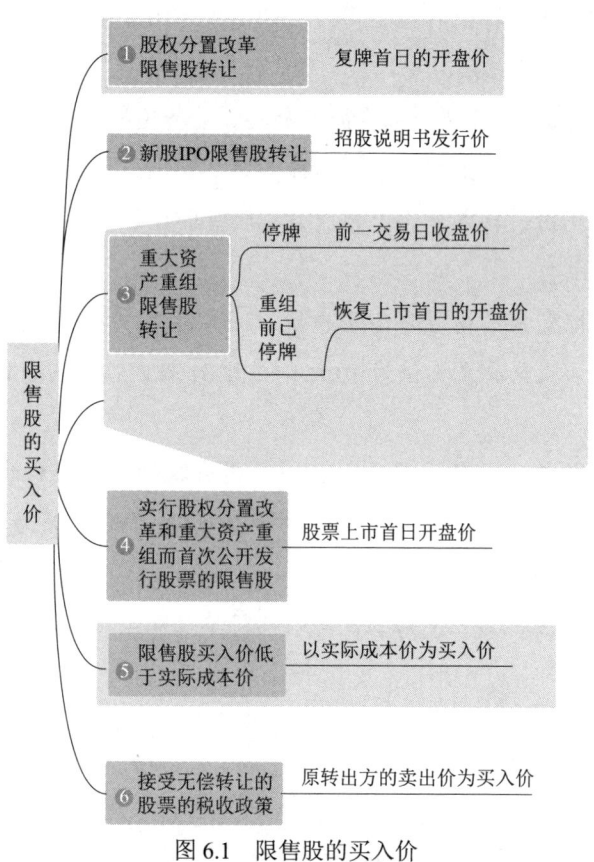

```
                    ┌─ ① 股权分置改革         复牌首日的开盘价
                    │    限售股转让
                    │
                    ├─ ② 新股IPO限售股转让    招股说明书发行价
                    │
                    │                         停牌        前一交易日收盘价
限售股的买入价 ─────┼─ ③ 重大资产重组
                    │    限售股转让           重组前      恢复上市首日的开盘价
                    │                         已停牌
                    │
                    ├─ ④ 实行股权分置改
                    │    革和重大资产重       股票上市首日开盘价
                    │    组而首次公开发
                    │    行股票的限售股
                    │
                    ├─ ⑤ 限售股买入价低       以实际成本价为买入价
                    │    于实际成本价
                    │
                    └─ ⑥ 接受无偿转让的       原转出方的卖出价为买入价
                         股票的税收政策
```

图6.1　限售股的买入价

（1）上市公司实施股权分置改革时，在股票复牌之前形成的原非流通股股份，以及股票复牌首日至解禁日期间由上述股份孳生的送、转股，以该上市公司完成股权分置改革后股票复牌首日的开盘价为买入价[①]。

（2）公司首次公开发行股票并上市形成的限售股，以及上市首日至解禁日期间由上述股份孳生的送、转股，以该上市公司股票首次公开发行（IPO）的发行价为买入价[②]。

（3）因上市公司实施重大资产重组形成的限售股，以及股票复牌首日至解禁日期间由上述股份孳生的送、转股，以该上市公司因重大资产重组股票停牌前一交易日的收盘价为买入价。金融商品的买出价是卖出原价，不得扣除卖出过程中支付的税费和交易费用[③]。在重大资产重组前已经暂停上市的，以上市公司完成资产重组后股票恢复上市首日的开盘价为买入价[④]。

上市公司因实施重大资产重组多次停牌的，按照中国证券监督管理委员会就上市公司重大资产重组申请作出予以核准决定前的最后一次停牌为基准确定买入价[⑤]。

（4）纳税人转让因同时实施股权分置改革和重大资产重组而首次公开发行股票并上市形成的限售股，以及上市首日至解禁日期间由上述股份孳生的送、转股，以该上市公司股票上市首日开盘价为买入价，按照"金融商品转让"缴纳增值税[⑥]。

（5）单位将其持有的限售股在解禁流通后对外转让，低于该单位取得限售股的实际成本价的，以实际成本价为买入价计算缴纳增值税[⑦]。

（6）前面提及的无偿转让股票的税收政策既适用于流通股，又适用于限售股，也就是转出方以该股票的买入价作为卖出价，转入方再转让时以原转出方的卖出价为买入价计算缴纳增值税。

[①]《国家税务总局关于营改增试点若干征管问题的公告》（国家税务总局公告 2016 年第 53 号）第五条第（一）项。

[②]《国家税务总局关于营改增试点若干征管问题的公告》（国家税务总局公告 2016 年第 53 号）第五条第（二）项。

[③]《国家税务总局关于营改增试点若干征管问题的公告》（国家税务总局公告 2016 年第 53 号）第五条第（三）项。

[④]《国家税务总局关于明确中外合作办学等若干增值税征管问题的公告》（国家税务总局公告 2018 年第 42 号）第四条。

[⑤]《国家税务总局关于国内旅客运输服务进项税抵扣等增值税征管问题的公告》（国家税务总局公告 2019 年第 31 号）第十条第（二）项。

[⑥]《国家税务总局关于国内旅客运输服务进项税抵扣等增值税征管问题的公告》（国家税务总局公告 2019 年第 31 号）第十条第（一）项。

[⑦]《国家税务总局关于明确二手车经销等若干增值税征管问题的公告》（国家税务总局公告 2020 年第 9 号）第四条。

三、金融商品转让的免税情形

（1）合格境外投资者委托境内公司在我国从事证券买卖业务免征增值税，需要注意的是人民币合格境外投资者委托境内公司在我国从事证券买卖业务，以及经人民银行认可的境外机构投资银行间本币市场（包括货币市场、债券市场以及衍生品市场）取得的收入属于金融商品转让收入，需要缴纳增值税[①]。

合格境外机构投资者（qualified foreign institutional investors，QFII），指外国专业投资机构到境内投资的资格认定制度；人民币合格境外机构投资者（RMB qualified foreign institutional investor，RQFII），指境外机构投资人可将批准额度内的外汇结汇投资于境内的证券市场。

两者募集资金不同，RQFII 募集资金的币种比较单一，仅仅限定为人民币，是境外机构投资者以人民币的方式通过相关的证券公司以及基金公司来投资 A 股；QFII 募集资金的币种多元化，募集资金为外汇，比如外资机构募集美元获批后，再转换为人民币投资 A 股。

两者面对主体不同，RQFII 面对的主体比较少，是境内管理公司和证券公司在香港设立的香港子公司；QFII 面对的主体比较多，是所有境外合格的投资者。

两者投资范围不同，RQFII 投资范围比较广，是由交易市场的人民币金融工具扩展到银行间的债券市场；QFII 投资范围比较窄，仅限为人民币金融工具。

也正因如此，合格境外机构投资者可以享受免税政策，但人民币合格境外机构投资者却需要按照规定缴纳增值税。

（2）香港市场投资者（包括单位和个人）通过沪港通买卖上海证券交易所上市 A 股免征增值税。

（3）香港市场投资者（包括单位和个人）通过基金互认买卖内地基金份额免征增值税。

（4）证券投资基金（封闭式证券投资基金、开放式证券投资基金）管理人运用基金买卖股票、债券免征增值税。

（5）个人从事金融商品转让业务[②]，包括个人投资者转让创新企业境内发行存

[①]《财政部 国家税务总局关于金融机构同业往来等增值税政策的补充通知》（财税〔2016〕70 号）第四条。

[②] 1~5 项《财政部 国家税务总局关于全面推开营业税改征增值税试点的通知》（财税〔2016〕36 号）附件 3《营业税改征增值税试点过渡政策的规定》第一条第（二十二）项。

托凭证（即 CDR）取得的差价收入，免征增值税。

（6）全国社会保障基金理事会、全国社会保障基金投资管理人运用全国社会保障基金买卖证券投资基金、股票、债券取得的金融商品转让收入免征增值税[1]。

（7）自 2023 年 9 月 21 日至 2025 年 12 月 31 日，公募证券投资基金（封闭式证券投资基金、开放式证券投资基金）管理人运营基金过程中转让创新企业 CDR 取得的差价收入暂免征收增值税[2]。

（8）合格境外机构投资者、人民币合格境外机构投资者委托境内公司转让创新企业 CDR 取得的差价收入暂免征收增值税[3]。

（9）经国务院批准对外开放的货物期货品种保税交割业务至 2027 年 12 月 31 日免征增值税[4]。期货保税交割是指以海关特殊监管区域或场所内处于保税监管状态的货物为期货实物交割标的物的期货实物交割。期货与现货相对，在将来某个约定的时点进行交收（即资金的收入和支出）或交割（即货物存入和提出）的标的物，标的物可以是某种货物如黄金、原油、农产品，也可以是金融工具，还可以是金融指标。标的物是实物货物的期货称为货物期货。

期货交易中实际交割的货物，如果发生进口或者出口，统一按照现行货物进出口税收政策执行。免税范围仅限于保税交割，非保税货物发生的期货实物交割正常缴纳增值税[5]。

第三节　直接收费金融服务与保险服务

一、直接收费金融服务

直接收费金融服务是指为货币资金融通及其他金融业务提供相关服务并且收取费用的业务活动，包括提供货币兑换、账户管理、电子银行、信用卡、信用证、财务担保、资产管理、信托管理、基金管理、金融交易场所（平台）管理、资金

---

[1] 《财政部 国家税务总局关于营业税改征增值税试点若干政策的通知》（财税〔2016〕39 号）第十条。
[2] 《财政部 税务总局 中国证监会关于继续实施创新企业境内发行存托凭证试点阶段有关税收政策的公告》（财政部 税务总局 中国证监会公告 2023 年第 22 号）第三条第（三）项。
[3] 《财政部 税务总局 中国证监会关于继续实施创新企业境内发行存托凭证试点阶段有关税收政策的公告》（财政部 税务总局 中国证监会公告 2023 年第 22 号）第三条第（四）项。
[4] 《财政部 税务总局关于支持货物期货市场对外开放有关增值税政策的公告》（财政部 税务总局公告 2023 年第 21 号）。
[5] 《国家税务总局关于下发〈货物期货征收增值税具体办法〉的通知》（国税发〔1994〕244 号）第二条。

结算、资金清算、金融支付等服务。直接收费金融服务,以提供直接收费金融服务收取的手续费、佣金、酬金、管理费、服务费、经手费、开户费、过户费、结算费、转托管费等各类费用为销售额[①]。

直接收费金融与金融代理有所不同,直接收费金融通常是金融企业(银行或非银行金融机构)提供金融服务,经纪代理中的"金融代理",通常发生于非金融企业提供金融中介服务,例如保险代理人销售保险产品,证券公司营业部接受委托销售资管计划理财产品等取得的佣金。

信托管理人、基金管理人在对具体的信托计划、基金产品提供管理服务时,有时会跟投某项计划或产品。对于信托管理人、基金管理人取得的来源于信托计划、基金产品的收入需适当区分,属于跟投收益部分不按直接收费金融服务缴纳增值税。

中国邮政集团公司及其所属邮政企业为金融机构代办金融保险业务取得的代理收入,在营改增试点期间免征增值税[②]。

二、保险服务的销项税额确定

保险服务是指投保人根据合同约定,向保险人支付保险费,保险人对于合同约定的可能发生的事故因其发生所造成的财产损失承担赔偿保险金责任,或者当被保险人死亡、伤残、疾病或者达到合同约定的年龄、期限等条件时承担给付保险金责任的商业保险行为。

保险服务包括人身保险服务和财产保险服务。人身保险服务是指以人的寿命和身体为保险标的的保险业务活动,财产保险服务是指以财产及其有关利益为保险标的的保险业务活动[③]。目前我国实行财产保险与人身保险分业经营,唯一的混业尝试就是财产保险企业经过批准后可以经营人身意外伤害保险与短期健康险业务。

保险企业按照收取的保费收入的6%缴纳增值税,不过收取的保户投资款属于负债,计入"保户投资款"这个会计科目,不应确认为收入,如果持有期间保险公司将保户的投资款全部或者部分转为风险保费,应当及时确认收入。在计算

[①]《财政部 国家税务总局关于全面推开营业税改征增值税试点的通知》(财税〔2016〕36号)附件2《营业税改征增值税试点有关事项的规定》第一条第(三)项第2目。

[②]《财政部 国家税务总局关于部分营业税和增值税政策到期延续问题的通知》(财税〔2016〕83号)第三条。

[③]《财政部 国家税务总局关于全面推开营业税改征增值税试点的通知》(财税〔2016〕36号)附件1《营业税改征增值税试点实施办法》附《销售服务、无形资产、不动产注释》第一条第(五)项第3目。

保险佣金税前扣除的金额时[1]，保户投资款不得作为计算基数。

被保险人获得的保险赔付不征收增值税[2]，注意并未限定赔付方式，货物赔付、服务赔付、现金赔付均可。取得现金赔付不能抵扣增值税，但如果选择货物或服务赔付，取得的增值税专用发票可以进行抵扣，不过这种方式未必能够得到被保险人或者受益人的认可，还存在一定的风险，货物赔付有可能会被认定为视同应税交易。

保险是一种可以为个人和组织提供经济保障，用于应对各种风险和损失的金融工具，正是因为这个属性，再保险（即分保）较为普遍。保险人在原保险合同的基础上，通过签订分保合同，将其自身所承保的部分风险和责任转移给其他保险人，就是再保险。

再保险服务实行与原保险服务（即保险分出方与投保人之间直接签订保险合同而建立保险关系的业务活动）一致的增值税政策。再保险合同对应多个原保险合同，所有原保险合同均适用免征增值税政策时，该再保险合同适用免征增值税政策，否则，该再保险合同应按规定缴纳增值税。

下列保险业务免征增值税：

（1）保险公司开办的一年期以上人身保险产品取得的保费收入，具体指保险期间为一年期及以上返还本利的人寿保险、养老年金保险以及其他年金保险[3]（即养老年金以外的年金保险），以及保险期间为一年期及以上的健康保险。

人寿保险是指以人的寿命为保险标的的人身保险，除了要符合保险期间一年及以上这个条件外，还必须要返还本利，否则不能免税，返还本利的人寿保险在所有寿险产品中所占比例有限，但养老年金保险与其他年金保险通常都会返还本利。

养老年金保险是指以养老保障为目的，以被保险人生存为给付保险金条件，并按约定的时间间隔分期给付生存保险金的人身保险。它应当同时符合两个条件：一个是保险合同约定给付被保险人生存保险金的年龄不得小于国家规定的退休年龄，另一个是相邻两次给付的时间间隔不得超过一年[4]。

---

[1] 《财政部 国家税务总局关于企业手续费及佣金支出税前扣除政策的通知》（财税〔2009〕29号）。
[2] 《财政部 国家税务总局关于全面推开营业税改征增值税试点的通知》（财税〔2016〕36号）附件2《营业税改征增值税试点有关事项的规定》第一条第（二）项第3目。
[3] 《财政部 国家税务总局关于进一步明确全面推开营改增试点金融业有关政策的通知》（财税〔2016〕46号）第二条。
[4] 《财政部 国家税务总局关于全面推开营业税改征增值税试点的通知》（财税〔2016〕36号）附件3《营业税改征增值税试点过渡政策的规定》第一条第（二十一）项。

健康保险是指以因健康原因导致损失为给付保险金条件的人身保险,并不要求返还本利,只要保险期间在一年及以上便符合免税条件。

(2) 境内保险公司向境外保险公司提供的完全在境外消费的再保险服务[①]。

(3) 农牧保险,为种植业、养殖业、牧业种植和饲养的动植物提供保险的业务[②]。

(4) 为出口货物提供的保险服务,包括出口货物保险和出口信用保险[③],需要注意的是国际旅游保险、国际货物运输保险等保险服务目前还不能享受免税政策,即便消费地完全在境外也是如此。

(5) 为农户、小型企业、微型企业及个体工商户借款、发行债券提供融资担保取得的担保费收入,以及为上述融资担保提供再担保取得的再担保费收入[④]。

需要注意的是,并非保险公司提供的所有服务都属于保险服务,如保单质押业务取得的收入属于利息收入,按贷款服务缴纳增值税。

三、保险企业的进项税额

根据规定,以实物赔付方式承担机动车辆保险责任,购进的车辆修理服务,其进项税额可以抵扣;以现金赔付方式承担机动车辆保险责任,将应付给被保险人的赔偿金直接支付给车辆修理劳务提供方,进项税额不得抵扣,其他财产保险比照上述规定执行[⑤]。

对财产保险公司而言,车险的赔付成本包括部分损失下的维修成本、全损的赔付成本、死伤医疗费用及理赔费用等,但通常只有部分损失下的维修成本可能会从修理厂取得增值税专用发票,理赔费用中的公估费等费用可能会从公估机构取得增值税专用发票,其他赔付一般都难以取得有效的扣税凭证。非车险的赔付成本包括财产修复成本、财产重置成本及现金赔付,其中财产修复成本与财产重置成本可能取得增值税专用发票,但难度也比较大。

---

① 《财政部 国家税务总局关于进一步明确全面推开营改增试点有关再保险、不动产租赁和非学历教育等政策的通知》(财税〔2016〕68号)第一条。

② 《财政部 国家税务总局关于全面推开营业税改征增值税试点的通知》(财税〔2016〕36号)附件3《营业税改征增值税试点过渡政策的规定》第一条第(十)项。

③ 《财政部 国家税务总局关于全面推开营业税改征增值税试点的通知》(财税〔2016〕36号)附件4《跨境应税行为适用增值税零税率和免税政策的规定》第二条第(二)项。

④ 《财政部 税务总局关于延续执行农户、小微企业和个体工商户融资担保增值税政策的公告》(财政部 税务总局公告2023年第18号)。

⑤ 《国家税务总局关于国内旅客运输服务进项税抵扣等增值税征管问题的公告》(国家税务总局公告2019年第31号)第十一条。

相较于财产保险公司，人身保险公司的进项更少，通常只有手续费与佣金支出存在抵扣的可能。财产保险公司习惯于与保险代理公司或者保险经纪公司合作，但人身保险公司却习惯于培育个人代理人队伍，个人代理人和企业内部直销都无法自行开具增值税专用发票，但个人代理人可以申请税务局代开，企业内部员工直销不建议进行代开，存在被认定为虚开发票的风险。

除此之外，外购的固定资产、不动产、无形资产、办公用品或者购买的咨询、培训等服务，以及办公场所租赁费用，如果取得增值税专用发票也可以抵扣，但在企业成本费用中所占的比例有限。

第四节　资管产品

资管产品是资产管理类产品的简称，包括银行理财产品、资金信托（包括集合资金信托、单一资金信托）、财产权信托、公开募集证券投资基金、特定客户资产管理计划、集合资产管理计划、定向资产管理计划、私募投资基金、债权投资计划、股权投资计划、股债结合型投资计划、资产支持计划、组合类保险资产管理产品、养老保障管理产品，以及财政部和税务总局规定的其他资管产品，具体见表6.1。

表6.1　税法规定的资管产品及其管理人对照表

管理人	资管产品	政策依据
银行	银行理财产品	《商业银行个人理财业务管理暂行办法》（银监会令2005年第2号）
信托公司	资金信托（包括集合资金信托、单一资金信托）、财产权信托	《中华人民共和国信托法》《信托公司集合资金信托计划管理办法》（银监会令2009年第1号）
公募基金管理公司及其子公司	公开募集证券投资基金	《中华人民共和国证券投资基金法》
	特定客户资产管理计划	《基金管理公司特定客户资产管理业务试点办法》（证监会令第83号）
证券公司及其子公司	集合资产管理计划	《证券公司客户资产管理业务管理办法》（证监会令第93号）《证券公司集合资产管理业务实施细则》（证监会公告〔2013〕28号）
	定向资产管理计划	《证券公司定向资产管理业务实施细则》（证监会公告〔2012〕30号）
期货公司及其子公司	—	《期货公司监督管理办法》（证监会令110号）

续表

管理人	资管产品	政策依据
私募基金管理人	私募投资基金	《私募投资基金监督管理暂行办法》（证监会令第105号）
保险资产管理公司	债权投资计划、股权投资计划、股债结合型投资计划	《基础设施债权投资计划管理暂行规定》（保监发〔2012〕92号）
	资产支持计划	《资产支持计划业务管理暂行办法》（保监发〔2015〕85号）
	组合类保险资产管理产品	《关于保险资产管理公司开展资产管理产品业务试点有关问题的通知》（保监资金〔2013〕124号）
专业保险资产管理机构	—	—
养老保险公司	养老保障管理产品	《养老保障管理业务管理办法》（保监发〔2015〕73号）

一、资管产品运营过程中的应税交易行为

资管行业主要有三类应税交易行为（见图6.2）：第一类是对资管产品的日常管理维护；第二类是运用资管产品资产发放贷款；第三类是运用资管产品的资产进行投资。

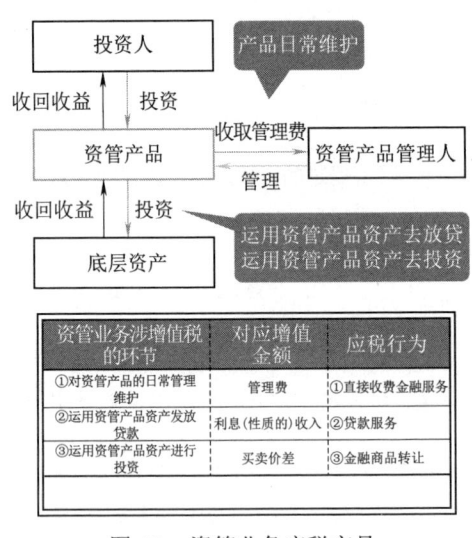

图6.2 资管业务应税交易

从投资者角度看，购入各类资管产品持有至到期，不属于金融商品转让[①]。资产管理产品区分为到期前转让和到期转让两种情形，对于到期前转让的，按照"金

[①] 《财政部 国家税务总局关于明确金融、房地产开发、教育辅助服务等增值税政策的通知》（财税〔2016〕140号）第二条。

融商品转让"进行差额纳税，也就是用买入价减去卖出价，由此产生的负差可以在同一个纳税年度内结转。对于持有至到期转让的，取得的收益属于贷款利息收入按照"贷款服务"全额纳税，具体如图6.3所示。

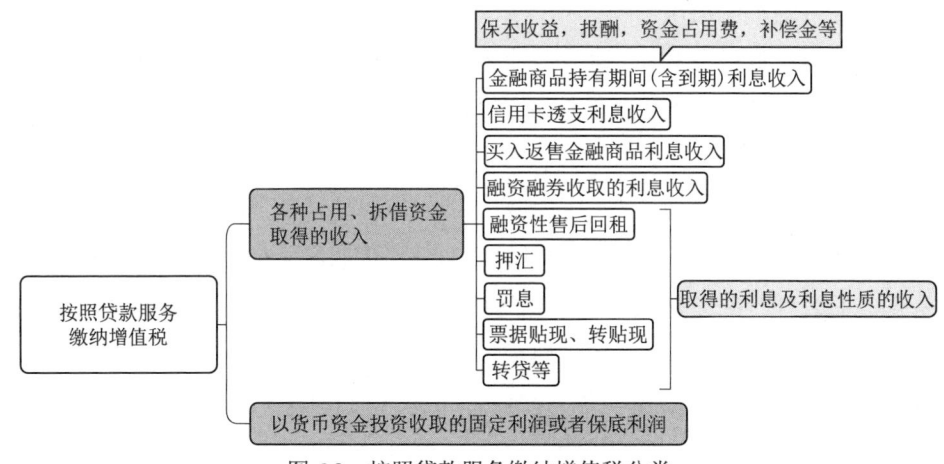

图 6.3　按照贷款服务缴纳增值税分类

表 6.2 列出了资管产品征税情况：保本是指合同中明确承诺到期本金可全部收回的投资收益[1]，判断资管产品是否属于保本范畴，应当严格按照合同约定。如果合同明确承诺保本，应当按照保本处理；如果明确承诺不保本，应当按照不保本处理；如果合同未明确，只能按照合同的具体条款进行确定。

表6.2　资管产品征税情况

资管产品类型	持有期间及到期后取得的收益	未到期转让收益	持有至到期
保本	按"贷款利息收入"缴增值税	按"金融商品转让"缴纳增值税	不征收增值税
非保本	不征收增值税	按"金融商品转让"缴纳增值税	不征收增值税

从资管产品管理人角度来看，资管产品运营过程中发生的应税交易，以资管产品管理人为增值税纳税人[2]，投资者不需要承担纳税义务。管理人运营资管产品过程中发生的应税交易暂适用简易计税方法[3]，也就是按照 3% 的征收率缴纳增值

---

[1] 《财政部 国家税务总局关于明确金融、房地产开发、教育辅助服务等增值税政策的通知》（财税〔2016〕140 号）第一条。
[2] 《财政部 国家税务总局关于明确金融、房地产开发、教育辅助服务等增值税政策的通知》（财税〔2016〕140 号）第四条。
[3] 《财政部 国家税务总局关于资管产品增值税有关问题的通知》（财税〔2017〕56 号）第一条。

税，之前曾经一度困扰整个行业的进项税抵扣问题也就此迎刃而解，从而极大地降低了管理人的增值税税负与合规成本，也降低了税务机关的征管难度。

资管产品管理人应分别核算资管产品运营业务和其他业务的销售额与增值税应纳税额，否则不能适用简易计税方法。管理人接受投资者委托或信托对受托资产提供的管理服务以及其他增值税应税行为，也就是说资管产品运营过程之外发生的增值税，仍旧按照现行规定缴纳增值税[①]，适用一般计税方式，按照6%的税率缴纳税款。

资管产品通过投资而收取的固定利润或保本收益，按照"贷款服务"缴纳增值税，2018年1月1日起产生的利息及利息性质的收入为销售额，起征时间究竟是资管产品发行时间还是取得收入时间曾经有过争议，不过如今明确以取得利息收入时间为准。假设2017年7月1日开始，信托产品发放一笔本金为100万元贷款，年利率为12%，时间为一年。2018年6月30日到期后，一次性支付本金并另外支付利息12万元，但在2018年1月1日以后发生（孳生）的利息仅为6万元，管理人仅需对6万元利息依照3%的征收率缴纳增值税。

投资人购入各类资管产品持有期间（含到期）取得的非保本收益不征收增值税；取得的保本收益，应按"贷款服务"缴纳增值税。资管产品投资人购入各类资管产品，在未到期之前转让其所有权，按"金融商品转让"缴纳增值税；持有至到期，不属于金融商品转让[②]。

证券投资基金（封闭式证券投资基金、开放式证券投资基金）管理人运用基金买卖股票、债券的差价收入免征增值税[③]。新三板市场属于全国性的非上市股份有限公司的股权交易平台，目前交易形式有协议转让和做市交易，两者在流动性上存在一定的差异，在国家税务总局进一步明确前，视为股权转让，暂不征收增值税。

二、分别核算与汇总申报

资管产品管理人可选择分别或汇总核算资管产品运营各项目销售额和增值税应纳税额[④]，产品运营过程中的收益主要涉及贷款服务与金融商品转让，贷款服务以提供服务取得的全部利息及利息性质的收入为销售额，口径相对比较简单，不

[①]《财政部 国家税务总局关于资管产品增值税有关问题的通知》（财税〔2017〕56号）第二条。
[②]《财政部 国家税务总局关于明确金融、房地产开发、教育辅助服务等增值税政策的通知》（财税〔2016〕140号）第二条。
[③]《财政部 国家税务总局关于全面推开营业税改征增值税试点的通知》（财税〔2016〕36号）附件3《营业税改征增值税试点过渡政策的规定》第一条第（二十二）项第四款。
[④]《财政部 国家税务总局关于资管产品增值税有关问题的通知》（财税〔2017〕56号）第四条。

存在抵减项目，因此分别核算和汇总核算对各产品最终的销售额和应纳税额通常并不会产生实质性影响。

金融商品转让按照卖出价扣除买入价后的余额为销售额，出现的正负差，按盈亏相抵后的余额为销售额。若相抵后出现负差，可结转下一纳税期与下期转让金融商品销售额相抵，但年末时仍出现负差的，不得转入下一个会计年度，因此分别核算和汇总核算会对产品税负产生实质性影响。

在分别核算的方式下，各金融商品的转让负差只能抵减产品自身在以后期间的转让正差，可能会出现同一管理人所管理的部分产品在年度末或产品到期清算时仍旧存在转让负差，却无法继续结转的情况。

在汇总核算方式下，某一金融商品转让负差可以抵减其他产品的转让正差，从税负成本角度来看，在一定程度上实现了整体的节税效果，不过需要特别注意的是，该方式可能会出现不同金融商品共担税负成本的问题，管理人需要慎重考虑是否符合监管机构对产品管理的要求，同时能够被投资人所接受。

在现金流方面，各金融商品转让正负差相互抵减后，最终计算的应纳税款在实际纳税时如何在各产品中分摊，也会成为管理人需要仔细斟酌的问题。由于监管层面要求资管产品独立核算，若管理人采用了分别核算不同产品的销售额和应纳税额的方式，无疑与监管要求保持一致。如果管理人采用了汇总核算不同产品的销售额和应纳税额的方式，需要考虑在满足监管要求的前提下，为每款资管产品建立统一的税务会计台账，计算汇总应交税款并记录各产品之间可能存在的增值税账务处理，以备后续管理使用和应对税务机关检查。

目前税收政策上还有一些尚未明确的地方，管理人是否可以仅对一部分产品采用汇总核算方式，对其他产品采用分别核算方式？管理人对产品采用一种核算方式后，后续是否可以变更为另一种核算方式？这些都是需要后续明确的问题。

按照税法要求，资管产品不需要单独进行纳税申报，管理人应汇总申报缴纳资管产品运营业务和其他业务的增值税，可金融监管部门却要求资管产品独立运营，管理人需要在兼顾监管要求的情况下及时进行纳税申报，避免产生税收滞纳金。

管理人很可能同时管理多款资管产品，缴纳税款时相关资金要在资管产品账户与管理人自身账户之间进行划转，存在一定的风险。由于增值税申报采用月度或季度申报，管理人在对资管产品募集的资金进行投资运用时，需要充分考虑配合申报周期，为产品预留充足的资金来缴纳税款。

第七章 留抵退税

《增值税法》第二十一条规定:"当期进项税额大于当期销项税额的部分,纳税人可以按照国务院的规定选择结转下期继续抵扣或者申请退还。"

《增值税暂行条例》第四条第三款规定:"当期销项税额小于当期进项税额不足抵扣时,其不足部分可以结转下期继续抵扣。"

增值税实行链条抵扣机制,以当期销项税额抵扣进项税额之后的余额为应纳税额,销项税额是指按照销售额和适用税率计算的增值税税额;进项税额是指购进原材料等所负担的增值税税额。如果进项税额大于销项税额,未抵扣完的进项税额会形成留抵税额。

之所以会形成留抵税额,主要是进项税额与销项税额时间错位造成的,如集中采购原材料和存货后尚未全部用于对外销售。在多档税率并存的情况下,销项适用税率低于进项适用税率,也会形成留抵税额。

国际上对留抵税额一般有两种处理方式:第一种是允许纳税人结转下期继续抵扣或申请当期退还;第二种是允许退还,但也会相应地设置较为严格的退税条件,如留抵税额必须达到一定数额,每年或一段时期内只能申请一次退税,只允许特定行业申请退税等。

《增值税暂行条例》只允许企业将留抵税额结转下期继续抵扣,之前虽然已经开始了留抵退税探索,却并没有出台与之相对应的法规,《增值税法》首次从法律层面认可了留抵退税的法律地位,标志着这项制度将会长期坚持下去。

第一节 留抵退税的税收政策

2019年4月1日起,我国开始试行增值税留抵退税,也就是将增值税期末未抵扣完的税额退还给企业。2022年，为了使得企业的现金流更充裕、促进就业消费投资，不仅扩大了增量留抵退税的覆盖面，还允许小微企业、制造业等六个重点行业的企业申请存量留抵退税，有力地提振了市场信心。

一、留抵税额的类别

留抵税额分为两类，即存量留抵税额与增量留抵税额，分别有着各自的适用主体。比如，制造业企业C公司2019年3月31日的留抵税额为125万元，2022年9月期末留抵税额为225万元，那么这家公司增量留抵税额为225-125=100（万元）；存量留抵税额为125万元。

获得一次性存量留抵退税前，当期期末留抵税额大于或等于2019年3月31日期末留抵税额，存量留抵税额为2019年3月31日期末留抵税额；小于2019年3月31日期末留抵税额，存量留抵税额为当期期末留抵税额。获得一次性存量留抵退税后，存量留抵税额为零[1]。

微型企业A公司2019年3月31日的期末留抵税额为125万元，2022年4月申请一次性存量留抵退税时，如果当期期末留抵税额为155万元，该纳税人的存量留抵税额为125万元；如果当期期末留抵税额为98万元，该纳税人的存量留抵税额为98万元。在4月获得存量留抵退税后，存量留抵税额将会被清零。

增量留抵税额是新增的留抵税额，比较的起点是2019年3月31日的留抵税额。获得一次性存量留抵退税前，增量留抵税额为当期期末留抵税额与2019年3月31日相比新增加的留抵税额。获得一次性存量留抵退税后，增量留抵税额为当期期末留抵税额[2]。

小型企业B公司2019年3月31日的期末留抵税额为125万元，2022年7月31日的期末留抵税额为155万元，在8月纳税申报期申请增量留抵退税时，如果此前未获得一次性存量留抵退税，该纳税人的增量留抵税额为155-125=30（万元）；如果此前已获得一次性存量留抵退税，存量留抵税额已经被清零，那么该纳税人的增量留抵税额为120万元。

---

[1]《财政部 税务总局关于进一步加大增值税期末留抵退税政策实施力度的公告》（财政部 税务总局公告2022年第14号）第五条。
[2]《财政部 税务总局关于进一步加大增值税期末留抵退税政策实施力度的公告》（财政部 税务总局公告2022年第14号）第四条。

二、留抵退税的适用范围

根据留抵税额的差异，纳税人也被分为存量留抵退税纳税人与增量留抵税额纳税人两类。存量留抵退税纳税人包括以下两类群体：

第一类是小微企业

注意，不同于企业所得税中的"小型微利企业"，按照《中小企业划型标准规定》（工信部联企业〔2011〕300号）和《金融业企业划型标准规定》（银发〔2015〕309号）中的营业收入指标、资产总额指标将企业分为大型、中型、小型、微型四类，小微企业指的是其中的小型与微型企业。表7.1和表7.2列出了小型、微型企业和小型、微型金融企业的认定标准。

表7.1 小型、微型企业认定标准[①]

行业	小型企业（且）			微型企业（且）		
	从业人员	营业收入	资产总额	从业人员	营业收入	资产总额
农、林、牧、渔业		300万元及以上，3 000万元以下			300万元以下	
工业（采矿业、制造业、电力、热力、燃气及水生产和供应业），交通运输、仓储和邮政业	20人及以上300人以下	2 000万元及以上，20 000万元以下		20人以下	2 000万元以下	
建筑业，组织管理服务		800万元及以上，8 000万元以下	1 000万元及以上，10 000万元以下		800万元以下	1 000万元以下
批发业	5人及以上20人以下	2 000万元及以上，20000万元以下		5人以下	2 000万元以下	
零售业	10人及以上50人以下	500万元及以上，5 000万元以下		10人以下	500万元以下	
住宿业和餐饮业	10人及以上100人以下	200万元及以上，4 000万元以下		10人以下	200万元以下	

---

① 《关于印发中小企业划型标准规定的通知》（工信部联企业〔2011〕300号）第四条。

续表

行业	小型企业（且）			微型企业（且）		
	从业人员	营业收入	资产总额	从业人员	营业收入	资产总额
信息传输、软件和信息技术服务业	10人及以上100人以下	1 000万元及以上		10人以下	1 000万元以下	
房地产开发经营		1 000万元及以上，10 000万元以下	5 000万元及以上，50 000万元以下		1 000万元以下	5 000万元以下
房地产业（不含房地产开发经营），租赁和商务服务业（不含组织管理服务），科学研究和技术服务业，水利、环境和公共设施管理业，居民服务、修理和其他服务业，社会工作，文化、体育和娱乐业等	10人及以上100人以下	500万元及以上，5 000万元以下		10人以下	500万元以下	

表7.2 小型、微型金融企业认定标准[①]

金融企业类别	小型金融企业	微型金融企业
银行业存款类金融机构	资产总额50亿元（含）以上、5 000亿元（不含）以下	资产总额50亿元（不含）以下
银行业非存款类金融机构	资产总额50亿元（含）以上、200亿元（不含）以下	资产总额50亿元（不含）以下
贷款公司、小额贷款公司及典当行	资产总额50亿元（含）以上、200亿元（不含）以下	资产总额50亿元（不含）以下
证券业金融机构	资产总额10亿元（含）以上、100亿元（不含）以下	资产总额10亿元（不含）以下
保险业金融机构	资产总额20亿元（含）以上、400亿元（不含）以下	资产总额20亿元（不含）以下
信托公司	资产总额20亿元（含）以上、400亿元（不含）以下	资产总额20亿元（不含）以下
金融控股公司	资产总额50亿元（含）以上、5 000亿元（不含）以下	资产总额50亿元（不含）以下
除贷款公司、小额贷款公司、典当行以外的其他金融机构	资产总额50亿元（含）以上、200亿元（不含）以下	资产总额50亿元（不含）以下

[①]《中国人民银行 中国银行业监督管理委员会 中国证券监督管理委员会 中国保险监督管理委员会 国家统计局关于印发〈金融业企业划型标准规定〉的通知》（银发〔2015〕309号）第五条。

资产总额指标按照上一会计年度年末值确定，营业收入指标按照上一会计年度增值税销售额确定，不满一个会计年度的，增值税销售额＝上一会计年度企业实际存续期间增值税销售额/企业实际存续月数×12，增值税销售额包括纳税申报销售额、稽查查补销售额、纳税评估调整销售额。如果适用差额征税，按照差额之后的销售额确定[①]。

对上述所列行业以外的纳税人，以及所列行业没有营业收入指标或资产总额指标的纳税人，微型企业的认定标准为年度销售额100万元以下（不含100万元）；小型企业的认定标准为年度销售额2 000万元以下（不含2 000万元）；中型企业的认定标准为年度销售额1亿元以下（不含1亿元），其他企业为大型企业[②]。

第二类是制造业等

包含"制造业""科学研究和技术服务业""电力、热力、燃气及水生产和供应业""软件和信息技术服务业""生态保护和环境治理业""交通运输、仓储和邮政业"六个行业的所有纳税人。

上述两类符合条件的纳税人只有满足以下条件之后才可以成为存量留抵退税纳税人：

（1）纳税信用等级为A级或者B级。

（2）申请退税前36个月未发生骗取留抵退税、骗取出口退税或虚开增值税专用发票情形。

（3）申请退税前36个月未因偷税被税务机关处罚两次及以上。

（4）2019年4月1日起未享受即征即退、先征后返（退）政策。

存量留抵退税纳税人不仅可以按月全额退还增值税增量留抵税额，还可以一次性退还存量留抵税额，也就是说存量彻底清零，增量随时有随时退。

除了存量留抵退税纳税人之外，其他纳税人都是增量留抵退税纳税人，只对相较于2019年3月31日的留抵税额的增量税额进行退税，之前形成的留抵税额只能通过抵扣之后销项税额的方式进行抵减。

留抵退税政策呈现三大特点：

[①]《财政部 税务总局关于进一步加大增值税期末留抵退税政策实施力度的公告》（财政部 税务总局公告2022年第14号）第六条。

[②]《财政部 税务总局关于进一步加大增值税期末留抵退税政策实施力度的公告》（财政部 税务总局公告2022年第14号）第六条。

第一个特点是聚焦"小微企业和重点支持行业",政策范围扩大到所有小微企业和制造业等六大重点行业,适用主体不仅包括企业,还涵盖按照一般计税方法计税的个体工商户。此外,六大重点行业的小微企业可以自主选择适用小微企业或是六大重点行业的留抵退税政策,但最终的政策实施效果是一样的。

第二个特点是增量与存量留抵并退,对所有符合条件的小微企业、六大重点行业在 2019 年 4 月 1 日前形成的存量留抵税额予以退还,将不再有存量留抵税额。

第三个特点是"制度性、一次性和阶段性"安排并举,2019 年开始实施的普遍性留抵退税政策,设置了"连续六个月(按季纳税的,连续两个季度)增量留抵税额均大于零,且第六个月增量留抵税额不低于 50 万元"的退税门槛[①],此次取消了这一退税门槛。

增量留抵退税扩围是制度性安排,可以使得更多的纳税人享受到政策红利。存量留抵退税政策是基于当时经济环境出台的一次性政策,今后如果没有出台相关文件将不会再继续实施。留抵退税与即征即退、先征后返(退)政策的自由选择期为 2022 年 12 月 31 日前,属于阶段性政策。

三、留抵退税额的计算

允许退还的增量留抵税额 = 增量留抵税额 × 进项构成比例 ×100%

允许退还的存量留抵税额 = 存量留抵税额 × 进项构成比例 ×100%

进项构成比例为 2019 年 4 月至申请退税前一税款所属期已抵扣的增值税专用发票(含带有"增值税专用发票"字样数电票、机动车销售统一发票)、收费公路通行费增值税电子普通发票、海关进口增值税专用缴款书、完税凭证注明的增值税额占同期全部已抵扣进项税额的比重。

之所以要设定进项构成比例是因为并非所有进项税额对应的留抵税额都予以退税,因为有的扣税凭证是按照上面载明的增值税税额进行抵扣,但有些扣税凭证却是人工计算抵扣额,如农产品收购发票、农产品销售发票开具的都是免税农产品,只是为了扶持农产发展,才允许用金额乘以抵扣率计算抵扣额;旅客运输涉及的航空运输电子客票、铁路车票以及注明旅客身份信息的公路、水路等其他客票,还有桥、闸通行费,本质上全都属于普通发票,上面并未载明税额,这些

---

① 《财政部 国家税务总局 海关总署关于深化增值税改革有关政策的公告》(财政部 国家税务总局 海关总署公告 2019 年第 39 号)第八条第(一)项第 1 目。

需要计算抵扣的凭证全都被排除在留抵退税范围之外。不过航空运输电子客票、铁路车票新推出的数电票上已经开始载明税额，或许在不久的将来也会被纳入留抵退税范围之中。

在计算允许退还的留抵税额的进项构成比例时，纳税人在2019年4月至申请退税前一税款所属期内按规定转出的进项税额，无须从已抵扣的增值税额中扣减[1]。之所以会出台这项规定既是为了方便计算，也是为了让企业受益，不过这只是针对大多数企业而言。对于农产品收购发票、农产品销售发票等没有纳入留抵退税范围的扣税凭证占比较大的企业，还没有纳入留抵退税范围的扣税凭证发生转出但在计算留抵退税时不进行转出的企业，并不是很有利。

开始试行留抵退税时，2019年第39号公告规定的退税比例为60%[2]，但在2019年第84号公告的计算公式中已经没有了60%的退税比例限制[3]，2022年第14号公告明确将退税比例从60%提高至100%[4]。

案例：某小微企业2019年4月至申报时取得的进项税额中，增值税专用发票512万元，道路通行费电子普通发票320万元，海关进口增值税专用缴款书128万元，农产品收购发票抵扣的进项税额54万元、符合条件的旅客运输发票抵扣进项税额12万元。2022年12月，该纳税人因发生非正常损失，将已经抵扣的增值税专用发票对应的32万元进项税额转出，请问如何计算该纳税人的进项构成比例？

解析：农产品收购发票、符合条件的旅客运输发票并不属于留抵退税范围，只能作为计算的分母，在计算时，进项税额转出的32万元不进行相应的调整。

进项税额构成比例（512+320+128）÷（512+320+128+54+12）×100%=93.57%。

企业在办理留抵退税期间，因纳税申报、稽查查补和评估调整等原因，造成期末留抵税额发生变化的，按最近一期"增值税及附加税费申报表"（一般纳税人

---

[1]《国家税务总局关于进一步加大增值税期末留抵退税政策实施力度有关征管事项的公告》（国家税务总局公告2022年第4号）第二条。

[2]《财政部 国家税务总局 海关总署关于深化增值税改革有关政策的公告》（财政部 国家税务总局 海关总署公告2019年第39号）第八条（三）项。

[3]《财政部 税务总局关于明确部分先进制造业增值税期末留抵退税政策的公告》（财政部 税务总局公告2019年第84号）第四条。

[4]《财政部 税务总局关于进一步加大增值税期末留抵退税政策实施力度的公告》（财政部 税务总局公告2022年第14号）第八条。

适用）第 20 行"期末留抵税额"确定允许退还的增量留抵税额。如果纳税人既有增值税欠税，又有期末留抵税额的，用第 20 行"期末留抵税额"抵减第 25 行"期初未缴税额"后的余额来确定允许退还的增量留抵税额[1]。

四、留抵退税的操作流程

企业可以选择向主管税务机关申请留抵退税，也可以选择结转下期继续抵扣[2]。是否申请留抵退税是纳税人的权利。既然是权利，权利人就有权选择放弃，税务机关无权要求纳税人必须申请退还其留抵税额。

纳税人应在纳税申报期内，完成当期增值税纳税申报后申请留抵退税[3]。留抵税额是个时点数，会随着企业的生产经营活动的变化而变化，所以企业提交留抵退税申请必须在纳税申报期完成后进行，以免对退税数额计算和后续核算产生影响。

企业可以在规定期限内同时申请增量留抵退税和存量留抵退税[4]，也可以选择先办理其中一项。

纳税人不符合留抵退税条件的，不予留抵退税。税务机关应自受理留抵退税申请之日起 10 个工作日内完成审核，并向纳税人出具不予留抵退税的"税务事项通知书[5]"。在办理留抵退税期间，发现符合留抵退税条件的纳税人存在以下情形，暂停为其办理留抵退税：

（1）存在增值税涉税风险疑点的。

（2）被税务稽查立案且未结案的。

（3）增值税申报比对异常未处理的。

（4）取得增值税异常扣税凭证未处理的[6]。

上述增值税涉税风险疑点等情形排除之后，纳税人仍符合留抵退税条件的，

---

[1]《国家税务总局关于办理增值税期末留抵税额退税有关事项的公告》（国家税务总局公告 2019 年第 20 号）第九条第（一）项、第（三）项。

[2]《财政部 税务总局关于进一步加大增值税期末留抵退税政策实施力度的公告》（财政部 税务总局公告 2022 年第 14 号）第十一条第一款。

[3]《财政部 税务总局关于进一步加大增值税期末留抵退税政策实施力度的公告》（财政部 税务总局公告 2022 年第 14 号）第十一条第一款。

[4]《财政部 税务总局关于进一步加大增值税期末留抵退税政策实施力度的公告》（财政部 税务总局公告 2022 年第 14 号）第十一条第二款。

[5]《国家税务总局关于办理增值税期末留抵税额退税有关事项的公告》（国家税务总局公告 2019 年第 20 号）第十一条。

[6]《国家税务总局关于办理增值税期末留抵税额退税有关事项的公告》（国家税务总局公告 2019 年第 20 号）第十二条。

税务机关继续为其办理留抵退税，并自增值税涉税风险疑点等情形排除且相关事项处理完毕之日起5个工作日内完成审核，向纳税人出具准予留抵退税的"税务事项通知书"。

如果纳税人不再符合留抵退税条件，不予留抵退税。税务机关应自增值税涉税风险疑点等情形排除且相关事项处理完毕之日起5个工作日内完成审核，向纳税人出具不予留抵退税的"税务事项通知书"[①]。

纳税人应在收到税务机关准予留抵退税的"税务事项通知书"当期，以税务机关核准的允许退还的增量留抵税额冲减期末留抵税额，并在办理增值税纳税申报时，按照冲减之后的金额填写"增值税纳税申报表附列资料（二）"（本期进项税额明细）第22栏"上期留抵税额退税[②]"。

纳税人申请增值税留抵退税，按照纳税人向主管税务机关提交"退（抵）税申请表"时点的纳税信用级别来确定是否符合申请留抵退税条件。已完成退税的纳税信用等级为A级或B级的纳税人，因纳税信用年度评价、动态调整等原因，纳税信用级别不再是A级或B级，其已取得的留抵退税款不需要退回。同时，之前因纳税信用评级不符合要求无法享受留抵退税政策的企业等到信用评级符合条件之后可以申请退税。

现行留抵退税政策对于申请退税主体通常会有一定的限制条件，比如增量留抵退税仅限于小微企业与制造业等六个行业，但《增值税法》第二十一条对于留抵退税却并未设置限制条件，因此所有纳税人都适用于该政策，虽然立法精神如此，但目前还有待于出台更有操作性的相关文件。

第二节 出口企业的留抵退税

在留抵退税政策推出之前，增值税退税政策只有两项，第一项是因为政策变动或者自身原因导致实际缴纳的税款超过了应纳税额，税务机关发现后应当立即退还。纳税人自结算缴纳税款之日起3年内发现的，可以向税务机关要求退还多

[①] 《国家税务总局关于办理增值税期末留抵税额退税有关事项的公告》（国家税务总局公告2019年第20号）第十三条

[②] 《国家税务总局关于办理增值税期末留抵税额退税有关事项的公告》（国家税务总局公告2019年第20号）第十五条。

缴的税款并加算银行同期存款利息，税务机关及时查实后应当立即退还；另外一项就是出口退税，将出口的货物、服务、无形资产在中国境内征收的增值税退还给企业。

由于同时涉及出口退税与留抵退税，出口企业退税的复杂程度要远远大于普通企业，下面就对此进行详细介绍。

一、出口退税的政策适用

生产企业出口自产货物和视同自产货物及对外提供加工修理修配服务以及列明生产企业[①]出口非自产货物适用"免抵退税"办法。

持续经营以来从未发生骗取出口退税、虚开增值税专用发票或农产品收购发票、接受虚开增值税专用发票（善意取得虚开增值税专用发票除外）行为，出口的外购货物符合下列条件之一的，可视同自产货物：

（1）同时符合下列条件的外购货物，与本企业生产的货物名称、性能相同；使用本企业注册商标或境外单位或个人提供给本企业使用的商标；出口给进口本企业自产货物的境外单位或个人。

（2）与本企业所生产的货物属于配套出口，且出口给进口本企业自产货物的境外单位或个人的外购货物，要么用于维修本企业出口的自产货物的工具、零部件、配件；要么不经过本企业加工或组装，出口后能直接与本企业自产货物组合成成套设备的货物。

（3）经集团公司总部所在地的地级以上税务部门认定的集团公司，其控股的生产企业之间收购的自产货物以及集团公司与其控股的生产企业之间收购的自产货物。

（4）同时符合下列条件的委托加工货物，与本企业生产的货物名称、性能相同，或者是用本企业生产的货物再委托深加工的货物；出口给进口本企业自产货物的境外单位或个人；委托方与受托方必须签订委托加工协议，且主要原材料必须由委托方提供，受托方不垫付资金，只收取加工费，开具加工费（含代垫的辅助材料）的增值税专用发票。

（5）用于本企业中标项目下的机电产品。

[①]《财政部 国家税务总局关于出口货物劳务增值税和消费税政策的通知》（财税〔2012〕39号）附件5《列名生产企业的具体范围》中所列出口企业名单。

（6）用于对外承包工程项目下的货物[①]。

不具有生产能力的外贸企业等出口企业出口货物与加工修理修配服务适用"免退税"方法，也就是免征出口环节增值税，相应的进项税额予以退还。相较于生产企业，外贸企业并不存在加工生产的过程，出口的货物与购进的货物对应关系相对比较明确，因此"免退税"方法相对更为简单。

外贸企业出口委托加工修理修配货物的增值税应退税额＝委托加工修理修配的增值税退（免）税计税依据 × 出口货物退税率。

外贸企业出口其他货物的增值税应退税额＝增值税退（免）税计税依据 × 出口货物退税率[②]。

外贸企业出口委托加工修理修配货物增值税退（免）税的计税依据为加工修理修配费用增值税专用发票注明的金额。外贸企业应将加工修理修配使用的原材料（进料加工海关保税进口料件除外）作价销售给受托加工修理修配的生产企业，受托加工修理修配的生产企业应将原材料成本并入加工修理修配费用开具发票。

外贸企业出口其他货物增值税退（免）税的计税依据为购进出口货物的增值税专用发票注明的金额或海关进口增值税专用缴款书注明的完税价格。

无论是"免抵退"办法，还是"免退税"办法，出口时适用零税率，也就是不用缴纳销项税额，同时退还进项税额，退税率通常等于适用税率，但有时也会低于适用税率，税率差对应的进项税款需要转出，计入出口货物或者加工修理修配服务的成本之中[③]。

小规模纳税人不能抵扣进项税额，因此适用"免税"方法，只是免去出口环节的销项税额并不会退还之前缴纳的税额。

营改增之后，出口业务之中又新增了服务与无形资产，如果出口的主体是小规模纳税人或是选择简易计税方法的一般纳税人会适用"免征"政策；选择一般计税方法的生产企业适用"免抵退税"办法；选择一般计税方法的企业出口外购

[①] 《财政部 国家税务总局关于出口货物劳务增值税和消费税政策的通知》（财税〔2012〕39号）附件4《视同自产货物的具体范围》。

[②] 《财政部 国家税务总局关于出口货物劳务增值税和消费税政策的通知》（财税〔2012〕39号）第五条第（二）项。

[③] 《财政部 国家税务总局关于出口货物劳务增值税和消费税政策的通知》（财税〔2012〕39号）第五条第（三）项。

的服务或者无形资产实行"免退税"办法,但外贸企业出口自己提供的服务或自行研发的无形资,视同生产企业出口货物适用"免抵退税"办法[①]。

服务和无形资产的退税率为其适用的增值税税率,因此不会像出口货物或者加工修理修配服务那样因退税率低于适用税率而将两者之间的差额从进项税额之中转出。不过服务与无形资产价格透明度却要低于货物,因此出台了特殊条款,如果主管税务机关认定服务、无形资产的出口价格偏高,有权按照核定的出口价格计算退(免)税,核定的出口价格低于外贸企业购进价格的,低于部分对应的进项税额不予退税,转入成本[②]。

出口企业可以放弃适用"免抵退税"或"免退税"办法,选择免税或按规定缴纳增值税,但放弃后36个月内不得再申请适用[③]。

二、"免抵退税"办法

"免抵退税"办法总共分为三步,"免"税是指对生产企业出口自产货物,免征生产销售环节的增值税;"抵"税是指生产企业出口的自产货物所耗用原材料、零部件已经缴纳的税额先抵减内销货物的应纳税款;"退"税是指生产企业存在未抵减完的税额,经主管退税机关批准后,予以退税,在核算时需要涉及四个重要概念:

(1)免抵退税额不得免征和抵扣税额=出口货物离岸价×外汇人民币牌价×(出口货物征税率-出口货物退税率)-免抵退税额不得免征和抵扣税额抵减额。

(2)免抵退税额不得免征和抵扣税额抵减额=免税购进原材料价格×(出口货物征税率-出口货物退税率)。

(3)免抵退税额=出口货物离岸价×汇率×出口货物退税率-免抵退税额抵减额(出口货物存在若干种价格,需要根据FOB价格即离岸价格进行核算)。

(4)免抵退税额抵减额=免税购进原材料价格×出口货物退税率。

按照出口退税的原理,出口货物在境内采购、生产环节征收的增值税要全额

[①] 《财政部 国家税务总局关于全面推开营业税改征增值税试点的通知》(财税〔2016〕36号)附件4《跨境应税行为适用增值税零税率和免税政策的规定》第四条。
[②] 《财政部 国家税务总局关于全面推开营业税改征增值税试点的通知》(财税〔2016〕36号)附件4《跨境应税行为适用增值税零税率和免税政策的规定》第四条。
[③] 《财政部 国家税务总局关于全面推开营业税改征增值税试点的通知》(财税〔2016〕36号)附件4《跨境应税行为适用增值税零税率和免税政策的规定》第五条。

退回，但相关税额究竟是多少，即便是生产企业都觉得难以计算，税务机关核实起来难度无疑很大，因此专门设立了"免抵退税额"，可以理解为出口退税的限额，用离岸价格乘以出口货物退税率，因为在正常情况下离岸价格不会低于成本，否则就会涉嫌低价倾销，因此出口退税数额在任何情况下都不得超过这个数额，但计算这个数额的时候需要剔除免税购进的原材料，当时购进的时候就没有缴税，自然也就不能列入退税基数。

由于退税率有时会小于征税率，因此税率差对应的金额不得用于免征与抵扣，称为"免抵退税额不得免征和抵扣税额"，注意计算的时候同样需要剔除免税购进原材料。"免抵退税额不得免征和抵扣税额"对应的进项税额不能进行抵扣，应当进行转出，计入货物成本。

退还出口货物在境内采购、生产环节征收的增值税时先"抵"，后"退"，也就是用包含出口货物在内的所有货物对应的进项税额来抵扣内销货物的销项税额，如果抵扣完之后是正数，那么就说明需要缴纳增值税，不过这种情形并不时常出现，要么是出口货物的销售额在企业总体销售额中的占比太低，要么就是没有及时取得扣税凭证。通常情况下抵扣完之后为负数，形成了留抵税额，之后要将留抵税额与"免抵退税额"进行比较，如果留抵税额小，那么就按照留抵税额进行退税；如果免抵退税额小，那么就按照免抵退税额进行退税。

三、留抵退税政策与增值税优惠政策的衔接

1. 与"免抵退税"办法的衔接

纳税人出口货物、发生跨境应税行为，适用"免抵退税"办法，应先办理免抵退税。之后符合规定条件的，还可以申请退还留抵税额[①]。

企业在同一申报期既办理"免抵退税"应退税额，又办理留抵退税，或者在纳税人申请办理留抵退税时存在尚未经税务机关核准的"免抵退税"应退税额，应待税务机关核准"免抵退税"应退税额之后，根据最近一期"增值税及附加税费申报表"（一般纳税人适用）第20行"期末留抵税额"，扣减税务机关核准的"免抵退税"应退税额后的余额确定允许退还的增量留抵税额。税务机关核准的"免抵退税"应退税额是指税务机关当期已核准，但尚未在"增值税及附加税费申报表"（一般纳税人适用）第15行"免、抵、退应退税额"中填报的"免抵退税"

[①] 《财政部 国家税务总局关于出口货物劳务增值税和消费税政策的通知》（财税〔2012〕39号）第五条第（四）项。

应退税额[1]。

如果留抵税额小于"免抵退税"应退税额，按照留抵税额进行退税，退完之后，留抵税额实际上已经清零，自然也就不需要再申请留抵退税。如果留抵税额大于"免抵退税"应退税额，那么先按照"免抵退税"应退税额进行退税，但留抵退税并未清零，此时还可以再申请留抵退税。

在纳税人办理增值税纳税申报和"免抵退税"申报后、税务机关核准其"免抵退税"应退税额前，税务机关核准了其前期留抵退税，以最近一期"增值税及附加税费申报表"（一般纳税人适用）第20行"期末留抵税额"，扣减税务机关核准的留抵退税额后的余额，计算当期"免抵退税"应退税额和免抵税额。税务机关核准的留抵退税额是指税务机关当期已核准，但纳税人尚未在"增值税纳税申报表附列资料（二）（本期进项税额明细）"第22栏"上期留抵税额退税"填报的留抵退税额[2]。

2. 与"免退税"办法的衔接

"免抵退税"办法用离岸价格乘以退税率，"免退税"办法是用扣税凭证载明的金额乘以退税率，退税率与适用税率之间的税率差对应的进项税额已经转出，与出口相关的其他进项税额也已经退还，通常情况下没有了退还留抵税额的必要[3]。

3. 与增值税即征即退、先征后返（退）政策的衔接

出口退税政策与增值税即征即退、先征后返（退）政策可以同时适用，但即征即退、先征后返（退）项目不能参与出口项目"免抵退税"计算，应分别核算免抵退项目和即征即退、先征后退项目，并分别享受增值税即征即退、先征后退和"免抵退税"政策[4]。

如果两者的进项税额无法准确划分，那么无法划分进项税额中用于增值税即征即退或者先征后返（退）项目的部分 = 当月无法划分的全部进项税额 × 当月增

---

[1] 《国家税务总局关于办理增值税期末留抵税额退税有关事项的公告》（国家税务总局公告2019年第20号）第九条第（二）项。

[2] 《国家税务总局关于办理增值税期末留抵税额退税有关事项的公告》（国家税务总局公告2019年第20号）第十条。

[3] 《财政部 税务总局 关于进一步加大增值税期末留抵退税政策实施力度的公告》（财政部 税务总局公告2022年第14号）第十条。

[4] 《财政部 国家税务总局关于出口货物劳务增值税和消费税政策的通知》（财税〔2012〕39号）第五条第（四）项。

值税即征即退或者先征后退项目销售额÷当月全部销售额合计。

税留抵退税政策与增值税即征即退、先征后返（退）政策却不能同时适用，只能二选一。纳税人自2019年4月1日起已取得留抵退税款的，不得再申请享受增值税即征即退、先征后返（退）政策，已享受增值税即征即退、先征后返（退）政策的，不得再申请退还留抵税额[①]。

只要该纳税人在2019年4月1日后享受过即征即退、先征后返（退）政策，无论是单个项目，还是多个项目，该纳税人均不可以办理留抵退税，但并不包含纳税人在2019年3月份及以前申请的即征即退、先征后返（退），4月份之后收到退税款的情况在内。

面对上述选择，企业一般情况下会放弃留抵退税，因为增值税留抵退税并不属于税收优惠政策，只是一项便民措施，即使现在不申请退还，以后还可以继续抵扣。增值税即征即退、先征后返（退）是实实在在的税收减免税政策，如果现在选择放弃，那么以后就没有机会了，不过这是通常情况下的选择，但既然是选择，那么就必然存在特例。

如果企业预计未来会长期存在留抵税额，比如购进的货物、服务、无形资产适用高税率，销售的货物、服务、无形资产适用低税率，制度性差异导致留抵税额将会长期存在，选择时就必须仔细斟酌一番。

2022年10月31日之前是纳税人自由选择的窗口期。自2019年4月1日起已取得留抵退税款的，企业可以在2022年10月31日前一次性将已取得的留抵退税款全部缴回后，按规定申请享受增值税即征即退、先征后返（退）政策。与此相反，自2019年4月1日起已享受增值税即征即退、先征后返（退）政策的，可以在2022年10月31日前一次性将已退还的增值税即征即退、先征后返（退）税款全部缴回后，按规定申请退还留抵税额[②]。

缴回相关退税款必须遵循的原则是必须在规定的时间内完成退税，即2022年10月31日前缴回全部退税款，还必须是一次性完成退税而不是多次累计完成应缴回的全部退税款。申请缴回已退还的全部留抵退税款的，可通过电子税务局或

[①]《财政部 税务总局关于进一步加大增值税期末留抵退税政策实施力度的公告》（财政部 税务总局公告2022年第14号）第十条。

[②]《财政部 税务总局关于进一步加大增值税期末留抵退税政策实施力度的公告》（财政部 税务总局公告2022年第14号）第十条。

办税服务厅提交"缴回留抵退税申请表"。税务机关应自受理之日起5个工作日内，依申请向纳税人出具留抵退税款缴回的"税务事项通知书"。纳税人在缴回已退还的全部留抵退税款后，办理增值税纳税申报时，将缴回的全部退税款在"增值税纳税申报表附列资料（二）（本期进项税额明细）"第22栏"上期留抵税额退税"填写负数，并可继续按规定抵扣进项税额①。

企业在规定时间内将已退还的即征即退、先征后返（退）税款一次性全部缴回后，即可在规定的留抵退税申请期内申请办理留抵退税；在规定时间内将已退还的留抵退税款一次性全部缴回后，即可在缴回后的纳税申报期内按规定申请适用即征即退、先征后返（退）政策。

今后是否还会像2022年10月31日那样存在选择的窗口期呢？随着《增值税法》的出台，类似的窗口期肯定还会有，因为即征即退、先征后返（退）政策是不断变动的，之前享受的企业此后不能再享受，之前不能享受的企业今后可以享受，都会导致选择有所变化。对此，国家应出台常态化选择机制，为了防止诱发逆向选择，可以采取预先选择制，12月31日之前缴回当年收到的留抵退税款，下一年度可以选择适用即征即退、先征后返（退）政策，反之亦然。

纳税人按规定向主管税务机关申请缴回已退还的全部留抵退税款时，可通过电子税务局或办税服务厅提交"缴回留抵退税申请表"在一次性缴回全部留抵退税款后，企业可在办理增值税纳税申报时，相应调增期末留抵税额，并可继续用于进项税额抵扣。

案例：某一般纳税人在2019年4月1日后，陆续获得留抵退税215万元，后想要选择适用增值税即征即退政策，于2022年6月3日向税务机关申请缴回留抵退税款，留抵退税款215万元已全部缴回入库。该纳税人在7月1日办理税款所属期2022年6月的增值税纳税申报时该如何填写？

解析："增值税纳税申报表附列资料（二）（本期进项税额明细）"，即表7.3中第22栏"上期留抵税额退税"填写"-2 150 000万元"。

---

① 《国家税务总局关于进一步加大增值税期末留抵退税政策实施力度有关征管事项的公告》（国家税务总局公告2022年第4号）第三条。

表7.3 增值税及附加税费申报表附列资料（二）
（本期进项税额明细）

税款所属时间： 年 月 日至 年 月 日

纳税人名称：（公章）　　　　　　　　　　　　　　　金额单位：元（列至角分）

一、申报抵扣的进项税额				
项目	栏次	分数	金额	税额
（一）认证相符的增值税专用发票	1=2+3			
其中：本期认证相符且本期申报抵扣	2			
前期认证相符且本期申报抵扣	3			
（二）其他扣税凭证	4=5+6+7+8a+8b			
其中：海关进口增值税专用缴款书	5			
农产品收购发票或者销售发票	6			
代扣代缴税收缴款凭证	7		——	
加计扣除农产品进项税额	8a	——	——	
其他	8b			
（三）本期用于购建不动产的扣税凭证	9			
（四）本期用于抵扣的旅客运输服务扣税凭证	10			
（五）外贸企业进项税额抵扣证明	11		——	
当期申报抵扣进项税额合计	12=1+4+11			
二、进项税额转出额				
项目	栏次	税额		
本期进项税额转出额	13=14至23之和			
其中：免税项目用	14			
集体福利、个人消费	15			
非正常损失	16			
简易计税方法征税项目用	17			
免抵退税办法不得抵扣的进项税额	18			
纳税检查调减进项税额	19			
红字专用发票信息表注明的进项税额	20			
上期留抵税额抵减欠税	21			
上期留抵税额退税	22	-2 150 000		
异常凭证转出进项税额	23a			
其他应作进项税额转出的情形	23b			

　　主表"增值税及附加税费申报表"（一般纳税人适用），即表7.4中第20行调增"期末留抵税额"这一行，假设没有其他留抵税额。

表 7.4 增值税及附加税费申报表
（一般纳税人适用）

根据国家税收法律法规及增值税相关规定制定本表。纳税人不论有无销售额，均应按税务机关核定的纳税期限填写本表，并向当地税务机关申报。

税款所属时间：自 年 月 日至 年 月 日　　填表日期：年 月 日　金额单位：元（列至角分）

纳税人别号（统一社会信用代码）：□□□□□□□□□□□□□□□□□□　　所属行业：

纳税人名称：		法定代表人姓名		注册地址		生产经营地址	
开户银行及账号		登记注册类型				电话号码	

	项目	档次	一般项目		即征即退项目	
			本月数	本年累计	本月数	本年累计
销售额	（一）按适用税率计税销售额	1				
	其中：应税货物销售额	2				
	应税劳务销售额	3				
	纳税检查调整的销售额	4				
	（二）按简易办法计税销售额	5				
	其中：纳税检查调整的销售额	6				
	（三）免、抵、退办法出口销售额	7			—	—
	（四）免税销售额	8			—	—
	其中：免税货物销售额	9			—	—
	免税劳务销售额	10			—	—
税款计算	销项税额	11				
	进项税额	12				
	上期留抵税额	13				
	进项税额转出	14				
	免、抵、退应退税额	15			—	—
	按适用税率计算的纳税检查应补缴税额	16				
	应抵扣税额合计	17=12+13-14-15+16			—	—
	实际抵扣税额	18（如 17＜11，则为 17，否则为 11）				
	应纳税额	19=11-18				
	期末留抵税额	20=17-18	2 150 000	2 150 000		—

第八章　增值税税收优惠政策

《财政部 国家税务总局关于全面推开营业税改征增值税试点的通知》（财税〔2016〕36号）附件1《营业税改征增值税试点实施办法》第四十八条规定：

"纳税人发生应税行为适用免税、减税规定的，可以放弃免税、减税，依照本办法的规定缴纳增值税。放弃免税、减税后，36个月内不得再申请免税、减税。

纳税人发生应税行为同时适用免税和零税率规定的，优先适用零税率。"

按照之前的规定，只要放弃免税、减税，36个月之内不能再度申请，但《增值税法》第二十七条规定："纳税人可以放弃增值税优惠；放弃优惠的，在三十六个月内不得享受该项税收优惠，小规模纳税人除外。"也就是说小规模纳税人在放弃之后想要享受免税、减税等增值税优惠政策不受三年的限制。

还需注意《增值税法》的表述，在三十六个月内不得享受该项税收优惠，也就是说纳税人可以分项选择放弃或者享受税收优惠。

按照之前的规定[①]，纳税人一经放弃免税权，其生产销售的全部增值税应税货物或劳务（现改为服务）均应按照适用税率征税，不得选择某一免税项目放弃免税权，也不得根据不同的销售对象选择部分货物或劳务放弃免税权。

之所以会出现上述限制规定是为了防止纳税人将成本费用在免税项目与非免税项目人为地进行调整，从而降低整体税负，强制要求纳税人要么全部适用，要么全部放弃。《增值税法》出台后无疑给了纳税人更大的选择空间，可以根据项目选择适用或者放弃税收优惠，但一经放弃免税，该项目应当全部放弃免税，不得再开具增值税专用发票，只能开具增值税普通发票，也不能以是否开具增值税专

---

① 《财政部 国家税务总局关于增值税纳税人放弃免税权有关问题的通知》（财税〔2007〕127号）。

用发票，或者区分不同的销售对象分别适用征税与免税。

● 第一节　小规模普惠制税收优惠政策

《增值税法》第二十三条规定：

"小规模纳税人发生应税交易，销售额未达到起征点的，免征增值税；达到起征点的，依照本法规定全额计算缴纳增值税。

"前款规定的起征点标准由国务院规定，报全国人民代表大会常务委员会备案。"

《增值税暂行条例实施细则》第三十七条第一款规定："增值税起征点的适用范围限于个人。"也就是将起征点限定为个人，包括自然人与个体工商户，并不包括企业。不过从最近几年的税收实践看，为了让包括企业在内更多的小规模纳税人受益，国家连续推行普惠制税基式减免政策。如今《增值税法》从法律上扩大了起征点的适用范围，不再局限于个人而是惠及所有小规模纳税人。

起初，月销售额不超过 2 万元的小规模纳税人可以享受免税政策，随后免税标准提高到不超过 3 万元，之后再度提高到不超过 10 万元，最高时提高到不超过 15 万元，如今又回落到了不超过 10 万元。对那些无法享受上述免税政策的小规模纳税人，随后推出了税率式减免。

一、小规模纳税人税基式减免政策

表8.1　小规模纳税人税基式减免演变情况

适用时间	优惠内容	文件依据
2013 年 8 月 1 日起	月销售额不超过 2 万元的企业或非企业性单位，暂免征收增值税或营业税	《财政部　国家税务总局关于暂免征收部分小微企业增值税和营业税的通知》财税〔2013〕52 号
2014 年 10 月 1 日起至 2015 年 12 月 31 日	月销售额（或营业额）2 万元（含本数）至 3 万元的增值税小规模纳税人免征增值税或营业税	《财政部　国家税务总局关于进一步支持小微企业增值税和营业税政策的通知》（财税〔2014〕71 号）
2016 年 1 月 1 日至 2017 年 12 月 31 日	月销售额或营业额不超过 3 万元（含 3 万元）的增值税小规模纳税人免征增值税或营业税	《财政部　国家税务总局关于继续执行小微企业增值税和营业税政策的通知》（财税〔2015〕96 号）
2018 年 1 月 1 日至 2020 年 12 月 31 日	继续对月销售额 2 万元（含本数）至 3 万元的增值税小规模纳税人免征增值税	《财政部　税务总局关于延续小微企业增值税政策的通知》（财税〔2017〕76 号）
2019 年 1 月 1 日至 2021 年 12 月 31 日	对月销售额 10 万元以下（含本数）的增值税小规模纳税人免征增值税	《财政部　税务总局关于实施小微企业普惠性税收减免政策的通知》（财税〔2019〕13 号）

续表

适用时间	优惠内容	文件依据
2021年4月1日至 2022年12月31日	对月销售额15万元以下（含本数）的增值税小规模纳税人，免征增值税（已到期停止执行）	《关于明确增值税小规模纳税人免征增值税政策的公告》（财政部 税务总局公告2021年第11号）
2023年1月1日至 2023年12月31日	月销售额未超过10万元（以1个季度为1纳税期的，季度销售额未超过30万元）的，免征增值税。小规模纳税人发生增值税应税销售行为，合计月销售额超过10万元，但扣除本期发生的销售不动产的销售额后未超过10万元的，其销售货物、劳务、服务、无形资产取得的销售额免征增值税	《关于增值税小规模纳税人减免增值税等政策有关征管事项的公告》（国家税务总局公告2023年第1号）第一条
2024年1月1日至 2027年12月31日	上述政策	《关于增值税小规模纳税人减免增值税政策的公告》（财政部 税务总局公告2023年第19号）第一条

表8.1中所列政策只适用于小规模纳税人，一般纳税人即便月销售额不到10万元，也无法享受免税政策。小规模纳税人适用免税政策时需要注意以下三个问题：

第一个问题是纳税期限

小规模纳税人可以根据自身实际经营情况选择实行按月纳税或按季纳税，但一经选择，一个会计年度内不得变更。按季纳税的小规模纳税人，因在季度中间成立或者注销而导致当期实际经营期不足一个季度的，只要当期销售额未超过10万元，可以按规定免征增值税。

第二个问题是销售额确认

适用增值税差额征税政策的小规模纳税人，以差额后的余额为销售额，确定其是否可享受小规模纳税人免征增值税政策。

按月纳税的小规模纳税人，增值税应税交易（包括销售货物、服务、无形资产和不动产）合并计算的月销售额没有超过10万元，包括适用5%（已经降为3%）征收率的应税项目的销售额，均可以免征增值税；如果月销售额超过10万元，但在扣除本期发生的销售不动产的销售额后仍却没有超过10万元，销售货物、劳务、无形资产取得的销售额免征增值税，但不动产销售收入却需要按照规定缴纳增值税。如果扣除本期发生的销售不动产的销售额后仍超过10万元，销售货物、服务、无形资产取得的销售额可以减按1%的征收率缴纳增值税，但不动产销售收入按照5%征收率缴纳增值税，虽然《增值税法》出台后，5%的征收率已经取消，但销售不动产是否准予像之前就适用3%征收率的项目那样减按1%缴纳增值税，目前还不明确。

按季纳税的小规模纳税人也是如此，目前绝大部分小规模纳税人都选用按季纳税，因为通常情况下这是最优选择。按月纳税的小规模纳税人，月销售额超过10万元的当月无法享受免税政策；按季纳税的小规模纳税人，季度中某一个月销售额超过10万元，但季度销售额不超过30万元的，可以享受免税政策。

第三个问题是开具的发票

只有开具普通发票取得的销售收入才能享受免税政策，开具增值税专用发票取得的销售收入不论多少都需要缴纳增值税，需要特别注意的是机动车销售统一发票虽然属于准予抵扣进项税额的扣税凭证，但本质上却属于普通发票，因此开具机动车销售统一发票取得的销售收入只要每月不超过10万元或是每季度不超过30万元，仍旧可以享受免税政策。

《增值税暂行条例》第二十一条第二款规定：

"属于下列情形之一的，不得开具增值税专用发票："（一）应税销售行为的购买方为消费者个人的；

"（二）发生应税销售行为适用免税规定的。"

但《增值税法》中已经没有了上述限制性条款，因此一些人觉得小规模纳税人开具增值税专用发票取得的销售收入不得免税的政策是否会有所改变。

免税项目不得开具增值税专用发票是由增值税税制特性决定的，只有上游企业实际缴纳了销项税额，下游企业才能抵扣进项税额，否则就会造成税款的流失，虽然《增值税法》删除了相关限制性条款，但开具增值税专用发票取得的收入不管金额大小都需要缴纳增值税。

二、小规模纳税人税率式减免政策

表8.2　小规模纳税人税率式减免演变情况

适用时间	优惠内容	文件依据
2020年3月1日至5月31日	湖北省小规模纳税人，适用3%征收率的应税销售收入，免征增值税；其他地区小规模纳税人适用3%征收率的应税销售收入，减按1%征收率征收增值税；全国小规模纳税人适用3%预征率的预缴增值税项目，暂停预缴增值税	《关于支持个体工商户复工复业增值税政策的公告》（财政部 国家税务总局公告2020年第13号）

续表

适用时间	优惠内容	文件依据
2020年6月1日至12月31日	上述政策	《关于延长小规模纳税人减免增值税政策执行期限的公告》（财政部 税务总局公告2020年第24号）
2021年1月1日至12月31日	小规模纳税人适用3%征收率的应税销售收入，减按1%征收率征收增值税；适用3%预征率的预缴增值税项目，减按1%预征率预缴增值税	《财政部 税务总局关于延续实施应对疫情部分税费优惠政策的公告》（财政部 税务总局公告2021年第7号）第一条
2022年1月1日至3月31日	上述政策	《关于对增值税小规模纳税人免征增值税的公告》（财政部 国家税务总局2022年第15号）第二款
2022年4月1日至2022年12月31日	增值税小规模纳税人适用3%征收率的应税销售收入，免征增值税；适用3%预征率的预缴增值税项目，暂停预缴增值税	《关于对增值税小规模纳税人免征增值税的公告》（财政部 国家税务总局2022年第15号）第一款
2023年1月1日至2023年12月31日	小规模纳税人适用3%征收率的应税销售收入，减按1%征收率征收增值税；适用3%预征率的预缴增值税项目，减按1%预征率预缴增值税	《关于增值税小规模纳税人减免增值税等政策有关征管事项的公告》（国家税务总局公告2023年第1号）第二条
2024年1月1日至2027年12月31日	小规模纳税人适用3%征收率的应税销售收入，减按1%征收率征收增值税；适用3%预征率的预缴增值税项目，减按1%预征率预缴增值税	《关于增值税小规模纳税人减免增值税政策的公告》（财政部 税务总局公告2023年第19号）第二条

表8.2所列政策只适用于小规模纳税人，一般纳税人发生按规定应当适用或者可以选择适用简易计税方法的项目，得享受减征增值税政策。

适用征收率减征增值税政策并没有销售额限制，但纳税人在连续不超过12个月经营期内累计应征增值税销售额超过500万元，应当按规定办理一般纳税人登记，自一般纳税人生效之日起，不得享受免征增值税政策。

自然人采取一次性收取租金（包括预收款）形式出租不动产取得的租金收入，可在对应的租赁期内平均分摊，分摊后的月租金收入未超过10万元的，可享受小规模纳税人免征增值税政策。自然人销售购买不足2年的住房，按照5%的征收率全额缴纳增值税；销售购买2年以上（含2年）的住房，免征增值税。

前期出台的一些减征增值税政策，比如纳税人销售自己使用过的物品减按2%征收，二手车经销减按0.5%征收等，其减征前的征收率均为3%，对于这些业务，既可以选择适用减按1%征收增值税政策，开具征收率为1%的发票；也可以仍适用原减征政策，按照减征后的征收率开具发票并计算缴纳税款。

原适用 5% 征收率的销售收入，主要包括销售不动产、出租不动产以及提供劳务派遣服务、安保服务选择差额缴纳增值税等行为，不得适用减征增值税政策。小规模纳税人提供劳务派遣服务、安全保护服务选择全额纳税适用 3% 征收率的，在优惠政策实施期间，可享受减征增值税政策。《增值税法》中不再设 5% 的征收率，销售不动产、出租不动产等项目的征收率将会从 5% 降至 3%，其是否可以适用减按 1% 的征收优惠政策，还需要相关文件予以明确。

小规模纳税人发生原适用 3% 征收率的应税行为，可以减按 1% 预缴增值税，主要包括小规模纳税人提供建筑服务预收款、跨区域提供建筑服务预缴增值税等业务。一般纳税人发生的预缴项目，包括建筑企业异地预缴和预收款预缴均不得适用上述优惠政策，均须按现行规定预缴增值税。

三、享受普惠制税收优惠政策后的纳税申报

由于普惠制税收优惠政策变动频繁，涉及面广，涉及的又全都是会计核算能力相对比较弱的小规模纳税人，在纳税申报时经常会出现各种错误。

模拟计算：小规模纳税人大米公司 2024 年第一季度开具了 11 张增值税专用发票，取得不含税销售额 23 万元；开具了 1 张增值税专用发票红字发票，不含税销售额为 2 万元，此外还开具了 1 张增值税普通发票，取得不含税销售额 8 万元，所开发票适用的征收率均为 1%，那么大米公司将如何申报增值税呢？

解析：有些纳税人会认为本季销售额为 31 万元，超过了每季度 30 万元的免税标准，肯定要缴税；有些纳税人认为本季销售额为 29 万元，没有达到每季度 30 万元的免税标准，根本不用缴税，其实这两种观点对税收政策都存在不同程度的误解。

增值税专用发票后可以抵扣销项增值税，如果大米公司开具增值税专用发票后不实际缴税，对方又抵扣了增值税，势必会造成税款流失。因此，小规模纳税人只要开具了增值税专用发票，不论金额多少，都需要缴纳税款。

只有在特殊时期，也就是 2022 年 4 月 1 日至 2022 年 12 月 31 日，税收优惠的力度最大，小规模纳税人适用 3% 征收率的应税销售收入，不管开具的是增值税专用发票还是普通发票，一律免税，但也使得增值税抵扣链条中断，因此经济恢复之后，这项政策也被废止。

假设大米公司开具的增值税发票全都适用 1% 的征收率，大米公司本期销售额为 23+8-2=29（万元）<30（万元），其中增值税普通发票开具的 8 万元可以

免税，需要填入"小微企业免税销售额"，不能填入"未达起征点销售额"，因为《增值税法》出台前只有个人（即自然人与个体工商户）才适用起征点，今后申报表有可能会进行相应的调整。

在表 8.3，即"增值税及附加税费申报表"（小规模纳税人适用）中，"应征增值税不含税销售额"应该填列 21 万元，申报时需要先按照正常征收率即 3% 填写本期应纳税额，然后再将正常征收率 3% 与实际征收率 1% 之间的差额计入本期应纳税额减征额，因此本期应纳税额为 0.63 万元。

注意开具红字发票的纳税人在计算应纳税额减征额时很容易出错，通常会直接用销售额乘以征收率差 2%，这么做一般情况下并没有什么问题，但如果存在冲红，必须按照当期实际销售额 23 万元而不是 21 万元来计算减征额，即 23×2%=0.46（万元），否则就会造成少算减征额、多缴税款的情形。

表 8.3 增值税及附加税费申报表
（小规模纳税人适用）

纳税人识别号（统一社会信用代码）：□□□□□□□□□□□□□□□□□□□ 金额单位：元（列至角分）
纳税人名称：大米机器制造有限公司
税款所属期：2024 年 1 月 1 日至 2024 年 3 月 31 日 填表日期：2024 年 4 月 1 日

	项目	栏次	本期数 货物及劳务	本期数 服务、不动产和无形资产	本年累计 货物及劳务	本年累计 服务、不动产和无形资产
一、计税依据	（一）应征增值税不含税销售额（3% 征收率）	1	210 000	0	210 000	0
	增值税专用发票不含税销售额	2	210 000	0	210 000	0
	其他增值税发票不含税销售额	3	0	0	0	0
	（二）应征增值税不含税销售额（5% 征收率）	4	—	0	—	0
	增值税专用发票不含税销售额	5	—	0	—	0
	其他增值税发票不含税销售额	6	—	0	—	0
	（三）销售使用过的固定资产不含税销售额	7（7≥8）	0	—	0	—
	其中：其他增值税发票不含税销售额	8	0	—	0	—
	（四）免税销售额	9=10+11+12	80 000	0	80 000	0
	其中：小微企业免税销售额	10	80 000	0	80 000	0
	未达起征点销售额	11	0	0	0	0
	其他免税销售额	12	0	0	0	0
	（五）出口免税销售额	13（13≥14）	0	0	0	0
	其中：其他增值税发票不含税销售额	14	0	0	0	0

续表

	项目	栏次	本期数 货物及劳务	本期数 服务、不动产和无形资产	本年累计 货物及劳务	本年累计 服务、不动产和无形资产
二、税款计算	本期应纳税额	15	6 300	0	6 300	0
	本期应纳税额减征额	16	4 600	0	4 600	0
	本期免税额	17	0	0	0	0
	其中：小微企业免税额	18	0	0	0	0
	未达起征点免税额	19	0	0	0	0
	应纳税额合计	20=15-16	1 700	0	1 700	0
	本期预缴税额	21	0	0	0	0
	本期应补（退）税额	22=20-21	1 700	0	1 700	0
三、附加税费	城市维护建设税本期应补（退）税额	23	59.5（减半征收 1 700×7%×50%）		59.5（减半征收 1 700×7%×50%）	
	教育费附加本期应补（退）费额	24	25.5（减半征收 1 700×3%×50%）		25.5（减半征收 1 700×3%×50%）	
	地方教育附加本期应补（退）费额	25	17（减半征收 1 700×2%×50%）		17（减半征收 1 700×2%×50%）	
声明：此表是根据国家税收法律法规及相关规定填写的，本人（单位）对填报内容（及附带资料）的真实性、可靠性、完整性负责。						
			纳税人（签章）：		年 月 日	

小规模纳税人申报增值税时还有几个注意事项，如果开具的增值税专用发票是税务局代开的，需要将开具时缴纳的增值税税款填入本期预缴税额，可以抵减本期应纳税额。下面梳理一下小规模纳税人在不同情形下该如何进行纳税申报。

情形一：季度销售额未超过30万元且未开具增值税专用发票

假设个体工商户鱼多多销售中心2024年一季度销售货物取得含税销售额28万元，上述销售额全都开具了征收率为1%的普通发票。

不含税销售额280 000÷（1+1%）=277 227.72（元）<30（万元），按照规定准予免征增值税。

个体工商户在增值税上却属于个人不属于单位，在《增值税法》出台前，只有个人才能适用低于起征点免税的相关政策，需要填列在表8.4（增值税及附加税费申报表）第11行"未达起征点销售额"，第10行"小微企业免税销售额"只能由单位来填写，个体工商户与自然人不能填写。

表 8.4　增值税及附加税费申报表
（小规模纳税人适用）

纳税人识别号（统一社会信用代码）：□□□□□□□□□□□□□□□□□□

纳税人名称：鱼多多销售中心　　　　　　　　　　　　　　　　金额单位：元（列至角分）

税款所属期：2024年1月1日至2024年3月31日　　　　　　　填表日期：2024年4月1日

<table>
<tr><th rowspan="3">　</th><th rowspan="3">项目</th><th rowspan="3">栏次</th><th colspan="2">本期数</th><th colspan="2">本年累计</th></tr>
<tr><td>货物及劳务</td><td>服务、不动产和无形资产</td><td>货物及劳务</td><td>服务、不动产和无形资产</td></tr>
<tr></tr>
<tr><td rowspan="14">一、计税依据</td><td>（一）应征增值税不含税销售额（3%征收率）</td><td>1</td><td>0</td><td>0</td><td>0</td><td>0</td></tr>
<tr><td>增值税专用发票不含税销售额</td><td>2</td><td>0</td><td>0</td><td>0</td><td>0</td></tr>
<tr><td>其他增值税发票不含税销售额</td><td>3</td><td>0</td><td>0</td><td>0</td><td>0</td></tr>
<tr><td>（二）应征增值税不含税销售额（5%征收率）</td><td>4</td><td>—</td><td>0</td><td>—</td><td>0</td></tr>
<tr><td>增值税专用发票不含税销售额</td><td>5</td><td>—</td><td>0</td><td>—</td><td>0</td></tr>
<tr><td>其他增值税发票不含税销售额</td><td>6</td><td>—</td><td>0</td><td>—</td><td>0</td></tr>
<tr><td>（三）销售使用过的固定资产不含税销售额</td><td>7（7≥8）</td><td>0</td><td>—</td><td>0</td><td>—</td></tr>
<tr><td>其中：其他增值税发票不含税销售额</td><td>8</td><td>0</td><td>—</td><td>0</td><td>—</td></tr>
<tr><td>（四）免税销售额</td><td>9=10+11+12</td><td>277 227.72</td><td>0</td><td>277 227.72</td><td>0</td></tr>
<tr><td>其中：小微企业免税销售额</td><td>10</td><td>0</td><td>0</td><td>0</td><td>0</td></tr>
<tr><td>未达起征点销售额</td><td>11</td><td>277 227.72</td><td>0</td><td>277 227.72</td><td>0</td></tr>
<tr><td>其他免税销售额</td><td>12</td><td>0</td><td>0</td><td>0</td><td>0</td></tr>
<tr><td>（五）出口免税销售额</td><td>13（13≥14）</td><td>0</td><td>0</td><td>0</td><td>0</td></tr>
<tr><td>其中：其他增值税发票不含税销售额</td><td>14</td><td>0</td><td>0</td><td>0</td><td>0</td></tr>
</table>

情形二：季度销售额未超过 30 万元但开具了增值税专用发票

假设个体工商户鱼多多销售中心2024年一季度销售货物取得含税销售收入28万元，其中10万元开具了增值税专用发票，剩余18万元开具了普通发票，适用的征收率均为1%。

开具普通发票取得的销售额免税，但开具增值税专用发票取得的销售额需要缴纳增值税。

应征增值税不含税销售额：100 000÷（1+1%）=99 009.9（元）。

本期应纳税额：99 009.9×3%=2 970.3（元）。

本期应纳税额减征额：99 009.9×（3%-1%）=1 980.2（元）。

免税销售额：180 000÷（1+1%）=178 217.82（元）。

本期免税额：178 217.82×3%=5 346.53（元）。

表8.5为该企业所填增值税及附加税费申报表。

表8.5 增值税及附加税费申报表
（小规模纳税人适用）

纳税人识别号（统一社会信用代码）：□□□□□□□□□□□□□□□□□□

纳税人名称：鱼多多销售中心　　　　　　　　　　　金额单位：元（列至角分）

税款所属期：2024年1月1日至2024年3月31日　　　填表日期：2024年4月1日

<table>
<tr><th rowspan="3"></th><th rowspan="3">项目</th><th rowspan="3">栏次</th><th colspan="2">本期数</th><th colspan="2">本年累计</th></tr>
<tr><td>货物及劳务</td><td>服务、不动产和无形资产</td><td>货物及劳务</td><td>服务、不动产和无形资产</td></tr>
<tr></tr>
<tr><td rowspan="14">一、计税依据</td><td>（一）应征增值税不含税销售额（3%征收率）</td><td>1</td><td>99 009.9</td><td>0</td><td>99 009.9</td><td>0</td></tr>
<tr><td>增值税专用发票不含税销售额</td><td>2</td><td>99 009.9</td><td>0</td><td>99 009.9</td><td>0</td></tr>
<tr><td>其他增值税发票不含税销售额</td><td>3</td><td>0</td><td>0</td><td>0</td><td>0</td></tr>
<tr><td>（二）应征增值税不含税销售额（5%征收率）</td><td>4</td><td>—</td><td>0</td><td>—</td><td>0</td></tr>
<tr><td>增值税专用发票不含税销售额</td><td>5</td><td>—</td><td>0</td><td>—</td><td>0</td></tr>
<tr><td>其他增值税发票不含税销售额</td><td>6</td><td>—</td><td>0</td><td>—</td><td>0</td></tr>
<tr><td>（三）销售使用过的固定资产不含税销售额</td><td>7（7≥8）</td><td>0</td><td>—</td><td>0</td><td>—</td></tr>
<tr><td>其中：其他增值税发票不含税销售额</td><td>8</td><td>0</td><td>—</td><td>0</td><td>—</td></tr>
<tr><td>（四）免税销售额</td><td>9=10+11+12</td><td>178 217.82</td><td>0</td><td>178 217.82</td><td>0</td></tr>
<tr><td>其中：小微企业免税销售额</td><td>10</td><td>0</td><td>0</td><td>0</td><td>0</td></tr>
<tr><td>未达起征点销售额</td><td>11</td><td>178 217.82</td><td>0</td><td>178 217.82</td><td>0</td></tr>
<tr><td>其他免税销售额</td><td>12</td><td>0</td><td>0</td><td>0</td><td>0</td></tr>
<tr><td>（五）出口免税销售额</td><td>13（13≥14）</td><td>0</td><td>0</td><td>0</td><td>0</td></tr>
<tr><td>其中：其他增值税发票不含税销售额</td><td>14</td><td>0</td><td>0</td><td>0</td><td>0</td></tr>
</table>

续表

项目	栏次	本期数 货物及劳务	本期数 服务、不动产和无形资产	本年累计 货物及劳务	本年累计 服务、不动产和无形资产
本期应纳税额	15	2 970.3	0	2 970.3	0
本期应纳税额减征额	16	1 980.2	0	1 980.2	0
本期免税额	17	5 346.53	0	5 346.53	0
其中：小微企业免税额	18	0	0	0	0
未达起征点免税额	19	5 346.53	0	5 346.53	0
应纳税额合计	20=15-16	990.1	0	990.1	0
本期预缴税额	21	0	0	0	0
本期应补（退）税额	22=20-21	990.1	0	990.1	0

二、税款计算

情形三：差额扣除后，季度销售额未超过30万元

假设小规模纳税人恒小公司2024年一季度提供机票代理服务，共计取得价款543 127元，其中向客户收取并支付给航空运输企业136 123元，支付给其他航空运输销售代理企业245 789元，上述金额开具了征收率为1%的普通发票。按照差额征税的规定，支付给航空运输企业与其他航空运输销售代理企业的金额准予扣除。

差额征税扣除后的不含税销售额为（543 127-136 123-245 789）÷（1+1%）=161 215÷（1+1%）=159 618.81（元），具体数字填在表8.6中。

表8.6 增值税及附加税费申报表
（小规模纳税人适用）

纳税人识别号（统一社会信用代码）：□□□□□□□□□□□□□□□□□□□□
纳税人名称：鱼多多销售中心　　　　　　　　　　　金额单位：元（列至角分）
税款所属期：2024年1月1日至2024年3月31日　　　填表日期：2024年4月1日

项目	栏次	本期数 货物及劳务	本期数 服务、不动产和无形资产	本年累计 货物及劳务	本年累计 服务、不动产和无形资产
（一）应征增值税不含税销售额（3%征收率）	1	0	0	0	0
增值税专用发票不含税销售额	2	0	0	0	0
其他增值税发票不含税销售额	3	0	0	0	0
（二）应征增值税不含税销售额（5%征收率）	4	—	0	—	0

一、计税依据

续表

项目	栏次	本期数 货物及劳务	本期数 服务、不动产和无形资产	本年累计 货物及劳务	本年累计 服务、不动产和无形资产
一、计税依据 增值税专用发票不含税销售额	5	—	0	—	0
其他增值税发票不含税销售额	6	0	0	0	0
（三）销售使用过的固定资产不含税销售额	7（7≥8）	0	—	0	—
其中：其他增值税发票不含税销售额	8	0	—	0	—
（四）免税销售额	9=10+11+12	159 618.81	0	159 618.81	0
其中：小微企业免税销售额	10	159 618.81	0	159 618.81	0
未达起征点销售额	11	0	0	0	0
其他免税销售额	12	0	0	0	0
（五）出口免税销售额	13（13≥14）	0	0	0	0
其中：其他增值税发票不含税销售额	14	0	0	0	0

表 8.7　增值税及附加税费申报表（小规模纳税人适用）附列资料（一）
（服务、不动产和无形资产扣除项目明细）

税款所属期：2024 年 1 月 1 日至 2024 年 3 月 31 日　　　　　　填表日期：2024 年 4 月 2 日
纳税人名称（公章）：恒小公司　　　　　　　　　　　　　　　金额单位：元（列至角分）

应税行为（3% 征收率）扣除额计算			
期初余额	本期发生额	本期扣除额	期末余额
1	2	3（3≤1+2 之和，且 3≤5）	4=1+2-3
0	381 912	381 912	0
应税行为（3% 征收率）计税销售额计算			
全部含税收入（适用 3% 征收率）	本期扣除额	含税销售额	不含税销售额
5	6=3	7=5-6	8=7÷1.03
543 127	381 912	161 215	159 618.81

虽然表 8.7 中所列公式为"8=7÷1.03"，但如果企业减按 1% 开具发票，应当除以 1.01 而不是 1.03。

情形四：扣除销售不动产后，销售额不超过 30 万元

假设小规模纳税人恒小公司 2024 年一季度提供机票代理服务，共取得价款 543 127 元并向对方开具了征收率为 1% 的普通发票，其中向客户收取并支付给航空运输企业 136 123 元，支付给其他航空运输销售代理企业 245 789 元。除此之外，恒小公司销售不动产取得销售收入 105 万元并向对方开具了征收率为 5% 的增值税普通发票。

由于销售不动产的销售额通常都会比较大，因此很可能会因为销售不动产而超过免税标准，遇到这种情况，需要将不动产的销售额剔除，此时差额征税后的不含税销售额为 159 618.81 元＜30 万元，这部分销售额仍旧可以适用免税政策，但不动产销售收入却需要缴纳增值税。

销售不动产不含税销售额：105÷（1+5%）=100（万元）。

销售不动产应纳税额：100×5%=5（万元），目前原适用 5% 征收率的项目不能减按 1% 的征收率缴纳增值税，因此不存在减征额。

如果本季度包括销售不动产在内的销售额不超过 30 万元，那么全部予以免税，具体填报见表 8.8。

表 8.8　增值税及附加税费申报表
（小规模纳税人适用）

纳税人识别号（统一社会信用代码）：☐☐☐☐☐☐☐☐☐☐☐☐☐☐☐☐☐☐　　金额单位：元（列至角分）
纳税人名称：恒小公司
税款所属期：2024 年 1 月 1 日至 2024 年 3 月 31 日　　填表日期：2024 年 4 月 1 日

<table>
<tr><th colspan="2" rowspan="2">项目</th><th rowspan="2">栏次</th><th colspan="2">本期数</th><th colspan="2">本年累计</th></tr>
<tr><th>货物及劳务</th><th>服务、不动产和无形资产</th><th>货物及劳务</th><th>服务、不动产和无形资产</th></tr>
<tr><td rowspan="3">一、计税依据</td><td>（一）应征增值税不含税销售额（3% 征收率）</td><td>1</td><td>0</td><td>0</td><td>0</td><td>0</td></tr>
<tr><td>增值税专用发票不含税销售额</td><td>2</td><td>0</td><td>0</td><td>0</td><td>0</td></tr>
<tr><td>其他增值税发票不含税销售额</td><td>3</td><td>0</td><td>0</td><td>0</td><td>0</td></tr>
<tr><td rowspan="3"></td><td>（二）应征增值税不含税销售额（5% 征收率）</td><td>4</td><td>—</td><td>1 000 000</td><td>—</td><td>1 000 000</td></tr>
<tr><td>增值税专用发票不含税销售额</td><td>5</td><td>—</td><td>0</td><td>—</td><td>0</td></tr>
<tr><td>其他增值税发票不含税销售额</td><td>6</td><td>—</td><td>1 000 000</td><td>—</td><td>1 000 000</td></tr>
</table>

续表

	项目	栏次	本期数 货物及劳务	本期数 服务、不动产和无形资产	本年累计 货物及劳务	本年累计 服务、不动产和无形资产
一、计税依据	（三）销售使用过的固定资产不含税销售额	7（7≥8）	0	—	0	—
	其中：其他增值税发票不含税销售额	8	0	—	0	—
	（四）免税销售额	9=10+11+12	0	159 618.81	0	159 618.81
	其中：小微企业免税销售额	10	0	159 618.81	0	159 618.81
	未达起征点销售额	11	0	0	0	0
	其他免税销售额	12	0	0	0	0
	（五）出口免税销售额	13（13≥14）	0	0	0	0
	其中：其他增值税发票不含税销售额	14	0	0	0	0
二、税款计算	本期应纳税额	15	0	50 000	0	50 000
	本期应纳税额减征额	16	0	0	0	0
	本期免税额	17	0	4 788.56	0	4 788.56
	其中：小微企业免税额	18	0	0	0	0
	未达起征点免税额	19	0	0	0	0
	应纳税额合计	20=15-16	0	50 000	0	50 000
	本期预缴税额	21	0	0	0	0
	本期应补（退）税额	22=20-21	0	50 000	0	50 000

情形五：考虑差额征税、销售不动产等特殊情形之后，季度销售额仍旧超过30万元

假设小规模纳税人恒小公司2024年一季度提供机票代理服务，共计取得含税价款543 127元并向对方开具了征收率为1%的普通发票，其中向客户收取并支付给航空运输企业136 123元，支付给其他航空运输销售代理企业245 789元；销售货物取得含税销售收入30.9万元并向对方开具了征收率为3%的增值税专用发票；销售不动产取得销售收入105万元并向对方开具了征收率为5%的增值税普通发票。

销售货物不含税销售额：30.9÷（1+3%）=30（万元）。

销售服务差额征税扣除后的不含税销售额：（543 127-136 123-245 789）÷

（1+1%）=159 618.81（元）。

300 000+159 618.81=459 618.81（万元）>30（万元），超过了免税标准，因此恒小公司本季度取得的所有销售额都需要缴纳增值税。

销售服务、不动产和无形资产本期应纳税额为 159 618.81×3%+1 000 000×5%=4 788.56+50 000=54 788.56（元）。

销售服务、不动产和无形资产本期应纳税额减征额为 159 618.81×（3%-1%）=3 192.38（元），具体填报见表8.9。

表8.9 增值税及附加税费申报表
（小规模纳税人适用）

纳税人识别号（统一社会信用代码）：□□□□□□□□□□□□□□□□□□
纳税人名称：恒小公司　　　　　　　　　　　　　　　金额单位：元（列至角分）
税款所属期：2024年1月1日至2024年3月31日　　　　填表日期：2024年4月1日

	项目	栏次	本期数 货物及劳务	本期数 服务、不动产和无形资产	本年累计 货物及劳务	本年累计 服务、不动产和无形资产
一、计税依据	（一）应征增值税不含税销售额（3%征收率）	1	300 000	159 618.81	300 000	159 618.81
	增值税专用发票不含税销售额	2	300 000	0	300 000	0
	其他增值税发票不含税销售额	3	0	159 618.81	0	159 618.81
	（二）应征增值税不含税销售额（5%征收率）	4	—	1 000 000	—	1 000 000
	增值税专用发票不含税销售额	5	—	0	—	0
	其他增值税发票不含税销售额	6	—	1 000 000	—	1 000 000
	（三）销售使用过的固定资产不含税销售额	7（7≥8）	0	—	0	—
	其中：其他增值税发票不含税销售额	8	0	—	0	—
	（四）免税销售额	9=10+11+12	0	0	0	0
	其中：小微企业免税销售额	10	0	0	0	0
	未达起征点销售额	11	0	0	0	0
	其他免税销售额	12	0	0	0	0
	（五）出口免税销售额	13(13≥14)	0	0	0	0
	其中：其他增值税发票不含税销售额	14	0	0	0	0

续表

<table>
<tr><th colspan="2" rowspan="2">项目</th><th rowspan="2">栏次</th><th colspan="2">本期数</th><th colspan="2">本年累计</th></tr>
<tr><th>货物及劳务</th><th>服务、不动产和无形资产</th><th>货物及劳务</th><th>服务、不动产和无形资产</th></tr>
<tr><td rowspan="8">二、税款计算</td><td>本期应纳税额</td><td>15</td><td>9 000</td><td>54 788.56</td><td>9 000</td><td>54 788.56</td></tr>
<tr><td>本期应纳税额减征额</td><td>16</td><td>0</td><td>3 192.38</td><td>0</td><td>3 192.38</td></tr>
<tr><td>本期免税额</td><td>17</td><td>0</td><td>0</td><td>0</td><td>0</td></tr>
<tr><td>其中：小微企业免税额</td><td>18</td><td>0</td><td>0</td><td>0</td><td>0</td></tr>
<tr><td>未达起征点免税额</td><td>19</td><td>0</td><td>0</td><td>0</td><td>0</td></tr>
<tr><td>应纳税额合计</td><td>20=15-16</td><td>9 000</td><td>51 596.18</td><td>9 000</td><td>51 596.18</td></tr>
<tr><td>本期预缴税额</td><td>21</td><td>0</td><td>0</td><td>0</td><td>0</td></tr>
<tr><td>本期应补（退）税额</td><td>22=20-21</td><td>9 000</td><td>51 596.18</td><td>9 000</td><td>51 596.18</td></tr>
</table>

第二节　免税政策

《增值税法》第二十四条列举了九项法定免税政策，除此之外，《增值税法》第二十五条规定：

"根据国民经济和社会发展的需要，国务院对支持小微企业发展、扶持重点产业、鼓励创新创业就业、公益事业捐赠等情形可以制定增值税专项优惠政策，报全国人民代表大会常务委员会备案。

"国务院应当对增值税优惠政策适时开展评估、调整。"

下面全面梳理一下现行增值税免税政策。

一、与农业、农村有关的免税政策

1. 农业生产者销售的自产农业产品[①]

农产品是指种植业、养殖业、林业、牧业、水产业生产的各种植物、动物的初级产品[②]，具体范围按照《农业产品征税范围注释[③]》及现行相关规定执行。农业生产者销售的外购农产品，以及外购农产品生产、加工后仍旧属于农产品范围的货物，对外销售时均应按照9%的适用税率征收增值税。

---

① 《增值税法》第二十四条第（一）项。
② 《财政部 国家税务总局关于部分货物适用增值税低税率和简易办法征收增值税政策的通知》（财税〔2009〕9号）第一条第（一）项。
③ 《财政部 国家税务总局关于印发〈农业产品征税范围注释〉的通知》（财税字〔1995〕52号）。

农民专业合作社销售本社成员生产的农业产品，视同农业生产者销售自产农业产品免征增值税。一般纳税人从农民专业合作社购进的免税农业产品可按13%扣除率计算进项税额[①]。农民专业合作社是指在农村家庭承包经营基础上，农产品的生产经营者或者农业生产经营服务的提供者、利用者，自愿联合、民主管理的互助性经济组织[②]。

采取"公司+农户"经营模式从事畜禽饲养，属于农业生产者销售自产农产品。"公司+农户"经营模式从事畜禽饲养，是指公司与农户签订委托养殖合同，向农户提供畜禽苗、饲料、兽药及疫苗等（所有权属于公司），农户饲养畜禽苗至成品后交付公司回收，公司将回收的成品畜禽用于销售[③]。

符合条件的制种企业生产销售种子属于农业生产者销售自产农业产品，但仅限于以下两种模式：第一种模式是制种企业需要利用自有土地或承租土地，雇佣农户或雇工进行种子繁育，再经烘干、脱粒、风筛等深加工后销售种子；第二种模式是制种企业提供亲本种子委托农户繁育并从农户手中收回，再经烘干、脱粒、风筛等深加工后销售种子[④]。

2. 符合规定的涉农服务

农业机耕、排灌、病虫害防治、植物保护、农牧保险以及相关技术培训业务，家禽、牲畜、水生动物的配种和疾病防治免征增值税[⑤]。

农业机耕是指在农业、林业、牧业中使用农业机械进行耕作（包括耕耘、种植、收割、脱粒、植物保护等）的业务；排灌是指对农田进行灌溉或者排涝的业务；病虫害防治是指从事农业、林业、牧业、渔业的病虫害测报和防治的业务；农牧保险是指为种植业、养殖业、牧业种植和饲养的动植物提供保险的业务；相关技术培训是指与农业机耕、排灌、病虫害防治、植物保护业务相关以及为使农民获得农牧保险知识的技术培训业务；家禽、牲畜、水生动物的配种和疾病防治业务的免税范围包括与该项服务有关的提供药品和医疗用具的业务[⑥]。

[①]《财政部 国家税务总局关于农民专业合作社有关税收政策的通知》（财税〔2008〕81号）第一至三条。
[②]《中华人民共和国农民专业合作社法》第二条。
[③]《国家税务总局关于纳税人采取"公司+农户"经营模式销售畜禽有关增值税问题的公告》（国家税务总局公告2013年第8号）。
[④]《国家税务总局关于制种行业增值税有关问题的公告》（国家税务总局公告2010年第17号）。
[⑤]《增值税法》第二十四条第（一）项。
[⑥]《财政部 国家税务总局关于全面推开营业税改征增值税试点的通知》（财税〔2016〕36号）附件3《营业税改征增值税试点过渡政策的规定》第一条第（十）项。

3. 鲜活肉蛋产品[①]

对从事农产品批发、零售的纳税人销售的部分鲜活肉蛋产品免征增值税。免税的鲜活肉产品是指猪、牛、羊、鸡、鸭、鹅及其整块或者分割的鲜肉、冷藏或者冷冻肉，内脏、头、尾、骨、蹄、翅、爪等组织。免税的鲜蛋产品是指鸡蛋、鸭蛋、鹅蛋，包括鲜蛋、冷藏蛋以及对其进行破壳分离的蛋液、蛋黄和蛋壳，但上述产品中不包括《中华人民共和国野生动物保护法》所规定的国家珍贵、濒危野生动物及其鲜活肉类、蛋类产品。

4. 蔬菜

对从事蔬菜批发、零售的纳税人销售的蔬菜免征增值税。蔬菜是指可作副食的草本、木本植物，包括各种蔬菜、菌类植物和少数可作副食的木本植物，经挑选、清洗、切分、晾晒、包装、脱水、冷藏、冷冻等工序加工的蔬菜，属于免税范围，但各种蔬菜罐头不属于免税范围[②]。

5. 符合条件的粮食购销

对承担粮食收储任务的国有粮食购销企业销售的粮食免征增值税；其他粮食企业经营的军队用粮、救灾救济粮、水库移民口粮免征增值税。军队用粮是指凭军用粮票和军粮供应证按军供价供应中国人民解放军和中国人民武装警察部队的粮食。救灾救济粮是指经县（含）以上人民政府批准，凭救灾救济粮票（证）按规定的销售价格向需救助的灾民供应的粮食。水库移民口粮是指经县（含）以上人民政府批准，凭水库移民口粮票（证）按法规的销售价格供应给水库移民的粮食[③]。

6. 政府储备食用植物油

除政府储备食用植物油的销售继续免征增值税外，其他销售食用植物油业务一律征收增值税[④]。

7. 销售储备的大豆

对承担粮食收储任务的国有粮食购销企业销售的大豆免征增值税[⑤]。

[①]《财政部 国家税务总局关于免征部分鲜活肉蛋产品流通环节增值税政策的通知》（财税〔2012〕75号）第一条。
[②]《财政部 国家税务总局关于免征蔬菜流通环节增值税有关问题的通知》（财税〔2011〕137号）第一条。
[③]《财政部 国家税务总局关于粮食企业增值税征免问题的通知》（财税字〔1999〕198号）第一条、第二条。
[④]《财政部 国家税务总局关于粮食企业增值税征免问题的通知》（财税字〔1999〕198号）第三条。
[⑤]《财政部 国家税务总局关于免征储备大豆增值税政策的通知》（财税〔2014〕38号）第一条。

8. 边销茶

销茶生产企业销售自产的边销茶及经销企业销售的边销茶免征增值税。边销茶是以黑毛茶、老青茶、红茶末、绿茶为主要原料，经过发酵、蒸制、加压或者压碎、炒制，专门销往边疆民族地区的紧压茶，上述政策执行至2027年12月31日[①]。

9. 饲料

单一大宗饲料、混合饲料、配合饲料、复合预混料与浓缩饲料免征增值税。

单一大宗饲料是指以一种动物、植物、微生物或矿物质为来源的产品或其副产品，其范围仅限于糠麸、酒糟、鱼粉、草饲料、饲料级磷酸氢钙及除豆粕以外的菜子粕、棉子粕、向日葵粕、花生粕等粕类产品。

混合饲料是指由两种以上单一大宗饲料、粮食、粮食副产品及饲料添加剂按照一定比例配置，其中单一大宗饲料、粮食及粮食副产品的掺兑比例不低于95%的饲料。

配合饲料是指根据不同的饲养对象、饲养对象的不同生长发育阶段的营养需要，将多种饲料原料按饲料配方经工业生产后，形成的能满足饲养动物全部营养需要（除水分外）的饲料。

复合预混料是指能够按照国家有关饲料产品的标准要求量，全面提供动物饲养相应阶段所需微量元素（4种或以上）、维生素（8种或以上），由微量元素、维生素、氨基酸和非营养性添加剂中任何两类或两类以上的组分与载体或稀释剂按一定比例配置的均匀混合物。

浓缩饲料是指由蛋白质、复合预混料及矿物质等按一定比例配制的均匀混合物[②]。

豆粕属于征收增值税的饲料产品，其他粕类属于免税饲料产品[③]。

10. 有机肥产品

化肥原本享受免税政策，但从2015年9月1日起，销售和进口化肥恢复征税[④]，不过生产销售和批发、零售有机肥产品仍旧可以享受免税政策，具体包括有

[①] 《关于延续实施边销茶增值税政策的公告》（财政部 税务总局公告2023年第59号）第一条。
[②] 《财政部 国家税务总局关于饲料产品免征增值税问题的通知》（财税〔2001〕121号）第一条。
[③] 《财政部 国家税务总局关于豆粕等粕类产品征免增值税政策的通知》（财税〔2001〕30号）第三条。
[④] 《财政部 海关总署 国家税务总局关于对化肥恢复征收增值税政策的通知》（财税〔2015〕90号）。

机肥料、有机—无机复混肥料和生物有机肥。

有机肥料是指来源于植物和（或）动物，施于土壤以提供植物营养为主要功能的含碳物料。有机—无机复混肥料是指由有机和无机肥料混合和（或）化合制成的含有一定量有机肥料的复混肥料。生物有机肥是指特定功能微生物与主要以动植物残体（如禽畜粪便、农作物秸秆等）为来源并经无害化处理、腐熟的有机物料复合而成的一类兼具微生物肥料和有机肥效应的肥料[①]。

11. 农业生产资料

批发、零售种子、种苗、农药、农机（注意不包含生产销售）以及农膜的生产销售与批发、零售免征增值税[②]。不带动力的手扶拖拉机（也称"手扶拖拉机底盘"）和三轮农用运输车（指以单缸柴油机为动力装置的三个车轮的农用运输车辆）属于"农机[③]"。生产销售和批发、零售滴灌带和滴灌管产品免征增值税[④]。

12. 农村电网维护费

对农村电管站在收取电价时一并向用户收取的农村电网维护费（包括低压线路损耗和维护费以及电工经费）免征增值税[⑤]。

13. 农村饮水安全工程[⑥]

对饮水工程运营管理单位向农村居民提供生活用水取得的自来水销售收入，免征增值税，如果用户是非农村居民或者提供的是非生活用水全都不免税，上述政策执行至2027年12月31日。

14. 土地使用权转让给农业生产者用于农业生产[⑦]

采取转包、出租、互换、转让、入股等方式将承包地流转给农业生产者用于农业生产[⑧]，免征增值税。

[①]《财政部 国家税务总局关于有机肥产品免征增值税的通知》（财税〔2008〕56号）第一条。
[②]《财政部 国家税务总局关于农业生产资料征免增值税政策的通知》（财税〔2001〕113号）第一条。
[③]《财政部 国家税务总局关于不带动力的手扶拖拉机和三轮农用运输车增值税政策的通知》（财税〔2002〕89号）。
[④]《财政部 国家税务总局关于免征滴灌带和滴灌管产品增值税的通知》（财税〔2007〕83号）。
[⑤]《财政部 国家税务总局关于免征农村电网维护费增值税问题的通知》（财税字〔1998〕47号）。
[⑥]《财政部 税务总局关于继续实施农村饮水安全工程税收优惠政策的公告》（财政部 税务总局公告2023年第58号）第四条。
[⑦]《财政部 国家税务总局关于全面推开营业税改征增值税试点的通知》（财税〔2016〕36号）附件3《营业税改征增值税试点过渡政策的规定》第一条第（三十五）项。
[⑧]《财政部 税务总局关于建筑服务等营改增试点政策的通知》（财税〔2017〕58号）第四条。

15. 国家商品储备管理单位及其直属企业承担商品储备任务，从中央或者地方财政取得的利息补贴收入和价差补贴收入[①]。

国家商品储备管理单位及其直属企业是指接受中央、省、市、县四级政府有关部门（或者政府指定管理单位）委托，承担粮（含大豆）、食用油、棉、糖、肉、盐（限于中央储备）等6种商品储备任务，并按有关政策收储、销售上述6种储备商品，取得财政储备经费或者补贴的商品储备企业。

利息补贴收入是指国家商品储备管理单位及其直属企业因承担上述商品储备任务从金融机构贷款，并从中央或者地方财政取得的用于偿还贷款利息的贴息收入。

价差补贴收入包括销售价差补贴收入和轮换价差补贴收入。销售价差补贴收入是指按照中央或者地方政府指令销售上述储备商品时，由于销售收入小于库存成本而从中央或者地方财政获得的全额价差补贴收入。轮换价差补贴收入是指根据要求定期组织政策性储备商品轮换而从中央或者地方财政取得的商品新陈品质价差补贴收入。

二、与弱势群体有关的免税政策

（1）由残疾人的组织直接进口供残疾人专用的物品免征增值税[②]。

（2）残疾人个人提供的服务免征增值税[③]，上述服务包含加工、修理修配服务，残疾人是指法定劳动年龄内，持有"中华人民共和国残疾人证"或者"中华人民共和国残疾军人证（1至8级）"的自然人，也包括具有劳动条件和劳动意愿的精神残疾人[④]。

（3）残疾人福利机构提供的育养服务免征增值税[⑤]。《增值税法（草案）》（二次审议稿）对适用主体的表述为残疾人福利机构，但新出台的《增值税法》却改为残疾人服务机构，涵盖面无疑更广了。

（4）重点群体创业就业，重点群体持"就业创业证"（注明"自主创业税收政策"或"毕业年度内自主创业税收政策"）或"就业失业登记证"（注明"自主创

---

① 《财政部 国家税务总局关于全面推开营业税改征增值税试点的通知》（财税〔2016〕36号）附件3《营业税改征增值税试点过渡政策的规定》第一条第（二十五）项。
② 《增值税法》第二十四条第（六）项。
③ 《增值税法》第二十四条第（六）项。
④ 《财政部 国家税务总局关于促进残疾人就业增值税优惠政策的通知》（财税〔2016〕52号）第八条、第十条。
⑤ 《增值税法》第二十四条第（七）项。

业税收政策")从事个体经营,自办理个体工商户登记当月起,在 3 年(36 个月)内按每户每年 20 000 元为限额依次扣减其当年实际应缴纳的增值税、城市维护建设税、教育费附加、地方教育附加和个人所得税。各省级人民政府可根据本地区实际情况确定具体限额标准,最高可以上浮 20%。

上述政策适用人员具体包括:①纳入全国防止返贫监测和衔接推进乡村振兴信息系统的脱贫人口;②在人力资源社会保障部门公共就业服务机构登记失业半年以上的人员;③零就业家庭、享受城市居民最低生活保障家庭劳动年龄内的登记失业人员;④毕业年度内高校毕业生。高校毕业生是指实施高等学历教育的普通高等学校、成人高等学校应届毕业的学生;毕业年度是指毕业所在自然年,即 1 月 1 日至 12 月 31 日。

企业招用脱贫人口,以及在人力资源社会保障部门公共就业服务机构登记失业半年以上且持"就业创业证"或"就业失业登记证"(注明"企业吸纳税收政策")的人员,与其签订 1 年以上期限劳动合同并依法缴纳社会保险费的,自签订劳动合同并缴纳社会保险当月起,在 3 年内按实际招用人数予以定额依次扣减增值税、城市维护建设税、教育费附加、地方教育附加和企业所得税优惠。定额标准为每人每年 6 000 元,各省级人民政府可根据本地区实际情况确定具体限额标准,最高可上浮 30%。

年度应缴纳税款小于上述扣减限额,减免税额以其实际缴纳的税款为限;大于上述扣减限额的,以扣减限额为限。上述政策执行至 2027 年 12 月 31 日,但享受税收优惠政策未满 3 年的,可继续享受至 3 年期满为止。[①]

三、与军人军队有关的免税政策

1. 随军家属就业

为安置随军家属就业而新开办的企业,自领取税务登记证之日起,其提供的应税服务 3 年内免征增值税,但随军家属必须占企业总人数的 60%(含)以上,并有军(含)以上政治和后勤机关出具的证明。

从事个体经营的随军家属,自办理税务登记事项之日起,其提供的应税服务 3 年内免征增值税,但随军家属必须有师以上政治机关出具的可以表明其身份的

[①] 《财政部 税务总局 人力资源社会保障部 农业农村部关于进一步支持重点群体创业就业有关税收政策的公告》(财政部 税务总局 人力资源社会保障部 农业农村部公告 2023 年第 15 号)。

证明。每一名随军家属可以享受一次免税政策[1]。

2. 军队转业干部就业

从事个体经营的军队转业干部，自领取税务登记证之日起，其提供的应税服务 3 年内免征增值税。为安置自主择业的军队转业干部就业而新开办的企业，凡安置自主择业的军队转业干部占企业总人数 60%（含）以上的，自领取税务登记证之日起，其提供的应税服务 3 年内免征增值税。享受上述优惠政策的自主择业的军队转业干部必须持有师以上部队颁发的转业证件[2]。

3. 退役士兵创业就业

自主就业退役士兵从事个体经营的，自办理个体工商户登记当月起，在 3 年（36 个月）内按每户每年 20 000 元为限额依次扣减其当年实际应缴纳的增值税，各省级人民政府可根据实际情况确定具体限额标准，最高可以上浮 20%。

企业招用自主就业退役士兵，与其签订 1 年以上期限劳动合同并依法缴纳社会保险费的，自签订劳动合同并缴纳社会保险当月起，在 3 年内按实际招用人数予以定额依次扣减增值税，定额标准为每人每年 6 000 元，各省级人民政府可根据实际情况确定具体限额标准，最高可以上浮 50%[3]。

实际经营期不足一年，换算公式为减免税限额 = 年度减免税限额 ÷ 12 × 实际经营月数。上述政策执行至 2027 年 12 月 31 日[4]。

4. 军队空余房产租赁收入免征增值税[5]

四、与文化发展有关的免税政策

（1）销售古旧图书免征增值税[6]。

（2）符合规定的门票收入，纪念馆、博物馆、文化馆、文物保护单位管理机构、美术馆、展览馆、书画院、图书馆举办文化活动的门票收入，宗教场所举办

---

[1]《财政部 国家税务总局关于全面推开营业税改征增值税试点的通知》（财税〔2016〕36 号）附件 3《营业税改征增值税试点过渡政策的规定》第一条第（三十九）项。

[2]《财政部 国家税务总局关于全面推开营业税改征增值税试点的通知》（财税〔2016〕36 号）附件 3《营业税改征增值税试点过渡政策的规定》第一条第（四十）项。

[3]《财政部 税务总局 退役军人事务部关于进一步扶持自主就业退役士兵创业就业有关税收政策的公告》（财政部 税务总局 退役军人事务部公告 2023 年第 14 号）第一条、第二条。

[4]《财政部 税务总局关于延长部分税收优惠政策执行期限的公告》（财政部 税务总局公告 2022 年第 4 号）。

[5]《财政部 国家税务总局关于全面推开营业税改征增值税试点的通知》（财税〔2016〕36 号）附件 3《营业税改征增值税试点过渡政策的规定》第一条第（三十三）项。

[6]《增值税法》第二十四条第（三）项。

文化、宗教活动的门票收入免征增值税[1]，该政策为长期性优惠政策。科普单位的门票收入，以及县级及以上党政部门和科协开展科普活动的门票收入免征增值税，该政策执行至2027年12月31日[2]。

（3）个人转让著作权免征增值税[3]。

（4）党报、党刊发行与印刷收入，党报、党刊将其发行、印刷业务及相应的经营性资产剥离组建的文化企业，自注册之日起所取得的党报、党刊发行收入和印刷收入免征增值税，上述政策执行至2027年12月31日[4]。

（5）图书批发、零售环节免征增值税，执行至2027年12月31日[5]。

（6）进口图书及相关资料，北京中科进出口公司销售给高等学校、科研单位和北京图书馆的进口图书、报刊资料免征增值税[6]。

中国国际图书贸易总公司销售给高等学校、教育科研单位和北京图书馆的进口图书、报刊资料给予免征增值税[7]。

中国教育图书进出口公司销售给高等学校、教育科研单位和北京图书馆的进口图书、报刊资料给予免征增值税[8]。

中国经济图书进出口公司、中国出版对外贸易总公司为大专院校和科研单位免税进口的图书、报刊等资料，在其销售给上述院校和单位时，免征国内销售环节的增值税[9]。

中国科技资料进出口总公司为科研单位、大专院校进口的用于科研、教学的图书、文献、报刊及其他资料（包括只读光盘、缩微平片、胶卷、地球资源卫星照

---

[1] 《增值税法》第二十四条第（九）项。
[2] 《财政部 税务总局关于延续实施宣传文化增值税优惠政策的公告》（财政部 税务总局公告2023年第60号）第三条。
[3] 《财政部 国家税务总局关于全面推开营业税改征增值税试点的通知》（财税〔2016〕36号）附件3《营业税改征增值税试点过渡政策的规定》第一条第（十四）项。
[4] 《财政部 税务总局 中央宣传部关于延续实施文化体制改革中经营性文化事业单位转制为企业有关税收政策的公告》（财政部 税务总局 中央宣传部公告2023年第71号）第一条第（三）项。
[5] 《财政部 税务总局关于延续实施宣传文化增值税优惠政策的公告》（财政部 税务总局公告2023年第60号）第二条。
[6] 《财政部 国家税务总局关于北京中科进出口公司销售给高等学校科研单位和北京图书馆的进口图书报刊资料免征增值税问题的通知》（财税字〔1998〕69号）。
[7] 《财政部 国家税务总局关于中国国际图书贸易总公司销售给高等学校教育科研单位和北京图书馆的进口图书报刊资料免征增值税问题的通知》（财税字〔1998〕68号）。
[8] 《财政部 国家税务总局关于中国教育图书进出口公司销售给高等学校教育科研单位和北京图书馆的进口图书报刊资料免征增值税问题的通知》（财税字〔1998〕67号）。
[9] 《财政部 国家税务总局关于中国经济图书进出口公司中国出版对外贸易总公司销售给大专院校和科研单位的进口书刊资料免征增值税的通知》（财税字〔1999〕255号）。

片、科技和教学声像制品）免征国内销售环节增值税[①]。

中国图书进出口总公司为国务院各部委、各直属机构及各省、自治区、直辖市所属科研机构和大专院校进口用于科研、教学的书刊免征增值税[②]。

（7）动漫软件出口免征增值税[③]。执行至2023年12月31日[④]，目前该税收优惠政策已经到期，尚未出台政策延期的文件。

（8）电影相关收入。对电影主管部门（包括中央、省、地市及县级）按照职能权限批准从事电影制片、发行、放映的电影集团公司（含成员企业）、电影制片厂及其他电影企业取得的销售电影拷贝（含数字拷贝）收入、转让电影版权（包括转让和许可使用）收入、电影发行收入以及在农村取得的电影放映收入，免征增值税。城市电影放映服务照常征收增值税，但城市电影放映的一般纳税人可以选择简易计税方法。上述政策执行至2027年12月31日[⑤]。

（9）基本收视维护费。对广播电视运营服务企业收取的有线数字电视基本收视维护费和农村有线电视基本收视费，免征增值税，上述政策执行至2027年12月31日[⑥]。

五、与教育有关的免税政策

1. 托儿所、幼儿园提供的育养服务免征增值税[⑦]

托儿所、幼儿园是指经县级以上教育部门审批成立、取得办园许可证的实施0~6岁学前教育的机构，包括公办和民办的托儿所、幼儿园、学前班、幼儿班、保育院、幼儿院[⑧]。

2. 学校提供的学历教育服务免征增值税[⑨]

学历教育是指受教育者经过国家教育考试或者国家规定的其他入学方式，进

[①] 《财政部 国家税务总局关于中国科技资料进出口总公司销售进口图书享受免征国内销售环节增值税政策的通知》（财税〔2004〕69号）。

[②] 《财政部 国家税务总局关于中国图书进出口总公司销售给科研教学单位的进口书刊资料免征增值税问题的通知》（财税字〔1997〕66号）。

[③] 《财政部 国家税务总局关于延续动漫产业增值税政策的通知》（财税〔2018〕38号）第三条。

[④] 《财政部 税务总局关于延长部分税收优惠政策执行期限的公告》（财政部 税务总局公告2022年第4号）第一条。

[⑤] 《财政部 税务总局关于延续实施支持文化企业发展增值税政策的公告》（财政部 税务总局公告2023年第61号）第一条。

[⑥] 《财政部 税务总局关于延续实施支持文化企业发展增值税政策的公告》（财政部 税务总局公告2023年第61号）第二条。

[⑦] 《增值税法》第二十四条第（七）项。

[⑧] 《财政部 国家税务总局关于全面推开营业税改征增值税试点的通知》（财税〔2016〕36号）附件3《营业税改征增值税试点过渡政策的规定》第一条第（一）项。

[⑨] 《增值税法》第二十四条第（八）项。

入国家有关部门批准的学校或者其他教育机构学习，获得国家承认的学历证书的教育形式，具体包括：

（1）初等教育：普通小学、成人小学。

（2）初级中等教育：普通初中、职业初中、成人初中。

（3）高级中等教育：普通高中、成人高中和中等职业学校（包括普通中专、成人中专、职业高中、技工学校）。

（4）高等教育：普通本专科、成人本专科、网络本专科、研究生（博士、硕士）、高等教育自学考试、高等教育学历文凭考试。

从事学历教育的学校是指：

（1）普通学校。

（2）经地（市）级以上人民政府或者同级政府的教育行政部门批准成立、国家承认其学员学历的各类学校。

（3）经省级及以上人力资源社会保障行政部门批准成立的技工学校、高级技工学校。

（4）经省级人民政府批准成立的技师学院。

上述学校均包括符合规定的从事学历教育的民办学校，但不包括职业培训机构等国家不承认学历的教育机构。

提供教育服务免征增值税的收入是指对列入规定招生计划的在籍学生提供学历教育服务取得的收入，具体包括：经有关部门审核批准并按规定标准收取的学费、住宿费、课本费、作业本费、考试报名费收入，以及学校食堂提供餐饮服务取得的伙食费收入。学校食堂是指依照《学校食堂与学生集体用餐卫生管理规定》（教育部令第14号）管理的学校食堂。

除此之外的收入，包括学校以各种名义收取的赞助费、择校费等，不属于免征增值税的范围。

3. 符合规定的非学历教育

政府举办的从事学历教育的高等、中等和初等学校（不含下属单位），举办进修班、培训班取得的全部归该学校所有的收入免征增值税。全部归该学校所有，是指举办进修班、培训班取得的全部收入进入该学校统一账户，并纳入预算全额上缴财政专户管理，同时由该学校对有关票据进行统一管理和开具。举办进修班、培训班取得的收入进入该学校下属部门自行开设账户的，不予免征增值税①。

4. 职业学校的校办企业

政府举办的职业学校设立的主要为在校学生提供实习场所、并由学校出资自办、由学校负责经营管理、经营收入归学校所有的企业，从事《销售服务、无形资产或者不动产注释》中"现代服务"（不含融资租赁服务、广告服务和其他现代服务）、"生活服务"（不含文化体育服务、其他生活服务和桑拿、氧吧）业务活动取得的收入免征增值税②。

5. 学生勤工俭学提供的服务免征增值税③

六、与技术节能相关的免税政策

1. 技术转让与开发

纳税人提供技术转让、技术开发和与之相关的技术咨询、技术服务免征增值税④。技术包括专利技术和非专利技术。技术咨询是指就特定技术项目提供可行性论证、技术预测、专题技术调查、分析评价报告等业务活动。与技术转让、技术开发相关的技术咨询、技术服务，是指转让方（或者受托方）根据技术转让或者开发合同的规定，为帮助受让方（或者委托方）掌握所转让（或者委托开发）的技术，而提供的技术咨询、技术服务业务，且这部分技术咨询、技术服务的价款与技术转让或者技术开发的价款应当在同一张发票上开具。

2. 孵化服务收入

对国家级、省级科技企业孵化器、大学科技园和国家备案众创空间向在孵对象提供孵化服务取得的收入免征增值税，执行至2027年12月31日⑤。在孵对象是指符合条件的孵化企业、创业团队和个人。

3. 符合条件的合同能源管理服务

节能服务公司实施合同能源管理项目相关技术符合《合同能源管理技术通则》

---

① 《财政部 国家税务总局关于全面推开营业税改征增值税试点的通知》（财税〔2016〕36号）附件3《营业税改征增值税试点过渡政策的规定》第一条第（二十九）项。

② 《财政部 国家税务总局关于全面推开营业税改征增值税试点的通知》（财税〔2016〕36号）附件3《营业税改征增值税试点过渡政策的规定》第一条第（三十）项。

③ 《财政部 国家税务总局关于全面推开营业税改征增值税试点的通知》（财税〔2016〕36号）附件3《营业税改征增值税试点过渡政策的规定》第一条第（九）项。

④ 《财政部 国家税务总局关于全面推开营业税改征增值税试点的通知》（财税〔2016〕36号）附件3《营业税改征增值税试点过渡政策的规定》第一条第（二十六）项。

⑤ 《财政部 税务总局 科技部 教育部关于继续实施科技企业孵化器、大学科技园和众创空间有关税收政策的公告》（财政部 税务总局 科技部 教育部公告2023年第42号）。

（GB/T 24915—2020）规定的技术要求；与用能企业签订节能效益分享型合同，其合同格式和内容符合《中华人民共和国民法典》和《合同能源管理技术通则》等规定，相关服务收入免征增值税[①]。

4. 符合规定的采暖费收入

"三北"地区供热企业向居民个人供热取得的采暖费收入免征增值税，采暖费收入包括供热企业直接向居民收取的、通过其他单位向居民收取的和由单位代居民缴纳的采暖费。供热企业是指热力产品生产企业和热力产品经营企业，包括专业供热企业、兼营供热企业和自供热单位。"三北"地区指北京市、天津市、河北省、山西省、内蒙古自治区、辽宁省、大连市、吉林省、黑龙江省、山东省、青岛市、河南省、陕西省、甘肃省、青海省、宁夏回族自治区和新疆维吾尔自治区，执行至2027年供暖期结束，即当年下半年供暖开始至次年上半年供暖结束的期间[②]。

5. 污水处理费

各级政府及主管部门委托自来水厂（公司）随水费收取的污水处理费，免征增值税[③]。

七、与交通运输相关的免税政策

（1）国际货物运输代理服务。纳税人提供直接或者间接国际货物运输代理服务，向委托方收取的全部国际货物运输代理服务收入，以及向国际运输承运人支付的国际运输费用，免征增值税，但必须通过金融机构进行结算。纳税人为内地与香港、澳门、台湾地区之间的货物运输提供的货物运输代理服务参照国际货物运输代理服务有关规定执行。委托方索取发票的，纳税人应当就国际货物运输代理服务收入向委托方全额开具增值税普通发票[④]。

（2）国际航运保险业务。注册在上海、天津的保险企业从事国际航运保险业务；注册在深圳市的保险企业向注册在前海深港现代服务业合作区的企业提供国际航运保险业务；注册在平潭的保险企业向注册在平潭的企业提供国际航运保险业务，免征增值税[⑤]。

---

① 《财政部 国家税务总局关于全面推开营业税改征增值税试点的通知》（财税〔2016〕36号）附件3《营业税改征增值税试点过渡政策的规定》第一条第（二十七）项。
② 《财政部 税务总局关于延续实施供热企业有关税收政策的公告》（财政部 税务总局公告2023年第56号）。
③ 《财政部 国家税务总局关于污水处理费有关增值税政策的通知》（财税〔2001〕97号）。
④ 《财政部 国家税务总局关于全面推开营业税改征增值税试点的通知》（财税〔2016〕36号）附件3《营业税改征增值税试点过渡政策的规定》第一条第（十八）项。
⑤ 《财政部 国家税务总局关于营业税改征增值税试点若干政策的通知》（财税〔2016〕39号）第十一条。

(3) 台湾航运公司、航空公司从事海峡两岸海上直航、空中直航业务在大陆取得的运输收入免征增值税[1]。台湾航运公司是指取得交通运输部颁发的"台湾海峡两岸间水路运输许可证"且该许可证上注明的公司登记地址在台湾的航运公司。台湾航空公司是指取得中国民用航空局颁发的"经营许可"或者依据《海峡两岸空运协议》和《海峡两岸空运补充协议》规定，批准经营两岸旅客、货物和邮件不定期（包机）运输业务，且公司登记地址在台湾的航空公司。

(4) 美国 ABS 船级社在非营利宗旨不变、中国船级社在美国享受同等免税待遇的前提下，在中国境内提供的船检服务免征增值税[2]。

(5) 青藏铁路公司提供的铁路运输服务免征增值税[3]。

(6) 铁路系统内部单位为本系统修理货车的业务免征增值税[4]。

八、与生活服务相关的免税政策

(1) 养老机构提供的育养服务免征增值税[5]。养老机构是指依照民政部《养老机构设立许可办法》（中华人民共和国民政部令第 48 号）设立并依法办理登记的为老年人提供集中居住和照料服务的各类养老机构。养老服务是指上述养老机构按照民政部《养老机构管理办法》（中华人民共和国民政部令第 66 号）的规定，为收住的老年人提供生活照料、康复护理、精神慰藉、文化娱乐等服务[6]。

(2) 残疾人福利机构提供的育养服务免征增值税[7]。

(3) 婚姻介绍服务免征增值税[8]。

(4) 殡葬服务免征增值税[9]。殡葬服务是指收费标准由各地价格主管部门会同有关部门核定，或者实行政府指导价管理的遗体接运（含抬尸、消毒）、遗体整容、遗体防腐、存放（含冷藏）、火化、骨灰寄存、吊唁设施设备租赁、墓穴租赁及管

---

[1] 《财政部 国家税务总局关于全面推开营业税改征增值税试点的通知》（财税〔2016〕36 号）附件 3《营业税改征增值税试点过渡政策的规定》第一条第（十七）项。
[2] 《财政部 国家税务总局关于营业税改征增值税试点若干政策的通知》（财税〔2016〕39 号）第五条。
[3] 《财政部 国家税务总局关于营业税改征增值税试点若干政策的通知》（财税〔2016〕39 号）第六条。
[4] 《财政部 国家税务总局关于铁路货车修理免征增值税的通知》（财税〔2001〕54 号）。
[5] 《增值税法》第二十四条第（七）项。
[6] 《财政部 国家税务总局关于全面推开营业税改征增值税试点的通知》（财税〔2016〕36 号）附件 3《营业税改征增值税试点过渡政策的规定》第一条第（二）项。
[7] 《增值税法》第二十四条第（七）项。
[8] 《增值税法》第二十四条第（七）项。
[9] 《增值税法》第二十四条第（七）项。

理等服务[①]。

(5) 符合规定的家政服务。家政服务企业由员工制家政服务员提供家政服务取得的收入免征增值税[②]。家政服务企业是指在企业营业执照的规定经营范围中包括家政服务内容的企业。员工制家政服务员是指同时符合下列条件的家政服务员：

①依法与家政服务企业签订半年及半年以上的劳动合同或者服务协议，且在该企业实际上岗工作。

②家政服务企业为其按月足额缴纳了企业所在地人民政府根据国家政策规定的基本养老保险、基本医疗保险、工伤保险、失业保险等社会保险。对已享受新型农村养老保险和新型农村合作医疗等社会保险或者下岗职工原单位继续为其缴纳社会保险的家政服务员，如果本人书面提出不再缴纳企业所在地人民政府根据国家政策规定的相应的社会保险，并出具其所在乡镇或者原单位开具的已缴纳相关保险的证明，可视同家政服务企业已为其按月足额缴纳了相应的社会保险。

③家政服务企业通过金融机构向其实际支付不低于企业所在地适用的经省级人民政府批准的最低工资标准的工资。

九、与医疗相关的免税政策

(1) 医疗机构提供的医疗服务免征增值税[③]。医疗机构是指依据国务院《医疗机构管理条例》(国务院令第149号) 及原卫生部《医疗机构管理条例实施细则》(卫生部令第35号) 的规定，经登记取得"医疗机构执业许可证"的机构，以及军队、武警部队各级各类医疗机构，具体包括：各级各类医院、门诊部（所）、社区卫生服务中心（站）、急救中心（站）、城乡卫生院、护理院（所）、疗养院、临床检验中心，各级政府及有关部门举办的卫生防疫站（疾病控制中心）、各种专科疾病防治站（所），各级政府举办的妇幼保健所（站）、母婴保健机构、儿童保健机构，各级政府举办的血站（血液中心）等医疗机构。

免税的医疗服务是指上述医疗机构按照不高于地（市）级以上价格主管部门会同同级卫生主管部门及其他相关部门制定的医疗服务指导价格（包括政府指导价和按照规定由供需双方协商确定的价格等）为就医者提供《全国医疗服务价

---

① 《财政部 国家税务总局关于全面推开营业税改征增值税试点的通知》(财税〔2016〕36号) 附件3《营业税改征增值税试点过渡政策的规定》第一条第（五）项。
② 《财政部 国家税务总局关于全面推开营业税改征增值税试点的通知》(财税〔2016〕36号) 附件3《营业税改征增值税试点过渡政策的规定》第一条第（三十一）项。
③ 《增值税法》第二十四条第（二）项。

格项目规范》所列的各项服务,以及医疗机构向社会提供卫生防疫、卫生检疫的服务①。

医疗机构接受其他医疗机构委托,按照不高于地(市)级以上价格主管部门会同同级卫生主管部门及其他相关部门制定的医疗服务指导价格(包括政府指导价和按照规定由供需双方协商确定的价格等),提供《全国医疗服务价格项目规范》所列的各项服务,也可免征增值税,本政策执行至2027年12月31日②。

需要注意的是,医疗机构单独销售的药品,如附设的独立核算的零售药店、医院附设的制药车间、制剂室生产的药品直接或通过药库对外销售以及提供的非医疗服务,如医疗美容、医疗器械与护理用具销售租赁、病历打印、陪护服务、停车服务、餐饮服务等,均需要缴纳增值税。

(2) 抗艾滋病病毒药品。对国产抗艾滋病病毒药品免征生产环节和流通环节增值税,但必须是各省(自治区、直辖市)艾滋病药品管理部门按照政府采购有关规定采购的,并向艾滋病病毒感染者和病人免费提供的抗艾滋病病毒药品,政策执行至2027年12月31日③。

(3) 血站供应给医疗机构的临床用血免征增值税④。

(4) 避孕药品和用具免征增值税⑤。《增值法(草案)》(二次审议稿)第二十三条第(二)项中仍旧保留着这项税收优惠政策,但新出台的《增值税法》却将其删除,大概率要对其恢复征税,这应该与我国现行生育政策有关。

十、与房产土地相关的免税政策

(1) 为了配合国家住房制度改革,企业、行政事业单位按房改成本价、标准价出售住房取得的收入免征增值税⑥。

(2) 涉及家庭财产分割的个人无偿转让不动产、土地使用权,免征增值税。家庭财产分割,包括下列情形:离婚财产分割;无偿赠与配偶、父母、子女、祖父

---

① 《财政部 国家税务总局关于全面推开营业税改征增值税试点的通知》(财税〔2016〕36号)附件3《营业税改征增值税试点过渡政策的规定》第一条第(七)项。

② 《财政部 税务总局关于延续实施医疗服务免征增值税等政策的公告》(财政部 税务总局公告2023年第68号)第一条。

③ 《关于延续免征国产抗艾滋病病毒药品增值税政策的公告》(财政部 税务总局公告2023年第62号)。

④ 《财政部 国家税务总局关于血站有关税收问题的通知》(财税字〔1999〕264号)。

⑤ 《增值税法》第二十四条第(二)项。

⑥ 《财政部 国家税务总局关于全面推开营业税改征增值税试点的通知》(财税〔2016〕36号)附件3《营业税改征增值税试点过渡政策的规定》第一条第(三十四)项。

母、外祖父母、孙子女、外孙子女、兄弟姐妹；无偿赠与对其承担直接抚养或者赡养义务的抚养人或者赡养人；房屋产权所有人死亡，法定继承人、遗嘱继承人或者受遗赠人依法取得房屋产权①。

（3）个人销售自建自用住房免征增值税②，不包括销售购买的商品房。

（4）经营公租房所取得的租金收入免征增值税。享受上述税收优惠政策的公租房是指纳入省、自治区、直辖市、计划单列市人民政府及新疆生产建设兵团批准的公租房发展规划和年度计划，或者市、县人民政府批准建设（筹集），并按照《关于加快发展公共租赁住房的指导意见》（建保〔2010〕87号）和市、县人民政府制定的具体管理办法进行管理的公租房，上述政策执行至2025年12月31日③。

（5）土地所有者出让土地使用权、土地使用者将土地使用权归还给土地所有者，免征增值税④。城市市区的土地属于国家所有。农村和城市郊区的土地，除由法律规定属于国家所有的以外，通常属于农民集体所有；宅基地和自留地、自留山，属于农民集体所有⑤，因此无论是企业，还是个人都不能成为土地所有者，只能是土地使用者。土地所有者依法征收土地，并向土地使用者支付土地及其相关有形动产、不动产补偿费的行为属于土地使用者将土地使用权归还给土地所有者的情形⑥。

（6）县级以上地方人民政府或自然资源行政主管部门出让、转让或收回自然资源使用权（不含土地使用权），免征增值税⑦。

十一、与撤销改制重组有关的免税政策

（1）被撤销金融机构以货物、不动产、无形资产、有价证券、票据等财产清

---

① 《财政部 国家税务总局关于全面推开营业税改征增值税试点的通知》（财税〔2016〕36号）附件3《营业税改征增值税试点过渡政策的规定》第一条第（三十六）项。
② 《财政部 国家税务总局关于全面推开营业税改征增值税试点的通知》（财税〔2016〕36号）附件3《营业税改征增值税试点过渡政策的规定》第一条第（十五）项。
③ 《财政部 税务总局关于继续实施公共租赁住房税收优惠政策的公告》（财政部 税务总局公告2023年第33号）第七条。
④ 《财政部 国家税务总局关于全面推开营业税改征增值税试点的通知》（财税〔2016〕36号）附件3《营业税改征增值税试点过渡政策的规定》第一条第（三十七）项。
⑤ 《中华人民共和国土地管理法》第九条。
⑥ 《财政部 税务总局关于明确无偿转让股票等增值税政策的公告》（财政部 税务总局公告2020年第40号）第三条。
⑦ 《财政部 国家税务总局关于全面推开营业税改征增值税试点的通知》（财税〔2016〕36号）附件3《营业税改征增值税试点过渡政策的规定》第一条第（三十八）项。

偿债务免征增值税①。被撤销金融机构是指经人民银行、国家金融监督管理总局依法决定撤销的金融机构及其分设于各地的分支机构，包括被依法撤销的商业银行、信托投资公司、财务公司、金融租赁公司、城市信用社和农村信用社。除另有规定外，被撤销金融机构所属、附属企业，不享受被撤销金融机构增值税免税政策。

（2）国有企业资产重组，对因中国邮政集团公司邮政速递物流业务重组改制，中国邮政集团公司向中国邮政速递物流股份有限公司、各省级邮政公司向各省邮政速递物流有限公司转移资产应缴纳的增值税，予以免征②。

对中国邮政集团公司向原中国邮政储蓄银行有限责任公司转移出资资产、中国邮政集团公司以实物资产抵偿原中国邮政储蓄银行有限责任公司的储蓄和汇总利息损失挂账，以及中国邮政集团与原中国邮政储蓄银行有限责任公司之间进行资产置换过程中涉及的土地、房屋、机器设备、软件和应用系统的权属转移，免征增值税③。

对中国联合网络通信集团有限公司（原中国联合通信有限公司）、联通新时空通信有限公司（原联通新时空移动通信有限公司）、中国联合网络通信有限公司（原中国联通有限公司）在转让CDMA资产和业务过程中应缴纳的增值税，予以免征④。

（3）文化企业改制。对经营性文化事业单位（从事新闻出版、广播影视和文化艺术的事业单位）转制中资产评估增值、资产转让或划转免征增值税。

转制包括整体转制和剥离转制，其中整体转制包括（图书、音像、电子）出版社、非时政类报刊出版单位、新华书店、艺术院团、电影制片厂、电影（发行放映）公司、影剧院、重点新闻网站等整体转制为企业；剥离转制包括新闻媒体中的广告、印刷、发行、传输网络等部分，以及影视剧等节目制作与销售机构，从事业体制中剥离出来转制为企业。经营性文化事业单位转制为企业并进行企业法人登记之日，转制前已进行企业法人登记则按注销事业单位法人登记之日，或核销事

---

① 《财政部 国家税务总局关于全面推开营业税改征增值税试点的通知》（财税〔2016〕36号）附件3《营业税改征增值税试点过渡政策的规定》第一条第（二十）项。

② 《财政部 国家税务总局关于中国邮政集团公司邮政速递物流业务重组改制有关税收问题的通知》（财税〔2011〕116号）第一条。

③ 《财政部 国家税务总局关于中国邮政储蓄银行改制上市有关税收政策的通知》（财税〔2013〕53号）第三条。

④ 《财政部 国家税务总局关于中国联合网络通信集团有限公司转让CDMA网及其用户资产企业合并资产整合过程中涉及的增值税营业税印花税和土地增值税政策问题的通知》（财税〔2011〕13号）第一条。

业编制的批复之日确定转制完成并享受本公告所规定的税收优惠政策，政策执行至 2027 年 12 月 31 日[①]。

（4）不良资产处置收入。中国信达资产管理股份有限公司、中国华融资产管理股份有限公司、中国长城资产管理公司和中国东方资产管理公司及各自经批准分设于各地的分支机构，在收购、承接和处置剩余政策性剥离不良资产和改制银行剥离不良资产过程中开展的以下业务，免征增值税：

①接受相关国有银行的不良债权，借款方以货物、不动产、无形资产、有价证券和票据等抵充贷款本息的，资产公司销售、转让该货物、不动产、无形资产、有价证券、票据以及利用该货物、不动产从事的融资租赁业务。

②接受相关国有银行的不良债权取得的利息。

③资产公司所属的投资咨询类公司，为本公司收购、承接、处置不良资产而提供的资产、项目评估和审计服务。

中国长城资产管理公司和中国东方资产管理公司如经国务院批准改制后，继承其权利、义务的主体及其分支机构处置剩余政策性剥离不良资产和改制银行剥离不良资产，比照上述政策执行。

上述政策性剥离不良资产，是指资产公司按照国务院规定的范围和额度，以账面价值进行收购的相关国有银行的不良资产。上述改制银行剥离不良资产，是指资产公司按照《财政部 中国银行和中国建设银行改制过程中可疑类贷款处置管理办法》（财金〔2004〕53 号）、《中国工商银行改制过程中可疑类贷款处置管理办法》（银发〔2005〕148 号）的规定及中国交通银行股份制改造时国务院确定的不良资产的范围和额度收购的不良资产。

上述处置不良资产，是指资产公司按照有关法律、行政法规，为使不良资产的价值得到实现而采取的债权转移的措施，具体包括运用出售、置换、资产重组、债转股、证券化等方法对贷款及其抵押品进行处置。

上述资产公司（含中国长城资产管理公司和中国东方资产管理公司如经国务院批准改制后继承其权利、义务的主体）除收购、承接、处置本通知规定的政策性剥离不良资产和改制银行剥离不良资产业务外，从事其他经营业务应一律依法纳税。除另有规定者外，资产公司所属、附属企业，不得享受资产公司免征增值

[①] 《财政部 税务总局 中央宣传部关于延续实施文化体制改革中经营性文化事业单位转制为企业有关税收政策的公告》（财政部 税务总局 中央宣传部公告 2023 年第 71 号）。

税的政策[1]。

十二、与区域有关的免税政策

横琴、平潭各自的区内企业之间销售其在本区内的货物,免征增值税[2],但上述企业之间销售的用于其本区内商业性房地产开发项目的货物,以及按规定被取消退税或免税资格的企业销售的货物,应按规定征收增值税[3]。

横琴粤澳深度合作区位于广东省珠海市香洲区横琴镇(横琴岛)所在区域,地处广东省珠海市南部,毗邻香港澳门。平潭综合实验区位于福建省东部海域,毗邻台湾。

十三、与特定项目有关的免税政策

(1)外国政府和国际组织无偿援助项目在国内采购的货物免征增值税,同时允许销售免税货物的单位,将免税货物的进项税额在其他内销货物的销项税额中抵扣[4]。

(2)福利彩票、体育彩票的发行收入免征增值税[5]。

(3)符合规定的黄金交易,黄金交易所会员单位通过黄金交易所销售标准黄金,持有黄金交易所开具的"黄金交易结算凭证",未发生实物交割的,免征增值税[6]。对按国际市场价格配售的黄金免征增值税,银行不开具增值税专用发票[7]。

(4)进口铂金免征进口环节增值税[8]。

(5)自然人销售自己使用过的物品免征增值税[9]。其他小规模纳税人(含个体工商户)销售自己使用过的固定资产,减按2%的征收率征收增值税;销售自己使用过的除固定资产以外的物品,按3%征收率正常征收增值税。

从2009年1月1日起,固定资产的进项税额才准予在全国范围内抵扣,因此

---

[1] 《财政部 国家税务总局关于营业税改征增值税试点若干政策的通知》(财税〔2016〕39号)第九条。
[2] 《财政部 海关总署 国家税务总局关于横琴、平潭开发有关增值税和消费税政策的通知》(财税〔2014〕51号)第二条。
[3] 《财政部 海关总署 国家税务总局关于横琴、平潭开发有关增值税和消费税政策的通知》(财税〔2014〕51号)第二条。
[4] 《财政部 国家税务总局 外经贸部关于外国政府和国际组织无偿援助项目在华采购物资免征增值税问题的通知》(财税〔2002〕2号)。
[5] 《财政部 国家税务总局关于全面推开营业税改征增值税试点的通知》(财税〔2016〕36号)附件3《营业税改征增值税试点过渡政策的规定》第一条第(三十二)项。
[6] 《财政部 国家税务总局关于黄金税收政策问题的通知》(财税〔2002〕142号)第二条。
[7] 《财政部 国家税务总局 中国人民银行关于配售出口黄金有关税收规定的通知》(财税〔2000〕3号)第二条。
[8] 《财政部 国家税务总局关于铂金及其制品税收政策的通知》(财税〔2003〕86号)第一条。
[9] 《增值税法》第二十四条第(三)项。

一般纳税人销售未抵扣进项税额的固定资产，按照4%（现降为3%）的征收率减半征收增值税；销售使用过的已经抵扣进项税额的固定资产以及其他物品，应当按照适用税率征收增值税。

注意自己使用过的物品与旧货的区别。旧货是指进入二次流通的具有部分使用价值的货物（不含二手汽车），也就说销售的旧货是别人使用过的物品，无论是一般纳税人，还是小规模纳税人（包括个人）销售旧货全都按照简易计税办法依照4%（现降为3%）的征收率减半征收增值税[1]。

（6）行政单位之外的其他单位收取的符合规定的政府性基金和行政事业性收费免征增值税[2]。需要注意的是行政单位收取的符合规定的政府性基金或者行政事业性收费属于不征税项目。

（7）社会团体收取的会费免征增值税[3]。社会团体是指依照国家有关法律法规设立或登记并取得"社会团体法人登记证书"的非营利法人。会费是指社会团体在国家法律法规、政策许可的范围内，依照社团章程的规定，收取的个人会员、单位会员和团体会员的会费。社会团体开展经营服务性活动取得的其他收入，一律照章缴纳增值税。需要注意的是各党派、共青团、工会、妇联、中科协、青联、台联、侨联收取党费、团费、会费，以及政府间国际组织收取会费属于非经营活动，不征收增值税。

（8）扶贫物资。单位或者个体工商户将自产、委托加工或购买的货物通过公益性社会组织、县级及以上人民政府及其组成部门和直属机构，或直接无偿捐赠给目标脱贫地区的单位和个人，免征增值税[4]，政策执行至2025年12月31日[5]。

（9）中国邮政集团公司及其所属邮政企业提供的邮政普遍服务和邮政特殊服务，免征增值税[6]。

---

[1] 《财政部 国家税务总局关于部分货物适用增值税低税率和简易办法征收增值税政策的通知》（财税〔2009〕9号）第二条第二、三款。

[2] 《财政部 国家税务总局关于全面推开营业税改征增值税试点的通知》（财税〔2016〕36号）附件3《营业税改征增值税试点过渡政策的规定》第一条第（十三）项。

[3] 《财政部 国家税务总局关于租入固定资产进项税额抵扣等增值税政策的通知》（财税〔2017〕90号）第八条。

[4] 《财政部 税务总局 国务院扶贫办关于扶贫货物捐赠免征增值税政策的公告》（财政部 税务总局 国务院扶贫办公告2019年第55号）第一条。

[5] 《财政部 税务总局 人力资源社会保障部 国家乡村振兴局关于延长部分扶贫税收优惠政策执行期限的公告》（财政部 税务总局 人力资源社会保障部 国家乡村振兴局公告2021年第18号）。

[6] 《财政部 国家税务总局关于营业税改征增值税试点若干政策的通知》（财税〔2016〕39号）第七条。

（10）外国政府、国际组织无偿援助的进口物资和设备免征增值税[①]。

（11）中国国际服务贸易交易会的每个展商在展期内销售的进口展品，按规定的数量或金额上限，免征进口关税、进口环节增值税和消费税。其他展品，每个展商享受税收优惠的销售金额不超过2万美元，上述政策适用于2024年至2025年期间举办的服贸会[②]。

十四、与金融有关的免税政策

相关免税政策已经在第六章进行过介绍，在此不再赘述。

第三节　即征即退与先征后返（退）政策

即征即退是由税务机关先足额征收增值税，再将已征的全部或部分增值税税款退还给纳税人的一种税收优惠政策，只适用于一般纳税人。纳税人需要准确核算一般项目与即征即退项目的销售额、应纳税额与应退税额，在进行正常纳税申报之后，再向主管税务机关提交资料并申请办理退税。

先征后返（退）是对纳税人按照税法规定缴纳的税款，由税务机关征税入库后，再由税务机关或财政部门按照规定程序给予部分或全部退税或返还，两者的区别在于，前者是由税务机关退税，而后者是由财政部门返还。

一、即征即退政策类型

1. 限额即征即退

限额即征即退是指对符合条件的纳税人按照一定的限额标准退还增值税的税收优惠政策，主要包括：

（1）安置残疾人就业。对安置残疾人的单位和个体工商户，按照安置残疾人的人数确定即征即退增值税的限额。安置一位残疾人每月可退还的增值税具体限额，由县级以上税务机关根据其所在区县（含县级市、旗）适用的经省（含自治区、直辖市、计划单列市）人民政府批准的月最低工资标准的4倍确定。

享受税收优惠条件的单位和个体工商户，除盲人按摩机构外，每月安置的残疾人占在职职工人数的比例不低于25%（含25%），并且安置的残疾人人数不少于

[①] 《增值税法》第二十四条第（五）项。
[②] 《财政部 海关总署 税务总局关于延续执行中国国际服务贸易交易会展期内销售的进口展品税收政策的通知》（财关税〔2023〕15号）。

10人（含10人）。盲人按摩机构每月安置的残疾人占在职职工人数的比例不低于25%（含25%），并且安置的残疾人人数不少于5人（含5人）。

单位和个体工商户依法与安置的每位残疾人签订了一年以上（含一年）的劳动合同或服务协议；为安置的每位残疾人按月足额缴纳了基本养老保险、基本医疗保险、失业保险、工伤保险和生育保险等社会保险；通过银行等金融机构向安置的每位残疾人，按月支付了不低于所在区县适用的经省级人民政府批准的月最低工资标准的工资[①]。

注意与退役士兵创业就业的区别。退役士兵创业就业是在限额内直接扣减其当年实际应缴纳的增值税，属于一种限额内的免税政策，安置残疾人就业是限额内即征即退政策，需要先正常缴纳增值税，然后再申请退税。

（2）特殊教育校办企业。安置的残疾人占在职职工人数的比例不低于25%（含25%），并且安置的残疾人人数不少于10人（含10人）的特殊教育学校举办的企业也可按安置残疾人的人数实行限额即征即退，相关税收优惠政策与上述一致[②]。

特殊教育学校举办的企业是指特殊教育学校主要为在校学生提供实习场所、并由学校出资自办、由学校负责经营管理、经营收入全部归学校所有的企业。

2. 超税负即征即退

实际税负是指纳税人当期提供应税服务实际缴纳的增值税额占纳税人当期提供应税服务取得的全部价款和价外费用的比例[③]，超过一定比例之后，对于超过部分的增值税税款予以退还。

（1）软件产品，指信息处理程序及相关文档和数据，享受即征即退政策的软件产品应当取得省级软件产业主管部门认可的软件检测机构出具的检测证明材料，取得软件产业主管部门颁发的"软件产品登记证书"或著作权行政管理部门颁发的"计算机软件著作权登记证书"。

一般纳税人销售其自行开发生产的软件产品，对其增值税实际税负超过3%的部分实行即征即退政策。将进口软件产品进行本地化改造后对外销售，其销售的软件产品也可享受上述即征即退政策，本地化改造是指对进口软件产品进行重

[①]《财政部 国家税务总局关于促进残疾人就业增值税优惠政策的通知》（财税〔2016〕52号）第一条、第二条。

[②]《财政部 国家税务总局关于教育税收政策的通知》（财税〔2004〕39号）第一条第（七）项。

[③]《财政部 国家税务总局关于全面推开营业税改征增值税试点的通知》（财税〔2016〕36号）附件3《营业税改征增值税试点过渡政策的规定》第二条第（三）项。

新设计、改进、转换等，单纯对进口软件产品进行汉字化处理不包括在内。

纳税人受托开发软件产品，著作权属于受托方的征收增值税，著作权属于委托方或属于双方共同拥有的不征收增值税；对经过国家版权局注册登记，纳税人在销售时一并转让著作权、所有权的，不征收增值税①。

（2）管道运输服务。一般纳税人提供管道运输服务，对其增值税实际税负超过3%的部分即征即退②。

（3）飞机维修劳务服务。飞机维修服务增值税实际税负超过6%的部分由税务机关即征即退③。

（4）动漫产业。动漫企业的一般纳税人销售其自主开发生产的动漫软件，对其增值税实际税负超过3%的部分即征即退④，该政策执行至2023年12月31日⑤，目前还没有出台延续执行的政策。

（5）有形动产融资租赁服务。经人民银行、银监会或者商务部批准从事融资租赁业务的一般纳税人，提供有形动产融资租赁服务和有形动产融资性售后回租服务，对其增值税实际税负超过3%的部分即征即退。

商务部授权的省级商务主管部门和国家经济技术开发区批准的从事融资租赁业务和融资性售后回租业务的一般纳税人，2016年5月1日后实收资本达到1.7亿元的，从达到标准的当月起按照上述规定执行⑥。

3. 按比例即征即退

按比例即征即退是指对符合条件的纳税人生产销售符合条件的应税项目按照适用税率征收增值税后，按照规定的退税比例退还增值税。

（1）资源综合利用产品及相关服务。增值税一般纳税人销售自产的资源综合利用产品和提供资源综合利用服务，可享受增值税即征即退政策，但应当符合下列条件：

①纳税人在境内收购的再生资源应按规定从销售方取得增值税发票；适用免

---

① 《财政部 国家税务总局关于软件产品增值税政策的通知》（财税〔2011〕100号）第一条至第三条。
② 《财政部 国家税务总局关于全面推开营业税改征增值税试点的通知》（财税〔2016〕36号）附件3《营业税改征增值税试点过渡政策的规定》第二条第（一）项。
③ 《财政部 国家税务总局关于飞机维修增值税问题的通知》（财税〔2000〕102号）。
④ 《财政部 国家税务总局关于延续动漫产业增值税政策的通知》（财税〔2018〕38号）第一条、第二条。
⑤ 《财政部 税务总局关于延长部分税收优惠政策执行期限的公告》（财政部 税务总局公告2022年第4号）。
⑥ 《财政部 国家税务总局关于全面推开营业税改征增值税试点的通知》（财税〔2016〕36号）附件3《营业税改征增值税试点过渡政策的规定》第二条第（二）项。

税政策的，应按规定从销售方取得增值税普通发票。销售方为依法依规无法申领发票的单位或者从事小额零星经营业务的自然人，应取得销售方开具的收款凭证及收购方内部凭证，或者税务机关代开的发票。本款所称小额零星经营业务是指自然人从事应税项目经营业务的销售额不超过增值税按次起征点的业务。

纳税人从境外收购的再生资源，应按规定取得海关进口增值税专用缴款书，或者从销售方取得具有发票性质的收款凭证、相关税费缴纳凭证。

纳税人应当取得上述发票或凭证而未取得的，该部分再生资源对应产品的销售收入不得适用即征即退规定。

不得适用本公告即征即退规定的销售收入 = 当期销售综合利用产品和劳务的销售收入 ×（纳税人应当取得发票或凭证而未取得的购入再生资源成本 ÷ 当期购进再生资源的全部成本）。

纳税人应当在当期销售综合利用产品和劳务销售收入中剔除不得适用即征即退政策部分的销售收入后，计算可申请的即征即退税额：

可申请退税额 =[（当期销售综合利用产品和劳务的销售收入 – 不得适用即征即退规定的销售收入）× 适用税率 – 当期即征即退项目的进项税额]× 对应的退税比例。

②纳税人应建立再生资源收购台账，留存备查。台账内容包括：再生资源供货方单位名称或个人姓名及身份证号、再生资源名称、数量、价格、结算方式、是否取得增值税发票或符合规定的凭证等。纳税人现有账册、系统能够包括上述内容的，无须单独建立台账。

③销售综合利用产品和服务，不属于发展改革委《产业结构调整指导目录》中的淘汰类、限制类项目。

④销售综合利用产品和服务，不属于生态环境部《环境保护综合名录》中的"高污染、高环境风险"产品或重污染工艺。"高污染、高环境风险"产品，是指在《环境保护综合名录》中标注特性为"GHW/GHF"的产品，但纳税人生产销售的资源综合利用产品满足"GHW/GHF"例外条款规定的技术和条件的除外。

⑤综合利用的资源，属于生态环境部《国家危险废物名录》列明的危险废物的，应当取得省级或市级生态环境部门颁发的"危险废物经营许可证"，且许可经营范围包括该危险废物的利用。

⑥纳税信用级别不为 C 级或 D 级。

⑦纳税人申请享受本公告规定的即征即退政策时，申请退税税款所属期前6个月（含所属期当期）不得因违反生态环境保护的法律法规受到行政处（警告、通报批评或单次10万元以下罚款、没收违法所得、没收非法财物除外；单次10万元以下含本数）；因违反税收法律法规被税务机关处罚（单次10万元以下罚款除外），或发生骗取出口退税、虚开发票的情形。

纳税人在办理退税事宜时，应向主管税务机关提供其符合本条规定的上述条件以及《资源综合利用产品和服务增值税优惠目录（2022年版）》规定的技术标准和相关条件的书面声明，并在书面声明中如实注明未取得发票或相关凭证以及接受环保、税收处罚等情况。未提供书面声明的，税务机关不得给予退税。已享受本公告规定的增值税即征即退政策的纳税人，自不符合上述规定的条件以及《资源综合利用产品和服务增值税优惠目录（2022年版）》规定的技术标准和相关条件的当月起，不再享受本公告规定的增值税即征即退政策①。

（2）新型墙体材料。对纳税人销售自产的列入《享受增值税即征即退政策的新型墙体材料目录》的新型墙体材料，实行增值税即征即退50%的政策，但应同时符合下列条件：

①销售自产的新型墙体材料，不属于国家发展和改革委员会《产业结构调整指导目录》中的禁止类、限制类项目。

②销售自产的新型墙体材料，不属于环境保护部《环境保护综合名录》中的"高污染、高环境风险"产品或者重污染工艺。

③纳税信用等级不属于税务机关评定的C级或D级。

纳税人在办理退税事宜时，应向主管税务机关提供其符合上述条件的书面声明材料，未提供书面声明材料或者出具虚假材料的，税务机关不得给予退税。已享受本通知规定的增值税即征即退政策的纳税人，自不符合上述规定条件的次月起，不再享受本通知规定的增值税即征即退政策②。

（3）风力生产。对纳税人销售自产的利用风力生产的电力产品，实行增值税即征即退50%的政策③。

---

① 《财政部 税务总局关于完善资源综合利用增值税政策的公告》（财政部 税务总局公告2021年第40号）第三条。

② 《财政部 国家税务总局关于新型墙体材料增值税政策的通知》（财税〔2015〕73号）第一条至第三条。

③ 《财政部 国家税务总局关于风力发电增值税政策的通知》（财税〔2015〕74号）。

4. 特定主体即征即退

特定主体即征即退政策主要指上海黄金交易所和上海期货交易所销售的特定货物。

（1）黄金交易。黄金交易所会员单位通过黄金交易所销售标准黄金并持有黄金交易所开具的"黄金交易结算凭证"，未发生实物交割的，免征增值税；发生实物交割的，由税务机关按照实际成交价格代开增值税专用发票，并实行增值税即征即退政策。标准黄金是指成色为 AU9999、AU9995、AU999、AU995；规格为 50 克、100 克、1 公斤、3 公斤、12.5 公斤的黄金[①]。

（2）黄金期货交易。上海期货交易所会员和客户通过上海期货交易所销售标准黄金并持上海期货交易所开具的"黄金结算专用发票"，发生实物交割但未出库的，免征增值税；发生实物交割并已出库的，由税务机关按照实际交割价格代开增值税专用发票，并实行增值税即征即退政策[②]。

（3）铂金。对中博世金科贸有限责任公司通过上海黄金交易所销售的进口铂金，以上海黄金交易所开具的"上海黄金交易所发票"（结算联）为依据，实行增值税即征即退政策。国内铂金生产企业自产自销的铂金也实行增值税即征即退政策[③]。

二、即征即退额的计算与申报

1. 限额即征即退计算方法

以安置残疾人就业为例，先计算即征即退限额，限额＝当期安置的残疾人人数×月最低工资标准×4，月最低工资标准由县级以上税务机关根据纳税人所在区县（含县级市、旗）适用的经省级人民政府批准的月最低工资标准确定。

当期已交增值税额大于或者等于可退还限额的，按照限额退还。申请退还的纳税期已交增值税额不足退还的，可在本纳税年度内以前纳税期已交增值税扣除已退增值税的余额中退还。按规定经当期和以前期退还后仍不足退还的，可结转本纳税年度内以后纳税期退还，但不得结转以后年度退还。

2. 超税负即征即退计算方法

即征即退增值税实际税负率＝本期即征即退货物、服务应纳税额÷本期即征即退货物、服务销售额×100%。

[①] 《财政部 国家税务总局关于黄金税收政策问题的通知》（财税〔2002〕142号）第二条。
[②] 《财政部 国家税务总局关于黄金期货交易有关税收政策的通知》（财税〔2008〕5号）第一条、第二条。
[③] 《财政部 国家税务总局关于铂金及其制品税收政策的通知》（财税〔2003〕86号）第二条、第四条。

实际税负率小于或等于规定的税负率时,当期即征即退税额为零。当即征即退增值税实际税负率大于规定的税负率时,应退增值税税额为:即征即退税额=本期即征即退货物或服务应纳税额-本期即征即退货物和劳务或应税服务销售额×规定的税负率。

以软件产品为例,软件产品包括计算机软件产品、信息系统和嵌入式软件产品,嵌入式软件产品是指嵌入在计算机硬件、机器设备中并随其一并销售,构成计算机硬件、机器设备组成部分的软件产品。

(1) 非嵌入式软件产品即征即退税额的计算。

即征即退税额=当期软件产品增值税应纳税额-当期软件产品销售额×3%。

当期软件产品增值税应纳税额=当期软件产品销项税额-当期软件产品可抵扣进项税额。

当期软件产品销项税额=当期软件产品销售额×13%。

(2) 嵌入式软件产品即征即退税额的计算。

当期嵌入式软件产品销售额=当期嵌入式软件产品与计算机硬件、机器设备销售额合计-当期计算机硬件、机器设备销售额。

计算机硬件、机器设备销售额按照下列顺序确定:

(1) 按纳税人最近同期同类货物的平均销售价格计算确定。

(2) 按其他纳税人最近同期同类货物的平均销售价格计算确定。

(3) 按计算机硬件、机器设备组成计税价格计算确定,公式为计算机硬件、机器设备成本×(1+10%)。如果按照组成计税价格计算确定计算机硬件、机器设备销售额,应当分别核算嵌入式软件产品与计算机硬件、机器设备部分的成本,凡未分别核算或者核算不清的,不得享受即征即退政策[①]。

纳税人销售软件产品并随同销售一并收取的软件安装费、维护费、培训费等收入,应按照增值税混合销售的有关规定征收增值税,可享受软件产品增值税即征即退政策,但后期单独收取的维护费不属于混合销售行为。

即征即退税额=当期软件产品增值税应纳税额-当期软件产品销售额×3%。

3. 按比例即征即退的计算

这类即征即退计算起来相对比较简单,即征即退税额=本期即征即退应纳税

[①] 《财政部 国家税务总局关于软件产品增值税政策的通知》(财税〔2011〕100号)第四条。

额×退税比例。

退税比例依据不同项目共有30%，50%，70%和100%四种。

4. 特殊即征即退的计算

黄金、黄金期货与期货交易单价＝实际成交或交割单价÷（1＋13%）。

金额＝数量×单价。

即征即退税额＝金额×13%[①]。

实际成交或交割单价是指不含黄金交易所收取的手续费的单位价格。

进口铂金即征即退的计算方法如下：

$$进口铂金平均单价 = \frac{\sum(当月进口铂金报关单价 \times 当月进口铂金数量)+上月末库存进口铂金总价值}{当月进口铂金数量+上月末库存进口铂金数量}$$

金额＝销售数量×进口铂金平均单价/（1＋13%）。

即征即退税额＝金额×增值税税率[②]。

5. 即征即退的会计核算与申报

会计计提时：

借：其他应收款——增值税退税

　　贷：营业外收入——政府补助

实际收到增值税退还的款项：

借：银行存款

　　贷：其他应收款——增值税退税

即征即退、先征后返（退）是在增值税正常缴纳之后的退库，并不影响增值税计算抵扣链条的完整性，可以按规定开具增值税专用发票，正常计算销项税额，购买方也可以按规定抵扣进项税额。

适用一般计税方法的一般纳税人填列"增值税及附加税费申报表附列资料（一）（本期销售情况明细）"时需要将一般计税项目与即征即退项目销售额与销项税额合并填入第1行至第5行，单独将即征即退项目的销售额和销项税额填入

---

① 《财政部 国家税务总局关于黄金期货交易有关税收政策的通知》（财税〔2008〕5号）第二条、《财政部 国家税务总局关于黄金税收政策问题的通知》（财税〔2002〕142号）第二条、《财政部 国家税务总局关于铂金及其制品税收政策的通知》（财税〔2003〕86号）第三条。

② 《财政部 国家税务总局关于铂金及其制品税收政策的通知》（财税〔2003〕86号）第三条。

第6、第7行。

适用简易计税方法的一般纳税人填列"增值税及附加税费申报表附列资料（一）"（本期销售情况明细）需要将一般计税项目与即征即退项目销售额与销项税额合并填入第8行至第13行，单独将即征即退项目的销售额和销项税额填入第14、第15行。

填写主表"增值税及附加税费申报表"（一般纳税人适用）时，系统会自动提取"增值税及附加税费申报表附列资料（一）"（本期销售情况明细）中已经填列的相关数据，第1行至第6行填写的是"按适用税率计税销售额"与"按简易办法计税销售额"，其对应的第1、2列自动填入一般项目的销售额（分别是当月数、本年累计数），同时将即征即退货物的销售额自动填入第3、4列（分别是当月数、本年累计数）。第7行至第10行填写的是"免、抵、退办法出口销售额""免税销售额"，只填写一般项目的销售额，不需要填写即征即退项目的销售额。第11行"销项税额"第1、2列和第3、4列分别自动填入一般项目与即征即退项目的销项税额（分别是当月数、本年累计数）。

城市维护建设税、教育费附加、地方教育附加根据增值税税额计算缴纳，已经征收的增值税被退还或返还后，除另有规定外，对一同征收的城市维护建设税、教育费附加、地方教育附加等增值税附加税费一律不予退（返）还。

三、先征后返（退）政策类型

1. 全额先征后退（返）

（1）华商中心竞卖国家储备糖。对华商中心销售的国家储备糖缴纳的增值税实行先征后退[①]。

（2）定点企业生产变性燃料乙醇。吉林燃料乙醇有限责任公司、河南天冠集团、安徽丰原生物化学股份有限公司和黑龙江华润酒精有限公司等四家企业，生产用于调配车用乙醇汽油的变性燃料乙醇，增值税实行先征后退办法[②]。

（3）煤层气抽采企业销售煤层气。对煤层气抽采企业的增值税一般纳税人抽采销售煤层气实行增值税先征后退政策。所谓煤层气，也称煤矿瓦斯，是指赋存于煤层及其围岩中与煤炭资源伴生的非常规天然气。先征后退税款由企业专项用

[①]《财政部关于华商中心竞卖国家储备糖增值税先征后退的通知》（财税〔2002〕181号）。
[②]《财政部 国家税务总局关于变性燃料乙醇定点生产企业有关税收政策问题的通知》（财税〔2005〕174号）第二条。

于煤层气技术的研究和扩大再生产,不征收企业所得税[①]。

(4)符合条件的出版物。在2027年12月31日前执行增值税100%先征后退的政策,包括:

①中国共产党和各民主党派的各级组织的机关报纸和机关期刊,各级人大、政协、政府、工会、共青团、妇联、残联、科协的机关报纸和机关期刊,新华社的机关报纸和机关期刊,军事部门的机关报纸和机关期刊。

上述各级组织不含其所属部门,享受100%增值税先征后退政策的机关报纸和机关期刊掌握在一个单位一份报纸和一份期刊以内。

②专为少年儿童出版发行的报纸和期刊以及中小学的学生教科书。

专为少年儿童出版发行的报纸和期刊是指以初中及初中以下少年儿童为主要对象的报纸和期刊。

中小学的学生教科书是指普通中小学学生教科书和中等职业教育教科书。普通中小学学生教科书是指根据中小学国家课程方案和课程标准编写的,经国务院教育行政部门审定或省级教育行政部门审定的,由取得国务院出版行政主管部门批准的教科书出版、发行资质的单位提供的中小学学生上课使用的正式教科书,具体操作时按国务院和省级教育行政部门每年下达的"中小学教学用书目录"中所列"教科书"的范围掌握。中等职业教育教科书是指按国家规定设置标准和审批程序批准成立并在教育行政部门备案的中等职业学校,及在人力资源社会保障行政部门备案的技工学校学生使用的教科书,具体操作时按国务院和省级教育、人力资源社会保障行政部门发布的教学用书目录认定。中小学的学生教科书不包括各种形式的教学参考书、图册、读本、课外读物、练习册以及其他各类教辅材料。

③专为老年人出版发行的报纸和期刊,具体范围详见附件3。

④少数民族文字出版物。

⑤盲文图书和盲文期刊。

⑥经批准在内蒙古、广西、西藏、宁夏、新疆五个自治区内注册的出版单位出版的出版物。

除此之外,适用增值税100%先征后退的政策还包括以下出版物[②]:

[①]《财政部 国家税务总局关于加快煤层气抽采有关税收政策问题的通知》(财税〔2007〕16号)第一条。
[②]《财政部 税务总局关于延续实施宣传文化增值税优惠政策的公告》(财政部 税务总局公告2023年第60号)第一条第(一)项。

①《半月谈》（CN11-1271/D）和《半月谈内部版》（CN11-1599/D）。

② 新华通讯社的刊号为 CN11-1363/D、CN11-4165/D、CN11-4166/D、CN11-4164/D、CN11-4139/D 和 CN11-4140/D 的期刊。

③《法治日报》（CN11-0080）。

④《检察日报》（CN11-0187）。

⑤《人民法院报》（CN11-0194）。

⑥《中国日报》（CN11-0091）。

⑦《中国纪检监察报》（CN11-0176）。

⑧《光明日报》（CN11-0026）。

⑨《经济日报》（CN11-0014）。

⑩《农民日报》（CN11-0055）。

⑪《人民公安报》（CN11-0090）。

⑫《中国妇女》[CN11-1245/C，CN11-1704/C（英文）]。

⑬《长安》（CN11-3295/D）。

⑭《中国火炬》（CN11-3316/C）。

⑮《中国纪检监察》（CN10-1269/D）。

⑯《环球时报》[CN11-0215，CN11-0272（英文版）]。

⑰《中共中央办公厅通讯》[CN11-4129/D]。

⑱《科技日报》[CN11-0078]。

⑲国务院侨务办公室组织编写的背面印有"本书国务院侨办推展海外华文教育免费赠送"字样的华文教材（含多媒体教材）。

（5）符合条件的印刷、制作业务。少数民族文字出版物的印刷或制作业务以及附件 4 中所列新疆维吾尔自治区印刷企业的印刷业务，执行增值税 100% 先征后退的政策[①]。

（6）内资研发机构和外资研发中心采购国产设备全额退还增值税。适用主体包括以下单位：

①科技部会同财政部、海关总署和税务总局核定的科技体制改革过程中转制为企业和进入企业的主要从事科学研究和技术开发工作的机构。

---

① 《财政部 税务总局关于延续实施宣传文化增值税优惠政策的公告》（财政部 税务总局公告 2023 年第 60 号）第一条第（三）项。

②国家发展改革委会同财政部、海关总署和税务总局核定的国家工程研究中心。

③国家发展改革委会同财政部、海关总署、税务总局和科技部核定的企业技术中心。

④科技部会同财政部、海关总署和税务总局核定的国家重点实验室（含企业国家重点实验室）和国家工程技术研究中心。

⑤科技部核定的国务院部委、直属机构所属从事科学研究工作的各类科研院所，以及各省、自治区、直辖市、计划单列市科技主管部门核定的本级政府所属从事科学研究工作的各类科研院所。

⑥科技部会同民政部核定或者各省、自治区、直辖市、计划单列市及新疆生产建设兵团科技主管部门会同同级民政部门核定的科技类民办非企业单位。

⑦工业和信息化部会同财政部、海关总署、税务总局核定的国家中小企业公共服务示范平台（技术类）。

⑧国家承认学历的实施专科及以上高等学历教育的高等学校（以教育部门户网站公布名单为准）。

⑨商务主管部门会同有关部门进行资格审核认定的外资研发中心，作为独立法人的，其投资总额不低于800万美元；作为公司内设部门或分公司的非独立法人的，其研发总投入不低于800万美元。专职研究与试验发展人员不低于80人。设立以来累计购置的设备原值不低于2 000万元。

⑩财政部会同国务院有关部门核定的其他科学研究机构、技术开发机构和学校。

"研发总投入"是指外商投资企业专门为设立和建设本研发中心而投入的资产，包括即将投入并签订购置合同的资产，应提交已采购资产清单和即将采购资产的合同清单。

"研发经费年支出额"是指近两个会计年度研发经费年均支出额；不足两个完整会计年度的，可按外资研发中心设立以来任意连续12个月的实际研发经费支出额计算；现金与实物资产投入应不低于60%。

"专职研究与试验发展人员"是指企业科技活动人员中专职从事基础研究、应用研究和试验发展三类项目活动的人员，包括直接参加上述三类项目活动的人员以及相关专职科技管理人员和为项目提供资料文献、材料供应、设备的直接服务人员,上述人员须与外资研发中心或其所在外商投资企业签订1年以上劳动合同,以外资研发中心提交申请的前一日人数为准。

设备是指为科学研究、教学和科技开发提供必要条件的实验设备、装置和器械。在计算累计购置的设备原值时,应将进口设备和采购国产设备的原值一并计入,包括已签订购置合同并于当年内交货的设备(应提交购置合同清单及交货期限)。对执行中国产设备范围存在异议的,由主管税务机关逐级上报税务总局商财政部核定。

上述政策执行至2027年12月31日[①]。

2. 按比例先征后返(退)

(1)核力发电企业。核力发电企业生产销售电力产品,自核电机组正式商业投产次月起15个年度内,统一实行增值税先征后退政策。自正式商业投产次月起5个年度内,返还比例为已入库税款的75%;自正式商业投产次月起的第6个至第10个年度内,返还比例为已入库税款的70%;自正式商业投产次月起的第11个至第15个年度内,返还比例为已入库税款的55%;自正式商业投产次月起满15个年度以后,不再实行增值税先征后退政策。核力发电企业取得的增值税退税款,专项用于还本付息,不征收企业所得税[②]。

核力发电企业采用按核电机组分别核算增值税退税额的办法,应分别核算核电机组电力产品的销售额,未分别核算或不能准确核算的,不得享受增值税先征后退政策。单台核电机组增值税退税额可以按以下公式计算:

单台核电机组增值税退税额=(单台核电机组电力产品销售额÷核力发电企业电力产品销售额合计)×核力发电企业实际缴纳增值税税额×退税比例。

(2)符合条件的出版物。适用100%先征后退的出版物之外的各类图书、期刊、音像制品、电子出版物以及附件5《适用增值税50%先征后退政策的报纸名单》中所列报纸在出版环节执行增值税50%先征后退的政策[③]。

享受先征后退政策的出版物需要重点关注以下五个问题:

[①]《财政部 商务部 税务总局关于研发机构采购设备增值税政策的公告》(财政部 商务部 税务总局公告2023年第41号)。

[②]《财政部 国家税务总局关于核电行业税收政策有关问题的通知》(财税〔2008〕38号)第一条第(一)项、第二条。

[③]《财政部 税务总局关于延续实施宣传文化增值税优惠政策的公告》(财政部 税务总局公告2023年第60号)第一条第(二)项。

①图书在批发、零售环节免征增值税，但出版环节却适用100%或者50%的先征后退政策[①]。

②已按软件产品享受增值税即征即退政策的电子出版物，不得再申请增值税先征后退政策[②]。

③增值税先征后退政策的纳税人，必须是具有相关出版物出版许可证的出版单位（含以"租型"方式取得专有出版权进行出版物印刷发行的出版单位）。承担省级及以上出版行政主管部门指定出版、发行任务的单位，因进行重组改制等原因尚未办理出版、发行许可证变更的单位，经财政部各地监管局商省级出版行政主管部门核准，可以享受相应的增值税先征后退政策[③]。

④纳税人应当将享受先征后退政策的出版物在财务上实行单独核算，不进行单独核算的不得享受先征后退政策。违规出版物、多次出现违规的出版单位及图书批发零售单位不得享受本公告规定的优惠政策[④]。

⑤出版是指根据国务院出版行政主管部门的有关规定出版的图书、报纸、期刊、音像制品和电子出版物。所述图书、报纸和期刊，包括随同图书、报纸、期刊销售并难以分离的光盘、软盘和磁带等信息载体。

3. 特殊先征后返（退）

对生产石脑油、燃料油的企业对外销售的用于生产乙烯、芳烃类化工产品的石脑油、燃料油，恢复征收消费税，同时对使用石脑油、燃料油生产乙烯、芳烃的企业购进并用于生产乙烯、芳烃类化工产品的石脑油、燃料油，按实际耗用数量退还所含消费税。退还石脑油、燃料油所含消费税计算公式为：应退还消费税税额＝石脑油、燃料油实际耗用数量×石脑油、燃料油消费税单位税额。

需要注意的是用石脑油、燃料油生产乙烯、芳烃类化工产品的产量占本企业用石脑油、燃料油生产产品总量的50%以上（含50%）的企业才能享受上述

[①]《财政部 税务总局关于延续实施宣传文化增值税优惠政策的公告》（财政部 税务总局公告2023年第60号）第二条。

[②]《财政部 税务总局关于延续实施宣传文化增值税优惠政策的公告》（财政部 税务总局公告2023年第60号）第五条。

[③]《财政部 税务总局关于延续实施宣传文化增值税优惠政策的公告》（财政部 税务总局公告2023年第60号）第四条。

[④]《财政部 税务总局关于延续实施宣传文化增值税优惠政策的公告》（财政部 税务总局公告2023年第60号）第四条。

政策[1]。

对外购用于生产乙烯、芳烃类化工产品的石脑油、燃料油,且使用上述油品生产特定化工产品的产量占本企业用石脑油、燃料油生产各类产品总量的50%(含)以上的企业,其外购上述油品的价格中消费税部分对应的增值税额,予以退还。

予以退还的增值税额=已缴纳消费税的上述油品数量×上述油品消费税单位税额×增值税适用税率[2](2018年5月1日前为17%,2018年5月1日至2019年3月31日为16%,2019年4月1日起为13%)。

对符合上述规定条件的企业,在2014年2月28日前形成的增值税期末留抵税额,可在不超过其购进石脑油、燃料油的价格中消费税部分对应的增值税额的规模下,申请一次性退还,退税额根据国家对石脑油、燃料油开征消费税以来,企业购进的已缴纳消费税的两类油品数量按消费税单位税额计算。

---

[1] 《财政部 中国人民银行 国家税务总局关于延续执行部分石脑油燃料油消费税政策的通知》(财税〔2011〕87号)。

[2] 《财政部 国家税务总局关于利用石脑油和燃料油生产乙烯芳烃类产品有关增值税政策的通知》(财税〔2014〕17号)。

第九章 增值税的管理

增值税管理是税收工作中的关键环节，有着严谨且规范的体系。税务部门通过严格的税务登记，清晰掌握纳税人的基本信息，为后续征管筑牢基础。在发票管理上，增值税专用发票等各类发票的领购、开具、使用以及保管都有细致规定，它是抵扣链条的重要凭证，严控能避免税收风险。申报纳税环节，纳税人需按规定期限如实申报应税销售额、进项税额等关键数据，税务机关会进行审核比对，确保税款准确计算与足额入库。同时，税务部门还不断加强对增值税的风险管理，利用大数据等技术手段监测异常情况，及时核查并处理违规行为，全方位保障增值税管理的科学有序。

● 第一节 增值税风险点排查

以"信用＋风险"为基础，以税费大数据为依托，税务机关通过指标监控、数据赋能，以执法服务监管"一体式""一户式"管理机制等为支撑，上下协同，各有侧重，人机结合，构建增值税风险防控机制，实现了各环节、各部门、各层级一体防控，"一户式"风险一体应对，提高整体防控效能，切实做到增值税管理跟得上、风险防得住，因此，企业在日常生产经营中应当高度关注自身存在的涉税风险。

一、存在涉税高风险关联关系

1. 上游企业状态异常

在正常经营过程中，上游企业应当具有一定的稳定性，同时购销活动应当符合正常的交易习惯。如果某户企业大量接收异常纳税人的增值税专用发票，且增值税专用发票均已勾选申报，那么这户企业就可能存在接收虚开发票、虚增进项的风险。

异常纳税人指的是状态为注销、新办、走逃以及被认定为风险纳税人的企业，或在异地协作平台被制发核查任务的企业，如果从上游异常纳税人接受的发票占比很高或者取得的发票品目与经营范围完全不相关或者关联程度低，那么双方交易的真实性将会受到税务机关的怀疑。

2. 上游企业未缴纳税款

上游企业逾期未申报、欠税或处于缓缴期，税务机关也会核实业务真实性，查看上下游企业之间签订合同情况、资金往来情况、货物运输情况，综合判断是否存在发票虚开行为。

3. 上游为"三无"企业

"三无"企业（即无员工、无资产、无能耗）往往存在经营不规范、申报不真实等涉税问题，因此如果某户企业大量取得"三无"企业增值税专用发票，就存在接受虚开发票的嫌疑，税务机关将会对其进行票流分析，同时调取风险纳税人库、信用等级评价中的相关信息，对已经被证实暴力虚开的纳税人进行比对，不过正常经营的上游小微商贸企业有时也会具有"三无"特征，税务机关将会对此进行甄别，对上游企业的经营情况、购销信息进行穿透式分析，进而核实双方交易的真实性。

4. 上、下游企业异常变动

上、下游企业中存在已经注销或逾期未申报户，虽然双方并不存在关联关系，但在申请留抵退税之后几乎同时注销，税务机关也将会进行进销对比分析、票流分析、吞吐量分析与纳税人关系云图分析，了解上、下游企业状态与登记信息，确认开票品目及金额是否与实际经营业务相匹配，综合分析是否存在团伙骗取留抵退税的风险。

5. 关联交易异常

随着"金税四期"的上线，几乎所有涉税人员都要实行实名制，对"六员"（即企业的法定代表人、股东、财务负责人、开票人员、领票人员以及办税人员）的身份信息进行实时监控，如果某家企业的"六员"与上、下游企业为同一人并且接收该关联企业的增值税专用发票占比较大，或者开票信息中的MAC地址相同，也就是左手企业给右手企业开票，税务机关将会核实其与关联企业之间的交易是否符合真实性、独立性原则，是否存在资金账外循环，是否利用私人账户回笼资金，货物是否真实流转。

6. 与非正常户或低信用等级企业存在关联关系

非正常状态企业与纳税信用级别较低企业（如 M, C, D 级）企业税法遵从度都极低，同一个人在正常状态企业与非正常状态或者低信用等级企业担任法定代表人、股东、财务负责人以及从事重要涉税岗位，将会具有较大的风险隐患，税务机关会实地查看纳税人经营地址，调查其与上下游之间是否签订业务合同、款项是否支付以及支付方式等，核实货物的运输方式、运输单位、运输工具、运费支付等情况，判断取得的发票是否符合真实性、合法性与关联性的要求。

7. 接受虚开富余票

上游企业所属期内存有大额留抵税额，却大量给下游企业开具增值税专用发票，使得自身当期应补退税额为 0，下游企业却可以申请留抵退税，税务机关将会从企业实际经营业务角度核实其取得的发票是否符合真实性、合法性、关联性的要求，查看资金往来账，是否有明显的资金回流现象，查看购进货物处置情况，是否有出入库记录。查看企业会计账簿，明细科目是否与购进发票品目、实际货物一致。

二、进项税额异常

1. 进项税额异常增长

纳税人大量接收增值税专用发票、突增增值税进项税额之后，快速申请留抵退税，具有较高的骗取退税嫌疑。税务机关将会重点核实纳税人业务真实性，向纳税人了解增值税进项税额突增的原因，实际查看纳税人经营场地，确定进项税额与实际经营规模（场地、设备、人员等）是否匹配，购进货物之后是否有出入库记录等，进而判断是否存在虚构业务、虚增进项骗取留抵退税的情形。

2. 进项税额项目不符

企业应具有与进项货物相匹配的生产经营能力，如果进项税额较大，但资产却较少，能耗也较小，税务机关将会实地了解企业组织结构、场地规模及能耗情况，核查企业是否有原材料、工程物资等出入库记录，查看产品产量及存货盘存表，综合分析企业购进业务的真实性。

3. 突然认证滞留发票

税务机关将会逐一核实风险企业每张滞留票未申请认证抵扣的原因，是否是因丢失未认证而导致，后期通过增值税专用发票记账联或"证明单"认证抵扣；

是否是因原计划用于免税项目、简易计税项目、集体福利或个人消费，但因中途改变货物用途而认证抵扣；是否因销售退回或前期款项未付而销售方扣留发票。

如果企业不能给出合理解释，税务机关将会核实滞留发票对应的业务合同、款项是否支付以及支付方式等情况，以及货物对应的运输方式、运输单位、运输工具、运费支付等情况，并查看是否取得运输发票，重点核实不得抵扣的进项税额应做进项转出是否已按规定转出，是否存在账外经营、两头不入账、未认证也未抵扣、隐瞒销售收入等情形。

4. 异常发票未转出

企业取得的异常扣税凭证不能进行抵扣，应按规定转出，如果企业接受异常扣税凭证税额合计大于申报表填列的转出进项税额合计，那么就存在多抵进项税额的风险，税务机关将会分析该企业所属期内接收的异常扣税凭证，与"增值税及附加税费申报表附列资料（二）（本期进项税额明细）"第23a行中填列的异常凭证转出进项税额进行比对，确认异常扣税凭证是否已按规定全额转出。

5. 简易计税未转出

同时适用简易计税方法与一般计税方法的企业，用于简易计税项目的进项税额不得从销项税额中抵扣，如果该企业绝大部分进项税额已经勾选确认，转出的进项税额占比明显小于简易计税项目销售额与在总体销售额中的占比，那么极有可能存在外购货物或者服务划分不清的情形，甚至有意将简易计税项目的进项税额划入一般计税项目，税务机关将会查询货物品名、申报的在建工程等信息，核实近几年一般计税项目与简易计税项目开展情况，进而判断该企业是否存在涉税风险。

6. 敏感商品占比较高

农产品销售发票、农产品收购发票以及电子产品（如手机）、贵金属、石油加工、废旧物资等特定行业发票占比畸高，税务机关将会分析研判其取得的发票品目是否与经营范围相关，综合判断业务的真实性。

三、生产经营异常

1. 人员费用支出异常

企业的工资、薪金支出虽与增值税并无实际关联，却可以反映出企业的生产经营能力，如果某户企业进项税额很大，但实际工作人员却很少，不仅工资、薪金支出很少，劳务费支出也很少，人员状况与生产经营能力极不相称，那么税务机关将会实地了解企业的组织结构、场地规模，判断企业现有员工人数是否能够支撑企业正常生产经营，综合分析其采购与销售业务的真实性。

2. 场地能耗异常

制造业等生产企业能耗偏低、无场地且固定资产较少，税务机关将会实地查看企业生产经营情况，包括场地、设备、水电热等能耗以及产能情况，是否拥有企业自己的房产或者租用房产，判断生产规模是否与大额进项相匹配，同时查看业务合同、资金往来流转、货物运输等相关印证资料，核实进项业务是否真实。

3. "僵尸"企业卖壳

某企业留抵税额长期保持不变且长期零申报，但是在2022年1月1日后却突然出现法定代表人变更记录，可能存在买卖"僵尸"企业以骗取留抵退税的风险，税务机关将会核实法定代表人变更目的以及企业的生产经营情况。

4. 销售收入异常

税务机关会核实企业的发票开具情况，如定期取得电商平台开具的服务费而同期有没有相应的收入，是否存在隐瞒收入的风险。通过发票吞吐量、库存商品变动情况分析，如果商品购销不匹配、购进量大于销售量且库存商品变动不大，存在相关存货已经售出却并未及时确认收入的风险，尤其是主要面向终端消费者（如烟、酒、饮料、食品等）的货物。

5. 申报比对异常

我国对进项税额管理比较严格，通常情况下虚增进项税额往往比较难，但有的企业却通过在"未开票发票"栏次对应的销售额填列负数等方式进行虚假申报，税务机关将会通过表表比对、票表比对、表税比对，依托发票进销数据、申报数据、税款入库数据、税收优惠备案信息等分析企业纳税申报情况是否真实完整，确认是否存在恶意冲减收入的情形。

四、出口企业涉税异常

1. 未申报出口应征税收入

取消出口退税即出口退税率为0的货物，应视同内销并申报相应的销售收入，税务机关将根据出口货物报关单信息，计算"取消出口退税"的商品金额，与相应的增值税申报表进行比对，确认是否少计收入。

2. 未规范勾选确认进项税额

按照规定，外贸企业（不涉及内销业务）出口销售额应填写在"增值税纳税申报表（一般纳税人适用）""免税销售额"栏，出口相关进项税额应填写在"增值税纳税申报表附列资料（二）（本期进项税额明细）第 3"本期认证相符且本期未申报抵扣"。如果外贸企业申报抵扣的进项税额合计大于 0，则存在将应确定为"退税"用途的进项税额，错误确认为用于"抵扣"的风险。

2016 年 3 月，增值税发票选择查询平台上线前，同一张增值税专用发票可能既申报出口退税，又用于进项抵扣，造成"一票两用"。税务机关将会重点分析已勾选抵扣的增值税发票是否在"外贸企业出口退税进货明细申报表"中重复使用，确认是否将出口部分对应的进项税额转出，以免造成重复退税。

3. 用留抵退税代替免抵退税

适用"免抵退税"办法的生产型出口企业出口货物、发生跨境应税行为，待收齐有关凭证和电子信息后，即可申报办理退税。如果既申报免抵退税又申请办理留抵退税，应先办理免抵退税，免抵退税办理完毕后，仍符合规定条件的，可以申请退还留抵税额；当期可申报免抵退税的出口销售额为零，应办理免抵退税零申报。如果生产企业存在已出口但未申报免抵退税的出口报关单信息，进行免抵退税零申报后申请办理留抵退税，则存在用留抵退税代替免抵退税的风险。

4. 免抵退不得免征和抵扣税额未转出

目前对绝大部分出口货物征税率与退税率保持一致，但"两高一资"即高耗能、高污染和资源性货物退税率却要低于征税率，两者之间的差额形成的"不得免征和抵扣税额"应从增值税进项税额中转出，直接计入产品成本。税务机构会查询生产型出口企业购进与销售的货物中是否属于"两高一资"货物，如分散染料、汞、钨、锌、锡、锑及其制品，金属镁及其初级产品，硫酸二钠，石蜡等，核对"增值税纳税申报表附列资料（二）（本期进项税额明细）"第 18 行"免抵退税办法不得抵扣的进项税额"，分析不得免征和抵扣的进项税额是否已经足额转出。

五、农、林、牧、渔业涉税风险

1. 虚假抵扣劳务服务类增值税专用发票

随着农业机械化程度的不断提高，从事农、林、牧、渔生产经营的企业从业人员正在不断减少，如果某户企业大量取得劳务服务类（如劳务派遣）增值税专用发票，尤其是季节性生产经营的企业接收的发票并没有淡旺季之分，税务机关将会查询发票取得明细、进项转出税额、发票开票方所在地、个人所得税代扣代缴申报数据等，从季节性、行业机械化程度、地域特点、金额、人员等方面分析取得劳务服务类专用发票是否真实，同时还会核实企业生产经营情况、种植（养殖、捕捞）规模、从业人员与企业关系（临聘、固定）、工资发放凭证（发票、自制凭证）、发票取得情况、款项支付情况，尤其是重点关注有无季节性变化；同时核实账簿、凭证、合同及款项支付记录，判断纳税人是否接受虚开的劳务服务类专用发票。

2. 应税项目、免税项目未分开核算

从事农、林、牧、渔业生产经营的企业时常会同时经营免税项目与应税项目，有的企业会将部分或全部用于免税项目的扣税凭证勾选抵扣。税务机关会查询增值税申报情况及发票开具、取得的明细数据，统计农、林、牧、渔业货物的购进发票的金额以及种子、种苗、化肥、农药、兽药、饲料等购进发票金额，免税销售发票和应税销售发票开具金额，查阅账簿、凭证，查看进销货物的类型、出入库记录等，然后进行分析比对，判断是否存在未按规定做进项税额转出的情形。

3. 虚构应税项目扩大进项税额抵扣范围

从事农、林、牧、渔业生产经营的企业能够享受的免税政策比较多，专用于免税项目的固定资产、无形资产、不动产的进项税额不允许抵扣，但有些企业却通过虚构增值税应税项目来抵扣这部分进项税额，税务机关将会查询该企业发票开具与取得明细、增值税申报应税收入、免税收入数据，依据购销货物的数量金额与增值税申报数据，综合判断申报的应税、免税项目销售额是否真实合理，是否存在虚构应税项目、扩大进项税额抵扣范围的情况。

4. 自开农产品收购发票异常

农产品收购发票实际上是自己开给自己的发票，因此有些从事农、林、牧、渔业生产经营的企业利用这个漏洞虚开农产品收购发票，甚至一些企业并没有生产经营场所，也没有从事种植、养殖、捕捞等生产活动的条件；一些企业并非直接从农户手中收购农产品，从异地大量收购农产品，甚至虚构销售方身份证号码、虚构收购地址等。

通过梳理农产品收购发票开具明细数据，结合银行存款日记账、现金日记账等账簿凭证，税务机关会判断相关企业生产经营活动是否违背农产品生长周期或违背农产品生长季节特点和地域特点；分析是否有必要的农产品储藏条件，异地收购农产品是否有运输费用发生；分析是否有生产经营场所，是否有山林、水面、种子种苗等生产要素，判断相关企业是否具备农产品生产经营条件，是否为"空壳企业"；分析农产品生长季节性、地域性特点，判断是否违反季节性、区域性规律开具农产品收购发票。

5. 提供专业技术服务未按规定申报收入

从事农、林、牧、渔业生产经营的企业向其他经营户或合作伙伴提供专业技术咨询等服务，属于应税项目，应与免税项目分开核算并缴纳增值税。税务机关会通过查询发票开具明细、增值税申报应税收入、免税收入等数据，分析专业技术服务、农产品销售等收入申报是否真实合理，判断纳税人是否存在提供属于应税项目的专业技术服务不计收入或者混入免税收入的情况。

6. 长期零申报或小额申报

从事农、林、牧、渔业生产经营的企业长期没有应税收入或申报数额很多，但同时又大量抵扣增值税专用发票，税务机关会综合分析购销金额是否匹配，了解种植、养殖、捕捞情况及销售收入、销售成本、毛利率等信息，必要时核查账簿、凭证、销售合同及出入库记录，对从事农业种植的纳税人，了解产品种植面积、亩产、生产量等；对从事林业种植的纳税人，了解林种数量、蓄积量、采伐量、年度采伐限额、主伐年龄、轮伐期等；对从事畜牧养殖的纳税人，了解畜禽产品的产量、出栏量、期末存栏量等；对从事水产养殖的纳税人，了解水产品产量、销量等；对从事水产捕捞的纳税人，了解捕捞作业的类型、主要场所、捕捞限额、捕捞的主要品种、捕捞量等，综合判断纳税人是否存在隐匿销售收入情况。

● 第二节 增值税发票虚开行为

增值税实行的是"征多少扣多少"的税款抵扣制度，企业销售货物、服务、无形资产、不动产，给购买方开具增值税专用发票等扣税凭证，注明已纳税额，购买方在本环节再次销售时，可以将购进的上一环节已经缴纳的税款进行抵扣，只就本环节增值部分缴纳税款。

这种层层抵扣、环环相接的特性就像一根链条将纳税人利益与国家利益紧紧地联系在一起，在这根链条上，增值税专用发票等扣税凭证的作用极其重要，虚开增值税专用发票的违法犯罪活动也因此而生。

虚开增值税专用发票存在以下三种情形：

第一种是没有真实业务而为他人、为自己、让他人为自己、介绍他人开具增值税专用发票。

第二种是存在真实业务，但为他人、为自己、让他人为自己、介绍他人开具数量或者金额不实的增值税专用发票，也就是说部分业务信息是假的，比如买了50元的东西，却让对方开100元的发票。

第三种是存在真实经营活动，因未能通过合法途径取得发票，让他人为自己代开增值税专用发票[①]，也就是说业务是真的，但票却是虚开的。

逃税罪属于"结果犯"，逃避缴纳税款数额较大并且占应纳税额百分之十以上才会被追究刑事责任，虽然虚开发票的目的主要是逃税，但虚开发票违法行为却属于"行为犯"，只要实施了这个行为就会受到行政处罚，虚开发票犯罪行为属于"目的犯"，必须具有逃税的目的，即便没有给国家税款造成实质性损失，只要涉案金额达到了立案标准，即便已经接受了行政处罚，依旧会被追究刑事责任。

一、开票方被认定为虚开企业后的危害

一旦开票方（或销售方）被认定存在发票虚开行为，其开具的所有发票都会被税务机关——核实，此时受票方（或购货方）往往会比较紧张，但只要符合以下条件，受票方就不会被波及：

（1）开票方向受票方销售了货物、不动产、无形资产，或者提供了服务。

（2）开票方向受票方收取了所销售货物、不动产、无形资产、所提供服务的款项，或者取得了索取销售款项的凭据。

（3）开票方按规定向受票方开具的增值税专用发票相关内容，与所销售货物、不动产、无形资产、所提供服务相符，且该增值税专用发票是纳税人合法取得、并以自己名义开具的。

受票方取得的符合上述情形的增值税专用发票可以正常抵扣进项税额。不过还有另外一种情形，虽然双方存在真实购销业务，但发票却并非销售方开具的而是通过非法手段获得的，比如自己伪造的，从其他人手中购买的，如果受票方同时满足下列条件，受票方构成善意取得虚开增值税专用发票：

（1）双方有货物、不动产、无形资产购销，提供或接受应税劳务、服务。

（2）开票方使用的是其所在省（自治区、直辖市和计划单列市）的专用发票（数电票没有这个要求）。

（3）增值税专用发票注明的销售方名称、印章、货物数量、金额及税额等全

---

① 最高人民法院印发《关于适用〈全国人民代表大会常务委员会关于惩治虚开、伪造和非法出售增值税专用发票犯罪的决定〉的若干问题的解释》的通知（法发〔1996〕30号）第一条。

部内容与实际相符。

（4）没有证据表明购货方知道销售方提供的专用发票是以非法手段获得的[①]。

受票方被认定为善意取得虚开增值税专用发票之后，虽然不能抵扣相关进项税额，但也不会受到税务机关的处罚，不过构成善意取得的前提条件是受票方并不知道，或者不能分辨自己取得的增值税专用发票是开票方非法获得或者开具的，否则就不应被认定为善意取得。

在交易过程中，受票方从销售方取得第三方开具的增值税专用发票，或者从销货地以外的地区取得增值税专用发票，向税务机关申报抵扣税款或者申请出口退税，应当按偷税、骗取出口退税处理，需要追缴税款并处以偷税、骗税数额五倍以下的罚款；如果尚未申报抵扣税款或者未申请出口退税，按其取得增值税专用发票的份数，处以1万元以下的罚款[②]。

案例：温州市××光学有限公司虚开增值税专用发票案[③]

温州市××光学有限公司于2016年12月13日取得温州市××金属有限公司开具的已经证实为虚开的增值税专用发票2份，上述2份发票金额合计170 940.17元，税额合计29 059.83元，价税合计200 000元。温州市××光学有限公司将上述增值税专用发票向主管税务机关申请认证抵扣了进项税额29 059.83元并且于开票当年将上述2份发票金额入账且已结转成本170 940.17元。

经过税务机关核查，温州市××光学有限公司在取得上述2份已经证实为虚开的增值税专用发票时有真实的货物交易发生，支付了同开票金额一致的货款，暂没有交易资金回流的情形，属于从货物销售方处取得的第三方开具的增值税专用发票，该行为导致其少缴2016年依法应纳的税费，已经构成了偷税，应予以调整和补缴，对其2016年少缴的增值税、城市维护建设税、企业所得税合计72 957.27元处以60%的罚款，共计43 774.36元。

温州市××光学有限公司与销售方存在真实的业务往来，虽然其取得的增值税专用发票是从销售方处索取的，却并非销售方自行开具的。由于销售方无法为其

---

① 《国家税务总局关于纳税人善意取得虚开的增值税专用发票处理问题的通知》（国税发〔2000〕187号）。
② 《国家税务总局关于纳税人取得虚开的增值税专用发票处理问题的通知》（国税发〔1997〕134号）第二条、第三条。
③ 处罚文号：温州市税务局第一稽查局温税一稽罚〔2022〕56号。

开具增值税专用发票，于是便要求温州市××金属有限公司替自己给温州市××光学有限公司开具了两张增值税专用发票，票面金额等信息与真实业务相符。很多受票方会误以为这样做并没有什么问题，其实只要发票上载明的开票人并非真正的销售方，就不能被认定为善意取得，虚开的增值税专用发票不仅不能抵扣增值税，还需要受到行政处罚，表9.1列出了不同情形下受票方与开票方的法律认定情形。

表9.1 不同情形下受票方与开票方的法律认定

情形	开票方认定	受票方认定
双方并不存在真实交易	为他人虚开	让他人为自己虚开
开票方存在销售行为，但受票方没有购买行为	如果开票方并不知道实际购买人与受票方不一致，开票不属于为他人虚开，此类案件一般存在中间人，应对中间人按照介绍他人虚开定性；如果开票方知道实际购买人与受票方不一致，则应按为他人虚开定性	让他人为自己虚开
存在真实交易，但开票方并不是真正的销售方	如果购销行为是受票方与实际销售方直接达成，开票方未参与，也不知道实际销售方是谁，开票方应认定为为他人虚开	受票方购进货物后，联系开票方、中间人虚开或承担开票手续费，应认定为让他人为自己虚开
	如果开票方参与了交易达成，并且收取购货方款项之后扣除一定的费用后再支付给实际销售方，不应认定其虚开，应视为其购进货物再销售给受票方，如果存在接受虚开发票或其他方法少缴税款的行为，按照相关规定进行处理。实际销售方如果存在隐瞒收入行为，按偷税处理	实际销售方联系开票方、中间人虚开或承担开票手续费，受票方应认定为接受虚开发票，并根据其是否知道或应当知道供货人与开票人不一致，确定其是否属于善意取得
双方存在真实交易，但发票票面记载的主要交易要素与实际交易不符	人为造成要素不符且要素差异为实质性差异，应认定为为他人虚开。对未增金额的虚开，受票方没有多抵扣税款或多退税款，没有造成国家税款实际损失，但也应认定为为他人虚开，税务机关可以对其进行行政处罚，但通常不会追究刑事责任	如果出现要素不符，开票方受到了受票方的指使，受票方应认定为要求他人为自己虚开，如果没有造成税款损失，税务机关可以对其进行行政处罚，通常不会追究刑事责任。如果造成税款损失且金额达到立案要求，应当进行立案侦查
	开票时间与销售实际时间不一致，不应认定为虚开	
双方存在真实交易，发票票面记载与真实经营完全一致，但开具发票行为不合法	销售方提供的发票是自己非法手段获得的，应当认定为为他人虚开	没有证据证明受票人对此知情，应当认定为善意取得
	让他人代自己为对方开具，应认定为介绍他人为自己虚开	应当推定为知情，认定为让他人为自己虚开
双方存在真实交易，发票票面记载与真实经营完全一致，但开票方被认定存在其他发票虚开行为	此项交易应认定为正常交易，不应被认定为发票虚开行为	不应被认定为接受虚开发票行为，取得增值税专用发票可以正常抵扣增值税

二、无真实业务的发票虚开

绝大多数虚开发票案件都不存在真实业务往来，开票方虚开只是为了赚取3%~6%不等的手续费，受票方接受虚开的增值税专用发票既可以用于抵扣增值税，还可以在企业所得税前扣除，如果是出口企业，还可以骗取出口退税。

其实增值税的制度设计非常严谨，购货方可以抵扣的增值税应为销售方已经缴纳的增值税，但开票方通常利用缴纳税款的时间差进行"暴力虚开"。数电票提出后，新办企业通常会取得较高金额的授信额度，在开业后很短时间内大肆虚开，然后便走逃。除此之外，有的虚开企业通过支付手续费方式让上游企业为自己虚开增值税专用发票，这样便会出现大量留抵退税，在一段时间内并不用实际缴纳增值税税款，等到被税务机关发现之后，他们便开始走逃，这样取得的手续费就成了纯收益。

案例：温州××贸易有限公司虚开发票案[①]

温州××贸易有限公司于2016年6月至12月取得增值税专用发票296份，认证296份，实际抵扣275份，税额4 580 670.7元。税务机关通过对其上游开票企业进行调查发现均属于非正常户或非正常户注销，该公司也没有向上游开票企业支付过任何货款。

通过查询增值税专用发票电子底账，税务机关发现该公司2016年6月至12月共领用增值税专用发票419份，开具增值税专用发票419份，作废167份，正常开具增值税专用发票252份，金额为21 527 358.82元，税额为3 659 651.04元，公司基本存款账户收取货款后，当天以相同或差不多金额汇入岳×少、陈×仕、陈×荣、吴×妙等人的个人账户。该公司在2016年6月至12月集中开票后走逃，于2016年12月26日被税务机关认定为非正常户。税务机关对该公司少缴的增值税处以一倍罚款，共计2 795 070.68元；对少缴的城市维护建设税处以一倍罚款，共计139 753.53元；对虚开增值税专用发票的行为处以罚款150 000元，罚款合计3 084 824.21元。

这是较为常见的发票虚开模式，近年来一些企业利用税收优惠政策进行虚开。自2022年4月1日至2022年12月31日，增值税小规模纳税人适用3%征收率的

[①] 处罚文号：国家税务总局温州市税务局第三稽查局温税三稽罚〔2021〕99号。

应税销售收入，免征增值税。注意这个免征是全口径免征，之前施行的每月销售额不超过15万元，如今施行的每月销售额不超过10万元的免税政策，均不包括开具增值税专用发票取得的收入，不管开具的增值税专用发票金额大小都必须要缴税，因为对方会凭借增值税专用发票抵扣增值税，但在上述特殊时期，小规模纳税人开具的增值税专用发票只要不涉及不动产租赁、销售等征收率为5%的项目，一律予以免税，这项税收优惠政策给一些不法分子带来了可乘之机。

2022年，国家准许生活性服务业企业加计抵扣15%，目前已经降为10%，一些不法分子正是利用加计抵扣政策层层放大进项税额，从而达到虚开发票的目的。

空壳企业1向空壳企业2虚开了一张不含税金额为100万元的发票，需要缴纳6%的增值税。空壳企业2拿到这张增值税专用发票后可以加计抵扣。随着层级的增多，可以虚开的金额也就会变得越来越大。

虽然这种犯罪手段很隐蔽，但税务机关通过税费大数据监测到其申报的加计抵扣金额与企业经营规模严重不符，存在虚开的嫌疑，将会通过层层深挖，最终锁定了这些违法犯罪分子。

随着"金税四期"的上线，发票流、货物流、人员流的溯源能力都有了极大提升，税务机关可以便捷地对上游虚开企业和下游受票企业进行全链条打击，因此企业一定要远离虚开风险。

为了防止被认定为虚开，企业需要证明相关业务的真实性。采购的实物资产，如原材料、机器设备、低值易耗品等，注意留存相关审批手续，如果数额较大需要核查是否符合国家或者本企业制定的相关采购规定。数额较大的纸质票或纸电票"货物或应税劳务、服务名称"一栏如果标注有"一批""详见清单"等字样，后面一定要附销售单位盖章确认的清单；数电票并没有行数限制，即便货物种类再繁杂也可以同时开具在一张发票上，不再需要附清单。到货后，企业要注意留存完备的入库审核资料与出库领用资料，尤其是注意留存质量验收合格证明。

与上述物资相关的运费支出要制作运费报销单，需要核实起运地和运达地是否与运费报销单相吻合；是否由起运地和运达地以外的车辆负责运输；如果运输费价格波动较大，需要对此做出合理解释。如果货物并未运输到购货方所在地或者仍旧存放在第三方仓库，那么销售方一定要留存好签署的委托协议以及物权转移证明，购货方因特殊原因又将购买的货物卖给原销售方，这种情形极易被认定为发票对开，应当尽量避免这种情形的发生，如果确属正常业务需要，一定要留存相关资料。

三、虚开发票犯罪的认定条件

对受票方而言，利用他人虚开的增值税专用发票向税务机关申报抵扣税款进行偷税，税务机关追缴其不缴或者少缴的税款、滞纳金，并处不缴或者少缴的税款50%以上5倍以下的罚款；构成犯罪的，依法追究刑事责任[①]。

对开票方而言，税务机关将会没收违法所得；虚开金额在1万元以下的，可以并处5万元以下的罚款；虚开金额超过1万元的，并处5万元以上50万元以下的罚款；构成犯罪的，依法追究刑事责任[②]，虚开发票相关罪名及量刑情况见表9.2。

表9.2 虚开发票相关罪名的量刑情况[③]

罪名	量刑标准	数额情况	情节认定
虚开增值税专用发票或者虚开用于骗取出口退税、抵扣税款的其他发票罪	处3年以下有期徒刑或者拘役，并处2万元以上20万元以下罚金	刑事立案标准为虚开的税款数额达到10万元以上或者造成国家税款损失数额在5万元以上	没有严重情节
	处3年以上10年以下有期徒刑，并处5万元以上50万元以下罚金	达到数额较大即50万元以上	法发〔1996〕30号第一条已经废止，新标准尚未明确
	处10年以上有期徒刑或者无期徒刑，并处5万元以上50万元以下罚金或者没收财产	达到数额巨大即250万元以上	法发〔1996〕30号第一条已经废止，新标准尚未明确
虚开发票罪（不含增值税专用发票或者虚开用于骗取出口退税、抵扣税款的其他发票）	处2年以下有期徒刑、拘役或者管制，并处罚金	（1）虚开发票金额累计在50万元以上。（2）虚开发票一百份以上且票面金额在30万元以上的。（3）5年内因虚开发票受过刑事处罚或者二次以上行政处罚，又虚开发票，数额达到第一、二项标准60%以上的	情节严重
	处2年以上7年以下有期徒刑，并处罚金	—	情节特别严重

[①] 《国家税务总局关于纳税人取得虚开的增值税专用发票处理问题的通知》（国税发〔1997〕134号）第一条。
[②] 《发票管理办法》第三十五条。
[③] 《最高人民法院关于审理骗取出口退税刑事案件具体应用法律若干问题的解释》（法释〔2002〕30号）第三条、《最高人民法院关于虚开增值税专用发票定罪量刑标准有关问题的通知》（法〔2018〕226号）第二条、《最高人民检察院 公安部关于公安机关管辖的刑事案件立案追诉标准的规定（二）》第五十五条、五十六条、五十七条。

续表

罪名	量刑标准	数额情况	情节认定
骗取出口退税罪	处5年以下有期徒刑或者拘役，并处骗取税款1倍以上5倍以下罚金	骗取国家出口退税款数额在10万元以上	没有严重情节
	处5年以上10年以下有期徒刑，并处骗取税款1倍以上5倍以下罚金	骗取国家出口退税款数额达到数额巨大即骗取国家出口退税款50万元以上	（1）造成国家税款损失30万元以上并且在第一审判决宣告前无法追回的。 （2）因骗取国家出口退税行为受过行政处罚，两年内又骗取国家出口退税款数额在30万元以上的。 （3）情节严重的其他情形
	处10年以上有期徒刑或者无期徒刑，并处骗取税款1倍以上5倍以下罚金或者没收财产	骗取国家出口退税款数额达到数额特别巨大即骗取国家出口退税款250万元以上	（1）造成国家税款损失150万元以上并且在第一审判决宣告前无法追回的。 （2）因骗取国家出口退税行为受过行政处罚，两年内又骗取国家出口退税款数额在150万元以上的。 （3）情节特别严重的其他情形

虚开发票犯罪根据虚开的发票种类不同分为两种：一种是虚开增值税专用发票或者虚开用于骗取出口退税、抵扣税款的其他发票罪，虚开的发票既可以用于抵扣增值税，出口企业也可以用来骗取退税；另一种是虚开发票罪，虚开的主要是普通发票，主要用于企业所得税税前扣除。

虚开增值税专用发票或者虚开用于骗取出口退税、抵扣税款的其他发票罪与骗取出口退税罪属于相互牵连的罪名，如果已经实际骗取了出口退税，通常会按照骗取出口退税罪论处，因为这个罪的量刑相对比较重；如果并未骗取出口退税，通常会按照虚开增值税专用发票或者虚开用于骗取出口退税、抵扣税款的其他发票罪论处，需要特别注意的是下列行为不应认定为虚开发票犯罪：

（1）为了融资等需要，公司虚增营业额、扩大销售收入、制造虚假繁荣，与其他公司相互对开、环开增值税专用发票不宜认定为犯罪，因为其主观上不具有偷骗税款的目的、客观上也没有实际造成国家税收损失的虚开行为，不构成犯罪[①]。对开就是相互之间开具，环开就是三家以上连环开具，由于销项税额与进项税额相等，并不用实际缴纳增值税，但销售额会有所增加，有利于吸引投资者投资。这种行为虽然不构成犯罪，却会干扰正常的经济秩序与税收征管秩序，属于虚开

---

① 《最高人民法院关于湖北汽车商场虚开增值税专用发票一案的批复》（刑他字〔2001〕36号）。

发票的违法行为，依然会遭受行政处罚。

（2）为了故意夸大企业经济实力，有些企业会通过接受虚开的增值税专用发票来虚增企业资产，尤其是单位价值很高的机器设备。从 2009 年 1 月 1 日起，固定资产的进项税额在全国范围内才准予抵扣，之前不允许抵扣。在泉州市××锦涤实业有限公司等虚开增值税专用发票案中，不以抵扣税款为目的，而是为了显示公司实力以达到在与外商谈判中处于有利地位的目的，不构成犯罪[①]。

（3）销售方无法自行开具增值税专用发票，借用他人公司如实开具发票给购买方，销售方不构成虚开增值税专用发票罪。2004 年，张某强与他人合伙成立个体企业某龙骨厂，张某强负责生产经营活动，由于该厂属于小规模纳税人，无法为购货单位开具增值税专用发票，张某强遂以他人开办的鑫×公司名义对外签订销售合同。2006 年至 2007 年间，张某强先后与六家公司签订轻钢龙骨销售合同，购货单位均将货款汇入鑫×公司账户，鑫×公司为上述六家公司开具增值税专用发票共计 53 张，价税合计 4 457 701.36 元，税额 647 700.18 元，一审法院判处张某强有期徒刑 3 年，缓刑 5 年，并处罚金人民币 5 万元。最高人民法院对此案复核后做出裁定[②]，认为张某强以公司名义对外签订销售合同，由公司收取货款、开具增值税专用发票，不具有骗取国家税款的目的，未造成国家税款损失，其行为不构成虚开增值税专用发票罪。

（4）一些特定行业经常会出现挂靠的情形，挂靠方以挂靠形式向受票方实际销售货物，被挂靠方向受票方开具增值税专用发票，不属于虚开[③]，比如司机六某挂靠某网络货运平台从事货车运输，以公司名义对外签订运输合同，由公司收取运费并开具增值税专用发票，这种行为既不应认定为犯罪，也不属于虚开发票的违法行为。

（5）行为人利用他人名义从事经营活动，并以他人名义开具增值税专用发票，即便行为人与该人之间不存在挂靠关系，但如行为人进行了实际的经营活动，主观上并无骗取抵扣税款的故意，客观上也没有造成国家增值税款损失的，也不宜认定为虚开增值税专用发票，符合逃税罪等其他犯罪构成条件的，可以其他犯罪

---

① 《最高人民法院研究室〈关于如何认定以"挂靠"有关公司名义实施经营活动并让有关公司为自己虚开增值税专用发票行为的性质〉征求意见的复函》（法研〔2015〕58 号）。
② 案件号：（2016）最高法刑核 51732773 号。
③ 《国家税务总局关于纳税人对外开具增值税专用发票有关问题的公告》（国家税务总局公告 2014 年第 39 号）。

论处[1]。

（6）公司挂名的法定代表人并未实际参与公司经营管理，对公司虚开增值税专用发票的行为不知情，不应被认定为直接负责的主管人员和其他直接责任人员，不构成虚开增值税专用发票罪。直接负责的主管人员，是在单位实施的犯罪中起决定、批准、授意、纵容、指挥等作用的人员，一般是单位的主管负责人。其他直接责任人员，是在单位犯罪在中具体实施犯罪并起较大作用的人员，既可以是单位的经营管理人员，也可以是具体负责的单位职工，应当注意的是，在单位犯罪中，对于受单位领导指派或奉命而参与实施了一定犯罪行为的人员，不宜作为直接责任人员追究刑事责任[2]。

---

[1] 《最高人民法院研究室〈关于如何认定以"挂靠"有关公司名义实施经营活动并让有关公司为自己虚开增值税专用发票行为的性质〉征求意见的复函》（法研〔2015〕58号）。

[2] 最高人民法院《全国法院审理金融犯罪案件工作座谈会纪要》（法〔2001〕8号）。

第十章 增值税的会计核算

增值税的会计核算在企业财务处理中至关重要。企业需设置多个相关科目来准确记录，比如"应交税费——应交增值税"下设进项税额、销项税额、进项税额转出等专栏。在购进货物或接受应税服务时，符合条件的进项税额计入借方专栏，用以抵扣后续销售产生的销项税额。当对外销售商品或提供服务时，按适用税率计算出的销项税额登记在贷方专栏。若出现已抵扣进项税额不得抵扣等情况，则通过进项税额转出进行相应调整。期末，通过借贷方的差额来确定应缴纳或留抵的增值税额，这样一套严谨的核算流程，有助于企业准确反映增值税的缴纳情况，保障税务合规。

第一节 应交税费

为了按照国家规定切实履行纳税缴费义务，企业应当按照权责发生制原则及时对需要缴纳的相关税费及时进行确认与计提，在实际缴纳前，已经计提的税费对于企业而言是一笔负债。

一、应交税费的核算范围

企业缴纳的税费基本上都要通过"应交税费"这个科目来核算，这个科目可以全面反映企业各种税费的缴纳情况，这个科目的贷方显示已经计提的各种税费，借方显示已经实际缴纳的各种税费，期末存在贷方余额反映存在尚未缴纳的税费，期末存在借方余额反映存在多缴纳或尚未抵扣的税费。

如图 10.1 所示，"应交税费"这个科目共有 23 个二级明细科目，涉及增值税、消费税、资源税、企业所得税、土地增值税、城市维护建设税、房产税、城镇土地使用税、车船使用税、环境保护税（原排污费）、代扣代缴的个人所得税 11 个税种，还包括教育费附加、矿产资源补偿费与保险保障基金等行政性收费和政府基金。

```
                            应交税费
                    ↙                ↘
        涉及增值税的科目            涉及其他税费的科目
        应交增值税                   应交消费税
        未交增值税                   应交资源税
        待抵扣进项税额               应交所得税
        增值税留抵税额               应交土地增值税
        预交增值税                   应交城市维护建设税
        简易计税                     应交房产税
        待认证进项税额               应交土地使用税
        待转销项税额                 应交车船使用税
        转让金融商品应交增值税       应交个人所得税
        代扣代交增值税               应交环境保护税
                                    应交教育费附加
                                    应交矿产资源补偿费
                                    应交保险保障基金
```

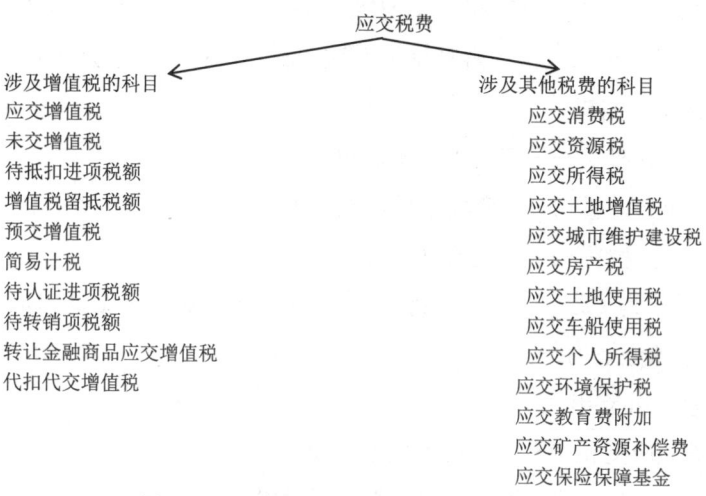

图 10.1 应交税费二级明细科目设置情况

印花税、耕地占用税、车辆购置税、契税不需要进行计提，因此也就不通过"应交税费"这个科目进行核算。契税、耕地占用税、车辆购置税实际缴纳时，借记"固定资产"或"无形资产"，贷记"银行存款"或"库存现金"。印花税实际缴纳时，借记"税金及附加"，贷记"银行存款"或"库存现金"。

二、应交税费的归集

1. 计入税金及附加

通过"应交税费"这个科目核算的税费绝大部分会计入"税金及附加"这个科目并以此体现在利润表之中，具体包括消费税、资源税、土地增值税、城市维护建设税、房产税、城镇土地使用税、车船使用税、环境保护税以及教育费附加。

借：税金及附加
  贷：应交税费——应交消费税
    应交税费——应交资源税
    应交税费——应交土地增值税
    应交税费——应交城市维护建设税
    应交税费——应交房产税
    应交税费——应交城镇土地使用税
    应交税费——应交车船使用税
    应交税费——应交环境保护税

应交税费——应交教育费附加

如果处置作为固定资产的房产，需要缴纳土地增值税、城市维护建设税与教育费附加，此时不再通过"税金及附加"这个科目进行核算，会计分录为：

借：固定资产清理
　　贷：应交税费——应交土地增值税
　　　　应交税费——应交城市维护建设税
　　　　应交税费——应交教育费附加

如果处置作为无形资产的土地使用权，也不再通过"税金及附加"这个科目进行核算，会计分录为：

借方：营业外支出
　　贷：应交税费——应交土地增值税
　　　　应交税费——应交城市维护建设税
　　　　应交税费——应交教育费附加

2. 计入管理费用

矿产资源补偿费与保险保障基金并不通过"税金及附加"这个科目核算而是直接计入"管理费用"。

借：管理费用
　　贷：应交税费——应交矿产资源补偿费
　　　　应交税费——应交保险保障基金

为保障残疾人权益，未按规定安排残疾人就业的机关、团体、企业、事业单位和民办非企业单位缴纳相关资金用于促进残疾人就业，称为"残疾人就业保障金"，简称"残保金"。残保金虽然也归集到管理费用，却并不通过"应交税费"这个科目核算，而是借方是管理费用——残保金，贷方是其他应付款——残保金。

3. 企业所得税的归集

企业所得税并不计入"税金及附加"而是计入"所得税费用"。5月31日之前，企业需要对上一年度的企业所得税进行汇算清缴，届时通常都会进行纳税调整。如果调整数额不大，可以直接计入当期损失。如果调整金额比较大，适用企业会计准则（不含小企业会计准则）的企业可以将税会差异通过"以前年度损益调整"这个科目来核算，对以前年度多计或少计的金额进行调整，直接计入"利润分配——未分配利润"，并不通过"本年利润"这个科目进行核算，自然也就不影响企业当年的利润。

第十章 增值税的会计核算

案例：2023年3月31日，大红花公司计提一季度企业所得税10万元；4月5日，按照计提数额预缴了企业所得税；6月30日，计提了二季度企业所得税11万元，但因为资金短缺申请缓缴；9月28日，计提了三季度企业所得税15万元；12月31日，计提了四季度企业所得税23万元。2024年1月5日，缴纳了二、三、四季度的企业所得税。经过汇算清缴，该企业2023年度应当缴纳的企业所得税为67万元，并于4月8日补缴了8万元税款。请问如何填写会计分录？

解析：

2023年3月31日：

借：所得税费用　　　　　　　　　　　　　　　　　100 000

　　贷：应交税费——应交所得税　　　　　　　　　　　　100 000

2023年4月5日：

借：应交税费——应交所得税　　　　　　　　　　　100 000

　　贷：银行存款　　　　　　　　　　　　　　　　　　　100 000

2023年6月30日：

借：所得税费用　　　　　　　　　　　　　　　　　110 000

　　贷：应交税费——应交所得税　　　　　　　　　　　　110 000

2023年9月28日：

借：所得税费用　　　　　　　　　　　　　　　　　150 000

　　贷：应交税费——应交所得税　　　　　　　　　　　　150 000

2023年12月31日：

借：所得税费用　　　　　　　　　　　　　　　　　230 000

　　贷：应交税费——应交所得税　　　　　　　　　　　　230 000

2024年1月5日：

借：应交税费——应交所得税　　　　　　　　　　　490 000

　　贷：银行存款　　　　　　　　　　　　　　　　　　　490 000

2024年4月8日：

借：以前年度损益调整　　　　　　　　　　　　　　 80 000

　　贷：应交税费——应交所得税　　　　　　　　　　　　 80 000

借：应交税费——应交所得税　　　　　　　　　　　 80 000

  贷：银行存款   80 000

补缴税款之后进行损益调整

借：利润分配——未分配利润   80 000

  贷：以前年度损益调整   80 000

如果是年度汇算清缴之后，应纳所得税额为 50 万元，少于已经预缴税额 59 万元，可以申请退税。

借：应交税费——应交所得税   90 000

  贷：以前年度损益调整   90 000

借：银行存款   90 000

  贷：应交税费——应交所得税   90 000

需要注意这笔退税款也不计入 2023 年的收入而是直接作为未分配利润。

借：以前年度损益调整   90 000

  贷：利润分配——未分配利润   90 000

企业出现了利润需要缴纳企业所得税，出现了亏损，可以用今后年度的利润来弥补亏损，但延续弥补期最长不得超过 5 年。企业所得税只有存在多缴的情形才准予申请退税。

4. 个人所得税的归集

企业并不是个人所得税的征税对象，因此代扣代缴的税款并不计入"税金及附加"，却负有代扣代缴个人所得税的法定义务。

（1）向职工发放工资薪金。

案例：2024 年 1 月 4 日，某工厂计提了当月工资，其中一线工人发放工资 100 万元，车间管理人员发放工资 10 万元，管理部门人员发放工资 90 万元，销售部门人员发放工资 70 万元，从事在建工程建设的人员发放工资 130 万元，研究开发人员发放工资 80 万元。2 月 1 日发放了 1 月份工资。2 月 3 日向税务机关缴纳了代扣代缴的个人所得税 24 万元。请问如何填写会计分录。

解析：

计提时：

借：生产成本   1 000 000

  制造费用   100 000

　　　　管理费用　　　　　　　　　　　　　　　　　　900 000
　　　　销售费用　　　　　　　　　　　　　　　　　　700 000
　　　　在建工程　　　　　　　　　　　　　　　　　1 300 000
　　　　研发支出——资本化支出　　　　　　　　　　　800 000
　　　贷：应付职工薪酬——工资　　　　　　　　　　4 800 000
　　　发放工资时：
　　借：应付职工薪酬——工资　　　　　　　　　　　4 800 000
　　　贷：银行存款（库存现金）　　　　　　　　　　4 560 000
　　　　　应交税费——应交个人所得税　　　　　　　　240 000
　企业将代扣代缴的个人所得税税款向税务机关缴纳时：
　　借：应交税费——应交个人所得税　　　　　　　　　240 000
　　　贷：银行存款　　　　　　　　　　　　　　　　　240 000

　　在某些特殊情况之下，个人所得税却由企业来负担，第一种情况是为了引进人才，企业承诺全部或部分承担个人所得税。第二种情况是因企业未履行扣缴义务，个人所得税由企业代为补缴，还需按规定缴纳一定数量的滞纳金和罚款。

　　企业代纳税人负担的个人所得税税款属于与企业经营活动无关的支出，应计入"营业外支出"，不得在企业所得税前扣除，在年终申报企业所得税时，应当全额调增。

案例：分公司的高管由总公司派驻并且工资由总公司承担，但社会保险却在分公司所在地缴纳。2024年3月1日，分公司计提了包括高管在内的所有职工的工资。4月2日，总公司向分公司拨付了高管工资20万元，其中需要缴纳的个人所得税2万元，个人负担的养老保险2.4万元。分公司另外缴纳了单位负担的养老保险5万元。

解析：

分公司计提高管工资时：

　　借：管理费用　　　　　　　　　　　　　　　　　　200 000
　　　贷：应付职工薪酬——工资　　　　　　　　　　　200 000

　　总公司向分公司高管发放工资只是资金垫付行为，分公司高管工资仍旧计入分公司工资薪金之中。

借：应付职工薪酬——工资	200 000	
贷：内部往来		156 000
应交税费——应交个人所得税		20 000
应付职工薪酬——代扣个人社保——养老保险金		24 000

分公司向税务机关缴纳代扣代缴的个人所得税：

借：应交税费——应交个人所得税	20 000	
贷：内部往来		20 000

分公司计提分公司高管养老保险金并实际缴纳时：

借：管理费用——社保金——养老保险金	50 000	
贷：应付职工薪酬——单位交纳社保		50 000
借：应付职工薪酬——单位交纳社保	50 000	
应付职工薪酬——代扣个人社保——养老保险金	24 000	
贷：银行存款		50 000
内部往来		24 000

总公司付款后填写的会计分录：

借：内部往来	200 000	
贷：银行存款		200 000

（2）向股东发放股息、红利。

企业计算可供分配的利润之后，计提10%的法定盈余公积、5%的公益金以及一定比例的任意盈余公积之后，随后可以向股东或投资者支付股利或者分配利润，此时也需要代扣代缴个人所得税。

案例：大发公司宣布向股东发放股息，宣布向股东大牛分配股利100万元，随后向其支付了100万元并代扣代缴了个人所得税20万元，请问如何填写会计分录。

解析：

借：利润分配——应付股利	1 000 000	
贷：应付股利		800 000
应交税费——应交个人所得税		200 000
借：应付股利	800 000	
应交税费——应交个人所得税	200 000	

　　　　贷：银行存款　　　　　　　　　　　　　　　　　　　　　1 000 000

（3）支付其他所得。

支付劳务报酬、稿酬、特许权使用费、财产租赁费用、财产转让支出以及利息时，需要将相关支出计入在建工程、财务费用、管理费用、销售费用等科目。

案例：某公司正在修建一栋办公楼，聘请外部设计师进行装修设计，通过转账方式一次性支付劳务报酬费用112 345元，请问会计分录如何填写？

解析：应当缴纳的个人所得税为112 345×（1-20%）×20%=17 975.2（元）。

借：在建工程——装饰工程　　　　　　　　　　　　　　　112 345
　　贷：银行存款　　　　　　　　　　　　　　　　　　　　94 369.8
　　　　应交税费——应交个人所得税　　　　　　　　　　　17 975.2

企业将代扣代缴的个人所得税税款向税务机关缴纳时：

借：应交税费——应交个人所得税　　　　　　　　　　　　17 975.2
　　贷：银行存款　　　　　　　　　　　　　　　　　　　　17 975.2

三、增值税的会计核算

"应交税费"中涉及增值税的二级明细科目原本有五个，分别是应交增值税、未交增值税、增值税留抵税额、待抵扣进项税额与增值税检查调整，但营改增之后，取消了增值税检查调整这个明细科目，新设了预交增值税、待认证进项税额、待转销项税额、简易计税、转让金融商品应交增值税、代扣代交增值税等六个明细科目。

在"应交税费"的23个二级明细科目之中，涉及增值税的便多达10个，几乎占了一半，由此可见增值税会计核算的复杂性，使用最频繁的是二级明细科目"应交增值税"，其下设有10个三级明细科目，具体如图10.2所示。

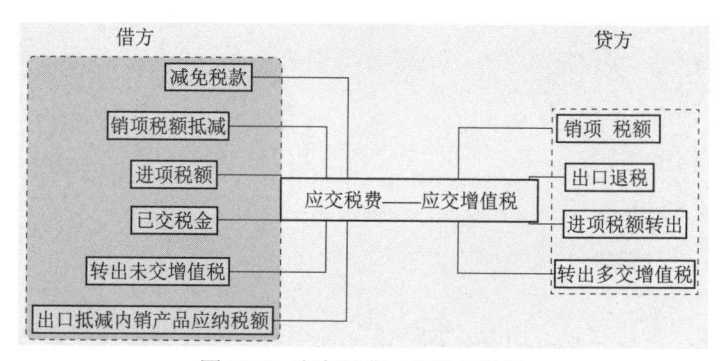

图10.2　应交税费二级明细科目

不过小规模纳税人在会计核算时要求相对简单，只会涉及"应交税费"下面的"应交增值税""转让金融商品应交增值税""代扣代缴增值税"三个明细科目，"应交增值税"之下也不用设置明细科目。

第二节 进项税额的会计处理

适用一般计税方法的一般纳税人的进项税额核算时应当注意以下两个维度：

第一个维度是准予抵扣与不予抵扣，满足条件构成当期进项税额的，应计入"应交税费——应交增值税（进项税额）"；不得抵扣的进项税额已经抵扣，应当转出的，应计入"应交税费——应交增值税（进项税额转出）"。

第二个维度是当期准予抵扣与将来准予抵扣，满足条件构成当期进项税额的，应记入"应交税费——应交增值税（进项税额）"；未进行用途确认的，应记入"应交税费——待认证进项税额"；不符合当期抵扣条件，未来可用于抵扣的进项税额，应记入"应交税费——待抵扣进项税额"。

一、购进货物、服务、无形资产与不动产的会计处理

购进的货物、服务、无形资产与不动产用于增值税应税项目并且取得合法有效的扣税凭证，可以按照规定进行抵扣，但如果并未获得合法有效的扣税凭证，或者虽然取得但在购进之初便决定用于集体福利、个人消费、简易计税项目或免税项目，相关增值税额不能通过"应交税费——应交增值税（进项税额）"核算而是直接计入成本。

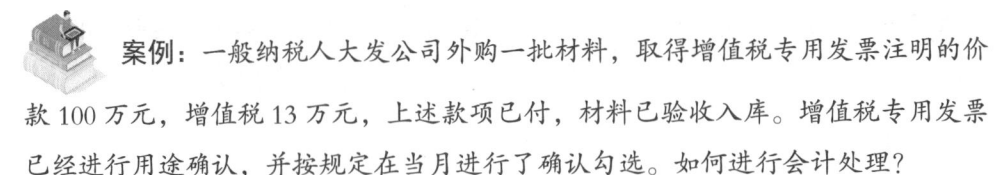

案例：一般纳税人大发公司外购一批材料，取得增值税专用发票注明的价款100万元，增值税13万元，上述款项已付，材料已验收入库。增值税专用发票已经进行用途确认，并按规定在当月进行了确认勾选。如何进行会计处理？

解析：

借：原材料　　　　　　　　　　　　　　　　　　　　　　1 000 000

　　应交税费——应交增值税（进项税额）　　　　　　　　　130 000

贷：银行存款　　　　　　　　　　　　　　　　　　　　　1 130 000

案例：一般纳税人小满公司外购一批钢材，已收到增值税普通发票，发票

上注明价款 100 万元，增值税税额 13 万元，尚未支付相关款项，但这批钢材已经验收入库，如何进行会计处理？

解析：

借：原材料　　　　　　　　　　　　　　　　　　　　1 130 000

　　贷：应付账款　　　　　　　　　　　　　　　　　　　1 130 000

如果因为用途发生变化、非正常损失、发生销售退回、服务中止或者销售折让，那么就涉及进项税额转出，通过"应交税费——应交增值税（进项税额转出）"进行核算，之前已经介绍过，在此不再赘述。

二、购进农产品的会计处理

购进农产品取得增值税专用发票或海关专用缴款书，以上面注明的增值税税额为进项税额；取得农产品销售发票或开具农产品收购发票，抑或取得小规模纳税人开具的征收率为 3% 的增值税专用发票，按照发票上注明的农产品买价和 9% 的扣除率计算进项税额，进项税额＝买价×扣除率。

用于生产或委托加工 13% 税率货物的农产品，可以加计扣除 1%，也就是实际按照 10% 的扣除率计算进项税额，不过却需要分两步进行抵扣，在购入时，按照 9% 计算抵扣进项税额；后期用于生产或者委托加工 13% 税率货物的农产品，在生产领用时加计 1% 扣除。

案例：一般纳税人大牛肉食加工厂，从一般纳税人大江牧业公司收购 100 头牛，取得增值税专用发票，金额 100 万元，税额 9 万元；从小规模纳税人个体工商户甲处收购 10 头牛，取得增值税专用发票，金额 10 万元，税额 3 000 元；从小规模纳税人个体工商户乙处收购 20 头牛，取得增值税专用发票，金额 20 万元，税额 2 000 元；从丙农业合作社处收购 30 头牛，取得其开具的农产品销售发票，发票金额 30 万元，上述采购活动均未支付货款，请问如何进行会计核算？

解析：大牛肉食加工厂从大江牧业公司获得的增值税专用发票可以按照发票上注明的增值税额作为进项税额，也就是可以抵扣 9 万元；从个体工商户甲处获得征收率为 3% 的增值税专用发票，可以按照发票上注明的农产品买价和 9% 的扣除率计算进项税额，即 100 000×9%=9 000（元）；从个体工商户乙处获得征收率为 1% 的增值税专用发票，只能抵扣发票上注明的增值税额，也就是抵扣 2 000 元；从丙农业合作社处取得的农产品销售发票可以按照发票上注明的农产品买价和 9%

的扣除率计算进项税额，300 000×9%=27 000（元）。

大牛肉食加工厂当期采购金额：100+10+20+30=160（万元）。

当期可抵扣进项税额为 90 000+9 000+2 000+27 000=128 000（元）。

入库时：

借：原材料　　　　　　　　　　　　　　　　　　　　　1 600 000

　　应交税费——应交增值税（进项税额）　　　　　　　　128 000

　　贷：应付账款　　　　　　　　　　　　　　　　　　　1 728 000

从个体工商户甲、个体工商户乙处购买的牛全部用于制作牛肉罐头，适用税率为13%，在领用核算时需要对两者进行区别，只有从个体工商户甲处购买的牛可以加计扣除1%，100 000×1%=1 000（元）。

借：生产成本　　　　　　　　　　　　　　　　　　　　　299 000

　　贷：应交税费——应交增值税（进项税额）　　　　　　　1 000

　　　　原材料　　　　　　　　　　　　　　300 000（100 000+200 000）

从丙农业合作社处收购的30头牛用于生产牛肉干，适用税率为11%，因此不能进行加计扣除。

借：生产成本　　　　　　　　　　　　　　　　　　　　　300 000

　　贷：原材料　　　　　　　　　　　　　　　　　　　　　300 000

由于大江牧业公司是一般纳税人，因此大牛肉食加工厂从其手中收购的100头牛时不管是否用于生产适用税率为13%的货物均不涉及加计抵扣的问题，只能按照发票上注明的税额进行抵扣。

三、待认证进项税额的会计核算

一般纳税人未进行勾选确认之前，相关进项税额不得用于当期抵扣，主要包含两种情形：第一种情形是一般纳税人已取得扣税凭证，按照现行增值税制度规定准予从销项税额中抵扣，但尚未进行勾选确认的；第二种情形是一般纳税人已申请稽核但尚未取得稽核相符结果的海关缴款书对应的进项税额。

案例：一般纳税人大海公司，外购了一批汽油，增值税专用发票上注明的价款为100万元，增值税税额为13万元，款项已通过银行转账方式支付，因会计休假当月并未对其进行勾选确认。次月，该公司会计上班后对上述进项税额进行了勾选确认，还将其中价值10万元的汽油用于公司专用通勤车辆，请问如何进行会计核算？

解析：

当月时：

借：原材料 1 000 000
　　应交税费——待认证进项税额 130 000
　　贷：银行存款 1 130 000

次月时：

借：应交税费——应交增值税（进项税额） 130 000
　　贷：应交税费——待认证进项税额 130 000

同时：

借：应付职工薪酬 113 000
　　贷：原材料 100 000
　　　　应交税费——应交增值税（进项税额转出） 13 000

四、代扣代缴增值税

营改增之后，完税凭证成为重要的扣税凭证。境外单位或者个人在中国境内发生应税行为，且在境内未设有经营机构，以境内购买人为增值税扣缴义务人，从境外单位或者个人购进服务、无形资产或者不动产，自税务机关或者扣缴义务人取得的解缴税款的完税凭证上注明的增值税额准予从销项税额中抵扣[①]。

案例： 境内幸福公司向境外快乐律师事务所支付律师顾问费人民币100万元，请问如何填写会计分录？

解析： 应代扣代缴的增值税额为100÷（1+6%）×6%=5.66（万元）。在计算应扣缴税额时，应将支付的含税价款换算为不含税价款，再乘以适用税率，计算出应扣缴的增值税税额。

无论购买方幸福公司支付的价款是否超过500万元的一般纳税人标准，也不论扣缴义务人幸福公司是一般纳税人还是小规模纳税人，一律按照境外单位或者个人发生应税行为的适用税率予以计算，也就是视同为一般纳税人，按照适用税率而不是征收率计算。

---

① 《财政部 国家税务总局关于全面推开营业税改征增值税试点的通知》（财税〔2016〕36号）附件1《营业税改征增值税试点实施办法》第二十五条第（四）项。

借：管理费用 943 400
　　应交税费——代扣代缴增值税 56 600
　贷：银行存款 1 000 000

等到完税凭证勾选确认之后，相关税额可以转入进项税额。

借：应交税费——应交增值税（进项税额） 56 600
　贷：应交税费——代扣代交增值税 56 600

第三节　销项税额的会计处理

增值税纳税义务发生时间早于会计收入确认时间，应当通过"应交税费——应交增值税（销项税额）"进行会计核算；若会计收入确认时间早于增值税纳税义务发生时间，应当通过"应交税费——待转销项税额"进行会计核算，待纳税义务发生之后，再计入"应交税费——应交增值税（销项税额）"。

一、销项税额

案例：一般纳税人黄河设备制造厂将自产的设备投资于一家科技公司，该设备的不含税公允价值为100万元，账面成本为30万元，请问如何填写会计分录？

解析：

借：长期股权投资 1 130 000
　贷：主营业务收入 1 000 000
　　　应交税费——应交增值税（销项税额） 130 000

同时：

借：主营业务成本 300 000
　贷：库存商品 300 000

如果发生销售退回、服务中止或者销售折让等情形，在开具红字发票之后，可以冲减销项税额。

案例：一般纳税人大红公司于2024年1月销售给大绿公司一批产品，销售额300万元，增值税39万元。大绿公司一直没有支付货款，以该产品存在质量问题为由向大红公司提出交涉，后经双方商定，大红公司同意给予大绿公司50万元的销售折让并在当月开具了红字发票。次月，大绿公司又以产品存在质量问题无法用于正常生产为由将其全部退回，大红公司向其开具了红字发票，请问大红公司如何填写会计分录？

解析：

（1）1月发生销售折让时：

借：主营业务收入　　　　　　　　　　　　　　　　　　　　　500 000

　　应交税费——应交增值税（销项税额）　　　　　　　　　　 65 000

　　贷：应收账款　　　　　　　　　　　　　　　　　　　　　 565 000

（2）2月发生销售退回时：

由于销售退回发生时已经跨月，只能填写红字会计分录

借：应收账款　　　　　　　　　　　　　　　　　　　　　　2 825 000

　　贷：主营业务收入　　　　　　　　　　　　　　　　　　 2 500 000

　　　　应交税费——应交增值税（销项税额）　　　　　　　 　325 000

除了房地产、建筑等少数行业外，绝大多数行业收到预收款后便发生了增值税纳税义务，但此时会计上尚未确认收入。

案例：一般纳税人大白公司将自有的生产设备出租给大黑公司，约定租赁日期为2024年1月1日至12月31日，总金额为120万元，每季度前10天内向甲公司预付该季度的租金。2023年12月25日，大白公司收到大黑公司预付的2024年一季度的租赁费40万元并向其开具了增值税专用发票，请问如何填写会计分录？

解析：2023年12月25日收到预付的租赁费时，应当缴纳的增值税销项税额为400 000÷（1+13%）×13%=46 017.7（元）。

借：银行存款　　　　　　　　　　　　　　　　　　　　　　　400 000

　　贷：预收账款　　　　　　　　　　　　　　　　　　　　　353 982.3

　　　　应交税费——应交增值税（销项税额）　　　　　　　　 46 017.7

2024年1月确认当月收入时：

借：预收账款　　　　　　　　　　　　　　　　　　　　　　　353 982.3

　　贷：其他业务收入　　　　　　　　　　　　　　　　　　　353 982.3

下面探讨一下包装物问题，销售货物时通常都会有包装物，如果包装物单独计价，按照规定需要计算缴纳增值税。

借：银行存款（或应收账款等）

　　贷：其他业务收入

　　　　应交税费——应交增值税（销项税额）

如果随同货物一并销售并且不单独计价，那么货款之中便视为包含包装物的价格，不用再视同应税交易缴纳增值税。

如果不是销售包装物而是出租出借包装物，那么需要分辨清楚包装物租金与包装物押金，包装物租金应换算成不含税收入计算缴纳增值税；包装物押金单独记账核算，不并入销售额征税，但对因逾期未收回包装物不再退还的押金，应按所包装货物的适用税率征收增值税[①]。

不过对于逾期的认定却比较模糊，因此后来又专门对此进行了明确，纳税人为销售货物出租出借包装物而收取的押金，无论包装物周转使用期限长短，超过一年(含一年)以上仍不退还的均并入销售额征税[②]。不过上述政策也存在例外情形，从1995年6月1日起，对销售除啤酒、黄酒外的其他酒类产品而收取的包装物押金，无论是否返还以及会计上如何核算，均应并入当期销售额征税[③]。

案例：一般纳税人大山子销售公司销售了某种型号机械设备200台，每台不含税销售价格1 500元，每台成本为1 100元，此外还收取包装物押金4 500元，包装物成本为每件15元，上述销售行为都收到了相关款项，请问如何填写会计分录？

解析：

销售机械设备时：

借：银行存款　　　　　　　　　　　　　　　　　　　　343 500

　　贷：主营业务收入　　　　　　　　　　　　　　　　300 000

　　　　应交税费——应交增值税（销项税额）　　　　　 39 000

　　　　其他应付款　　　　　　　　　　　　　　　　　　4 500

借：主营业务成本　　　　　　　　　　　　　　　　　　220 000

　　贷：库存商品　　　　　　　　　　　　　　　　　　220 000

[①] 《国家税务总局关于印发〈增值税若干具体问题的规定〉的通知》(国税发〔1993〕154号)第二条第(一)项。

[②] 《国家税务总局关于取消包装物押金逾期期限审批后有关问题的通知》(国税函〔2004〕827号)。

[③] 《国家税务总局关于加强增值税征收管理若干问题的通知》(国税发〔1995〕192号)第三条。

一年之后，押金仍未退回：

借：其他应付款 4 500
　　贷：其他业务收入 3 982.3
　　　　应交税费——应交增值税（销项税额）517.7[4 500÷（1+13%）×13%]
借：其他业务成本 3 000
　　贷：库存商品 3 000

二、待转销项税额

"待转销项税额"科目用于核算一般纳税人销售货物、服务、无形资产或不动产，已确认相关收入，但尚未发生增值税纳税义务，需要于以后期间再确认为销项税额的增值税税额。

案例：甲公司将闲置库房对外出租，租赁期为3年，自2024年1月1日开始，每月租金12 000元，每年6月30日和12月31日支付，租金支付方式为后付，请问如何填写会计分录？

解析：

2024年1月至6月每月预提时：

借：应收账款 1 000
　　贷：其他业务收入 917.43
　　　　应交税费——待转销项税额 82.57[1 000÷（1+9%）×9%=82.57]

增值税纳税义务发生时间为书面合同确定的付款日期，计提的相关销项税额应当先计入"待转销项税额"。

6月30日，甲公司实际收到款项时，增值税纳税义务发生：

借：银行存款 6 000
　　贷：应收账款 6 000
借：应交税费——待转销项税额 495.42
　　贷：应交税费——应交增值税（销项税额） 495.42（82.57×6）

三、转让金融商品应交增值税

金融商品转让按照卖出价减除买入价后的余额为销售额。转让金融商品出现的正负差，按盈亏相抵后的余额为销售额。若相抵后出现负差，可结转下一纳税期与下期转让金融商品销售额相抵，但年末时仍出现负差的，不得转入下一个会计年度[1]。

由于转让金融商品的特殊性，专门设置了"应交税费——转让金融商品应交增值税"进行核算，并不通过"应交税费——应交增值税"这个科目进行核算。自然人转让金融商品暂不征收增值税，只有单位转让金融商品才会缴纳增值税[2]。

案例：一般纳税人大飞公司于1月15日以每股23元的价格转让了甲上市公司股份10 000股，当初的购买价为13元；11月15日以每股12元的价格，转让了乙上市公司股份20 000股，当初的购买价为22元，全年再无金融商品转让的行为，请问如何填写会计分录？

解析：1月末，转让甲上市公司公司股票取得收益（23-13）×10 000=100 000（元），应交增值税为100 000÷（1+6%）×6%=5 660.38（元），这笔税款用于冲减投资收益。假如大飞公司为小规模纳税人，应交增值税为100 000÷（1+3%）×3%=2 912.62（元）。

计提时：

借：投资收益 　　　　　　　　　　　　　　　　　　5 660.38

　　贷：应交税费——转让金融商品应交增值税 　　　　5 660.38

缴纳时：

借：应交税费——转让金融商品应交增值税 　　　　　5 660.38

　　贷：银行存款 　　　　　　　　　　　　　　　　　5 660.38

11月末，转让乙上市公司公司股票取得收益（12-22）×20 000=-200 000（元），由于出现了亏损，不需要实际缴纳增值税，亏损额对应的增值税额可以抵扣之后应缴的增值税，因此在会计核算时用来调增投资收益。

借：应交税费——转让金融商品应交增值税 11 320.75 [200 000÷（1+6%）×6%]

　　贷：投资收益 　　　　　　　　　　　　　　　　　11 320.75

"应交税费——转让金融商品应交增值税"年底时的余额要全部转出，如果存在贷方余额，说明仍有税款尚未缴纳，需要借记"应交税费——转让金融商品应

---

[1] 《财政部 国家税务总局关于全面推开营业税改征增值税试点的通知》（财税〔2016〕36号）附件2《营业税改征增值税试点有关事项的规定》第一条第（三）项第3目。

[2] 《财政部 国家税务总局关于全面推开营业税改征增值税试点的通知》（财税〔2016〕36号）附件3《营业税改征增值税试点过渡政策的规定》第一条第（二十二）项第5目。

交增值税"，贷记银行存款或库存现金；如果存在借方余额，需要将借方余额转出，用于冲减投资收益，因为金融商品转让的收益和亏损只能在一个年度内互抵，不得跨年抵减。

借：投资收益　　　　　　　　　　　　　　　　　　　　　11 320.75
　　贷：应交税费——转让金融商品应交增值税　　　　　　11 320.75

假设转让甲、乙上市公司的时间顺序互换，先出现转让亏损，后出现转让盈利，那么就不用实际缴纳增值税，可以直接用亏损额对应的增值税额进行抵减，11 320.75-5 660.38=5 660.37（元），"应交税费——转让金融商品应交增值税"借方余额为 5 660.37 元，在年底时直接冲减投资收益，少缴纳增值税 5 660.38 元。

由此可见，若想降低转让金融商品的税负，需要好好筹划一番，如果需要紧急止损，应当机立断，否则将会承受极坏的结果。如果亏损已成定局，短期内亏损额并不会出现太大变化，最好等到年初时再转让，这样可以在转让其他金融商品出现盈利时，用之前的亏损额进行抵减。

四、销项税额抵减

"销项税额抵减"这个科目专门用于核算一般纳税人按照现行增值税制度规定因扣减销售额而减少的销项税额，主要是针对差额征税项目，在收到合法的扣税凭证之后，将减除的那部分金额对应的销项税额通过这个科目进行抵减，通常只准许进行差额征税的行业才会设置这个科目。

企业在日常经营中遇到的销售折让、服务中止、销售退回等情形是不得通过这个科目核算的。简易计税项目发生销售额减少的情形也不能通过这个会计科目核算而是通过"应交税费——简易计税"进行核算。

案例：房地产一般纳税人横河公司开发某小区，支付土地出让金 1 000 万元，土地面积为 2 100 平方米，可供销售的建筑面积为 3 500 平方米，取得销售收入为 3 100 万元，销售的商品房建筑面积共计 2 200 平方米。请问如何填写会计分录？

解析：

购入土地使用权时：

借：主营业务成本——土地成本　　　　　　　　　　　　100 000 000
　　贷：银行存款　　　　　　　　　　　　　　　　　　　100 000 000

土地出让金是指各级政府土地管理部门将土地使用权出让给土地使用者，按规定向受让人收取的土地出让的全部价款，或土地使用期满，土地使用者需要续期而向土地管理部门缴纳的续期土地出让价款，或原通过行政划拨获得土地使用权的土地使用者，将土地使用权有偿转让、出租、抵押、作价入股和投资，按规定补缴的土地出让价款，是政府性基金的重要组成部分。

在房地产企业成本费用中，土地出让金所占比重很大，但支付土地出让金时又无法获得合法的扣税凭证，因此准予将土地出让金对应的税额抵减销项税额。

取得销售收入时，计算当期允许扣除的土地价款＝（2 200÷3 500）×1 000＝628.57（万元）。

应抵减的销项税额＝628.57÷（1+9%）×9%＝51.9（万元）。

借：应交税费——应交增值税（销项税额抵减）　　　　519 000
　　贷：主营业务成本　　　　　　　　　　　　　　　519 000
借：银行存款　　　　　　　　　　　　　　　　　　31 000 000
　　贷：主营业务收入　　　　　　　　　　　　　　28 440 400
　　　　应交税费——应交增值税（销项税额）2 559 600[31 000 000÷（1+9%）×9%]
当月销项税额为 255.96-51.9＝204.06（万元）。

● 第四节　特殊增值税业务的会计处理

有些企业在实际经营过程中还会遇到一些特殊情形，比如一般纳税人选用简易计税方法，再比如涉及减免税款、出口退税的计算，下面就重点介绍这些特殊情形。

一、一般纳税人选用简易计税方法

"应交税费——简易计税"这个科目专用于核算一般纳税人采用简易计税方法发生的增值税计提、扣减、预缴、缴纳等业务，不再通过"应交税费——应交增值税"及其明细科目进行核算，发生的增值税预缴也不通过"应交税费——预交增值税"明细科目核算，所有相关业务都通过"应交税费——简易计税"这个科目进行核算。

需要注意的是同样适用简易征收方法的小规模纳税人不通过这个科目核算而是通过"应交税费——应交增值税"核算。

案例：A省甲公司承包了B省一个合同价值2 100万元的工程项目，该项目为甲方供材项目，甲公司在该项目核算时选择简易计税。甲公司将其中价值600万元的项目分包给具有相应资质的乙公司，乙公司也选择适用简易计税。工程完工后，该工程项目最终结算价格为2 254万元并收到了相关款项。工程施工期间，甲公司购买原材料花费了420万元，支付工人工资380万元，请问甲公司如何进行会计核算？

解析：

（1）施工成本结转时：

借：工程施工——合同成本	7 000 000
贷：原材料	4 200 000
应付职工薪酬	3 800 000

（2）收到总承包款时：

计算应当缴纳的增值税税额2 254÷（1+3%）×3%=65.65（万元）。

借：银行存款	22 540 000
贷：工程结算	21 883 500
应交税费——简易计税	656 500

建筑企业之所以要设置"工程结算"科目是因为从收到款项到确认收入往往会有一定的时间差，所以实际收款时先计入这个科目，等到符合收入确认条件之后再计入"主营业务收入"或者"其他业务收入"。

（3）分包工程结算时：

借：工程施工——合同成本	6 000 000
贷：应付账款——乙公司	6 000 000

（4）支付分包工程款并取得分包方开具的增值税普通发票，发票"备注"栏要注明建筑服务发生地所在县（市、区）及项目名称。

借：应付账款——乙公司	6 000 000
贷：银行存款	6 000 000

（5）甲公司适用差额征税，分包款对应的税额准许调减"工程施工——合同成本"600÷（1+3%）×3%=17.48（万元）。

借：应交税费——简易计税	174 800

　　　　贷：工程施工——合同成本　　　　　　　　　　　　　　　174 800

（6）甲公司确认该项目收入与费用。

　　借：主营业务成本 12 825 200（与"工程施工——合同成本"数额相同即 7 000 000+6 000 000-174 800）

　　　　工程施工——合同毛利　　　9 058 300（21 883 500-12 825 200）

　　　　贷：主营业务收入　　　　　21 883 500（与"工程结算"数额相同）

（7）工程结算与工程施工对冲结平：

　　借：工程结算　　　　　　　　　　　　　　　　　　　　21 883 500

　　　　贷：工程施工——合同成本　　　　　　　　　　　　　12 825 200

　　　　　　　　　——合同毛利　　　　　　　　　　　　　　 9 058 300

（8）向项目所在税务机关预缴的税款（2 254-600）÷（1+3%）×3%=48.17（万元）。

　　借：应交税费——简易计税　　　　　　　　　　　　　　　481 700

　　　　贷：银行存款　　　　　　　　　　　　　　　　　　　481 700

预缴的增值税可以冲抵"应交税费——未交增值税"这个科目。

　　借：应交税费——未交增值税　　　　　　　　　　　　　　481 700

　　　　贷：应交税费——简易计税　　　　　　　　　　　　　481 700

预缴完成之后，甲公司还需要将这笔收入与其他收入合并之后向机构所在地主管税务机关进行纳税申报。对该项目而言，由于预征率与征收率一致，通常情况下并不需要再额外缴纳增值税。

三、减免税款

"应交税费——应交增值税"下设"减免税款"这个明细科目，但并非所有的减免税业务都通过这个科目核算。

1. 未达起征点

个人未达起征点不征收增值税，后来又针对并非个人的小规模纳税人推出了免税政策，现行免税额度为每月不超过 10 万元，或者每季度不超过 30 万元，但这项最为常见的减免税优惠政策并不通过"减免税款"这个科目进行核算。

　　案例：小规模纳税人黄河商贸公司 2023 年第四季度销售商品取得含税收入 302 234 元并且已经全部通过银行完成收款，适用 1% 的征收率，未开具增值税专用发票。

解析：

2023 年第四季度不含税销售额 302 234÷（1+1%）=299 241.58（元）。

2023 年第四季度应缴纳的增值税税额 299 241.58×1%=2 992.42（元）。

借：银行存款　　　　　　　　　　　　　　　　　302 234

　　贷：主营业务收入　　　　　　　　　　　　　　299 241.58

　　　　应交税费——应交增值税　　　　　　　　　 2 992.42

原本应当缴纳的增值税税额予以减免，相当于额外地获得的一笔收益，因此在会计核算时，这笔收益并不确认为收入而是计入"其他收益"这个会计科目，虽然确认为收入还是其他收益对利润总额并没有实质性影响，却不能作为计算业务招待费、广告费和业务宣传费的扣除计提基数，也会间接地影响企业所得税税额。

借：应交税费——应交增值税　　　　　　　　　　　2 992.42

　　贷：其他收益　　　　　　　　　　　　　　　　 2 992.42

对于超过免征额的小规模纳税人，征收率也会从 3% 降为 1%。填报主表即"增值税及附加税费申报表"（小规模纳税人适用）第 15 栏"本期应纳税额"时用销售额仍旧乘以 3%，然后用销售额仍旧乘以税率差即 2% 填入第 16 栏"本期应纳税额减征额"，但进行会计核算时并不这么复杂，税率差对应的减免税额直接倒挤进收入之中。

案例： 小规模纳税人黄河商贸公司 2023 年第四季度销售商品取得含税收入 320 000 元并且已经全部通过银行完成收款，适用 1% 的征收率，未开具增值税专用发票，货款已经全部结清。

解析：

借：银行存款　　　　　　　　　　　　　　　　　320 000

　　贷：主营业务收入　　　　　　　　　　　　　　316 831.68

　　　　应交税费——应交增值税　　　　　　　　　 3 168.32

2. 直接免税与减税

只有选择一般计税方法的一般纳税人减免增值税时才会通过"减免税款"这个科目进行核算。比如 2020 年 1 月 1 日至 2021 年 3 月 31 日，对纳税人提供公共交通运输服务、生活服务，以及为居民提供必需生活物资快递收派服务取得的收入，免征增值税。生活服务包括文化体育服务、教育医疗服务、旅游娱乐服务、餐饮住宿服务、居民日常服务和其他生活服务。

案例：一般纳税人景园酒店 2020 年 12 月份取得住宿收入价税合计金额为 145 698 元，当月取得符合抵扣条件的进项税额 112 345 元。该酒店符合享受免税政策的条件，请问如何填写会计分录？

解析：

借：银行存款　　　　　　　　　　　　　　　　　　　　　145 698

　　贷：主营业务收入　　　　　　　　　　　　　　　　　137 450.94

　　　　应交税费——应交增值税（减免税款）　8 247.06[145 698÷（1+6%）×6%]

免征增值税项目的进项税额不予抵扣，应当及时转出。

借：主营业务成本　　　　　　　　　　　　　　　　　　　112 345

　　贷：应交税费——应交增值税（进项税额转出）　　　　112 345

已经减免的税款结转至"其他收益"科目。

借：应交税费——应交增值税（减免税款）　　　　　　　　8 247.06

　　贷：其他收益　　　　　　　　　　　　　　　　　　　8 247.06

纳税人初次购进税控系统专用设备和支付的技术维护费，可以全额抵减应纳税额，不过随着数电票的推行，这项政策将会渐渐退出历史舞台。假设某企业初次购进税控系统专用设备 1 000 元。

选择一般计税方法的一般纳税人：

借：应交税费——应交增值税（减免税款）　　　　　　　　1 000

　　贷：其他收益　　　　　　　　　　　　　　　　　　　1 000

选择简易计税的一般纳税人：

借：应交税费——简易计税　　　　　　　　　　　　　　　1 000

　　贷：其他收益　　　　　　　　　　　　　　　　　　　1 000

小规模纳税人：

借：应交税费——应交增值税　　　　　　　　　　　　　　1 000

　　贷：其他收益　　　　　　　　　　　　　　　　　　　1 000

3. "六税两费"的减半征收

增值税小规模纳税人、小型微利企业和个体工商户减半征收资源税（不含水资源税）、城市维护建设税、房产税、城镇土地使用税、印花税（不含证券交易印花税）、耕地占用税和教育费附加、地方教育附加[①]，从 2023 年 8 月 28 日起，证券交易印花税一律减半征收[②]。

相较于小规模纳税人、个体工商户，是否属于小型微利企业要等到 5 月 30 日上一年度汇算清缴结束之后才能判定，小型微利企业"六税两费"政策如图 10.3 所示。

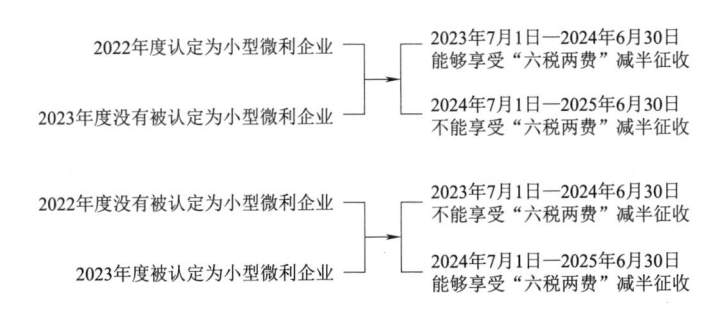

```
2022年度认定为小型微利企业 ──→ 2023年7月1日—2024年6月30日
                                能够享受"六税两费"减半征收
2023年度没有被认定为小型微利企业 ──→ 2024年7月1日—2025年6月30日
                                不能享受"六税两费"减半征收

2022年度没有被认定为小型微利企业 ──→ 2023年7月1日—2024年6月30日
                                不能享受"六税两费"减半征收
2023年度被认定为小型微利企业 ──→ 2024年7月1日—2025年6月30日
                                能够享受"六税两费"减半征收
```

图 10.3　小型微利企业"六税两费"政策

对于上述减税事项如何进行会计核算目前还没有出台明确的规定，不过财政部会计司曾经对减征的房产税及城镇土地使用税有过这样的答复："对于当期计提后直接减免的房产税和城镇土地使用税，企业应当冲减相关费用或直接计入当期损益，对于先征后返的房产税及城镇土地使用税，企业应当按照《企业会计准则第 16 号——政府补助》（财会〔2017〕15 号）中政府补助的定义和特征，根据交易事项的实质判断是否属于政府补助，并进行相应会计处理，直接计入当期损益或冲减相关费用。"

根据上述答复可以推出，如果是征收时直接减免，减免的税额应当直接冲减"税金及附加"；如果是先征后返，需要判断减免的税额是否属于政府补助，如果属于就计入"其他收益"，不属于就冲减相关费用。

三、出口退税

出口企业还会遇到出口退税业务，因此选择《企业会计准则》的一般企业会设一级会计科目"应收出口退税"，选择《小企业会计准则》的中小企业在"其他应收款"之下增设二级明细科目"应收出口退税款"；与此同时，"应交税费——应

[①] 《财政部　税务总局关于进一步支持小微企业和个体工商户发展有关税费政策的公告》（财政部　税务总局公告 2023 年第 12 号）第二条。

[②] 《财政部　税务总局关于减半征收证券交易印花税的公告》（财政部　税务总局公告 2023 年第 39 号）。

交增值税"项下增设两个名下科目"出口退税""出口抵减内销产品应纳税额"。

"出口退税"这个科目核算的就是免抵退税额,不过免抵退税额并不是实际退税额而是理论退税额,也可以理解为出口退税的限额。

案例: 具备进出口经营权的大发机器设备厂向美国出口了一批机器设备,不含税销售额为281 597.76美元,美元与人民币之间的汇率为1:7.12,出口退税率为11%;在中国境内销售货物取得不含税销售额为134 789元并全部收取了货款。大发机器设备厂同期购进原材料945 128元,其中免税原材料的金额为134 789元,应税原材料共计缴纳增值税105 344.07元。请问如何填写会计分录?

解析:

(1)大发机器设备厂在中国境内销售货物。

借:银行存款　　　　　　　　　　　　　　　　　　152 311.57

　　贷:主营业务收入　　　　　　　　　　　　　　　134 789

　　　　应交税费——应交增值税(销项税额)　　17 522.57(134 789×13%)

(2)大发机器设备厂出口到美国的货物适用零税率,不用计提销项税额。

借:银行存款　　　　　　　　　　　2 004 976.05(281 597.76×7.12)

　　贷:主营业务收入　　　　　　　　　　　　　　　2 004 976.05

(3)计算免抵退税额不得免征和抵扣税额(945 128-134 789)×(13%-11%)=16 206.78(元)。

借:主营业务成本　　　　　　　　　　　　　　　　16 206.78

　　贷:应交税费——应交增值税(进项税额转出)　　16 206.78

(4)当期应纳税额=17 522.57-(105 344.07-16 206.78)=-71 614.72(元)。

生产型出口企业当期应纳税额通常情况下都是负数,因为销项税额仅仅包括内销货物,但进项税额却是出口与内销货物耗用的所有进项税额,如果为正数,那么说明需要缴税;如果是负数,那么说明需要退税,但究竟退多少需要与免抵退税额进行比较。

免抵退税额为(2 004 976.05-134 789)×11%=205 720.58(元)。

两者进行比较时,较小的金额为当期应退税额,因为205 720.58>71 614.72,所以当期应退税额为71 614.72元,两者之间差额134 105.86元实际上抵减的是内销货物应纳税额,这部分自然也就不能退税,只有出口货物对应的进项税额才能抵税。

借：应收出口退税　　　　　　　　　　　　　　　　　71 614.72
　　应交税费——应交增值税（出口抵减内销产品应纳税额）　134 105.86
　　贷：应交税费——应交增值税（出口退税）　　　　　205 720.58

（5）实际收到出口退税税款：

借：银行存款　　　　　　　　　　　　　　　　　　71 614.72
　　贷：应收出口退税　　　　　　　　　　　　　　71 614.72

如果当期应纳税额＞免抵退税额，那么当期应退税额＝免抵退税额，当期应纳税额与免抵退税额之间的差额为下期留抵税额。

如果当期应纳税额＜免抵退税额，那么当期应退税额＝当期应纳税额，免抵退税额与应退税额之间的差额为出口抵减内销产品应纳税额，这部分税额不能退税。

期末留抵结转下期继续抵扣税额＝当期期末留抵税额－当期免抵退税额

第五节　缴纳增值税的会计处理

在对进项税额、销项税额正确核算之后，下面需要计算应缴纳的增值税税额，在这个过程中需要考虑两个重要因素：一个是预缴的增值税，也就是在纳税义务到来前提前缴纳的增值税税款；第二个是已缴的增值税，也就是缴纳的当月的增值税，在此基础上再计算还需缴纳的增值税税款。

一、预缴增值税

目前增值税预缴的项目（见表10.1）并不是很多，主要分为三类：第一类与不动产有关，包括建房即建筑服务，租房即不动产经营租赁，卖房即销售房地产；第二类与分支机构汇总纳税有关，总机构汇总缴纳，各地分支机构需要在当地预缴；第三类是特殊管理的纳税人。

表10.1　增值税预缴项目表

类别	项目	预缴额	预缴地点	文件依据
建筑服务	单位和个体工商户跨县(市、区)提供建筑服务	一般计税方法：(全部价款－支付的分包款)÷(1+9%)×2%； 简易计税方法：(全部价款－支付的分包款)÷(1+3%)×3%	向建筑服务发生地主管税务机关预缴税款，向机构所在地主管税务机关申报纳税	财税〔2016〕36号附件2第一条第（七）项第4、5、6目，国家税务总局公告2016年第17号第四条、第五条

续表

类别	项目	预缴额	预缴地点	文件依据
建筑服务	提供建筑服务取得预收款	一般计税方法：（全部价款－支付的分包款）÷（1+9%）×2%； 简易计税方法：（全部价款－支付的分包款）÷（1+3%）×3%	应在建筑服务发生地预缴增值税的项目，收到预收款时在建筑服务发生地预缴增值税。无须在建筑服务发生地预缴增值税的项目，收到预收款时在机构所在地预缴增值税	财税〔2017〕58号第三条
不动产经营租赁	出租的不动产其所在地与机构所在地不在同一县（市、区）	一般计税方法：含税销售额÷（1+9%）×3%； 简易计税方法：含税销售额÷（1+3%）×3%； 个体工商户出租住房：含税销售额÷（1+3%）×1.5%	取得租金的次月纳税申报期或不动产所在地主管税务机关核定的纳税期限（适用于小规模纳税人）预缴税款	财税〔2016〕36号附件2第一条第（九）项第3目、国家税务总局公告2016年第16号第七条
	住房租赁企业向个人出租住房	一般计税方法：含税销售额÷（1+9%）×3%； 简易计税方法：含税销售额÷（1+3%）×1.5%		财政部 税务总局 住房城乡建设部公告2021年第24号第一条、第七条
销售不动产	销售取得（不含自建）的不动产	一般计税方法：（全部价款和价外费用－不动产购置原价或者取得不动产时的作价）÷（1+9%）×3% 简易计税方法：（全部价款和价外费用－不动产购置原价或者取得不动产时的作价）÷（1+3%）×3%	向不动产所在地主管税务机关预缴税款，向机构所在地主管税务机关申报纳税。2016年4月30日前取得或者自建的，可以选择简易计税方法，之后只能适用一般计税方法。取得的不动产在预缴时可以减除原价或者作价，自建的不动产不允许减除，但一般计税方法只是在预缴时减除，正式申报时不允许再减除	财税〔2016〕36号附件2第一条第（八）项第1、3目
	销售自建的不动产	一般计税方法：全部价款÷（1+9%）×3% 简易计税方法：全部价款÷（1+3%）×3%		财税〔2016〕36号附件2第一条第（八）项第2、4目
销售房地产	采取预收款方式销售自行开发的房地产项目	一般计税方法：预收款÷（1+9%）×3%； 简易计税方法：预收款÷（1+3%）×3%	取得预收款的次月或者主管税务机关核定的纳税期限（适用于小规模纳税人）向主管税务机关预缴税款	财税〔2016〕36号附件2第一条第（八）项第9目
	房地产开发企业中的一般纳税人销售房地产老项目	（全部价款＋价外费用）÷（1+9%）×3%	向不动产所在地主管税务机关预缴税款，向机构所在地主管税务机关申报纳税	财税〔2016〕36号附件2第一条第（十）项

类别	项目	预缴额	预缴地点	文件依据
总分机构试点纳税人增值税	实行分支机构增值税汇总缴纳	经财政部和国家税务总局批准的总机构试点纳税人分支机构应预缴的增值税＝应征增值税销售额×预征率；预征率由财政部和国家税务总局规定，并适时予以调整	总机构应当汇总计算总机构及其分支机构发生《应税服务范围注释》所列业务的应交增值税，抵减分支机构发生《应税服务范围注释》所列业务已缴纳的增值税税款（包括预缴和补缴的增值税税款）后在总机构所在地解缴入库	财税〔2013〕74号
		铁路分支机构的预征率为1%；合资铁路运输企业总部本级及其下属站段本级的销售额适用的预征率为1%；合资铁路运输企业总部及其下属站段汇总的销售额适用的预征率为3%		财税〔2020〕56号第二条
特殊管理的纳税人	以1日、3日、5日、10日或者15日为1个纳税期的	自期满之日起5日内预缴税款，于次月1日起15日内申报纳税并结清上月应纳税款	机构所在地税务机关	财税〔2016〕36号附件1第四十七条
	辅导期纳税人	一个月内多次领购专用发票的，应从当月第二次领购专用发票起，按照上一次已领购并开具的专用发票销售额的3%预缴增值税	机构所在地税务机关	国税发〔2010〕40号第九条

《增值税法》第十一条规定："适用简易计税方法计算缴纳增值税的征收率为百分之三。"这也就意味着征收率由两档减为一档，因此对上述原本适用5%征收率的预缴项目进行了相应调整，但目前还需要等待相关文件对此予以明确。

需要注意的是并非所有的增值税预缴业务都通过"应交税费——预交增值税"这个科目进行核算，只有上表的前四项营改增项目才通过这个科目进行核算。

案例：采用一般计税方法的一般纳税人房多多租赁公司将位于甲区的一套房屋对外出租，预收本季度租金收入50万元，向甲区税务局预缴了相应税款，请问如何填写会计分录？

解析：

预收款应当预缴的税款50÷（1+9%）×3%=1.38（万元）。

借：应交税费——预交增值税 13 800
　　贷：银行存款 13 800

月末时需将预交增值税转出，冲减未交增值税。

借：应交税费——未交增值税 13 800
　　贷：应交税费——预交增值税 13 800

只有采用一般计税方法的一般纳税人才会通过"应交税费——预交增值税"核算预缴的税额，采用简易计税方法的一般纳税人需要通过"应交税费——简易计税"核算预缴的税额。其下可以设"预交""抵减""应交""未交"四个明细科目，但也可以不设，只核算到二级明细科目即可。

假设房多多租赁公司采取简易计税方式。

借：应交税费——简易计税（预交） 13 800
　　贷：银行存款 13 800

月末，以预缴税款抵减应纳税额：

借：应交税费——简易计税（抵减） 13 800
　　贷：应交税费——简易计税（预交） 13 800
借：应交税费——简易计税（应交） 13 800
　　贷：应交税费——简易计税（抵减） 13 800

假设"应交税费——简易计税（应交）"贷方余额原本为 2.24 万元，抵减预交税款之后，当期应交的增值税税额为 2.24−1.37=0.87（万元），如果当期通过银行缴纳了上述税款。

借：应交税费——简易计税（应交） 8 700
　　贷：银行存款 8 700

按照规定[①]，纳税人跨县（市、区）提供建筑服务，向建筑服务发生地主管税务机关预缴的增值税税款，可以在当期增值税应纳税额中抵减，抵减不完的，准予结转下期继续抵减。建筑服务适用简易征收的情形非常普遍，目前税收文件并未明确要求将一般计税项目与简易计税项目进行区分，因此同一个一般纳税人采用不同计税方法的预缴税款与应纳税额之间应当可以相互抵减。

上述简易计税方法预缴的税款 1.38 万元用来抵减采用一般计税方法的应纳

---

① 《国家税务总局关于发布〈纳税人跨县（市、区）提供建筑服务增值税征收管理暂行办法〉的公告》（国家税务总局公告 2016 年第 17 号）第八条。

税额。

  借：应交税费——未交增值税   13 800
    贷：应交税费——简易计税（预交）   13 800

一般计税方法预缴税款 2 万元用来抵减采用简易计税方法的应纳税额。

  借：应交税费——简易计税（抵减）   20 000
    贷：应交税费——预交增值税   20 000

  虽然预缴税额可以跨计税方式进行抵减，但增值税期末留抵税额能否抵减简易计税项目产生的欠税，目前还存在较大争议，支持者认为可以参照预缴税款，但反对者却认为采用一般计税方法核算的欠税额通过"应交税费——未交增值税"进行核算，一般纳税人采用简易计税方法核算的欠税额通过"应交税费——简易计税"核算，既然核算科目不同，自然也就不能跨科目抵减，因此在正式文件出台前，对此应当审慎操作。

二、增值税留抵税额

  如果进项税额大于销项税额，两者之间的差额就形成了留抵退税，原本填列在"应交税费——增值税留抵税额"这个科目，不过随着营改增的启动，这个科目实际上已经停用了。

  "增值税纳税申报表"（一般纳税人适用）第 13 行"上期留抵税额"与第 20 行"期末留抵税额"的"一般项目""本年累计"这一栏停止使用，不再填报数据。如果第 20 行"期末留抵税额""一般项目"列"本年累计"中还有余额，在第一个纳税申报期将余额一次性转入第 13 栏"上期留抵税额""一般项目"列"本月数"中[①]。

  之所以要将之前的留抵税额一次性转出是为了将销售货物与新纳入的销售服务、无形资产、不动产进行区别，也就是说之前销售货物形成的留抵税额只能抵扣今后销售货物形成的销项税额，不能抵扣营改增项目的销项税额。

  在营改增开始试点的当月月初，企业将不得从应税服务的销项税额中抵扣的增值税留抵税额（即挂账留抵税额）做如下账户处理：

  借：应交税费——增值税留抵税额
    贷：应交税费——应交增值税（进项税额转出）

  待以后允许抵扣时，按允许抵扣的金额处理。

---

  ① 《国家税务总局关于调整增值税一般纳税人留抵税额申报口径的公告》（国家税务总局公告 2016 年第 75 号）第一条、第二条。

案例：增值税一般纳税人 A 公司 2016 年 4 月 30 日的增值税期末留抵税额 125 万元，2015 年 5 月 1 日生活服务业纳入营改增试点，A 公司当月销售货物取得销项税额 230 万元，销售生活服务取得销项税额 315 万元，当月认证相符的进项税额 575 万元。2016 年 6 月销售货物取得销项税额 700 万元，销售生活服务取得销项税额 300 万元，当月认证相符的进项税 825 万元，请分别计算 A 公司 5 月、6 月增值税应纳税额及期末留抵税额。

解析：

（1）5 月增值税应纳税额及期末留抵税额。

在试点当月即 2016 年 5 月 1 日，A 公司将不得从应税服务的销项税额中抵扣的增值税留抵税额（即挂账留抵税额）进行如下账户处理：

借：应交税费——增值税留抵税额　　　　　　　　　　　　1 250 000
　　贷：应交税费——应交增值税（进项税额转出）　　　　1 250 000

由于留抵税额一次性从进项税额中转出，上期留抵税额变为 0 元。

A 公司整体虚拟应纳税额 = 当期销项税额 − 当期进项税额 − 上期留抵税额 = (230+315) − 575 − 0 = −30（万元）。

A 公司整体虚拟应纳税额 ≤ 0，因此 5 月不用抵扣期初挂账留抵税额

A 公司 5 月增值税应纳税额为 0，期末留抵税额为 125+30=155（万元），其中期初挂账留抵税额为 125 万元。

（2）2 月增值税应纳税额及期末留抵税额。

上期留抵税额为 30 万元，注意上期留抵税额不含期初挂账并且已经转出的留抵税额 125 万元。

企业整体虚拟应纳税额 = 当期销项税额 − 当期进项税额 − 上期留抵税额 = (700+300) − 825 − 30 = 145（万元）。

货物销项税比例 = 700 ÷ (700+300) = 70%。

企业整体虚拟应纳税额 × 货物销项税额比例 = 145×70% = 101.5 万元，然后用这个金额与期初挂账留抵税额 125 万元比较，取相对较小值即 101.5 万元，也就是说当月准许抵扣的期初挂账留抵税额为 101.5 万元。

借：应交税费——应交增值税（进项税额）　　　　　　　　1 015 000
　　贷：应交税费——增值税留抵税额　　　　　　　　　　1 015 000

A公司6月应纳税税额为（700+300）-825-30-101.5=43.5（万元）。

截至6月末，期初挂账留抵税额为125-101.5=23.5（万元）。

不过如今"增值税纳税申报表"（一般纳税人适用）已经被"增值税及附加税费申报表"（一般纳税人适用）所取代，营改增全面完成之后，第13行"上期留抵税额"与第20行"期末留抵税额""一般项目"列"本年累计"栏次已经可以正常适用。

三、转出未交增值税与多交增值税

每月月底，记账完毕之后，"应交税费——应交增值税"将会出现以下三种情况：

第一种情况：贷方出现了余额，也就是本期应纳税额大于零，将"应交税费——应交增值税"的贷方余额全部转入"应交税费——未交增值税"，使得"应交税费——应交增值税"余额变为零。

借：应交税费——应交增值税（转出未交增值税）
　　贷：应交税费——未交增值税

第二种情形：借方出现余额，本期应纳税额大于零并且"应交税费——应交增值税（已交税金）"金额大于本期应纳税额，说明纳税人当期多缴了增值税，应将"应交税费——应交增值税（已交税金）"与本期应纳税额之差转出为多交增值税，此时"应交税费——应交增值税"余额也变为零。

借：应交税费——未交增值税
　　贷：应交税费——应交增值税（转出多交增值税）

第三种情形：借方出现余额，本期应纳税额小于零并且（本期销项税额＋本期进项税额转出－本期进项税额－上期留抵税额）<0，说明纳税人存在留抵税额，当期已缴增值税全部属于多缴增值税，需要将已缴增值税全额转出。

借：应交税费——未交增值税
　　贷：应交税费——应交增值税（转出多交增值税）

注意，此时"应交税费——应交增值税"余额并未清零，仍旧是借方余额，因为存在留抵税额，如图10.4所示。

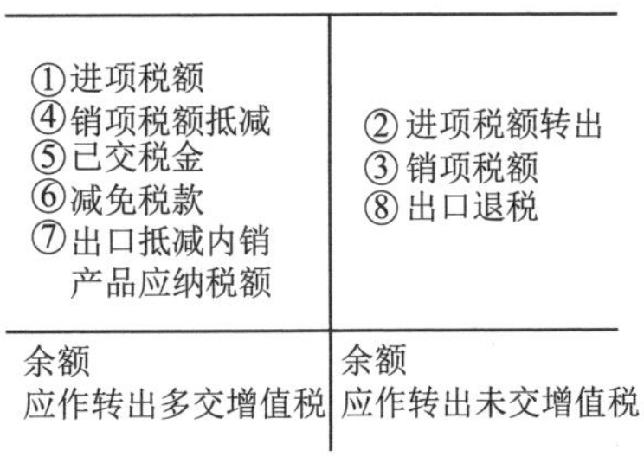

①进项税额 ④销项税额抵减 ⑤已交税金 ⑥减免税款 ⑦出口抵减内销产品应纳税额	②进项税额转出 ③销项税额 ⑧出口退税
余额 应作转出多交增值税	余额 应作转出未交增值税

图10.4　应交税费——应交增值税

案例：某企业为一般纳税人，2024年3月缴纳了当月的增值税5万元，当月采购原材料支付不含税价款70万元，销售产品取得不含税销售收入120万元，月末时该企业如何填写会计分录？

解析：

借：应交税费——应交增值税（已交税金）　　　　　　　　50 000
　　贷：银行存款　　　　　　　　　　　　　　　　　　　50 000
借：原材料　　　　　　　　　　　　　　　　　　　　　700 000
　　应交税费——应交增值税（进项税额）　91 000（70万×13%）
　　贷：银行存款　　　　　　　　　　　　　　　　　　　791 000
借：银行存款　　　　　　　　　　　　　　　　　　　1 356 000
　　贷：主营业务收入　　　　　　　　　　　　　　　　1 200 000
　　　　应交税费——应交增值税（销项税额）　156 000（120万×13%）
借：应交税费——应交增值税（转出未交增值税）15 000（156 000-91 000-50 000）
　　贷：应交税费——未交增值税　　　　　　　　　　　　15 000

四、未交增值税

通常情况下，企业在月度或者季度终了之后才会申报缴纳上一期增值税，但有时也会提前进行缴纳，此时需要区分缴纳的究竟是本期增值税还是之后所属期的增值税。房地产企业、建筑企业收到预收款需要预缴增值税，但此时纳税义务通常还没有发生，因此需要通过"应交税费——预交增值税"这个科目来核算。

以1日、3日、5日、10日或者15日为1个纳税期的自期满之日起5日内预缴税款[①]；辅导期纳税人一个月内多次领购专用发票的，应从当月第二次领购专用发票起，按照上一次已领购并开具的专用发票销售额的3%预缴增值税[②]，上述两种预缴情形缴纳的都是本期增值税，因此需要通过"应交税费——应交增值税（已交税金）"进行核算。

月度终了时，企业要将"应交税费——应交增值税（转出未交增值税）""应交税费——应交增值税（转出多交增值税）""应交税费——预交增值税"三个科

[①] 《财政部 国家税务总局关于全面推开营业税改征增值税试点的通知》（财税〔2016〕36号）附件1《营业税改征增值税试点实施办法》第四十七条。

[②] 《国家税务总局关于印发〈增值税一般纳税人纳税辅导期管理办法〉的通知》（国税发〔2010〕40号）第九条。

目对应的当月应交未交、多交或预缴的增值税税额全都转入"应交税费——未交增值税",具体会计分录如下:

借:应交税费——应交增值税(转出未交增值税)

  贷:应交税费——未交增值税

借:应交税费——未交增值税

  贷:应交税费——应交增值税(转出多交增值税)

借:应交税费——未交增值税

  贷:应交税费——预交增值税

如果"应交税费——未交增值税"存在借方余额,说明贷方余额,说明企业存在欠税情形,构成企业的一项负债,需要在申报期内缴纳税款,会计分录如下:

借:应交税费——未交增值税

  贷:银行存款

如果"应交税费——未交增值税"为借方余额,当期存在多缴的增值税,需要具体区分究竟是哪种原因,如果是"应交税费——应交增值税(转出多交增值税)"这个科目造成的,说明当期预缴增值税税额大于应缴税额,可以办理退税;如果是"应交税费——预交增值税"造成的,不能办理退税,多缴的增值税税额可以继续递减下期应当缴纳的增值税。

第十一章 增值税申报规范

增值税申报有着严格规范。企业需牢记申报期限，按时通过合法线上或线下渠道提交申报材料，防止逾期受罚。填写申报表时，要依据真实的发票、凭证，如实准确录入销售额、进项税额、销项税额等关键数据，做到账表、票表一致。若涉及优惠政策，得确认符合条件后依规进行减免税申报备案，填好对应栏次。申报结束后，仔细核对回执，妥善留存纸质和电子申报资料，以此保障申报流程规范，依法履行纳税责任。

● 第一节 销项税额的填报

在填报增值税销项税额时需要根据发票类型分别填入相应的栏次，一般纳税人开具的带有"增值税专用发票"字样的数电票（含机动车销售统一发票）、纸质票、纸电票（已基本废止）对应的销售额与销项税额应填入"增值税及附加税费申报表附列资料（一）"（本期销售情况明细）第1、2列"开具增值税专用发票"栏次中；开具的带有"普通发票"字样的数电票以及其他普通发票纸质票、纸电票（已基本废止）的销售额与销项税额应填列在第3、4列"开具其他发票"栏次中；未开具发票取得的收入对应的销售额与销项税额应填列在第5、6列"未开具发票"中；经税务、财政、审计部门检查并在本期调整对应的销售额与销项税额应填列在第7、8列"纳税检查调整"中，然后计算一般纳税人当期应当缴纳的增值税税额具体见表11.1。

表 11.1 增值税及附加税费申报表附列资料（一）
（本期销售情况明细）

税款所属时间：2024年1月1日至2024年1月31日

纳税人名称：（公章）大山子商务咨询公司

金额单位：元（列至角分）

项目及栏次		开具增值税专用发票		开具其他发票		未开具发票		纳税检查调整		合计			服务、不动产和无形资产扣除项目本期实际扣除金额	含税（免税）销售额	扣除后
		销售额	销项（应纳）税额	销售额	销项（应纳）税额	销售额	销项（应纳）税额	销售额	销项（应纳）税额	销售额 9=1+3+5+7	销项（应纳）税额 10=2+4+6+8	价税合计 11=9+10			销项（应纳）税额 14=13÷(100%+税率或征收率)×税率或征收率
		1	2	3	4	5	6	7	8	9	10	11	12	13=11-12	
一、一般计税方法计税	全部征税项目	13%税率的货物及加工修理修配劳务	1	0	0	0	0	150 000	19 500	0	0	150 000	19 500	—	—	—
		13%税率的服务、不动产和无形资产	2	0	0	0	0	0	0	0	0	0	0	0	—	0
		9%税率的货物及加工修理修配劳务	3	0	0	0	0	0	0	0	0	0	0	0	—	—
		9%税率的服务、不动产和无形资产	4	0	0	0	0	200 000	18 000	0	0	200 000	18 000	21 800	0	0
		6%税率	5	0	400 000	24 000	600 000	36 000	500 000	30 000	1 500 000	90 000	1 590 000	0	0	0
	其中：即征即退项目	即征即退货物及加工修理修配劳务	6	—	—	—	—	—	—	—	—	—	—	—	—	—
		即征即退服务、不动产和无形资产	7	—	—	—	—	—	—	—	—	—	—	—	—	—

续表

项目及栏次		开具增值税专用发票 销售额	开具增值税专用发票 销项(应纳)税额	开具其他发票 销售额	开具其他发票 销项(应纳)税额	未开具发票 销售额	未开具发票 销项(应纳)税额	纳税检查调整 销售额	纳税检查调整 销项(应纳)税额	合计 销售额	合计 销项(应纳)税额	价税合计	服务、不动产和无形资产扣除项目本期实际扣除金额	扣除后 含税(免税)销售额	扣除后 销项(应纳)税额
		1	2	3	4	5	6	7	8	9=1+3+5+7	10=2+4+6+8	11=9+10	12	13=11-12	14=13÷(100%+税率或征收率)×税率或征收率
二、简易计税方法计税 全部征税项目	6% 征收率	8													
	5% 征收率的货物及加工修理修配劳务	9a									—	—	—	—	—
	5% 征收率的服务、不动产和无形资产	9b									—	—	—	—	—
	4% 征收率	10									—	—	—	—	—
	3% 征收率的货物及加工修理修配劳务	11									—	—	—	—	—
	3% 征收率的服务、不动产和无形资产	12									—	—	—	—	—
预征率 %		13a									—	—	—	—	—

一、不同类型发票对应的收入

"增值税及附加税费申报表附列资料（一）（本期销售情况明细）"前8列需要填写"开具增值税专用发票""开具其他发票""未开具发票""纳税检查调整"对应的销售额与销项税额。第9列至第11列为自动计算的合计数，销售额合计为前四种情形的销售额总额，销项税额合计为前四种情形的销项税额总额，价税合计为销售额合计与销项税额合计的和，之所以要自动计算出价税合计是因为服务、不动产和无形资产存在扣除项目，被扣除的金额为含税金额，因此销售额也应为价税合计金额。

第12列"服务、不动产和无形资产扣除项目本期实际扣除金额"自动提取"增值税及附加税费申报表附列资料（三）"第5列"本期实际扣除金额"对应的各行数据，基本都是一一对应的，唯独第12列第5行"6%税率"等于"增值税及附加税费申报表附列资料（三）"第5列第3行"6%税率的项目（不含金融商品转让）"与第4行"6%税率的金融商品转让项目"的合计数。

对于准予扣除的项目，第13列"含税（免税）销售额"为第11列"价税合计"减去第12列"服务、不动产和无形资产扣除项目本期实际扣除金额"之后的金额。第14列"销项（应纳）税额"计算时需要先用第13列金额除以(1+税率或征收率)，换算成不含税销售额，然后再乘以税率或征收率，计算出实际的销项税额。对于服务、不动产和无形资产，主表自动汇总时将会自动提取第13列的销项税额而不是第10列的销项税额。

需要注意的是货物，无论是适用13%的税率，还是9%的税率，还有加工修理修配服务全都不存在扣除项目，因此第1行"13%税率的货物及加工修理修配服务"、第3行"9%税率的货物及加工修理修配服务"对应的第11列至第14列不能填写数据。

其实绝大多数销售服务、不动产和无形资产的纳税人也不会涉及扣除问题，第12列"服务、不动产和无形资产扣除项目本期实际扣除金额"填写"0"，那么第14列"销项（应纳）税额"将会自动提取第10列的数据。

二、一般计税方法计税

再来看一下"增值税及附加税费申报表附列资料（一）（本期销售情况明细）"各行的情况，从报表结构看，分为"一般计税方法计税""简易计税方法计税""免抵退税""免税"四大部分。

"一般计税方法计税"分为"全部征税项目""即征即退项目"两部分,享受即征即退优惠政策的纳税人需要将相关金额单独列出来,以便在实际缴纳税款之后,税务机关及时办理退税。

"全部征税项目"项下分为"13%税率的货物及加工修理修配劳务""13%税率的服务、不动产和无形资产""9%税率的货物及加工修理修配劳务""9%税率的服务、不动产和无形资产""6%税率"五个部分。

需要注意的是"13%税率的服务、不动产和无形资产"一行目前实际填写的只有有形动产租赁服务,并不会涉及不动产和无形资产;"9%税率的货物及加工修理修配服务"一行目前实际填写的只有9%税率的货物,加工修理修配服务全部适用13%的税率;"9%税率的服务、不动产和无形资产"一行目前只涉及交通运输服务、邮政服务、基础电信服务、建筑服务、不动产租赁服务、销售不动产与转让土地使用权,并不涉及不动产销售和无形资产。

"即征即退项目"项下有第6行"即征即退货物及加工修理修配服务"与第7行"即征即退服务、不动产和无形资产",这两行对应的第1列至第8列不用填写,因此第9列"销售额"、第10列"销项(应纳)税额"并非根据前面的数据汇总而来而是按照税法规定直接据实填写,需要注意的是第7行可能会遇到扣除问题,但第7行第14列并不按第14列所列公式计算而是按照税法规定据实填写。

三、简易计税方法计税

"简易计税方法计税"也分为"全部征税项目""即征即退项目"两部分,与"一般计税方法计税"不同的是不存在纳税检查调整的销售额与销项税额。

"全部征税项目"项下有"6%征收率","5%征收率的货物及加工修理修配劳务","5%征收率的服务、不动产和无形资产","4%征收率","3%征收率的货物及加工修理修配劳务","3%征收率的服务、不动产和无形资产","预征率 %","预征率 %","预征率 %"九部分。

需要注意的是"6%征收率"与"4%征收率"已经简并为3%,不再适用了。"5%征收率的货物及加工修理修配劳务"通常也不会填写,目前货物与加工修理修配服务的征收率均为3%,不存在适用5%的情形。"5%征收率的服务、不动产和无形资产"之前主要涉及不动产的销售与租赁、适用差额征税的劳务派遣服务,但《增值税法》实施后,5%的税率降为3%。

第 13a 行"预征率　%"适用于所有实行汇总计算缴纳增值税的分支机构纳税人；第 13b、13c 行"预征率　%"适用于部分实行汇总计算缴纳增值税的铁路运输纳税人。第 13a 行至第 13c 行第 1 列至第 6 列按照销售额和销项税额的实际发生数填写，第 14 列按"应预征缴纳的增值税＝应预征增值税销售额×预征率"公式计算后据实填写。

四、出口企业的填写规范

"免抵退税"部分通常只有生产型出口企业才会填写，分为"货物及加工修理修配服务""服务、不动产和无形资产"两部分，由于出口环节适用零税率，因此不需要计算销项税额，只需要计算销售额，由于出口时不能开具增值税专用发票，因此只需统计"开具其他发票"与"未开具发票"两部分对应的销售额即可。出口的服务、不动产和无形资产可能会存在扣除的情形，因此需要计算扣除后的销售额。

"免税"也分为两部分，第 18 行"货物及加工修理修配服务"包括免征增值税的货物及加工修理修配服务，适用零税率的货物及加工修理修配服务填写在"免抵退税"部分。第 19 行"服务、不动产和无形资产"不仅包括免征增值税的服务、不动产、无形资产，还包括适用零税率的服务、不动产、无形资产，但不包括适用"免抵退税"办法的零税率的服务、不动产和无形资产。

● 第二节　进项税额的填报

"增值税及附加税费申报表附列资料（二）"（本期进项税额明细）共计分为四个部分，分别为"申报抵扣的进项税额"、"进项税额转出额"、"待抵扣进项税额"与"其他"，下面便对这四部分的填写规范进行详细介绍。

一、申报抵扣的进项税额

"申报抵扣的进项税额"填写的是按照税法规定符合抵扣条件，在本期申报抵扣的进项税额。

"认证相符的增值税专用发票"填写的是取得的认证相符本期申报抵扣的增值税专用发票情况，等于第 2 行"本期认证相符且本期申报抵扣"与第 3 行"前期认证相符且本期申报抵扣"所填金额之和。

数电票全面推行之后，税务数字账户会自动归集扣税凭证，纳税人抵扣勾选之后，这两行将会由系统进行预填，纳税人只需核对是否与实际相符。需要注意的是"认证相符的增值税专用发票"包括从小规模纳税人处购进农产品时取得的征收率为 1% 的增值税专用发票但不包含征收率为 3% 的增值税专用发票，因为这类发票可以适用 9% 的抵扣率。

"其他扣税凭证"反映本期申报抵扣的除增值税专用发票之外的其他扣税凭证的情况，等于第 5 行至第 8b 行所填金额之和。

第 5 行"海关进口增值税专用缴款书"填写本期申报抵扣的海关专用缴款书上的税额。

第 6 行"农产品收购发票或者销售发票"填写本期购进农业生产者自产农产品取得（或开具）的农产品收购发票（或销售发票）上面载明的金额直接乘以 9% 的扣除率计算扣除额。从小规模纳税人处购进农产品时取得的征收率为 3% 的增值税专用发票上的金额乘以 9% 之后计算得出的扣除额也填列在本行。

适用农产品增值税进项税额核定扣除办法的纳税人不采用上述计算方法，直接填写当期允许抵扣的农产品增值税进项税额，不用填写"份数"与"金额"。

第 7 行"代扣代缴税收缴款凭证"填写本期按规定准予抵扣的代扣代缴完税凭证上注明的增值税税额，不需要填写"金额"。

第 8a 行"加计扣除农产品进项税额"填写将购进的农产品用于生产销售或委托受托加工 13% 税率货物时加计扣除 1% 的进项税额，不需要填写"份数"与"金额"。

第 8b 栏"其他"填写按规定本期可以申报抵扣的其他扣税凭证，包括公路通行费与桥（闸）通行费发票、旅客运输发票计算得出的税额。纳税人按照规定不得抵扣且未抵扣进项税额的固定资产、无形资产、不动产，发生用途改变，用于允许抵扣进项税额的应税项目，在用途改变的次月将按公式计算出的可以抵扣的进项税额也填入本栏"税额"中。

第 9 行"本期用于购建不动产的扣税凭证"填写本期用于购建不动产的扣税凭证上注明的金额和税额。

购建不动产是指纳税人 2016 年 5 月 1 日后取得并在会计制度上按固定资产核算的不动产或者 2016 年 5 月 1 日后取得的不动产在建工程，包括以直接购买、接受捐赠、接受投资入股、自建以及抵债等各种形式取得不动产，不包括房地产开发企业自行开发的房地产项目，包括第 1 行中本期用于购建不动产的增值税专用发票和第 4 行中本期用于购建不动产的其他扣税凭证。

第 10 行 "本期用于抵扣的旅客运输服务扣税凭证"填写按规定本期购进旅客运输服务，所取得的扣税凭证上注明或按规定计算的金额和税额。本栏次包括第 1 行中按规定本期允许抵扣的购进旅客运输服务取得的增值税专用发票和第 4 行中按规定本期允许抵扣的购进旅客运输服务取得的其他扣税凭证。

第 11 行 "外贸企业进项税额抵扣证明"填写本期申报抵扣的税务机关出口退税部门开具的"出口货物转内销证明"列明允许抵扣的进项税额，只有出口企业才会涉及此种情形。

第 12 行 "当期申报抵扣进项税额合计"会自动将第 1 行、第 4 行、第 11 行填列的金额相加，但不包括第 9 行、第 10 行所填金额，因为这两行的金额、税额已经包含在第 1 行、第 4 行之中，之所以要单列只是为了满足后续统计分析的需要。

二、进项税额转出额

第 13 行 "本期进项税额转出额"填写已经抵扣但按规定应在本期转出的进项税额合计数，将会根据第 14 行至第 23 行所填数据自动计算相加之后填列在本行。

第 14 行 "免税项目用"填写用于免征增值税项目，按规定应在本期转出的进项税额。

第 15 行 "集体福利、个人消费"填写用于集体福利或者个人消费，按规定应在本期转出的进项税额。

第 16 行 "非正常损失"填写发生非正常损失，按规定应在本期转出的进项税额。

第 17 行 "简易计税方法征税项目用"填写用于按简易计税方法征税项目按规定应在本期转出的进项税额。"营改增"之后，服务、不动产和无形资产按规定汇总计算缴纳增值税的分支机构，当期应由总机构汇总的进项税额也填入本行。

第 18 行 "免抵退税办法不得抵扣的进项税额"填写按照"免抵退税"办法的规定，征税率与退税率之间的税率差对应的进项税额应在本期转出直接计入成本。

第 19 行 "纳税检查调减进项税额"填写税务、财政、审计部门检查后而调减的进项税额。

第 20 行 "红字专用发票信息表注明的进项税额"填写增值税发票管理系统校验通过的"红字发票信息表"上注明的在本期应转出的进项税额。数电票上线后，通过电子发票服务平台开具的"红字发票信息确认单"上注明的在本期应转出的进项税额也填写在本行。

第21行"上期留抵税额抵减欠税"填写本期经税务机关同意，使用上期留抵税额抵减欠税的数额。留抵退税通常只能抵减今后应当缴纳的增值税，不过如果之前存在欠税，也可以用留抵退税抵减之前形成的欠税，但需要经过税务机关批准，批准抵减之后，要将相应的进项税额转出。

第22行"上期留抵税额退税"填写本期经税务机关批准的上期留抵税额退税额，税务机关准予退税后，应当在批准当期将相应的进项税额转出。

第23a行"异常凭证转出进项税额"填写本期异常增值税扣税凭证转出的进项税额。异常增值税扣税凭证转出后，经核实允许继续抵扣的，纳税人重新确认用于抵扣的，在本行填写负数。

第23b栏"其他应作进项税额转出的情形"填写除上述情形外，其他应在本期转出的进项税额。

三、待抵扣进项税额

一般纳税人取得2017年1月1日及以后开具的增值税专用发票、海关专用缴款书、机动车销售统一发票、收费公路通行费增值税电子普通发票，取消认证确认、稽核比对、申报抵扣的期限，也就是说取得后可以在任意时间进行认证确认、稽核比对与申报抵扣，不再受时间限制。

在实际申报时，如果纳税人不想在当月抵扣通常不会对有关扣税凭证进行认证，留待之后再进行认证抵扣，一旦认证后通常都会在当期抵扣，因此"待抵扣进项税额"填写纳税人已经取得，但按税法规定不符合抵扣条件，暂不予在本期申报抵扣的进项税额情况及按税法规定不允许抵扣的进项税额情况，主要有以下两种情形：

第一种是暂不予在本期申报抵扣的进项税额，按照之前的规定，纳税人发生的新建不动产在建工程支出，进项税额分两年抵扣，第一年抵扣60%，第二年抵扣40%，也就是说当期认证的40%的进项税额不允许抵扣，在认证的第13个月才能抵扣。不过这项制度已经废止，不动产在建工程支出准予在当期全额扣除，目前比较常见的情形是认定后被认定为异常凭证，暂时不允许进行抵扣。

第二种是不允许进行抵扣，旅客运输服务在2019年4月1日之前一直不允许抵扣，餐饮服务、居民日常服务和娱乐服务仍旧不允许抵扣，但贷款服务不允许抵扣的政策已经开始松动，《增值税法》已经将贷款服务从不允许抵扣名单中删除。

"待抵扣进项税额"分为"认证相符的增值税专用发票""其他扣税凭证"两部分,"认证相符的增值税专用发票"包括期初、本期与截至期末认证相符的增值税专用发票但未申报抵扣的份额、金额与税额,包括从小规模纳税人处购进农产品时取得的征收率为1%的增值税专用发票,但不包含征收率为3%的增值税专用发票,还包括机动车销售统一发票与通行费电子发票(已基本停用),数电票(通行费专用)即将上线。

第25行"期初已认证相符但未申报抵扣"填写前期认证相符,但按照税法规定暂不予抵扣及不允许抵扣,结存至本期的增值税专用发票情况。

第26行"本期认证相符且本期未申报抵扣"填写本期认证相符但按税法规定暂不予抵扣及不允许抵扣,而未申报抵扣的增值税专用发票情况。

第27行"期末已认证相符但未申报抵扣"填写截至本期期末按照税法规定仍暂不予抵扣及不允许抵扣且已认证相符的增值税专用发票情况。

第28行"按照税法规定不允许抵扣"填写截至本期期末已认证相符但未申报抵扣的增值税专用发票中,按照税法规定不允许抵扣的增值税专用发票情况。

第29行"其他扣税凭证"填写截至本期期末仍未申报抵扣的除上述发票之外的其他扣税凭证对应的份额、金额与税额。

第30行至第33行分别填写海关专用缴款书、农产品收购发票或者销售发票(含小规模纳税人开具的3%征收率的增值税专用发票)、代扣代缴完税凭证以及其他合法扣税凭证。

四、其他

"其他"包括两部分内容,"本期认证相符的增值税专用发票"填写本期认证相符的增值税专用发票的情况,包括通行费电子发票。"代扣代缴税额"填写纳税人根据税法规定代扣代缴的服务、不动产和无形资产增值税额之和。

第三节 扣除项目、税额抵减与减免税

在计算增值税应纳税额之前,纳税人还需注意三个事项,首先是否存在差额征税,如果存在需要从销售额中减除扣除额;其次是否存在税额抵减的情形;再次是否享受减免税优惠。

一、服务、不动产和无形资产扣除项目

只有允许差额征税的纳税人才需要填写"增值税及附加税费申报表附列资料（三）"（服务、不动产和无形资产扣除项目明细），其他纳税人不需要填写，销售货物、加工修理修配服务也不存在扣除项目。

这张申报表共分为 8 行，按照税率排列，分别是"13% 税率的项目""9% 税率的项目""6% 税率的项目（不含金融商品转让）""6% 税率的金融商品转让项目""5% 征收率的项目""3% 征收率的项目""免抵退税的项目""免税的项目"。需要注意的是金融商品转让单列为一行是因为金融商品转让如果出现负差，可以结转到下期，但不得跨年，因此金融商品转让不能与其他项目混合申报。

第 1 列"本期服务、不动产和无形资产价税合计额（免税销售额）"，如果是征税项目，填写扣除之前的价税合计额；如果是"免抵退税"或免税项目，填写扣除之前的免税销售额。

本列各行次与"增值税及附加税费申报表附列资料（一）（本期销售情况明细）"第 11 列对应行次数额相同，但本列第 3 行和第 4 行之和等于"增值税及附加税费申报表附列资料（一）（本期销售情况明细）第 11 列第 5 行。

服务、不动产和无形资产按规定汇总计算缴纳增值税的分支机构，本列各行次之和等于"增值税及附加税费申报表附列资料（一）（本期销售情况明细）第 11 列第 13a、13b 行之和。

第 2 列"期初余额"填写上期期末结存的金额，本列各行次等于上期"增值税及附加税费申报表附列资料（三）"（服务、不动产和无形资产扣除项目明细）第 6 列"期末余额"对应行次，具体见表 11.2。

第 3 列"本期发生额"填写本期取得的按税法规定准予扣除的服务、不动产和无形资产扣除项目金额。

第 4 列"本期应扣除金额"填写扣除项目本期应扣除的金额，本列各行次 = 第 2 列对应各行次 + 第 3 列对应各行次。

第 5 列"本期实际扣除金额"填写本期实际扣除的金额，本列各行次≤第 4 列对应各行次并且本列各行次≤第 1 列对应各行次，也就是说扣除金额不能超过价税合计金额，也不能超过本期应扣除金额。

第 6 列"期末余额"填写本期期末结存的金额，本列各行次 = 第 4 列对应各行次－第 5 列对应各行次。

表11.2 增值税及附加税费申报表附列资料（三）
（服务、不动产和无形资产扣除项目明细）

税款所属时间： 年 月 日至 年 月 日

纳税人名称：（公章） 金额单位：元（列至角分）

项目及栏次		本期服务、不动产和无形资产价税合计额（免税销售额）	服务、不动产和无形资产扣除项目				
			期初余额	本期发生额	本期应扣除金额	本期实际扣除金额	期末余额
		1	2	3	4=2+3	5（5≤1且5≤4）	6=4-5
13%税率的项目	1						
9%税率的项目	2						
6%税率的项目（不含金融商品转让）	3						
6%税率的金融商品转让项目	4						
5%征收率的项目	5						
3%征收率的项目	6						
免抵退税的项目	7						
免税的项目	8						

二、税额抵减

"增值税及附加税费申报表附列资料（四）"（税额抵减情况表）包括以下两部分：

第一部分为税额抵减情况，准予抵减税额的包括以下两种情形：

第一种是增值税税控系统专用设备费用和技术维护费按规定可以抵减当期应纳税额，不过随着数电票的推行，纳税人不再需要购买增值税税控系统专用设备，因此这种情形几乎很少出现。

第二种是预缴的税款可以抵减当期应纳税额，销售服务、不动产和无形资产的营改增纳税人按规定汇总计算缴纳增值税的总机构可以抵减其分支机构预征缴纳的税款。销售建筑服务、销售不动产、出租不动产预征缴纳的税款也可以抵减当期应纳税额。

第二部分为加计抵减情况，需要区分为一般项目与即征即退项目。

下面介绍填写规则，第1列"期初余额"填写上期期末结余的加计抵减额。第2列"本期发生额"填写按照规定本期计提的加计抵减额。第3列"本期调减额"

填写按照规定本期应调减的加计抵减额,比如发生了进项税额转出就需要同步条件加计抵减额。第 4 列"本期可抵减额"= 第 1 列 + 第 2 列 – 第 3 列。

第 5 列"本期实际抵减额"按照以下规则填写:

如果第 4 列"本期可抵减额"≥ 0,且 < 主表第 19 行"应纳税额",那么"本期实际抵减额"就等于"本期可抵减额";

如果第 4 列"本期可抵减额"≥ 主表第 19 行"应纳税额",那么"本期实际抵减额"就等于应纳税额;

如果第 4 列"本期可抵减额"<0,那么第 5 列就填写 0;

第 6 列"期末余额"填写本期结余的加计抵减额,也就是第 4 列与第 5 列的差,具体见表 11.3。

表 11.3 增值税及附加税费申报表附列资料(四)
(税额抵减情况表)

税款所属时间: 年 月 日至 年 月 日

纳税人名称:(公章) 金额单位:元(列至角分)

一、税额抵减情况					
序号	抵减项目	期初余额	本期发生额	本期应抵减税额	本期实际抵减税额	期末余额
		1	2	3=1+2	4≤3	5=3-4
1	增值税税控系统专用设备费及技术维护费					
2	分支机构预征缴纳税款					
3	建筑服务预征缴纳税款					
4	销售不动产预征缴纳税款					
5	出租不动产预征缴纳税款					
二、加计抵减情况						
序号	加计抵减项目	期初余额	本期发生额	本期调减额	本期可抵减额	本期实际抵减额	期末余额
		1	2	3	4=1+2-3	5	6=4-5
6	一般项目加计抵减额计算						
7	即征即退项目加计抵减额计算						
8	合计						

三、减免税

"增值税减免税申报明细表"即表11.4由享受增值税减免税优惠政策的增值税一般纳税人和小规模纳税人填写，但只享受支持小微企业免征增值税政策或未达起征点的小规模纳税人不需要填报本表，也就是说"增值税及附加费申报表（小规模纳税人适用）"第12行"其他免税销售额""本期数"和第16行"本期应纳税额减征额""本期数"均没有数据时，不需要填报本表。

表11.4 增值税减免税申报明细表

税款所属时间：自 年 月 日至 年 月 日

纳税人名称（公章）： 金额单位：元（列至角分）

一、减税项目

减税性质代码及名称	栏次	期初余额	本期发生额	本期应抵减税额	本期实际抵减税额	期末余额
		1	2	3=1+2	4≤3	5=3-4
合计	1					
	2					
	3					
	4					
	5					
	6					

二、免税项目

免税性质代码及名称	栏次	免征增值税项目销售额	免税销售额扣除项目本期实际扣除金额	扣除后免税销售额	免税销售额对应的进项税额	免税额
		1	2	3=1-2	4	5
合计	7					
出口免税	8		—	—	—	
其中：跨境服务	9		—	—	—	
	10				—	
	11					
	12					
	13				—	
	14				—	
	15					
	16					

这张明细表分为减税项目、免税项目两部分。减税项目是按照税收法律、法规及国家有关税收规定享受减征（包含税额式减征、税率式减征）增值税优惠项目，同时有多个减征项目的，应分别填写。

第1列"期初余额"、第2列"本期发生额"按照实际填写，第3列"本期应抵减税额"=第1列+第2列。第4列"本期实际抵减税额"填写本期实际抵减增值税应纳税额的金额，本列各行≤第3列对应各行，也就是不能超过本期应抵减税额。

一般纳税人第 1 行"合计"= 主表第 23 行"应纳税额减征额"第 1 列"一般项目"列"本月数"。小规模纳税人第 1 行"合计"= 主表第 16 行"本期应纳税额减征额""本期数",然后再将所有减税项目一一列出,不过各行金额相加之后应与合计数相等。

第二部分为免税项目。"出口免税"填写本期按照税法规定出口免征增值税的销售额,但不包括适用"免抵退税"办法出口的销售额。

第 1 列"免征增值税项目销售额"填写免税项目的销售额,按照有关规定允许扣除相应价款,应填写扣除之前的销售额。一般纳税人填写时,本列"合计"等于主表第 8 行"免税销售额"第 1 列"一般项目""本月数"。

第 2 列"免税销售额扣除项目本期实际扣除金额",填写据实扣除的金额,如果没有扣除项目,本列填写"0",注意出口免税项目不存在扣除问题。

第 3 列"扣除后免税销售额"= 第 1 列 – 第 2 列。

第 5 列"免税额":一般纳税人不填写,小规模纳税人的计算公式为第 3 列"扣除后免税销售额"× 征收率,注意本列各行数应大于或等于 0。

第四节 一般纳税人主表填写规范

一般纳税人申报时需要填写六张附表,除了上面介绍的五张表之外,还需填写"增值税及附加税费申报表附列资料(五)"(附加税费情况表),填写根据增值税税额计算的城市维护建设税、教育费附加与地方教育附加。除此之外,一些特殊行业的纳税人还需报送专属附表,如成品油企业还需要报送"成品油购销存情况明细表""成品油购销存数量明细表"。

在所有附表都填写完成之后,相关数据会自动显示在主表"增值税及附加税费申报表"(一般纳税人适用),即表 11.5 相应位置,一般纳税人需要对其进行审核。

主表纵向共有 4 行,分为一般项目与即征即退项目,每个项目都需要填写"本月数"与"本年累计";主表横向分为四部分,分别是销售额、税款计算、税款缴纳与附加税费。

一、销售额

销售额部分共包括四项内容。

附件1

表11.5 增值税及附加税费申报表
(一般纳税人适用)

根据国家税收法律法规及增值税相关规定制定本表。纳税人不论有无销售额,均应按税务机关核定的纳税期限填写本表,并向当地税务机关申报。

税款所属时间: 自 年 月 日至 年 月 日　　　填表日期: 年 月 日　金额单位:元(列至角分)

纳税人识别号(统一社会信用代码):□□□□□□□□□□□□□□□□□□　　所属行业:

纳税人名称:		法定代表人姓名		注册地址		生产经营地址		
开户银行及账号		登记注册类型				电话号码		

项目		栏次	一般项目		即征即退项目	
			本月数	本年累计	本月数	本年累计
销售额	(一)按适用税率计税销售额	1				
	其中:应税货物销售额	2				
	应税加工修理修配服务销售额	3				
	纳税检查调整的销售额	4				
	(二)按简易办法计税销售额	5				
	其中:纳税检查调整的销售额	6				
	(三)免、抵、退办法出口销售额	7			—	—
	(四)免税销售额	8			—	—
	其中:免税货物销售额	9			—	—
	免税加工修理修配服务销售额	10			—	—

第一项是"按适用税率计税销售额",也就是按一般计税方法计算的销售额,包括视同应税交易的销售额;外贸企业作价销售进料加工复出口货物的销售额;税务、财政、审计部门检查后按一般计税方法计算调整的销售额。服务、不动产和无形资产有扣除项目的,应填写扣除之前的不含税销售额。

第1行"按适用税率计税销售额""一般项目"列"本月数"="增值税及附加税费申报表附列资料(一)"(本期销售情况明细)第9列第1行至第5行之和－第9列第6、7行之和,也就是扣除即征即退项目之后的销售额。本行"即征即退项目"列"本月数"需要手工填写。

此项中的"应税货物销售额""应税加工修理修配服务销售额""纳税检查调整的销售额"需要单列出来,但即征即退项目经纳税检查属于偷税的,不填入"即征即退项目"列而应填入"一般项目"列。

第二项为"按简易办法计税销售额",包含纳税检查调整按简易计税方法计算增值税的销售额,还包括销售服务、不动产和无形资产按规定汇总计算缴纳增值税的分支机构,其当期按预征率计算缴纳增值税的销售额也填入本行。

本行的勾兑关系并非等于关系而是大于等于关系,"一般项目"列"本月数"≥"增值税及附加税费申报表附列资料(一)(本期销售情况明细)"第9列第8行至第13b行之和－第9列第14、15行之和,也就是剔除即征即退项目之后的销售额。

本行"即征即退项目"列"本月数"≥"增值税及附加税费申报表附列资料(一)(本期销售情况明细)"第9列第14、15行之和。此项需要单列"纳税检查调整的销售额",经纳税检查属于偷税的,不填在本列,应填入"一般项目"列。

第三项为"免、抵、退办法出口销售额",填写适用"免抵退税"办法出口货物、劳务和服务、无形资产的销售额。准许扣除的项目,应填写扣除之前的销售额。

本行"一般项目"列"本月数"="增值税及附加税费申报表附列资料(一)(本期销售情况明细)第9列第16、17行之和。本行"即征即退项目"列不需要填写,因为不能同时适用两种税收优惠政策。

第四项为"免税销售额",填写按照税法规定免征增值税与适用零税率的销售额(不含适用"免抵退税"办法的销售额),需要单独列示"免税货物销售额"与"免税加工修理修配服务销售额"。

本行"一般项目"列"本月数"="增值税及附加税费申报表附列资料(一)(本期销售情况明细)第9列第18、19行之和。本行"即征即退项目"列不需要填写,因为不能同时适用两种优惠政策。

二、税款计算

第11行"销项税额"填写按照一般计税方法计税的货物、劳务和服务、不动产、无形资产的销项税额,有扣除项目的填写扣除之后的销项税额。

本行"一般项目"列"本月数"="增值税及附加税费申报表附列资料(一)(本期销售情况明细)(第10列第1、3行之和－第10列第6行)+(第14列第2、4、5行之和－第14列第7行)。

本行"即征即退项目"列"本月数"="增值税及附加税费申报表附列资料

（一）"（本期销售情况明细）第10列第6行+第14列第7行。

第12行"进项税额"填写本期申报抵扣的进项税额。本行"一般项目"列"本月数"+"即征即退项目"列"本月数"="增值税及附加税费申报表附列资料（二）"（本期进项税额明细）第12行"税额"。

第13行"上期留抵税额""本月数"按上一税款所属期申报表第20行"期末留抵税额""本月数"填写。本行"即征即退项目"列"本年累计"不需要填写。

第14行"进项税额转出"填写纳税人已经抵扣，但按税法规定本期应转出的进项税额。本行"一般项目"列"本月数"+"即征即退项目"列"本月数"="增值税及附加税费申报表附列资料（二）"（本期进项税额明细）第13行"本期进项税额转出额"。

第15行"免、抵、退应退税额"填写税务机关退税部门按照出口货物、劳务和服务、无形资产"免抵退税"办法审批的增值税应退税额。

第16行"按适用税率计算的纳税检查应补缴税额"填写税务、财政、审计部门检查，按一般计税方法计算的纳税检查应补缴的增值税税额。本行"一般项目"列"本月数"≤"增值税及附加税费申报表附列资料（一）"（本期销售情况明细）第8列第1行至第5行之和+"增值税及附加税费申报表附列资料（二）"（本期进项税额明细）第19行。

第17行"应抵扣税额合计"填写纳税人本期应抵扣进项税额的合计数，应抵扣税额合计=第12行+第13行-第14行-第15行+第16行。

第18栏"实际抵扣税额"填写第17行与第11行之间的较小者，也就说实际抵扣税额不能超过销项税额，超过部分形成留抵税额，留到下期进行抵扣。本行"一般项目"列"本年累计"不需要填写。

第19行"应纳税额"填写本期按一般计税方法计算并应缴纳的增值税额。适用加计抵减政策的纳税人，本行"一般项目"与"即征即退项目"的"本月数"=第11行"销项税额"-第18行"实际抵扣税额"-"实际抵减额"。"实际抵减额"是指按照规定可从本期适用一般计税方法计算的应纳税额中抵减的加计抵减额，分别对应"增值税及附加税费申报表附列资料（四）"（税额抵减情况表）第6行"一般项目加计抵减额计算"、第7行"即征即退项目加计抵减额计算"的"本期实际抵减额"。不适用加计抵减政策的纳税人，本行的"一般项目"与"即征即退项目""本月数"=第11行"销项税额"–第18行"实际抵扣税额"。

第20行"期末留抵税额",本行"一般项目"与"即征即退项目"的"本月数"=第17行"应抵扣税额合计"–第18行"实际抵扣税额"。本行"即征即退项目"列"本年累计"不需要填写,只填写"本月数"即可。

第21行"简易计税办法计算的应纳税额"填写本期按照简易计税方法计算并应缴纳的增值税额,但不包括按简易计税方法计算的纳税检查应补缴税额。本行"一般项目"列"本月数"="增值税及附加税费申报表附列资料(一)"(本期销售情况明细)(第10列第8、9a、10、11行之和 – 第10列第14行)+(第14列第9b、12、13a、13b行之和 – 第14列第15行);本行"即征即退项目"列"本月数"="增值税及附加税费申报表附列资料(一)"(本期销售情况明细)第10列第14行 + 第14列第15行。

销售服务、不动产和无形资产按规定汇总计算缴纳增值税的分支机构,应将预征增值税额填入本栏。预征增值税额 = 应预征增值税的销售额 × 预征率。

第22行"按简易计税办法计算的纳税检查应补缴税额"填写本期因税务、财政、审计部门检查并按简易计税方法计算的纳税检查应补缴税额。

第23行"应纳税额减征额"填写纳税人本期按照税法规定减征的增值税应纳税额。包含按照规定可在增值税应纳税额中全额抵减的增值税税控系统专用设备费用以及技术维护费,支持和促进重点群体创业就业、扶持自主就业退役士兵创业就业等有关税收政策可扣减的增值税额,当本期"应纳税额减征额"小于或等于第19行"应纳税额"与第21行"简易计税办法计算的应纳税额"之和时,按实际填写;当本期"应纳税额减征额"大于第19行"应纳税额"与第21行"简易计税办法计算的应纳税额"之和时,按本期第19行与第21行之和填写,本期减征额不足抵减部分结转下期继续抵减。

第24行"应纳税额合计"填写本期应缴增值税的合计数。"应纳税额合计"=第19行"应纳税额"+ 第21行"简易计税办法计算的应纳税额"– 第23行"应纳税额减征额"。

第11行至第24行税款计算具体情况见表11.6。

表11.6　税款计算

税款计算	销项税额	11	
	进项税额	12	
	上期留抵税额	13	—
	进项税额转出	14	
	免、抵、退应退税额	15	—
	按适用税率计算的纳税检查应补缴税额	16	
	应抵扣税额合计	17=12+13-14-15+16	—
	实际抵扣税额	18（如17＜11，则为17，否则为11）	
	应纳税额	19=11-18	
	期末留抵税额	20=17-18	
	简易计税办法计算的应纳税额	21	
	按简易计税办法计算的纳税检查应补缴税额	22	
	应纳税额减征额	23	
	应纳税额合计	24=19+21-23	

三、税款缴纳

第25行"期初未缴税额（多缴为负数）"，"本月数"按上一税款所属期本表第32行"期末未缴税额（多缴为负数）""本月数"填写。"本年累计"按上年度最后一个税款所属期申报表第32栏"期末未缴税额（多缴为负数）""本年累计"填写。

第26行"实收出口开具专用缴款书退税额"，本行目前不需要填写。

第27行"本期已缴税额"填写本期实际缴纳的增值税额，注意不包括本期入库的查补税款，"本期已缴税额"=第28行"分次预缴税额"+第29行"出口开具专用缴款书预缴税额"+第30行"本期缴纳上期应纳税额"+第31行"本期缴纳欠缴税额"。

第28行"分次预缴税额"填写纳税人本期已缴纳的准予在本期增值税应纳税额中抵减的税额，分以下几种情况填写：

（1）销售服务、不动产和无形资产按规定汇总计算缴纳增值税的总机构可以从本期增值税应纳税额中抵减的分支机构已缴纳的税款，按当期实际可抵减数填入本栏，不足抵减部分结转下期继续抵减。

（2）销售建筑服务并按规定预缴增值税的纳税人、销售不动产并按规定预缴增值税的纳税人、出租不动产并按规定预缴增值税的纳税人可以从本期增值税应纳税额中抵减的已缴纳的税款，按当期实际可抵减数填入本行，不足抵减部分结转下期继续抵减。

第29行"出口开具专用缴款书预缴税额"不需要填写。

第30行"本期缴纳上期应纳税额"填写本期缴纳上一税款所属期应缴未缴的增值税额。

第31行"本期缴纳欠缴税额"填写本期实际缴纳和留抵税额抵减的增值税欠税额，但不包括缴纳入库的查补增值税额。

第32行"期末未缴税额"（多缴为负数），"本月数""本年累计"包括本期期末应缴未缴的增值税额，但不包括纳税检查应缴未缴的税额。期末未缴税额＝第24行"应纳税额合计"＋第25行"期初未缴税额"＋第26行"实收出口开具专用缴款书退税额"－第27行"本期已缴税额"。

第33行"欠缴税额"填写按照税法规定已形成欠税的增值税额，欠缴税额＝第25行"期初未缴税额"＋第26行"实收出口开具专用缴款书退税额"－第27行"本期已缴税额"。

第34行"本期应补（退）税额"填写本期应纳税额中应补缴或应退回的数额，"本期应补（退）税额"＝第24行"应纳税额合计"－第28行"分次预缴税额"－第29行"出口开具专用缴款书预缴税额"。

第35行"即征即退实际退税额"填写本期因符合增值税即征即退政策规定而实际收到的税务机关退回的增值税额。

第36行"期初未缴查补税额"，"本月数"按上一税款所属期本表第38行"期末未缴查补税额""本月数"填写。"本年累计"按上年度最后一个税款所属期本表第38栏"期末未缴查补税额""本年累计"填写。"即征即退项目"不需要填写本行。

第37行"本期入库查补税额"填写本期因税务、财政、审计部门检查而实际入库的增值税额，包括按一般计税方法计算并实际缴纳的查补增值税额和按简易计税方法计算并实际缴纳的查补增值税额。

第38栏"期末未缴查补税额"，"本月数"反映纳税人接受纳税检查后应在本期期末缴纳而未缴纳的查补增值税额,"期末未缴查补税额"的"本年累计"与"本月数"= 第 16 行"按适用税率计算的纳税检查应补缴税额"+ 第 22 行"按简易计税办法计算的纳税检查应补缴税额"+ 第 36 行"期初未缴查补税额"– 第 37 行"本期入库查补税额"。

第 25 行至第 41 行税款缴纳具体情况见表 11.7。

表11.7 税款缴纳

税款缴纳	期初未缴税额（多缴为负数）	25				
	实收出口开具专用缴款书退税额	26			—	—
	本期已缴税额	27=28+29+30+31			—	
	①分次预缴税额	28			—	
	②出口开具专用缴款书预缴税款	29			—	
	③本期缴纳上期应纳税额	30				
	④本期缴纳欠缴税额	31				
	期末未缴税额（多缴为负数）	32=24+25+26−27				
	其中：欠缴税额（≥0）	33=25+26−27				
	本期应补（退）税额	34=24−28−29				
	即征即退实际退税额	35			—	
	期初未缴查补税额	36				—
	本期入库查补税额	37				
	期末未缴查补税额	38=16+22+36−37				
附加税费	城市维护建设税本期应补（退）税额	39			—	
	教育费附加本期应补（退）费额	40			—	
	地方教育附加本期应补（退）费额	41			—	

四、附加税费

第 39 行"城市维护建设税本期应补（退）税额"、第 40 栏"教育费附加本期应补（退）费额"、第 41 栏"地方教育附加本期应补（退）费额""一般项目"列"本月数"分别提取自"增值税及附加税费申报表附列资料（五）"（附加税费情况表）第 1 行至第 3 行第 11 列数据，见表 11.8。

"即征即退项目"不退还随同增值税一同征收的附加税费，因此上述三行的"即征即退项目"不需要填写。

表11.8 增值税及附加税费申报表附列资料（五）

（附加税费情况表）

税（费）款所属时间： 年 月 日至 年 月 日

纳税人名称：（公章） 金额单位：元（列至角分）

税（费）种	计税（费）依据			税（费）率（%）	本期应纳税（费）额	本期减免税（费）额		试点建设培育产教融合型企业		本期已缴税（费）额	本期应补（退）税（费）额
^	增值税税额	增值税免抵税额	留抵退税本期扣除额	^	^	减免性质代码	减免税（费）额	减免性质代码	本期抵免金额	^	^
^	1	2	3	4	5=(1+2-3)×4	6	7	8	9	10	11=5-7-9-10
城市维护建设税 1											—
教育费附加 2											
地方教育附加 3											
合计 4	—	—	—		—						

本期是否适用试点建设培育产教融合型企业抵免政策	□是 □否	当期新增投资额	5
^	^	上期留抵可抵免金额	6
^	^	结转下期可抵免金额	7

可用于扣除的增值税留抵退税额使用情况	当期新增可用于扣除的留抵退税额	8
^	上期结存可用于扣除的留抵退税额	9
^	结转下期可用于扣除的留抵退税额	10

"本期是否适用试点建设培育产教融合型企业抵免政策"是指是否符合《财政部关于调整部分政府性基金有关政策的通知》（财税〔2019〕46号）规定的试点建设培育产教融合型企业。

第5行"当期新增投资额"填写试点建设培育产教融合型企业当期新增投资额减去股权转让、撤回投资等金额后的投资净额，该数值可为负数。第6行"上期留抵可抵免金额"填写上期"结转下期可抵免金额"。第7行"结转下期可抵免金额"填写本期抵免应缴教育费附加、地方教育附加后允许结转下期抵免部分。第8行"当期新增可用于扣除的留抵退税额"填写本期经税务机关批准的上期留抵税额退税额，本行与"增值税及附加税费申报表附列资料（二）"（本期进项税额明细）第22行"上期留抵税额退税"金额相同。第9行"上期结存可用于扣除的留抵退税额"填写上期"结转下期可用于扣除的留抵退税额"。第10行"结转下期可用于扣除的留抵退税额"填写本期扣除后剩余的增值税留抵退税额，结转下期可用于扣除的留抵退税额＝当期新增可用于扣除的留抵退税额＋上期结存可用于扣除的留抵退税额－留抵退税本期扣除额。

第1列"增值税税额"填写主表"本期应补（退）税额"。第2列"增值税免抵税额"填写上期经税务机关核准的增值税免抵税额。

第3列"留抵退税本期扣除额"填写本期因增值税留抵退税扣除的计税依据。

如果"增值税及附加税费申报表附列资料（五）"（附加税费情况表）第8行"当期新增可用于扣除的留抵退税额"+第9行"上期结存可用于扣除的留抵退税额">第1行第1列"增值税税额"+第1行第2列"增值税免抵税额"，第3列第1行至第3行分别按对应行增值税税额与增值税免抵税额之和填写。

如果第8行+第9行≤第1行第1列+第1行第2列并且第8行+第9行>0，第3列第1行至第3行应填写第8行与第9行之和即当期新增可用于扣除的留抵退税额与上期结存可用于扣除的留抵退税额之和。

如果第8行+第9行≤第1行第1列+第1行第2列并且第8行+第9行≤0，第3列第1行至第3行均填写0。

第4列"税（费）率"：填写适用税（费）率。

第5列"本期应纳税（费）额"：填写本期按适用的税（费）率计算缴纳的应纳税（费）额。计算公式为：本期应纳税（费）额=（增值税税额+增值税免抵税额-留抵退税本期扣除额）×税（费）率。

第6列"减免性质代码"按《减免税政策代码目录》中附加税费适用的减免性质代码填写，试点建设培育产教融合型企业抵免不填列此列。

第7列"减免税（费）额"填写本期减免的税（费）额。

第8列"减免性质代码"只有试点建设培育产教融合型企业才需要填写，兴办职业教育的投资可按投资额的30%比例，抵免该企业当年应缴教育费附加和地方教育附加。如果是集团企业，其下属成员单位（包括全资子公司、控股子公司）对职业教育有实际投入也可按照上述比例抵免教育费附加和地方教育附加[①]。填写时，教育费附加减免性质代码61101402、地方教育附加减免性质代码99101401。

第9列"本期抵免金额"：填写试点建设培育产教融合型企业本期抵免的教育费附加、地方教育附加金额，城市维护建设税不需要填写。

第10列"本期已缴税（费）额"填写本期应纳税（费）额中已经缴纳的部分，不包括本期预缴应补（退）税费情况。

第11列"本期应补（退）税（费）额"，本列第1行至第3行与主表第39行至第41行相等，计算公式为：本期应补（退）税（费）额=本期应纳税（费）额-本期减免税（费）额-试点建设培育产教融合型企业本期抵免金额-本期已缴税（费）额。

五、案例分析

一般纳税人飞达商务公司2023年12月共计取得不含税咨询收入100万元，其中开具增值税普通发票40万元，剩余60万元未开具发票。取得劳务派遣含税收

[①] 《财政部关于调整部分政府性基金有关政策的通知》（财税〔2019〕46号）第三条。

入 2 162 000 元，向对方开具了普通发票，其中为客户代付员工工资、福利和为其办理社会保险及住房公积金共计 1 845 890 元。该公司将外购的不含税金额为 15 万元的商品赠送给其他单位；该公司将自有的位于其他城市的房产租赁给楚山传媒公司，取得含税预收款 20 万元；该公司在接受税务机关纳税检查时，发现去年漏报了销售服务收入，不含税销售额为 50 万元，未对外开具发票。该公司生产的砖瓦产品不含税销售额为 10 万元，享受增值税即征即退 70% 的税收优惠，假设该产品对应的进项税额扣税凭证在当期未能取得。该公司为农民提供病虫害防治服务，取得收入 341 349 元并对外开具普通发票。

飞达商务公司当月认证相符当月抵扣的增值税专用发票 8 份，不含税销售额为 30 万元，税率为 6%；前期认证相符的 2 份增值税专用发票之前被认定为异常凭证，现予以解除，不含税销售额为 20 万元，税率为 6%；进口货物取得海关进口增值税专用缴款书 10 份，不含税销售额 50 万元，税率为 13%。2022 年 1 月已经认证抵扣的购进货物中，有 10 万元用于该公司的免税项目（即为农民提供病虫害防治服务），8 万元用于简易征收项目（即劳务派遣服务）。本公司取得旅客运输发票 25 份，价税合计金额 10 万元。当月还取得 2 份旅游服务的增值税专用发票，不含税金额为 7 万元。假设该公司上月月末没有留抵税额，也没有未缴税额，请问如何进行纳税申报？

解析：

（1）销项税额计算

差额征税项目首先要计算全额的销项税额，然后再计算减除扣除额之后的销项税额。劳务派遣服务可以选择适用差额征收，征收率原本为 5%，但《增值税法》却取消了 5% 这档征收率，现按照 3% 的征收率计算，具体填报见表 11.9、表 11.10 和表 11.11。

劳务派遣全额不含税收入为 2 162 000÷（1+3%）=2 099 029.12（元）。

劳务派遣服务按照全额计算的销项税额为 2 099 029.12×3%=62 970.87（元）。

劳务派遣服务按照差额计算的销项税额为（2 162 000−1 845 890）÷（1+3%）×3%=9 207.09（元）。

飞达商务公司为农民提供病虫害防治服务属于免税收入，免税收入不涉及价税分离问题。

飞达商务公司取得的房屋租赁预收款后应当确认为收入，不含税销售额 200 000÷（1+9%）=183 486.24（元）。

由于房屋在异地，应当向房屋所在地税务机关预缴，预缴税额为 183 486.24×3%=5 504.59（元）。

表11.9 增值税及附加税费申报表附列资料（一）

项目及栏次			开具增值税专用发票 销售额 (1)	开具增值税专用发票 销项(应纳)税额 (2)	开具其他发票 销售额 (3)	开具其他发票 销项(应纳)税额 (4)	未开具发票 销售额 (5)	未开具发票 销项(应纳)税额 (6)	纳税检查调整 销售额 (7)	纳税检查调整 销项(应纳)税额 (8)	合计 销售额 9=1+3+5+7	合计 销项(应纳)税额 10=2+4+6+8	价税合计 11=9+10	服务、不动产和无形资产扣除项目本期实际扣除金额 (12)	扣除后 含税(免税)销售额 13=11-12	扣除后 销项(应纳)税额 14=13÷(100%+税率或征收率)×税率或征收率
一、一般计税方法计税	全部征税项目	13%税率的货物及加工修理修配服务 1	100 000	13 000	0	0	150 000	19 500	0	0	250 000	32 500	—	—	—	—
		13%税率的服务、不动产和无形资产 2	0	0	0	0	0	0	0	0	0	0	—	0	0	0
		9%税率的货物及加工修理修配劳务 3	0	0	0	0	0	0	0	0	0	0	—	—	—	—
		9%税率的服务、不动产和无形资产 4	0	0	0	0	183 486.24	16 513.76	0	0	183 486.24	16 513.76	200 000	0	200 000	16 513.76
		6%税率 5	0	0	400 000	24 000	600 000	36 000	500 000	30 000	1 500 000	90 000	1 590 000	0	1 590 000	90 000.00
	其中：即征即退项目	即征即退货物及加工修理修配服务 6	—	—	—	—	—	—	—	—	100 000	13 000	—	0	0	0
		即征即退服务、不动产和无形资产 7	—	—	—	—	—	—	—	—	0	0	—	0	0	0

续表

项目及栏次		开具增值税专用发票 销售额	开具增值税专用发票 销项(应纳)税额	开具其他发票 销售额	开具其他发票 销项(应纳)税额	未开具发票 销售额	未开具发票 销项(应纳)税额	纳税检查调整 销售额	纳税检查调整 销项(应纳)税额	合计 销售额	合计 销项(应纳)税额	价税合计	服务、不动产和无形资产扣除项目本期实际扣除金额	扣除后 含税(免税)销售额	扣除后 销项(应纳)税额
		1	2	3	4	5	6	7	8	9=1+3+5+7	10=2+4+6+8	11=9+10	12	13=11-12	14=13÷(100%+税率或征收率)×税率或征收率
二、简易计税方法计税	全部征税项目	6%征收率 8	0	0	0	0	0	0	—	—	0	0	0	—	—	—
		5%征收率的货物及加工修理修配服务 9a	0	0	0	0	0	0	—	—	0	0	0	—	—	—
		5%征收率的服务、不动产和无形资产 9b	0	0	0	0	0	0	—	—	0	0	0	0	0	0
		4%征收率 10	0	0	0	0	0	0	—	—	0	0	0	—	—	—
		3%征收率的货物及加工修理修配服务 11	0	0	0	0	0	0	—	—	0	0	0	—	—	—
		3%征收率的服务、不动产和无形资产 12	0	0	2 099 029.12	62 970.87	0.	0	—	—	2 00 029.12	62 970.87	2 162 000	1 845 890	316 110	9 207.09
		预征率 % 13a	0	0	0	0	0	0	—	—	0	0	0	0	0	0
		预征率 % 13b	0	0	0	0	0	0	—	—	0	0	0	0	0	0
		预征率 % 13c	0	0	0	0	0	0	—	—	0.	0	0	0	0	0

表 11.10　增值税及附加税费申报表附列资料（三）
（服务、不动产和无形资产扣除项目明细）

税款所属时间：2024 年 1 月 1 日至 2024 年 1 月 1 日

纳税人名称（公章）：飞达商务公司　　　　　　　　　　　　　　　　　　　金额单位：元（列至角分）

项目及栏次		本期服务、不动产和无形资产价税合计额（免税销售额）	服务、不动产和无形资产扣除项目				
			期初余额	本期发生额	本期应扣除金额	本期实际扣除金额	期末余额
		1	2	3	4=2+3	5（5≤1 且 5≤4）	6=4-5
13% 税率的项目	1						
9% 税率的项目	2						
6% 税率的项目（不含金融商品转让）	3						
6% 税率的金融商品转让项目	4						
5% 征收率的项目	5						
3% 征收率的项目	6	2 162 000	0	1 845 890	1 845 890	1 845 890	0
免抵退税的项目	7						
免税的项目	8						

表 11.11　增值税减免税申报明细表

税款所属时间：自 2024 年 1 月 1 日至 2024 年 1 月 31 日

纳税人名称（公章）：飞达商务公司　　　　　　　　　　　　　　　　　　　金额单位：元（列至角分）

		一、减税项目				
减税性质代码及名称	栏次	期初余额	本期发生额	本期应抵减税额	本期实际抵减税额	期末余额
		1	2	3=1+2	4≤3	5=3-4
合计	1					
	2					
	3					
	4					
	5					
	6					

续表

免税性质代码及名称	栏次	免征增值税项目销售额	免税销售额扣除项目本期实际扣除金额	扣除后免税销售额	免税销售额对应的进项税额	免税额
		1	2	3=1-2	4	5
合计	7	341 349	0	0		
出口免税	8	0	—	—		
其中：跨境服务	9	0	—	—		
病虫害防治（01092313）	10	341 349	0	0	—	—
	11					
	12					
	13					
	14				—	
	15				—	
	16				—	

（2）进项税额计算

旅客运输发票准予抵扣进项税额为 100 000÷（1+9%）×9%=8 256.88（元）。

当期申报抵扣进项税额合计 300 000×6%+200 000×6%+500 000×13%+8 256.88=18 000+12 000+65 000+8 256.88=103 256.88（元）。

生产服务业可以加计扣除 5%，抵减额为 103 256.88×5%=5 162.84（元）。

用于免税项目需要转出的进项税额 100 000×13%=13 000（元）。

用于简易征收项目需要转出的进项税额 80 000×13%=10 400（元）。

本期进项税额转出额 13 000+10 400=23 400（元）。

进项税额转出时需要相应地调减递减额，进项税额转出时与当初对比抵扣时加计抵减的比例可能会有差异，应当按照比对抵扣时的加计抵减比例调抵减额。2019 年 4 月 1 日至 2022 年 12 月 31 日，生产服务业加计抵减比例为 10%，本期应调减的递减额为 23 400×10%=2 340（元）。

旅游服务不允许进行抵扣，对应的金额、税额填入"待抵扣进项税额"。

表11.12 增值税及附加税费申报表附列资料（二）

项目	栏次	份数	金额	税额
（一）认证相符的增值税专用发票	1=2+3	10	500 000	30 000
其中：本期认证相符且本期申报抵扣	2	8	300 000	18 000
前期认证相符且本期申报抵扣	3	2	200 000	12 000
（二）其他扣税凭证	4=5+6+7+8a+8b	10	591 743.12	73 256.88
其中：海关进口增值税专用缴款书	5	10	500 000	65 000
农产品收购发票或者销售发票	6	0	0	0
代扣代缴税收缴款凭证	7	0	—	0
加计扣除农产品进项税额	8a	—	—	0
其他	8b	25	91 743.12	8 256.88
（三）本期用于购建不动产的扣税凭证	9	0	0	0
（四）本期用于抵扣的旅客运输服务扣税凭证	10	25	91 743.12	8 256.88
（五）外贸企业进项税额抵扣证明	11	—	—	0
当期申报抵扣进项税额合计	12=1+4+11	45	1 091 743.12	103 256.88

二、进项税额转出额

项目	栏次	税额
本期进项税额转出额	13=14至23之和	23 400
其中：免税项目	14	13 000
集体福利、个人消费	15	10 400
非正常损失	16	0
简易计税方法征税项目用	17	0
免抵退税办法不得抵扣的进项税额	18	0
纳税检查调减进项税额	19	0
红字专用发票信息表注明的进项税额	20	0
上期留抵税额抵减欠税	21	0
上期留抵税额退税	22	0
异常凭证转出进项税额	23a	0
其他应作进项税额转出的情形	23b	0

三、待抵扣进项税额

项目	栏次	份数	金额	税额
（一）认证相符的增值税专用发票	24	—	—	—
期初已认证相符但未申报抵扣	25	0	0	0
本期认证相符且本期未申报抵扣	26	2	70 000	4 200
期末已认证相符但未申报抵扣	27	2	70 000	4 200
其中：按照税法规定不允许抵扣	28	2	70 000	4 200
（二）其他扣税凭证	29=30至33之和	0	0	0
其中：海关进口增值税专用缴款书	30	0	0	0
农产品收购发票或者销售发票	31	0	0	0
代扣代缴税收缴款凭证	32	0	—	0
其他	33	0	0	0
	34			

四、其他

项目	栏次	份数	金额	税额
本期认证相符的增值税专用发票	35	10	370 000	22 200
代扣代缴税额	36	—	—	0

加计抵减并不在附表（二）中，即表11.12填列，相关数据需填入"增值税及附加税费申报表附列资料（四）"（税额抵减情况表），即表11.13。经常出现错误的是将该表第5列"本期实际抵减额"误填入主表计算第23行"应纳税额减征

额"。这行填写的是可以直接扣减应纳税额的减免税项目,如扶持自主就业退役士兵创业就业等,加计抵减只能增加进项税额并不能直接扣减应纳税额,因此正确的填写方法是主表第19行计算"应纳税额"时减除加计抵减额。

表11.13 增值税及附加税费申报表附列资料(四)

(税额抵减情况表)

税款所属时间: 年 月 日至 年 月 日

纳税人名称:飞达商务公司　　　　　　　　　　　金额单位:元(列至角分)

一、税额抵减情况

序号	抵减项目	期初余额 1	本期发生额 2	本期应抵减税额 3=1+2	本期实际抵减税额 4≤3	期末余额 5=3-4
1	增值税税控系统专用设备费及技术维护费					
2	分支机构预征缴纳税款					
3	建筑服务预征缴纳税款					
4	销售不动产预征缴纳税款					
5	出租不动产预征缴纳税款					

二、加计抵减情况

序号	加计抵减项目	期初余额 1	本期发生额 2	本期调减额 3	本期可抵减额 4=1+2-3	本期实际抵减额 5	期末余额 6=4-5
6	一般项目加计抵减额计算	0	5 162.84	2 340	2 822.84	2 822.84	0
7	即征即退项目加计抵减额计算	0	0	0	0	0	0
8	合计	0	5 162.844	2 340	2 822.84	2 822.84	0

(3)税款计算

①一般项目。

销项税额="增值税及附加税费申报表附列资料(一)"(本期销售情况明细)(第10列第1、3行之和-第10列第6行)(全额征税项目即销售货物、加工修理修配劳务)+(第14列第2、4、5行之和-第14列第7行)(差额征税项目即销售服务、不动产和无形资产)=19 500+16 513.76+90 000=126 013.76(元)。

进项税额="增值税及附加税费申报表附列资料(二)"(本期进项税额明细)第12行"税额"=103 256.88(元)。

进项税额转出="增值税及附加税费申报表附列资料(二)"(本期进项税额明细)第13行"本期进项税额转出额"=23 400(元)。

按适用税率计算的纳税检查应补缴税额=30 000（元）≤"增值税及附加税费申报表附列资料（一）"（本期销售情况明细）第 8 列第 1 行至第 5 行之和+"增值税及附加税费申报表附列资料（二）"（本期进项税额明细）第 19 行。

增值税纳税检查时发现的问题要么是少算销项税额，要么是多抵进项税额，需要按照视同应税交易增加销项税额或者将相应的进项税额转出，不过可能在申报之前就已经按照税务机关的有关要求补缴了相关税额，那么补缴的相关税额需要计入扣除项目，以免造成多缴增值税的情形。

应抵扣税额合计=103 256.88-23 400+30 000=109 856.88（元）。

应纳税额=126 013.76-109 856.88-2 822.84=13 334.04（元），如果应抵扣税额合计大于应纳税额，剩余金额作为留抵税额可以在下期继续进行抵扣。

简易计税办法计算的应纳税额="增值税及附加税费申报表附列资料（一）"（本期销售情况明细）(第 10 列第 8、9a、10、11 行之和－第 10 列第 14 行)（全额征税项目即销售货物、加工修理修配劳务）+（第 14 列第 9b、12、13a、13b 行之和－第 14 列第 15 行)（差额征税项目即销售服务、不动产和无形资产）=9 207.09（元）。

应纳税额合计=13 334.04+9 207.09=22 541.13（元）。

本期应补（退）税额=22 541.13-5 504.59=17 036.54（元）。

②即征即退项目。

销项税额="增值税及附加税费申报表附列资料（一）"（本期销售情况明细）第 10 列第 6 行＋第 14 列第 7 行=13 000（元）。

由于飞达商务公司即征即退项目没有进项税额，也没有预缴税额，计算起来相对比较简单，具体见表 11.14。

表11.14　增值税及附加税费申报表

（一般纳税人适用）

	项　目	栏次	一般项目		即征即退项目	
			本月数	本年累计	本月数	本年累计
销售额	（一）按适用税率计税销售额	1	1 833 486.24	1 833 486.24	100 000	100 000
	其中：应税货物销售额	2	150 000	150 000	0	0
	应税加工修理修配服务销售额	3	0	0	0	0
	纳税检查调整的销售额	4	500 000	500 000	0	0
	（二）按简易办法计税销售额	5	2 099 029	2 099 029	0	0
	其中：纳税检查调整的销售额	6	0	0	0	0
	（三）免、抵、退办法出口销售额	7	0	0	—	—
	（四）免税销售额	8	341 349.00	341 349.00	—	—
	其中：免税货物销售额	9	0	0	—	—
	免税加工修理修配服务销售额	10	0	0	—	—

续表

项目		栏次	一般项目		即征即退项目	
			本月数	本年累计	本月数	本年累计
税款计算	销项税额	11	126 013.76	126 013.76	13 000	13 000
	进项税额	12	103 256.88	103 256.88	0	0
	上期留抵税额	13	0	0	0	—
	进项税额转出	14	23 400	23 400	0	0
	免、抵、退应退税额	15	0	0	—	—
	按适用税率计算的纳税检查应补缴税额	16	30 000	30 000	—	—
	应抵扣税额合计	17=12+13-14-15+16	109 856.88	—	0	—
	实际抵扣税额	18（如17<11，则为17，否则为11）	109 856.88	109 856.88	0	0
	应纳税额	19=11-18	13 334.04	13 334.04	13 000	13 000
	期末留抵税额	20=17-18	0	0	—	—
	简易计税办法计算的应纳税额	21	9 207.09	9 207.09	0	0
	按简易计税办法计算的纳税检查应补缴税额	22	0	0	—	—
	应纳税额减征额	23	0	0	0	0
	应纳税额合计	24=19+21-23	22 541.13	22 541.13	13 000	13 000
税款缴纳	期初未缴税额（多缴为负数）	25	0	0	0	0
	实收出口开具专用缴款书退税额	26				
	本期已缴税额	27=28+29+30+31	5 504.59	5 504.59	0	0
	①分次预缴税额	28	5 504.59	—	0	—
	②出口开具专用缴款书预缴税额	29	0	—	0	—
	③本期缴纳上期应纳税额	30	0	0	0	0
	④本期缴纳欠缴税额	31	0	0	0	0
	期末未缴税额（多缴为负数）	32=24+25+26-27	0	0	0	0
	其中：欠缴税额（≥0）	33=25+26-27	0	—	0	—
	本期应补（退）税额	34=24-28-29	17 036.54	—	13 000	—
	即征即退实际退税额	35	—	—	9 100	9 100
	期初未缴查补税额	36	0	0	—	—
	本期入库查补税额	37	0	0	—	—
	期末未缴查补税额	38=16+22+36-37	0	0	—	—
附加税费	城市维护建设税本期应补（退）税额	39	1 192.56	1 192.56		
	教育费附加本期应补（退）费额	40	511.10	511.10		
	地方教育附加本期应补（退）费额	41	340.73	340.73		

增值税附加税费城市维护建设税、教育费附加与地方教育附加的计税依据为增值税税额、增值税免抵税额与留抵退税本期扣除额之和。增值税税额填写主表"增值税及附加税费申报表"（一般纳税人适用）第34行"本期应补（退）税额""本月数"。增值税免抵税额填写上期（注意不是本期）经税务机关核准的增值税免抵税额。留抵退税本期扣除额填写本期因增值税留抵退税扣除的计税依据。

"增值税及附加税费申报表附列资料（五）"（附加税费情况表）第8行+第9行≤第1行第1列+第1行第2列并且第8行+第9行≤0，因此第3列第1行至第3行均填写0，具体填写情况见表11.15。

表11.15 增值税及附加税费申报表附列资料（五）
（附加税费情况表）

税（费）款所属时间：2024年1月1日至2024年1月31日

纳税人名称：（公章）飞达商务公司　　　　　　　　金额单位：元（列至角分）

税（费）种		计税（费）依据			税（费）率(%)	本期应纳税（费）额	本期减免税（费）额		试点建设培育产教融合型企业		本期已缴税（费）额	本期应补（退）税（费）额
		增值税税额	增值税免税额	留抵退税本期扣除			减免性质代码	减免税（费）额	减免性质代码	本期抵免金额		
		1	2	3	4	5=(1+2-3)×4	6	7	8	9	10	11=5-7-9-10
城市维护建设税	1	17 036.54	0	0	7%	1 192.56		0		0	0	1 192.56
教育费附加	2	17 036.54	0	0	3%	511.10		0		0	0	511.10
地方教育附加	3	17 036.54	0	0	2%	340.73		0		0	0	340.73
合计	4	—	—	—	—	2 044.38	—	0	—	0	0	
本期是否适用试点建设培育产教融合型企业抵免政策					□是 □否	当期新增投资额			5		0	
						上期留抵可抵免金额			6		0	
						结转下期可抵免金额			7		0	
可用于扣除的增值税留抵退税额使用情况						当期新增可用于扣除的留抵退税额			8		0	
						上期结存可用于扣除的留抵退税额			9		0	
						结转下期可用于扣除的留抵退税额			10		0	

第五节　小规模纳税人主表填写规范

小规模纳税人既不涉及进项税额抵扣，也不涉及即征即退，在进行纳税申报时相对比较简单，只需要填写主表"增值税及附加税费申报表"（小规模纳税人适用），同时填写两张附表。

第一张附表是服务、不动产和无形资产扣除项目明细，适用3%或5%征收率的项目要分开填写，先计算出扣除额，然后再计算减除扣除额之后的不含税销售额，不过5%这档征收率取消之后，这张表应该会进行相应的修改。

另一张附表是附加税费情况表，填写城市维护建设税、教育费附加与地方教育附加应当缴纳的金额，与一般纳税人填写的"增值税及附加税费申报表附列资料（五）"（附加税费情况表）类似。

如果小规模纳税人享受减免税优惠政策，还需要填写"增值税减免税申报明细表",填写方法前面已经介绍过,在此不再赘述,下面看一下主表的填写规范。

一、计税依据

"计税依据"共分为五部分,第一部分为"应征增值税不含税销售额(3%征收率)",填写适用3%征收率的不含税销售额,不包括销售使用过的固定资产(不含不动产)和销售旧货的不含税销售额、免税销售额、出口免税销售额、查补销售额,但国家税务总局另有规定的除外。如果存在扣除项目,这行的金额应与"增值税及附加税费申报表(小规模纳税人适用)附列资料(一)"(服务、不动产和无形资产扣除项目明细)第8行数据保持一致。

这部分销售额需要单列"增值税专用发票不含税销售额""其他增值税发票不含税销售额",与一般纳税人相比,小规模纳税人不需要单列未开具发票不含税销售额、纳税检查调整不含税销售额。

第二部分为"应征增值税不含税销售额(5%征收率)",这行的金额应与"增值税及附加税费申报表(小规模纳税人适用)附列资料(一)"(服务、不动产和无形资产扣除项目明细)第16栏数据保持一致。

第三部分为"销售使用过的固定资产不含税销售额",既包括销售自己使用过的固定资产(不含不动产),也包括销售旧货,也就是他人使用过的固定资产(不含不动产),虽然适用3%的征收率,但减按1.5%征收,所以需要单列出来。

第四部分为"免税销售额",注意不包括出口免税销售额,如果存在扣除项目,应当填写减除扣除额之后的销售额。

第10行"小微企业免税销售额"只填写符合条件的小微企业的免税销售额,个体工商户和自然人在增值税上被称为"个人",与"单位"有所区别,因此不能填写本行。

第11行"未达起征点销售额"填写个体工商户和自然人未达起征点的免税销售额,需要注意的目前起征点为每月销售额2万元,但小规模纳税人普惠制免税额却是每月销售额不超过10万元或者每季度销售额不超过30万元,但每月销售额2万元至10万元的部分也需要填写在这行。

需要注意的是没有办理税务登记或者临时税务登记的自然人不能享受上述政策,按次征税,每次500元以下免税,超过500元需要缴纳增值税。

第12行"其他免税销售额"填写除了上述免税情形之外的免税销售额。

第五部分为"出口免税销售额",填写出口货物、服务、无形资产的销售额,如果存在扣除项目，也填写扣减扣除额之后的销售额。

二、增值税税款计算

第15行"本期应纳税额"填写本期按征收率计算缴纳的应纳税额。

第16行"本期应纳税额减征额"填写本期按照税法规定减征的增值税应纳税额，包含可在增值税应纳税额中全额抵减的增值税税控系统专用设备费用以及技术维护费，可在增值税应纳税额中抵免的购置税控收款机的增值税税额，支持和促进重点群体创业就业、扶持自主就业退役士兵创业就业等有关税收政策可扣减的增值税额。

当本期减征额小于或等于第15行"本期应纳税额"时，按本期减征额实际填写；当本期减征额大于第15行"本期应纳税额"时，按本期应纳税额填写，不足抵减部分结转下期继续抵减。

第17行"本期免税额"根据第9行"免税销售额"乘以征收率之后计算得出。

第18行"小微企业免税额"按照第10行"小微企业免税销售额"乘以征收率之后计算得出。

关于小规模纳税人普惠制免税政策的填报规范已经在第八章第一节进行过详细介绍，在此不再赘述。

第19行"未达起征点免税额"根据第11行"未达起征点销售额"乘以征收率之后计算得出。

第21行"本期预缴税额"不包括查补缴纳的增值税额。

三、附加税费

第23行"城市维护建设税本期应补（退）税额"填写"增值税及附加税费申报表（小规模纳税人适用）附列资料（二）"（附加税费情况表）城市维护建设税对应的第9行"本期应补（退）税（费）额"。

第24行"教育费附加本期应补（退）费额"：填写"增值税及附加税费申报表（小规模纳税人适用）附列资料（二）"（附加税费情况表）教育费附加对应的第9行"本期应补（退）税（费）额"。

第25行"地方教育附加本期应补（退）费额"填写"增值税及附加税费申报表（小规模纳税人适用）附列资料（二）"（附加税费情况表）地方教育附加对应第9行"本期应补（退）税（费）额"。

四、模拟计算

案例：提供建筑服务的小规模纳税人真能干公司2024年一季度取得含税销售额187万元，其中开具征收率为3%的增值税专用发票取得含税销售额112万元，开具增值税普通发票取得含税销售额64万元，剩余11万元为未开具发票的销售额。在上述销售额中，96万元为跨区县取得的销售额并已经向发包方开具了增值税专用发票，还向A省劳务公司支付了26万元分包款（含税），该公司已在建筑服务发生地A省预缴了相应的税款。该公司销售自己使用的建筑设备取得含税销售额78万元。除此之外，真能干公司在国外从事建筑服务取得销售额45万元，未开具发票。该公司去年还招收了2名退役士兵。

解析：真能干公司销售自己使用的固定资产（不含不动产）适用3%的征收率，但可以减按2%的征收率征收增值税，不含税销售额为780 000÷（1+3%）=757 281.55（元）；减免税额为757 281.55×（3%-2%）=7 572.82（元），减免税额需要填入"增值税减免税申报明细表"，不含税销售额需要填入第7行"销售使用过的固定资产不含税销售额"，见表11.16。

表11.16 增值税减免税申报明细表

税款所属时间：自 年 月 日至 年 月 日

纳税人名称（公章）： 金额单位：元（列至角分）

减税性质代码及名称	栏次	期初余额 1	本期发生额 2	本期应抵减税额 3=1+2	本期实际抵减税额 4≤3	期末余额 5=3-4
一、减税项目						
合计	1	0	10 572.82	10 572.82	10 572.82	0
已使用固定资产减征增值税（01129902）	2	0	7 572.82	7 572.82	7 572.82	0
企业招用退役士兵扣减增值税优惠（01011812）	3	0	3 000	3 000	3 000	0
	4					
	5					
	6					

招收退役士兵在3年内按实际招用人数根据定额扣减增值税，定额标准为每人每年6 000元，假设所在地扣除额度并没有上浮，真能干公司在2024年一季度准予扣除的额度为6 000÷4×2=3 000（元）。

真能干公司在A省提供跨区县的服务，应当预缴的税款为（960 000-260 000）÷（1+3%）×3%=20 388.35（元）。向机构所在地税务机关纳税申报时，预缴的税款可以抵减当期应当缴纳的税款。

真能干公司向A省劳务公司支付的26万元分包款准予扣除，但需要填写"增值税及附加税费申报表（小规模纳税人适用）附列资料（一）"（服务、不动产和无形资产扣除项目明细），见表11.17。

表11.17 增值税及附加税费申报表（小规模纳税人适用）附列资料（一）

（服务、不动产和无形资产扣除项目明细）

税款所属期： 年 月 日至 年 月 日　　　　　　　　　　　　填表日期： 年 月 日
纳税人名称（公章）：　　　　　　　　　　　　　　　　　　　金额单位：元（列至角分）

应税行为（3%征收率）扣除额计算			
期初余额	本期发生额	本期扣除额	期末余额
1	2	3（3≤1+2之和，且3≤5）	4=1+2-3
0	260 000	260 000	0
应税行为（3%征收率）计税销售额计算			
全部含税收入（适用3%征收率）	本期扣除额	含税销售额	不含税销售额
5	6=3	7=5-6	8=7÷1.03
960 000	260 000	700 000	679 611.65

真能干公司2024年一季度取得的增值税专用发票不含税销售额（1 120 000-960 000）÷（1+3%）+679 611.65=155 339.81+679 611.65=834 951.46（元）。

真能干公司2024年一季度取得的其他增值税发票不含税销售额640 000÷（1+1%）=633 663.37（元）。

需要注意的是小规模纳税人开具增值税专用发票可以选择适用3%或者1%的征收率，因为小规模纳税人销售农产品开具的3%征收率的增值税专用发票可以像农产品销售发票、农产品收购发票那样用金额乘以9%的扣除率计算准予扣除的进项税额，但小规模纳税人开具普通发票时却不能选择，统一减按1%的征收率。

目前尚未明确的是未开票收入该如何填写，因为不含税销售额下面只有"增值税专用发票不含税销售额""其他增值税发票不含税销售额"两行，不少纳税人将未开具发票收入填入"其他增值税发票不含税销售额"，这种做法其实并不规范，因为填表说明明确说其他增值税发票不含税销售额应当填写增值税专用发票之外的其他发票不含税销售额，并不包括未开具发票收入，一旦填入未开具发票收入将会导致开票数据与申报数据不一致，税务机关经常会对涉税数据差异进行风险核查，因此在申报表没有修改并且没有相关明确要求之前应该将未开具发票收入直接填入不含税销售额，因为不含税销售额既可以等于，也可以大于增值税专用发票不含税销售额与其他增值税发票不含税销售额之和。

为了减轻纳税人的实际税负，未开票收入视同开具征收率为1%的发票。真能干公司2024年一季度取得的未开票不含税销售额110 000÷（1+1%）=108 910.89（元）。

第1行"应征增值税不含税销售额（3%征收率）"为834 951.46+633 663.37+108 910.89=1 577 525.72（元）。

第15行"本期应纳税额"：834 951.46×3%+633 663.37×3%+108 910.89×3%+757 281.55×3%=25 048.54+19 009.9+3 267.33+22 718.46=70 044.23（元），其中销售货物及加工修理修配服务22 718.46元，销售服务、不动产和无形资产47 325.77元。

第16行销售货物及加工修理修配服务"本期应纳税额减征额"为7 572.82元，销售服务、不动产和无形资产"本期应纳税额减征额"=3 000+633 663.37×（3%-1%）+108 910.89×（3%-1%）=3 000+12 673.27+2 178.22=17 851.49（元）。

城市建设维护税根据所在区域确定税率，所在地在市区的，税率为7%；所在地在县城、镇的，税率为5%；在上述以外区域，税率为1%[1]。城市维护建设税以依法实际缴纳的增值税、消费税税额为计税依据，不含因进口货物或境外单位和个人向境内销售劳务、服务、无形资产缴纳的增值税、消费税税额，但需要加上增值税免抵税额，扣除直接减免的增值税、消费税税额和期末留抵退税退还的增值税税额后的金额，直接减免的增值税、消费税税额是指依照增值税、消费税相关法律法规和税收政策规定，直接减征或免征的两税税额，不包括实行先征后返、先征后退、即征即退办法退还的税额[2]。

教育费附加的征收比例通常为3%，地方教育附加的征收比例通常为2%，不过小规模纳税人应当缴纳的城市建设维护税、教育费附加、地方教育附加减半征收[3]，因此真能干公司应当缴纳的城市建设维护税为（15 145.64+9 085.93）×7%×50%=848.1（元）；应当缴纳的教育费附加为（15 145.64+9 085.93）×3%×

---

[1] 《中华人民共和国城市维护建设税法》第四条。
[2] 《财政部 税务总局关于城市维护建设税计税依据确定办法等事项的公告》（财政部 税务总局公告2021年第28号）。
[3] 《财政部 税务总局关于进一步支持小微企业和个体工商户发展有关税费政策的公告》（财政部 税务总局公告2023年第12号）第二条。

50%=363.47（元）；应当缴纳的地方教育附加为（15 145.64+9 085.93）×2%×50%=242.32（元）。具体填报情况见表11.18。

表11.18 增值税及附加税费申报表
（小规模纳税人适用）

纳税人识别号（统一社会信用代码）：□□□□□□□□□□□□□□□□□□ 金额单位：元（列至角分）
纳税人名称：
税款所属期： 年 月 日 至 年 月 日   填表日期： 年 月 日

<table>
<tr><th colspan="2" rowspan="2">项目</th><th rowspan="2">栏次</th><th colspan="2">本期数</th><th colspan="2">本年累计</th></tr>
<tr><th>货物及加工修理修配服务</th><th>服务、不动产和无形资产</th><th>货物及加工修理修配服务</th><th>服务、不动产和无形资产</th></tr>
<tr><td rowspan="12">一、计税依据</td><td>（一）应征增值税不含税销售额(3%征收率)</td><td>1</td><td>0</td><td>1 577 525.72</td><td>0</td><td>1 577 525.72</td></tr>
<tr><td>增值税专用发票不含税销售额</td><td>2</td><td>0</td><td>834 951.46</td><td>0</td><td>834 951.46</td></tr>
<tr><td>其他增值税发票不含税销售额</td><td>3</td><td>0</td><td>633 663.37</td><td>0</td><td>633 663.37</td></tr>
<tr><td>（二）应征增值税不含税销售额(5%征收率)</td><td>4</td><td>—</td><td>0</td><td>—</td><td>0</td></tr>
<tr><td>增值税专用发票不含税销售额</td><td>5</td><td>—</td><td>0</td><td>—</td><td>0</td></tr>
<tr><td>其他增值税发票不含税销售额</td><td>6</td><td>—</td><td>0</td><td>—</td><td>0</td></tr>
<tr><td>（三）销售使用过的固定资产不含税销售额</td><td>7（7≥8）</td><td>757 281.55</td><td>—</td><td>757 281.55</td><td>—</td></tr>
<tr><td>其中：其他增值税发票不含税销售额</td><td>8</td><td>757 281.55</td><td>—</td><td>757 281.55</td><td>—</td></tr>
<tr><td>（四）免税销售额</td><td>9=10+11+12</td><td>0</td><td>0</td><td>0</td><td>0</td></tr>
<tr><td>其中：小微企业免税销售额</td><td>10</td><td>0</td><td>0</td><td>0</td><td>0</td></tr>
<tr><td>未达起征点销售额</td><td>11</td><td>0</td><td>0</td><td>0</td><td>0</td></tr>
<tr><td>其他免税销售额</td><td>12</td><td>0</td><td>0</td><td>0</td><td>0</td></tr>
<tr><td rowspan="2">一、计税依据</td><td>（五）出口免税销售额</td><td>13（13≥14）</td><td>0</td><td>450 000</td><td>0</td><td>450 000</td></tr>
<tr><td>其中：其他增值税发票不含税销售额</td><td>14</td><td>0</td><td>0</td><td>0</td><td>0</td></tr>
<tr><td rowspan="8">二、税款计算</td><td>本期应纳税额</td><td>15</td><td>22 718.46</td><td>47 325.77</td><td>22 718.46</td><td>47 325.77</td></tr>
<tr><td>本期应纳税额减征额</td><td>16</td><td>7 572.82</td><td>17 851.49</td><td>7 572.82</td><td>17 851.49</td></tr>
<tr><td>本期免税额</td><td>17</td><td>0</td><td>0</td><td>0</td><td>0</td></tr>
<tr><td>其中：小微企业免税额</td><td>18</td><td>0</td><td>0</td><td>0</td><td>0</td></tr>
<tr><td>未达起征点免税额</td><td>19</td><td>0</td><td>0</td><td>0</td><td>0</td></tr>
<tr><td>应纳税额合计</td><td>20=15-16</td><td>15 145.64</td><td>29 474.28</td><td>15 145.64</td><td>29 474.28</td></tr>
<tr><td>本期预缴税额</td><td>21</td><td>0</td><td>20 388.35</td><td>—</td><td>—</td></tr>
<tr><td>本期应补(退)税额</td><td>22=20-21</td><td>15 145.64</td><td>9 085.93</td><td>—</td><td>—</td></tr>
<tr><td rowspan="3">三、附加税费</td><td>城市维护建设税本期应补(退)税额</td><td>23</td><td colspan="2">848.1</td><td colspan="2">848.1</td></tr>
<tr><td>教育费附加本期应补(退)费额</td><td>24</td><td colspan="2">363.47</td><td colspan="2">363.47</td></tr>
<tr><td>地方教育附加本期应补(退)费额</td><td></td><td colspan="2"></td><td colspan="2"></td></tr>
</table>

附录 《增值税法》与现行规定的条款差异

《增值税法》	《增值税暂行条例》	《财政部、国家税务总局关于全面推开营业税改征增值税试点的通知》（财税〔2016〕36号）附件1《营业税改征增值税试点实施办法》
第一章　总　则 第一条　为了健全有利于高质量发展的增值税制度，规范增值税的征收和缴纳，保护纳税人的合法权益，制定本法。	—	—
第二条　增值税税收工作应当贯彻落实党和国家路线方针政策、决策部署，为国民经济和社会发展服务。	—	—
第三条　在中华人民共和国境内（以下简称境内）销售货物、服务、无形资产、不动产（以下称应税交易），以及进口货物的单位和个人（包括个体工商户），为增值税的纳税人，应当依照本法规定缴纳增值税。 销售货物、服务、无形资产、不动产，是指有偿转让货物、不动产的所有权，有偿提供服务，有偿转让无形资产的所有权或者使用权。	第一条　在中华人民共和国境内销售货物或者加工、修理修配劳务（以下简称劳务），销售服务、无形资产、不动产以及进口货物的单位和个人，为增值税的纳税人，应当依照本条例缴纳增值税。	第一条　在中华人民共和国境内（以下称境内）销售服务、无形资产或者不动产（以下称应税行为）的单位和个人，为增值税纳税人，应当按照本办法缴纳增值税，不缴纳营业税。 单位，是指企业、行政单位、事业单位、军事单位、社会团体及其他单位。 个人，是指个体工商户和其他个人。 第二条　单位以承包、承租、挂靠方式经营的，承包人、承租人、挂靠人（以下统称承包人）以发包人、出租人、被挂靠人（以下统称发包人）名义对外经营并由发包人承担相关法律责任的，以该发包人为纳税人。否则，以承包人为纳税人。

续表

《增值税法》	《增值税暂行条例》	《财政部、国家税务总局关于全面推开营业税改征增值税试点的通知》（财税〔2016〕36号）附件1《营业税改征增值税试点实施办法》
第四条 在境内发生应税交易，是指下列情形： （一）销售货物的，货物的起运地或者所在地在境内； （二）销售或者租赁不动产、转让自然资源使用权的，不动产、自然资源所在地在境内； （三）销售金融商品的，金融商品在境内发行，或者销售方为境内单位和个人； （四）除本条第二项、第三项规定外，销售服务、无形资产的，服务、无形资产在境内消费，或者销售方为境内单位和个人。	《增值税暂行条例实施细则》 第八条 条例第一条所称在中华人民共和国境内（以下简称境内）销售货物或者提供加工、修理修配劳务，是指： （一）销售货物的起运地或者所在地在境内； （二）提供的应税劳务发生在境内。	第十二条 在境内销售服务、无形资产或者不动产，是指： （一）服务（租赁不动产除外）或者无形资产（自然资源使用权除外）的销售方或者购买方在境内； （二）所销售或者租赁的不动产在境内； （三）所销售自然资源使用权的自然资源在境内； （四）财政部和国家税务总局规定的其他情形。
第五条 有下列情形之一的，视同应税交易，应当依照本法规定缴纳增值税： （一）单位和个体工商户将自产或者委托加工的货物用于集体福利或者个人消费； （二）单位和个体工商户无偿转让货物； （三）单位和个人无偿转让无形资产、不动产或者金融商品。	《增值税暂行条例实施细则》 第四条 单位或者个体工商户的下列行为，视同销售货物： （一）将货物交付其他单位或者个人代销； （二）销售代销货物； （三）设有两个以上机构并实行统一核算的纳税人，将货物从一个机构移送其他机构用于销售，但相关机构设在同一县（市）的除外； （四）将自产或者委托加工的货物用于非增值税应税项目； （五）将自产、委托加工的货物用于集体福利或者个人消费； （六）将自产、委托加工或者购进的货物作为投资，提供给其他单位或者个体工商户； （七）将自产、委托加工或者购进的货物分配给股东或者投资者； （八）将自产、委托加工或者购进的货物无偿赠送其他单位或者个人。	第十四条 下列情形视同销售服务、无形资产或者不动产： （一）单位或者个体工商户向其他单位或者个人无偿提供服务，但用于公益事业或者以社会公众为对象的除外。 （二）单位或者个人向其他单位或者个人无偿转让无形资产或者不动产，但用于公益事业或者以社会公众为对象的除外。 （三）财政部和国家税务总局规定的其他情形。

续表

《增值税法》	《增值税暂行条例》	《财政部、国家税务总局关于全面推开营业税改征增值税试点的通知》（财税〔2016〕36号）附件1《营业税改征增值税试点实施办法》
第六条 有下列情形之一的，不属于应税交易，不征收增值税： （一）员工为受雇单位或者雇主提供取得工资、薪金的服务； （二）收取行政事业性收费、政府性基金； （三）依照法律规定被征收、征用而取得补偿； （四）取得存款利息收入。	—	第十条 销售服务、无形资产或者不动产，是指有偿提供服务、有偿转让无形资产或者不动产，但属于下列非经营活动的情形除外： （一）行政单位收取的同时满足以下条件的政府性基金或者行政事业性收费。 1. 由国务院或者财政部批准设立的政府性基金，由国务院或者省级人民政府及其财政、价格主管部门批准设立的行政事业性收费； 2. 收取时开具省级以上（含省级）财政部门监（印）制的财政票据； 3. 所收款项全额上缴财政。 （二）单位或者个体工商户聘用的员工为本单位或者雇主提供取得工资的服务。 （三）单位或者个体工商户为聘用的员工提供服务。 （四）财政部和国家税务总局规定的其他情形。
第七条 增值税为价外税，应税交易的销售额不包括增值税税额。增值税税额，应当按照国务院的规定在交易凭证上单独列明。	第六条第一款 销售额为纳税人发生应税销售行为收取的全部价款和价外费用，但是不包括收取的销项税额	第二十三条 一般计税方法的销售额不包括销项税额，纳税人采用销售额和销项税额合并定价方法的，按照下列公式计算销售额： 销售额 = 含税销售额 ÷（1+税率） 第三十五条 简易计税方法的销售额不包括其应纳税额，纳税人采用销售额和应纳税额合并定价方法的，按照下列公式计算销售额： 销售额 = 含税销售额 ÷（1+征收率）
第八条 纳税人发生应税交易，应当按照一般计税方法，通过销项税额抵扣进项税额计算应纳税额的方式，计算缴纳增值税；本法另有规定的除外。 小规模纳税人可以按照销售额和征收率计算应纳税额的简易计税方法，计算缴纳增值税。 中外合作开采海洋石油、天然气增值税的计税方法等，按照国务院的有关规定执行。	—	第十七条 增值税的计税方法，包括一般计税方法和简易计税方法。 第十八条 一般纳税人发生应税行为适用一般计税方法计税。 一般纳税人发生财政部和国家税务总局规定的特定应税行为，可以选择适用简易计税方法计税，但一经选择，36个月内不得变更。 第十九条 小规模纳税人发生应税行为适用简易计税方法计税。

附录 《增值税法》与现行规定的条款差异 357

续表

《增值税法》	《增值税暂行条例》	《财政部、国家税务总局关于全面推开营业税改征增值税试点的通知》（财税〔2016〕36号）附件1《营业税改征增值税试点实施办法》
第九条 本法所称小规模纳税人，是指年应征增值税销售额未超过五百万元的纳税人。 小规模纳税人会计核算健全，能够提供准确税务资料的，可以向主管税务机关办理登记，按照本法规定的一般计税方法计算缴纳增值税。 根据国民经济和社会发展的需要，国务院可以对小规模纳税人的标准作出调整，报全国人民代表大会常务委员会备案。	第十一条第三款 小规模纳税人的标准由国务院财政、税务主管门规定。 第十三条 小规模纳税人以外的纳税人应当向主管税务机关办理登记。具体登记办法由国务院税务主管部门制定。 小规模纳税人会计核算健全，能够提供准确税务资料，可以向主管税务机关办理登记，不作为小规模纳税人，依照本条例有关规定计算应纳税额。	第三条 纳税人分为一般纳税人和小规模纳税人。 应税行为的年应征增值税销售额（以下称应税销售额）超过财政部和国家税务总局规定标准的纳税人为一般纳税人，未超过规定标准的纳税人为小规模纳税人。 年应税销售额超过规定标准的其他个人不属于一般纳税人。年应税销售额超过规定标准但不经常发生应税行为的单位和个体工商户可选择按照小规模纳税人纳税。
第二章 税率 第十条 增值税税率： （一）纳税人销售货物、加工修理修配服务、有形动产租赁服务、进口货物，除本条第二项、第四项、第五项规定外，税率为百分之十三。 （二）纳税人销售交通运输、邮政、基础电信、建筑、不动产租赁服务，销售不动产，转让土地使用权，销售或者进口下列货物，除本条第四项、第五项规定外，税率为百分之九： 1. 农产品、食用植物油、食用盐； 2. 自来水、暖气、冷气、热水、煤气、石油液化气、天然气、二甲醚、沼气、居民用煤炭制品； 3. 图书、报纸、杂志、音像制品、电子出版物； 4. 饲料、化肥、农药、农机、农膜。 （三）纳税人销售服务、无形资产，除本条第一项、第二项、第五项规定外，税率为百分之六。 （四）纳税人出口货物，税率为零；国务院另有规定的除外。 （五）境内单位和个人跨境销售国务院规定范围内的服务、无形资产，税率为零。	第二条 增值税税率： （一）纳税人销售货物、劳务、有形动产租赁服务或者进口货物，除本条第二项、第四项、第五项另有规定外，税率为17%。 （二）纳税人销售交通运输、邮政、基础电信、建筑、不动产租赁服务，销售不动产，转让土地使用权，销售或者进口下列货物，税率为11%： 1. 粮食等农产品、食用植物油、食用盐； 2. 自来水、暖气、冷气、热水、煤气、石油液化气、天然气、二甲醚、沼气、居民用煤炭制品； 3. 图书、报纸、杂志、音像制品、电子出版物； 4. 饲料、化肥、农药、农机、农膜。 5. 国务院规定的其他货物。 （三）纳税人销售服务、无形资产，除本条第一项、第二项、第五项另有规定外，税率为6%。 （四）纳税人出口货物，税率为零；但是，国务院另有规定的除外。 （五）境内单位和个人跨境销售国务院规定范围内的服务、无形资产，税率为零。 税率的调整，由国务院决定。	第十五条 增值税税率： （一）纳税人发生应税行为，除本条第（二）项、第（三）项、第（四）项规定外，税率为6%。 （二）提供交通运输、邮政、基础电信、建筑、不动产租赁服务，销售不动产，转让土地使用权，税率为11%。 （三）提供有形动产租赁服务，税率为17%。 （四）境内单位和个人发生的跨境应税行为，税率为零。具体范围由财政部和国家税务总局另行规定。

续表

《增值税法》	《增值税暂行条例》	《财政部、国家税务总局关于全面推开营业税改征增值税试点的通知》（财税〔2016〕36号）附件1《营业税改征增值税试点实施办法》
第十一条 适用简易计税方法计算缴纳增值税的征收率为百分之三。	第十二条 小规模纳税人增值税征收率为3%，国务院另有规定的除外。	第十六条 增值税征收率为3%，财政部和国家税务总局另有规定的除外。
第十二条 纳税人发生两项以上应税交易涉及不同税率、征收率的，应当分别核算适用不同税率、征收率的销售额；未分别核算的，从高适用税率。	第三条 纳税人兼营不同税率的项目，应当分别核算不同税率项目的销售额；未分别核算销售额的，从高适用税率。	第三十九条 纳税人兼营销售货物、劳务、服务、无形资产或者不动产，适用不同税率或者征收率的，应当分别核算适用不同税率或者征收率的销售额；未分别核算的，从高适用税率。
第十三条 纳税人发生一项应税交易涉及两个以上税率、征收率的，按照应税交易的主要业务适用税率、征收率。	《增值税暂行条例实施细则》第五条 一项销售行为如果既涉及货物又涉及非增值税应税劳务，为混合销售行为。除本细则第六条的规定外，从事货物的生产、批发或者零售的企业、企业性单位和个体工商户的混合销售行为，视为销售货物，应当缴纳增值税；其他单位和个人的混合销售行为，视为销售非增值税应税劳务，不缴纳增值税。 本条第一款所称非增值税应税劳务，是指属于应缴营业税的交通运输业、建筑业、金融保险业、邮电通信业、文化体育业、娱乐业、服务业税目征收范围的劳务。 本条第一款所称从事货物的生产、批发或者零售的企业、企业性单位和个体工商户，包括以从事货物的生产、批发或者零售为主，并兼营非增值税应税劳务的单位和个体工商户在内。	第四十条 一项销售行为如果既涉及服务又涉及货物，为混合销售。从事货物的生产、批发或者零售的单位和个体工商户的混合销售行为，按照销售货物缴纳增值税；其他单位和个体工商户的混合销售行为，按照销售服务缴纳增值税。 本条所称从事货物的生产、批发或者零售的单位和个体工商户，包括以从事货物的生产、批发或者零售为主，并兼营销售服务的单位和个体工商户在内。
第三章 应纳税额 第十四条第一款 按照一般计税方法计算缴纳增值税的，应纳税额为当期销项税额抵扣当期进项税额后的余额。	第四条第一、二款 除本条例第十一条规定外，纳税人销售货物、劳务、服务、无形资产、不动产（以下统称应税销售行为），应纳税额为当期销项税额抵扣当期进项税额后的余额。应纳税额计算公式： 应纳税额＝当期销项税额－当期进项税额	第二十一条第一、二款 一般计税方法的应纳税额，是指当期销项税额抵扣当期进项税额后的余额。应纳税额计算公式： 应纳税额＝当期销项税额－当期进项税额

附录 《增值税法》与现行规定的条款差异 359

续表

《增值税法》	《增值税暂行条例》	《财政部　国家税务总局关于全面推开营业税改征增值税试点的通知》（财税〔2016〕36号）附件1《营业税改征增值税试点实施办法》
第十四条第二款　按照简易计税方法计算缴纳增值税的，应纳税额为当期销售额乘以征收率。	第十一条　小规模纳税人发生应税销售行为，实行按照销售额和征收率计算应纳税额的简易办法，并不得抵扣进项税额。应纳税额计算公式： 应纳税额＝销售额×征收率 小规模纳税人的标准由国务院财政、税务主管部门规定。	第三十四条　简易计税方法的应纳税额，是指按照销售额和增值税征收率计算的增值税额，不得抵扣进项税额。应纳税额计算公式： 应纳税额＝销售额×征收率
第十四条第三款　进口货物，按照本法规定的组成计税价格乘以适用税率计算缴纳增值税。组成计税价格，为关税计税价格加上关税和消费税；国务院另有规定的，从其规定。	第十四条　纳税人进口货物，按照组成计税价格和本条例第二条规定的税率计算应纳税额。组成计税价格和应纳税额计算公式： 组成计税价格＝关税完税价格＋关税＋消费税 应纳税额＝组成计税价格×税率	—
第十五条　境外单位和个人在境内发生应税交易，以购买方为扣缴义务人；按照国务院的规定委托境内代理人申报缴纳税款的除外。 扣缴义务人依照本法规定代扣代缴税款的，按照销售额乘以税率计算应扣缴税额。	第十八条　中华人民共和国境外的单位或者个人在境内销售劳务，在境内未设有经营机构的，以其境内代理人为扣缴义务人；在境内没有代理人的，以购买方为扣缴义务人。	第六条　中华人民共和国境外（以下称境外）单位或者个人在境内发生应税行为，在境内未设有经营机构的，以购买方为增值税扣缴义务人。财政部和国家税务总局另有规定的除外。 第二十条　境外单位或者个人在境内发生应税行为，在境内未设有经营机构的，扣缴义务人按照下列公式计算应扣缴税额：应扣缴税额＝购买方支付的价款÷（1＋税率）×税率
第十六条　销项税额，是指纳税人发生应税交易，按照销售额乘以本法规定的税率计算的增值税税额。 进项税额，是指纳税人购进货物、服务、无形资产、不动产支付或者负担的增值税税额。纳税人应当凭法律、行政法规或者国务院规定的增值税扣税凭证从销项税额中抵扣进项税额。	第五条　纳税人发生应税销售行为，按照销售额和本条例第二条规定的税率计算收取的增值税额，为销项税额。销项税额计算公式： 销项税额＝销售额×税率 第八条　纳税人购进货物、劳务、服务、无形资产、不动产支付或者负担的增值税税额，为进项税额。 下列进项税额准予从销项税额中抵扣：	第二十二条　销项税额，是指纳税人发生应税销售行为按照销售额和增值税税率计算并收取的增值税额。销项税额计算公式： 销项税额＝销售额×税率 第二十三条　一般计税方法的销售额不包括销项税额，纳税人采用销售额和销项税额合并定价方法的，按照下列公式计算销售额： 销售额＝含税销售额÷（1＋税率） 第二十四条　进项税额，是指纳税人购进货物、加工修理修配劳务、服务、无形资产或者不动产，支付或者负担的增值税税额。

续表

《增值税法》	《增值税暂行条例》	《财政部 国家税务总局关于全面推开营业税改征增值税试点的通知》（财税〔2016〕36号）附件1《营业税改征增值税试点实施办法》
	（一）从销售方取得的增值税专用发票上注明的增值税额。 （二）从海关取得的海关进口增值税专用缴款书上注明的增值税额。 （三）购进农产品，除取得增值税专用发票或者海关进口增值税专用缴款书外，按照农产品收购发票或者销售发票上注明的农产品买价和11%的扣除率计算的进项税额，国务院另有规定的除外。进项税额计算公式： 进项税额＝买价×扣除率 （四）自境外单位或者个人购进劳务、服务、无形资产或者境内的不动产，从税务机关或者扣缴义务人取得的代扣代缴税款的完税凭证上注明的增值税额。 准予抵扣的项目和扣除率的调整，由国务院决定。 第九条 纳税人购进货物、劳务、服务、无形资产、不动产，取得的增值税扣税凭证不符合法律、行政法规或者国务院税务主管部门有关规定的，其进项税额不得从销项税额中抵扣。	第二十五条 下列进项税额准予从销项税额中抵扣： （一）从销售方取得的增值税专用发票（含税控机动车销售统一发票，下同）上注明的增值税额。 （二）从海关取得的海关进口增值税专用缴款书上注明的增值税额。 （三）购进农产品，除取得增值税专用发票或海关进口增值税专用缴款书外，按照农产品收购发票或者销售发票上注明的农产品买价和13%的扣除率计算的进项税额。计算公式为： 进项税额＝买价×扣除率 买价，是指纳税人购进农产品在农产品收购发票或者销售发票上注明的价款和按照规定缴纳的烟叶税。 购进农产品，按照《农产品增值税进项税额核定扣除试点实施办法》抵扣进项税额的除外。 （四）从境外单位或者个人购进服务、无形资产或者不动产，自税务机关或者扣缴义务人取得的解缴税款的完税凭证上注明的增值税额。 第二十六条 纳税人取得的增值税扣税凭证不符合法律、行政法规或者国家税务总局有关规定的，其进项税额不得从销项税额中抵扣。 增值税扣税凭证，是指增值税专用发票、海关进口增值税专用缴款书、农产品收购发票、农产品销售发票和完税凭证。 纳税人凭完税凭证抵扣进项税额的，应当具备书面合同、付款证明和境外单位的对账单或者发票。资料不全的，其进项税额不得从销项税额中抵扣。
第十七条 销售额，是指纳税人发生应税交易取得的与之相关的价款，包括货币和非货币形式的经济利益对应的全部价款，不包括按照一般计税方法计算的销项税额和按照简易计税方法计算的应纳税额。	第六条第一款 销售额为纳税人发生应税销售行为收取的全部价款和价外费用，但是不包括收取的销项税额。	第三十七条 销售额，是指纳税人发生应税行为取得的全部价款和价外费用，财政部和国家税务总局另有规定的除外。 价外费用，是指价外收取的各种性质的收费，但不包括以下项目： （一）代为收取并符合本办法第十条规定的政府性基金或者行政事业性收费。 （二）以委托方名义开具发票代委托方收取的款项。

续表

《增值税法》	《增值税暂行条例》	《财政部 国家税务总局关于全面推开营业税改征增值税试点的通知》（财税〔2016〕36号）附件1《营业税改征增值税试点实施办法》
第十八条 销售额以人民币计算。纳税人以人民币以外的货币结算销售额的，应当折合成人民币计算。	第六条第二款 销售额以人民币计算。纳税人以人民币以外的货币结算销售额的，应当折合成人民币计算。	第三十八条 销售额以人民币计算。纳税人按照人民币以外的货币结算销售额的，应当折合成人民币计算，折合率可以选择销售额发生的当天或者当月1日的人民币汇率中间价。纳税人应当在事先确定采用何种折合率，确定后12个月内不得变更。
第十九条 发生本法第五条规定的视同应税交易以及销售额为非货币形式的，纳税人应当按照市场价格确定销售额。 第二十条 销售额明显偏低或者偏高且无正当理由的，税务机关可以依照《中华人民共和国税收征收管理法》和有关行政法规的规定核定销售额。	第七条 纳税人发生应税销售行为的价格明显偏低并无正当理由的，由主管税务机关核定其销售额。 《增值税暂行条例实施细则》第十六条 纳税人有条例第七条所称价格明显偏低并无正当理由或者有本细则第四条所列视同销售货物行为而无销售额者，按下列顺序确定销售额： （一）按纳税人最近时期同类货物的平均销售价格确定。 （二）按其他纳税人最近时期同类货物的平均销售价格确定。 （三）按组成计税价格确定。组成计税价格的公式为： 组成计税价格＝成本×（1+成本利润率） 属于应征消费税的货物，其组成计税价格中应加计消费税额。 公式中的成本是指：销售自产货物的为实际生产成本，销售外购货物的为实际采购成本。公式中的成本利润率由国家税务总局确定。	第四十四条 纳税人发生应税行为价格明显偏低或者偏高且不具有合理商业目的的，或者发生本办法第十四条所列行为而无销售额的，主管税务机关有权按照下列顺序确定销售额： （一）按照纳税人最近时期销售同类服务、无形资产或者不动产的平均价格确定。 （二）按照其他纳税人最近时期销售同类服务、无形资产或者不动产的平均价格确定。 （三）按照组成计税价格确定。组成计税价格的公式为： 组成计税价格＝成本×（1+成本利润率） 成本利润率由国家税务总局确定。 不具有合理商业目的，是指以谋取税收利益为主要目的，通过人为安排，减少、免除、推迟缴纳增值税税款，或者增加退还增值税税款。
第二十一条 当期进项税额大于当期销项税额的部分，纳税人可以按照国务院的规定选择结转下期继续抵扣或者申请退还。	第四条第三款 当期销项税额小于当期进项税额不足抵扣时，其不足部分可以结转下期继续抵扣。	第二十一条第三款 当期销项税额小于当期进项税额不足抵扣时，其不足部分可以结转下期继续抵扣。

续表

《增值税法》	《增值税暂行条例》	《财政部 国家税务总局关于全面推开营业税改征增值税试点的通知》（财税〔2016〕36号）附件1《营业税改征增值税试点实施办法》
第二十二条 纳税人的下列进项税额不得从其销项税额中抵扣： （一）适用简易计税方法计税项目对应的进项税额； （二）免征增值税项目对应的进项税额； （三）非正常损失项目对应的进项税额； （四）购进并用于集体福利或者个人消费的货物、服务、无形资产、不动产对应的进项税额； （五）购进并直接用于消费的餐饮服务、居民日常服务和娱乐服务对应的进项税额； （六）国务院规定的其他进项税额。	第十条 下列项目的进项税额不得从销项税额中抵扣： （一）用于简易计税方法计税项目、免征增值税项目、集体福利或者个人消费的购进货物、劳务、服务、无形资产和不动产； （二）非正常损失的购进货物，以及相关的劳务和交通运输服务； （三）非正常损失的在产品、产成品所耗用的购进货物（不包括固定资产）、劳务和交通运输服务； （四）国务院规定的其他项目。	第二十七条 下列项目的进项税额不得从销项税额中抵扣： （一）用于简易计税方法计税项目、免征增值税项目、集体福利或者个人消费的购进货物、加工修理修配劳务、服务、无形资产和不动产。其中涉及的固定资产、无形资产、不动产，仅指专用于上述项目的固定资产、无形资产（不包括其他权益性无形资产）、不动产。 纳税人的交际应酬消费属于个人消费。 （二）非正常损失的购进货物，以及相关的加工修理修配劳务和交通运输服务。 （三）非正常损失的在产品、产成品所耗用的购进货物（不包括固定资产）、加工修理修配劳务和交通运输服务。 （四）非正常损失的不动产，以及该不动产所耗用的购进货物、设计服务和建筑服务。 （五）非正常损失的不动产在建工程所耗用的购进货物、设计服务和建筑服务。纳税人新建、改建、扩建、修缮、装饰不动产，均属于不动产在建工程。 （六）购进的旅客运输服务、贷款服务、餐饮服务、居民日常服务和娱乐服务。 （七）财政部和国家税务总局规定的其他情形。 本条第（四）项、第（五）项所称货物，是指构成不动产实体的材料和设备，包括建筑装饰材料和给排水、采暖、卫生、通风、照明、通讯、煤气、消防、中央空调、电梯、电气、智能化楼宇设备及配套设施。
第四章 税收优惠 第二十三条 小规模纳税人发生应税交易，销售额未到达起征点的，免征增值税；达到起征点的，依照本法规定全额计算缴纳增值税。 前款规定的起征点标准由国务院规定，报全国人民代表大会常务委员会备案。	第十七条 纳税人销售额未达到国务院财政、税务主管部门规定的增值税起征点的，免征增值税；达到起征点的，依照本条例规定全额计算缴纳增值税。 《增值税暂行条例实施细则》 第三十七条 增值税起征点的适用范围限于个人。	第四十九条 个人发生应税行为的销售额未达到增值税起征点的，免征增值税；达到起征点的，全额计算缴纳增值税。 增值税起征点不适用于登记为一般纳税人的个体工商户。 第五十条 增值税起征点幅度如下： （一）按期纳税的，为月销售额5 000–20 000元（含本数）。

续表

《增值税法》	《增值税暂行条例》	《财政部　国家税务总局关于全面推开营业税改征增值税试点的通知》（财税〔2016〕36号）附件1《营业税改征增值税试点实施办法》
第四章　税收优惠 第二十三条　小规模纳税人发生应税交易，销售额未达到起征点的，免征增值税；达到起征点的，依照本法规定全额计算缴纳增值税。 前款规定的起征点标准由国务院规定，报全国人民代表大会常务委员会备案。	增值税起征点的幅度规定如下： （一）销售货物的，为月销售额5 000—2万元； （二）销售应税劳务的，为月销售额5 000—2万元； （三）按次纳税的，为每次（日）销售额300—500元。 前款所称销售额，是指本细则第三十条第一款所称小规模纳税人的销售额。 省、自治区、直辖市财政厅（局）和国家税务局应在规定的幅度内，根据实际情况确定本地区适用的起征点，并报财政部、国家税务总局备案。	（二）按次纳税的，为每次（日）销售额300—500元（含本数）。 起征点的调整由财政部和国家税务总局规定。省、自治区、直辖市财政厅（局）和国家税务局应当在规定的幅度内，根据实际情况确定本地区适用的起征点，并报财政部和国家税务总局备案。 对增值税小规模纳税人中月销售额未达到2万元的企业或非企业性单位，免征增值税。2017年12月31日前，对月销售额2万元（含本数）至3万元的增值税小规模纳税人，免征增值税。
第二十四条　下列项目免征增值税： （一）农业生产者销售的自产农产品，农业机耕、排灌、病虫害防治、植物保护、农牧保险以及相关技术培训业务，家禽、牲畜、水生动物的配种和疾病防治； （二）医疗机构提供的医疗服务； （三）古旧图书，自然人销售的自己使用过的物品； （四）直接用于科学研究、科学试验和教学的进口仪器、设备； （五）外国政府、国际组织无偿援助的进口物资和设备； （六）由残疾人的组织直接进口供残疾人专用的物品，残疾人个人提供的服务； （七）托儿所、幼儿园、养老机构、残疾人服务机构提供的育养服务，婚姻介绍服务，殡葬服务； （八）学校提供的学历教育服务，学生勤工俭学提供的服务； （九）纪念馆、博物馆、文化馆、文物保护单位管理机构、美术馆、展览馆、书画院、图书馆举办文化活动的门票收入，宗教场所举办文化、宗教活动的门票收入。 前款规定的免税项目具体标准由国务院规定。	第十五条　下列项目免征增值税： （一）农业生产者销售的自产农产品； （二）避孕药品和用具； （三）古旧图书； （四）直接用于科学研究、科学试验和教学的进口仪器、设备； （五）外国政府、国际组织无偿援助的进口物资和设备； （六）由残疾人的组织直接进口供残疾人专用的物品； （七）销售的自己使用过的物品。 除前款规定外，增值税的免税、减税项目由国务院规定。任何地区、部门均不得规定免税、减税项目。	财税〔2016〕36号文附件3《营业税改征增值税试点过渡政策的规定》

续表

《增值税法》	《增值税暂行条例》	《财政部 国家税务总局关于全面推开营业税改征增值税试点的通知》（财税〔2016〕36号）附件1《营业税改征增值税试点实施办法》
第二十五条 根据国民经济和社会发展的需要，国务院对支持小微企业发展、扶持重点产业、鼓励创新创业就业、公益事业捐赠等情形可以制定增值税专项优惠政策，报全国人民代表大会常务委员会备案。 国务院应当对增值税优惠政策适时开展评估、调整。	—	—
第二十六条 纳税人兼营增值税优惠项目的，应当单独核算增值税优惠项目的销售额；未单独核算的项目，不得享受税收优惠。	第十六条 纳税人兼营免税、减税项目的，应当分别核算免税、减税项目的销售额；未分别核算销售额的，不得免税、减税。	第四十一条 纳税人兼营免税、减税项目的，应当分别核算免税、减税项目的销售额；未分别核算的，不得免税、减税。
第二十七条 纳税人可以放弃增值税优惠；放弃优惠的，在三十六个月内不得享受该项税收优惠，小规模纳税人除外。	《增值税暂行条例实施细则》 第三十六条 纳税人销售货物或者应税劳务适用免税规定的，可以放弃免税，依照条例的规定缴纳增值税。放弃免税后，36个月内不得再申请免税。	第四十八条 纳税人发生应税行为适用免税、减税规定的，可以放弃免税、减税，依照本办法的规定缴纳增值税。放弃免税、减税后，36个月内不得再申请免税、减税。 纳税人发生应税行为同时适用免税和零税率规定的，纳税人可以选择适用免税或者零税率。
第五章 征收管理 第二十八条 增值税纳税义务发生时间，按照下列规定确定： （一）发生应税交易，纳税义务发生时间为收讫销售款项或者取得销售款项索取凭据的当日；先开具发票的，为开具发票的当日。 （二）发生视同应税交易，纳税义务发生时间为完成视同应税交易的当日。 （三）进口货物，纳税义务发生时间为货物报关进口的当日。 增值税扣缴义务发生时间为纳税人增值税纳税义务发生的当日。	第十九条 增值税纳税义务发生时间： （一）发生应税销售行为，为收讫销售款项或者取得索取销售款项凭据的当天；先开具发票的，为开具发票的当天。 （二）进口货物，为报关进口的当天。 增值税扣缴义务发生时间为纳税人增值税纳税义务发生的当天。	第四十五条 增值税纳税义务、扣缴义务发生时间为： （一）纳税人发生应税行为并收讫销售款项或者取得索取销售款项凭据的当天；先开具发票的，为开具发票的当天。 收讫销售款项，是指纳税人销售服务、无形资产、不动产过程中或者完成后收到款项。 取得索取销售款项凭据的当天，是指书面合同确定的付款日期；未签订书面合同或者书面合同未确定付款日期的，为服务、无形资产转让完成的当天或者不动产权属变更的当天。 （二）纳税人提供建筑服务、租赁服务采取预收款方式的，其纳税义务发生时间为收到预收款的当天。 （三）纳税人从事金融商品转让的，为金融商品所有权转移的当天。 （四）纳税人发生本办法第十四条规定情形的，其纳税义务发生时间为服务、无形资产转让完成的当天或者不动产权属变更的当天。 （五）增值税扣缴义务发生时间为纳税人增值税纳税义务发生的当天。

附录　《增值税法》与现行规定的条款差异

续表

《增值税法》	《增值税暂行条例》	《财政部　国家税务总局关于全面推开营业税改征增值税试点的通知》（财税〔2016〕36号）附件1《营业税改征增值税试点实施办法》
第二十九条　增值税纳税地点，按照下列规定确定： （一）有固定生产经营场所的纳税人，应当向其机构所在地或者居住地主管税务机关申报纳税。总机构和分支机构不在同一县（市）的，应当分别向各自所在地的主管税务机关申报纳税；经省级以上财政、税务主管部门批准，可以由总机构汇总向总机构所在地的主管税务机关申报纳税。 （二）无固定生产经营场所的纳税人，应当向其应税交易发生地主管税务机关申报纳税；未申报纳税的，由其机构所在地或者居住地主管税务机关补征税款。 （三）自然人销售或者租赁不动产，转让自然资源使用权，提供建筑服务，应当向不动产所在地、自然资源所在地、建筑服务发生地主管税务机关申报纳税。 （四）进口货物的纳税人，应当按照海关规定的地点申报纳税。 （五）扣缴义务人，应当向其机构所在地或者居住地主管税务机关申报缴纳扣缴的税款；机构所在地或者居住地在境外的，应当向应税交易发生地主管税务机关申报缴纳扣缴的税款。	第二十二条　增值税纳税地点： （一）固定业户应当向其机构所在地的主管税务机关申报纳税。总机构和分支机构不在同一县（市）的，应当分别向各自所在地的主管税务机关申报纳税；经国务院财政、税务主管部门或者其授权的财政、税务机关批准，可以由总机构汇总向总机构所在地的主管税务机关申报纳税。 （二）固定业户到外县（市）销售货物或者劳务，应当向其机构所在地的主管税务机关报告外出经营事项，并向其机构所在地的主管税务机关申报纳税；未报告的，应当向销售地或者劳务发生地的主管税务机关申报纳税；未向销售地或者劳务发生地的主管税务机关申报纳税的，由其机构所在地的主管税务机关补征税款。 （三）非固定业户销售货物或者劳务，应当向销售地或者劳务发生地的主管税务机关申报纳税；未向销售地或者劳务发生地的主管税务机关申报纳税的，由其机构所在地或者居住地的主管税务机关补征税款。 （四）进口货物，应当向报关地海关申报纳税。 扣缴义务人应当向其机构所在地或者居住地的主管税务机关申报缴纳其扣缴的税款。	第四十六条　增值税纳税地点为： （一）固定业户应当向其机构所在地或者居住地主管税务机关申报纳税。总机构和分支机构不在同一县（市）的，应当分别向各自所在地的主管税务机关申报纳税；经财政部和国家税务总局或者其授权的财政和税务机关批准，可以由总机构汇总向总机构所在地的主管税务机关申报纳税。 （二）非固定业户应当向应税行为发生地主管税务机关申报纳税；未申报纳税的，由其机构所在地或者居住地主管税务机关补征税款。 （三）其他个人提供建筑服务，销售或者租赁不动产，转让自然资源使用权，应向建筑服务发生地、不动产所在地、自然资源所在地主管税务机关申报纳税。 （四）扣缴义务人应当向其机构所在地或者居住地主管税务机关申报缴纳扣缴的税款。

续表

《增值税法》	《增值税暂行条例》	《财政部 国家税务总局关于全面推开营业税改征增值税试点的通知》（财税〔2016〕36号）附件1《营业税改征增值税试点实施办法》
第三十条 增值税的计税期间分别为十日、十五日、一个月或者一个季度。纳税人的具体计税期间，由主管税务机关根据纳税人应纳税额的大小分别核定。不经常发生应税交易的纳税人，可以按次纳税。 纳税人以一个月或者一个季度为一个计税期间的，自期满之日起十五日内申报纳税；以十日或者十五日为一个计税期间的，自次月一日起十五日内申报纳税。 扣缴义务人解缴税款的计税期间和申报纳税期限，依照前两款规定执行。 纳税人进口货物，应当按照海关规定的期限申报并缴纳税款。 第三十一条 纳税人以十日或者十五日为一个计税期间的，应当自期满之日起五日内预缴税款。 法律、行政法规对纳税人预缴税款另有规定的，从其规定。	第二十三条 增值税的纳税期限分别为1日、3日、5日、10日、15日、1个月或者1个季度。纳税人的具体纳税期限，由主管税务机关根据纳税人应纳税额的大小分别核定；不能按照固定期限纳税的，可以按次纳税。 纳税人以1个月或者1个季度为1个纳税期的，自期满之日起15日内申报纳税；以1日、3日、5日、10日或者15日为1个纳税期的，自期满之日起5日内预缴税款，于次月1日起15日内申报纳税并结清上月应纳税款。 扣缴义务人解缴税款的期限，依照前两款规定执行。 第二十四条 纳税人进口货物，应当自海关填发海关进口增值税专用缴款书之日起15日内缴纳税款。	第四十七条 增值税的纳税期限分别为1日、3日、5日、10日、15日、1个月或者1个季度。纳税人的具体纳税期限，由主管税务机关根据纳税人应纳税额的大小分别核定。以1个季度为纳税期限的规定适用于小规模纳税人、银行、财务公司、信托投资公司、信用社，以及财政部和国家税务总局规定的其他纳税人。不能按照固定期限纳税的，可以按次纳税。 纳税人以1个月或者1个季度为1个纳税期的，自期满之日起15日内申报纳税；以1日、3日、5日、10日或者15日为1个纳税期的，自期满之日起5日内预缴税款，于次月1日起15日内申报纳税并结清上月应纳税款。 扣缴义务人解缴税款的期限，按照前两款规定执行。
第三十二条 增值税由税务机关征收，进口货物的增值税由海关代征。 海关应当将代征增值税和货物出口报关的信息提供给税务机关。 个人携带或者寄递进境物品增值税的计征办法由国务院制定，报全国人民代表大会常务委员会备案。	第二十条 增值税由税务机关征收，进口货物的增值税由海关代征。 个人携带或者邮寄进境自用物品的增值税，连同关税一并计征。具体办法由国务院关税则委员会同有关部门制定。	第五十一条 营业税改征的增值税，由国家税务局负责征收。纳税人销售取得的不动产和其他个人出租不动产的增值税，国家税务局暂委托地方税务局代为征收。

续表

《增值税法》	《增值税暂行条例》	《财政部 国家税务总局关于全面推开营业税改征增值税试点的通知》（财税〔2016〕36号）附件1《营业税改征增值税试点实施办法》
第三十三条 纳税人出口货物或者跨境销售服务、无形资产，适用零税率的，应当向主管税务机关申报办理退（免）税。出口退（免）税的具体办法，由国务院制定。	第二十五条 纳税人出口货物适用退（免）税规定的，应当向海关办理出口手续，凭出口报关单等有关凭证，在规定的出口退（免）税申报期内按月向主管税务机关申报办理该项出口货物的退（免）税；境内单位和个人跨境销售服务和无形资产适用退（免）税规定的，应当按期向主管税务机关申报办理退（免）税。具体办法由国务院财政、税务主管部门制定。出口货物办理退税后发生退货或者退关的，纳税人应当依法补缴已退的税款。	第五十二条 纳税人发生适用零税率的应税行为，应当按期向主管税务机关申报办理退（免）税，具体办法由财政部和国家税务总局制定。
第三十四条 纳税人应当依法开具和使用增值税发票。增值税发票包括纸质发票和电子发票。电子发票与纸质发票具有同等法律效力。国家积极推广使用电子发票。	第二十一条 纳税人发生税销售行为，应当向索取增值税专用发票的购买方开具增值税专用发票，并在增值税专用发票上分别注明销售额和销项税额。属于下列情形之一的，不得开具增值税专用发票：（一）应税销售行为的购买方为消费者个人的；（二）发生应税销售行为适用免税规定的。	第五十三条 纳税人发生应税行为，应当向索取增值税专用发票的购买方开具增值税专用发票，并在增值税专用发票上分别注明销售额和销项税额。属于下列情形之一的，不得开具增值税专用发票：（一）向消费者个人销售服务、无形资产或者不动产。（二）适用免征增值税规定的应税行为。第五十四条 小规模纳税人发生应税行为，购买方索取增值税专用发票的，可以向主管税务机关申请代开。
第三十五条 税务机关与工业和信息化、公安、海关、市场监督管理、人民银行、金融监督管理等部门建立增值税涉税信息共享机制和工作配合机制。有关部门应当依照法律、行政法规，在各自职责范围内，支持、协助税务机关开展增值税征收管理。	—	—

续表

《增值税法》	《增值税暂行条例》	《财政部 国家税务总局关于全面推开营业税改征增值税试点的通知》（财税〔2016〕36号）附件1《营业税改征增值税试点实施办法》
第三十六条 增值税的征收管理依照本法和《中华人民共和国税收征收管理法》的规定执行。	第二十六条 增值税的征收管理，依照《中华人民共和国税收征收管理法》及本条例有关规定执行。	第五十五条 纳税人增值税的征收管理，按照本办法和《中华人民共和国税收征收管理法》及现行增值税征收管理有关规定执行。
第三十七条 纳税人、扣缴义务人、税务机关及其工作人员违反本法规定的，依照《中华人民共和国税收征收管理法》和有关法律、行政法规的规定追究法律责任。	—	—
—	第二十七条 纳税人缴纳增值税的有关事项，国务院或者国务院财政、税务主管部门经国务院同意另有规定的，依照其规定。	—
第六章 附 则 第三十八条 本法自2026年1月1日起施行。《中华人民共和国增值税暂行条例》同时废止。	第二十八条 本条例自2009年1月1日起施行。	财税〔2016〕36号文 本通知附件规定的内容，除另有规定执行时间外，自2016年5月1日起执行。